탐험가의 눈

탐험가의 눈

위대한 탐험가가 남긴 경이와 장엄의 기록

퍼거스 플레밍, 애너벨 메룰로 엮음 | 정영목 옮김

북스코프

차 례

편집자 서문

탐험의 역사에서 분수령은 18세기였다. 그전까지 '발견'은 황금이나 향신료를 찾아낸 다음, 그것을 생산하는 땅을 정복하는 것을 의미했다. 그러다가 계몽주의 학자들이 세계가 움직이는 방식을 연구하면서, 탐욕은 탐구 정신에 자리를 내주었다. 부, 영토 획득, 국가의 명예 등에 대한 관심은 여전히 존재했다. 그러나 이제 탐험의 목적이 지구에 대한 인류의 이해를 증진시키는 것이라는 사실이 받아들여졌다. 미지의 세계로 떠나는 사람들은 이제 해적이 아니라 연구자들이었다. 사람들은 연구자들이 여행에 관한 충실하고 정확한 이야기를 전해 줄 것이라고 기대했다. 또 그들은 처음으로 자신의 글을 그림으로 보완하기도 했다. 그 그림은 정확해야 했다. 지난 시대의 용이 가득한 지도, 강한 바람이 부는 바다, 개략적인 도표, 로맨틱하게 표현된 목판화가 아니라, 최대한 실물을 닮은 이미지를 제시하려 했다.

　　제임스 쿡 선장은 그런 이야기와 그림을 제공한 최초의 인물로 꼽힌다. 그는 1768년에서 1779년까지 남극대륙, 북극 지역, 오스트레일리아, 뉴질랜드, 폴리네시아를 돌아보는 위대한 항해를 세 번이나 했다. 그의 일지는 새롭고 이국적인 땅을 묘사했다. 그뿐 아니라 원정대에 참여한 화가 덕분에 그 땅의 모습도 그림으로 보여 줄 수 있었다. 당국과 공중은 열광했다. 이제까지 그런 것은 본 적이 없었기 때문이다. 그 뒤로 어떤 탐험가도 쿡의 수준을 뛰어넘는 결과물, 적어도 그것에 비견될 만한 결과물이 없으면 감히 귀국할 생각을 하지 못하게 되었다.

　　초기에 이런 일지들이 준 충격은 엄청났다. 이 일지들은 점점 많은 사람이 글을 읽을 수 있게 되고, 인간의 손이 닿지 않은 풍경과 '고상한 야만인'이 유행을 하고, 꿈이 현실과 분리될 만큼 과학이 발전하지는 않은 시대를 배경으로 등장했다. 외려 현실이 꿈을 부추겼다. 바이런, 키츠, 셸리, 콜리지 같은 낭만주의자들은 탐험 문학의 영향 아래 그들의 최고의 작품을 선보였다. [새뮤얼 테일러 콜리지의 『늙은 선원의 노래』(1798), 메리 셸리의 『프랑켄슈타인』(1818), 에드가 앨런 포의 『아서 고든 핌의 이야기』(1850)는 모두 극지방 이야기에서 영감을 얻었다] 1820년대가 되자 탐험가들은 저명인사가 되었다. 그들의 일기는 베스트셀러가 되고, 처음 보는 사람들이 그들과 악수를 하려고 길을 건너왔다. 그들은 명예를 얻고 다시 시도하라는 격려를 받았으며, 대개 재도전에 나섰다. 늘 발견할 것이 남아 있었고, 공중은 늘 멋진 그림이 들어간 흥미진진한 읽을거리를 원했기 때문이다.

　여행기가 이때 탄생한 것은 아니지만, 대중화된 것은 이때다. 수십 년에 걸쳐 여행기는 하나의 장르로 확립되었다. 이 장르는 내러티브의 진전, 서스펜스, 인물의 발전, 장소와 사람들에 대한 생생한 묘사 등 소설의 모든 속성을 갖추고 있었을 뿐 아니라, 사실에 기초하고 있다는 장점도 겸비했다. 그렇다고 사실이 허구와 반드시 분리될 수 있는 것은 아니었다. 꽤 세월이 흐른 1830년대에 찰스 다윈은 이렇게 말했다. "어떤 주제에서나 사람들은 인간 지식의 한계에 큰 관심을 가지는데, 이것은 아마 그 한계 너머에서는 상상력이 발휘되기 때문인 듯하다." 쥘 베른 같은 작가는 지식과 상상의 이런 경계를 잘 이용했다. 그의 소설은 탐험 문학에 뿌리를 두고 있을 뿐 아니라, 때로는 그것과 구별을 할 수 없었다. 이런 식으로 양쪽 문학이 서로 의지하며 발전하는 과정에서 터무니없는 공상과학소설이 나중에 탐험의 결과물로 둔갑하기도 했다.

　탐험가들은 소설가들과 마찬가지로 멋진 이야기에 돈을 만들어 내는 잠재력이 있다는 것을 알았다. 그들은 때로는 자신의 경험을 윤색했다. 위험을 실제와는 다르게 꾸미고, 말다툼을 과장하고, 기록을 허위로 보고하고, 이따금씩 처음부터 끝까지 거짓말을 하기도 했다. 그런 거짓말을 한 대표적인 사람이 프레더릭 쿡이다. 그는 캐나다 북극 지방에서 1년 동안 사라졌다가 1909년에 자신이 북극에 갔다 왔다고 발표했다. 자신이 갔다 오지 않았다는 것을 아무도 증명할 수 없다는 자신감에서 나온 거짓말이었다. (그의 기대는 박살이 났다) 그러나 쿡처럼 비뚤어진 사람은 드물었다. 그의 라이벌이었던 로버트 피어리 정도가 예외였을까. 어쨌든 지구의 신비가 점차 벗겨지면서, 탐험가의 일지도 그 성격이 눈에 띄게 변했다. 눈으로 본 광경과 방문한 땅의 사실적 기록으로부터 극화된 내러티브로, 또 탐험, 세계, 인류의 본질에 관한 명상적 에세이로 진화해 간 것이다. 탐험가들이 자신의 경험을 기록하는 방식도 바뀌었다. 펜, 종이, 그림물감은 점차 타자기와 카메라로 대체되었으며, 이것은 또 컴퓨터와 필름에 밀려났다. 그러나 매체, 세기, 사고방식과 관계없이, 모든 탐험가는 최초의 계몽주의적 과제를 이행했다. 즉, 가능한 한 생생하게 새로운 세계의 그림을 그리려 한 것이다.

글과 그림이 어우러진 이 책은 탐험가들 업적의 기록이다. 이 책의 수록 기준은 역사적 중요성, 글 자체의 매력, 그림이나 사진의 아름다움 등이었다. 어떤 경우에는 말이 이미지보다 더 강력했다. 또 어떤 경우에는 그림이 텍스트보다 더 인상적이었다. 어느 쪽이 더 우위냐 하는 것은 사실 중요하지 않다. 개별적인 장점이 무엇이든, 각각의 이야기는 한 사람이 미지의 세계를 여행한 스냅사진을 제공하기 때문이다. 우리는 일차적 자료와 '기억에 의존한' 자료들 가운데 선택을 하면서 오로지 각각의 이야기에 어떤 장점이 있는가를 기준으로 최종 결정을 했다. 그래서 로버트 스콧의 일기는 있는 그대로 실은 반면, 어니스트 섀클턴의 일기-그 내용은 대체로 '오늘은 별일 없었다'로 바꾸어 쓸 수 있다-는 그렇게 하지 않았다.

불가피하게 누가 탐험가이고 누가 아니냐 하는 문제가 제기된다. 일반적으로 받아들여지는 탐험가의 정의는 '새로운 땅을 발견하는 사람'이다. 하지만 발견은 무엇이고, 새로운 땅은 무엇인가? 지리학적 순수주의자들은 몇 가지 예외를 제외하면, 새로 발견된 것은 거의 없다고 말할 것이다. 실제로 벌어진 일은 한 장소 출신의 사람들이 다른 장소가 존재한다고 발표하고, 그럼으로써 그들과 같은 장소에 사는 사람들의 오랜 믿음을 확인해 준 것이다. 마찬가지로 탐험과 '단순한' 여행을 구별하는 것도 어렵다. 어떤 사람의 죽음을 무릅쓴 오디세이가 다른 사람에게는 진부한 일이 되기도 한다. 따라서 우리는 탐험가란 미지의 땅의 지도를 그리는 사람, 르포르타주를 쓰는 것보다는 조사를 이유로 그렇게 하는 사람이라고 판단했으며, 최초로 그렇게 한 사람에게 우선권을 주었다. 물론 편애와 비일관성이라는 편집자의 특권이 늘 존재하지만.

퍼거스 플레밍(Fergus Fleming)과 애너벨 메룰로(Annabel Merullo)

머리말

나는 열두 살인가 열세 살이 되었을 때 마침내 탐험가가 되겠다는 희망을 접었다. 사실 나는 여덟 살쯤부터 다른 사람이 보기 전에 세상의 어떤 부분을 보아야겠다는 강렬한, 때로는 간절한 욕구를 느꼈다. 그동안 어디서 그런 욕구가 생겼는지 잘 알지를 못했으나, 『탐험가의 눈』을 읽다 보니 생각이 났다. 나는 위대한 탐험가들이 해 준 이야기에 완전히 홀려 있었던 것이다. 동상, 괴저, 식인, 저주, 벌거벗은 공포, 완전한 탈진, 온갖 무시무시한 사건들이 약식 크리켓을 하거나 흘릭스를 마시는 것보다 훨씬 매력적으로 보였다.

불운으로 끝나지만 그럼에도 마음을 사로잡는 기록으로 남겨진 스콧 선장의 남극 원정, 죽음과 병을 아랑곳하지 않고 빅토리아 폭포의 거대한 물줄기에 도달하려는 노력, 에베레스트 꼭대기로부터 250미터 떨어진 곳에서 구름 속으로 들어갔다가 다시 나타나지 않은 맬러리와 어빈. 무시무시한 고난과 한계를 넘는 이런 용맹스러운 모험 이야기가 나의 굶주린 상상력의 먹이가 되었다.

탐험가가 되고자 하는 아이에게 1940년대와 1950년대 초는 안타까운 시기였다. 남북 양극은 사라졌고, 북서항로와 북동항로, 나일 강의 원류와 사우디아라비아 대부분의 지역도 미답의 탐험 지역 목록에서 사라졌다. 내 희망의 정점이었던 히말라야의 위대한 봉우리들도 파리처럼 추락했다. 안나푸르나, 에베레스트, 이어 K2까지 모두 정복되고 말았다. 나는 아직 사춘기에도 이르지 못했는데.

1953년 5월 29일 에드먼드 힐러리와 텐징 노르가이가 사상 최초로 에베레스트 정상에 이르렀다. 나는 그들이 자랑스러웠다. 우리 모두가 그랬다. 하지만 나는 약간 실망스럽기도 했을 것이다. 지금 그때를 돌아보면서 느끼는 것을 그 당시에도 어렴풋이 느끼고 있었던 것 같다. 즉, 에베레스트 정복이 그 자체로나 상징적으로나 서양을 150년 동안 매혹시켰던 탐험의 황금시대의 정점이라는 것이다.

에베레스트를 끝으로 상징적인 극단은 대부분 정복되었다. 그러나 그것만이 아니었다. 재정적 지원과 장비가 충분하고 미디어를 의식한 에베레스트 원정은 우리가 어렵고 위험한 일은 할 만큼 했다는 뜻인 것 같았다. 탐험의 신비는 사라졌다. 테크놀로지가 점점 발전하면서, 인간의 위험은 줄었지만 그와 더불어 성취도 줄어들었다. 위대한 도전이 아직 남아 있었지만, 나일 강 원류 찾기나 오스트레일리아 횡단처럼 공중의 상상력을 사로잡는 것은 거의 없었다. 힐러리와 텐징의 승리 4년 뒤 비비언 푹스는 최초로 남극대륙을 횡단했지만, 퍼거스 플레밍이 지적했듯이, "남극에서 찬란한 실패들이 워낙 많았던 터라, 성공이 오히려 별일이 아닌 것처럼 취급되었다. …… 아무도 죽지 않았고, 모든 것이 대체로 계획대로 이루어졌다." 이 글을 쓰고 있는 중에도 래널프 파인즈는 탐험의 전통을 건강하고 생생하게 유지하려고 최선을 다하며, 스스로 더 힘든 목표를 설정하고 더 가혹한 도전에 나서고 있다. 그러나 '최초'를 이룬다 해도 전처럼 환기하는 힘이나 울림이 크지 않다. 내키지 않는 마음으로 인정했듯이, 내가 반바지에서 벗어나기도 전에 세계 대부분의 탐험이 이미 끝나 버렸다는 사실에는 변함이 없는 것이다.

내가 어른이 되었을 때 세계인의 관심을 사로잡은 유일한 탐험은 1969년 7월 20일 이글호가 달에 착륙하고 닐 암스트롱이 지구 너머에 있는 땅에 최초로 발을 디딘 사건이었다. 그러나 우습게 들릴지 모르지만, 이것조차 고전적인 탐험의 업적과는 달랐다. 닐 암스트롱은 엄청난 투자 프로그램의 결과물로서 달에 던져졌고, 수풀을 헤치거나 대롱에서 날아오는 독침을 피하거나, 1830년대의 존 로스처럼 얼음 위에서 3년째를 맞이하거나, 안나푸르나를 내려오던 모리스 에르조그처럼 손가락과 발가락이 하나씩 떨어져 나가는 것을 볼 필요가 없었다.

퍼거스 플레밍과 애너벨 메룰로는 탐험의 위대한 시대의 영웅적이고, 비극적이고, 의기양양한 역사 전체를 살펴볼 수 있는 매우 매혹적이고 포괄적인 안내서를 묶어 놓았다. 가능한 한 탐험가들 자신의 말을 가져왔으며, 귀중한 시각 자료를 배치함으로써 특별한 모험들을 생생하게 되살려 냈다. 이 책을 보다 보면 인류가 내디딘 이 거대한 발걸음들에 정신이 어찔해지지 않을 수 없는데, 고맙게도 퍼거스 플레밍의 논평은 핵심적인 인간적 시각을 유지하며, 두려움을 모르는 사람들과 무모한 사람들을 똑같이 기리고, 성공만큼이나 어리석음도 음미하고 있다.

어느 것이 가장 멋진 이야기인지는 모르겠다. 나는 1837년 남극대륙에 첫발을 디딘, 아주 인기 없는 인물 쥘-세바스티앙-세자르 뒤몽 뒤르빌이 이끄는 원정대가 가장 위대하면서도 가장 알려지지 않은 '최초'의 인물들에 속한다는 것을 알고 기분이 좋았다. 그들에게는 페미컨이 필요 없었다. 그들은 프랑스 사람들이었기 때문에 좋은 보르도 한 병으로 기념을 했다. 아마 차게 해서 마셨을 것이다. 스칸디나비아 사람들도 특별히 멋진 모습으로 등장한다. 영감과 창의력이 풍부한 프리드쇼프 난센은 극지방 탐험을 할 때 얼음에 갇히는 것을 피하기 위해 달걀 모양의 선체를 만들었다. 실제로 그것은 효과가 있었다. 또 직업 탐험가 아문센은 놀랍게도 세 가지 기록을 세울 뻔했다. 남극에 도달한 최초의 인간, 북서항로를 통과한 최초의 인간이 되었고, 북극에 도달한 최초의 인간이 될 뻔한 것이다.

북극 탐험에는 어두운 역사가 있는 것으로 드러난다. 나는 미국인 피어리 제독이 1909년에 북극에 도달한 것이 논란의 여지가 없는 사실인 줄 알았는데, 알고 보니 그는 북극을 100킬로미터 정도 남겨 놓은 지점까지밖에 못 갔을 수도 있다는 것이다. 플레밍은 '논란의 여지없이' 걸어서 북극에 도달한 사람은 1968년의 월리 허버트라고 주장한다. 젠장, 나도 그때는 25살이었는데. 나도 해 볼 수 있었는데. 사실 나는 1991년까지 기다려야 했다.

계몽주의 이후 여행의 전형적인 특징은 모든 것을 기록하고자 하는 욕구였다. 우리는 이 책에 나오는 단 두 명의 여성 탐험가 가운데 한 사람인 프레야 스타크가 여행을 하면서 편지를 매일 평균 열 통씩 썼다는 것을 알게 된다. 27개 국어를 했던 리처드 버턴은 엄청난 일기를 썼지만, 이 책에 기록된 가장 비극적인 사건 가운데 하나가 일어나고 말았다. 그가 죽자 부인 이사벨라가 예의에 어긋난 것이 너무 많다는 이유로 태워버린 것이다. 스콧의 남극 원정은 실패였는지 모르지만, 그의 일기는 여기 인용된 모든 글 가운데 가장 감동적이라고 할 수 있다. 엄청난 눈보라에 갇히고, 동상 때문에 몸도 마음대로 움직이지 못하는 상태에서 스콧은 가장 일상적인 일마저 견딜 수 없을 정도로 통렬하게 다가오는 마지막까지 계속 일기를 썼다.

"안타까운 일이지만, 더 쓸 수 없을 것 같다."

스콧의 원정은 탐험 시대의 가장 위대한 사진 몇 장이 있기 때문에 더욱 감동적이다. 프랭크 헐리의 놀라운 이미지들은 지금도 극지방의 이미지들 가운데 가장 강렬하다. 이것은 윌프레드 세시저가 찍은 아라비아의 '텅 빈 지역'의 사진들만큼이나 발군이다.

디자이너인 데이비드 롤리는 이런 이미지들을 비롯해 탐험가의 눈의 나른 예들을 한껏 이용하여, 중앙아메리카의 사라진 도시 가운데 하나인 볼론첸에서 존 스티븐스가 발견한, 〈인디아나 존스〉 영화에 나올 듯한 동굴 내부에서부터 오귀스트 피카르가 성층권으로 올라간 최초의 인간이 되었을 때 쓴 박쥐 모양의 멋진 항공 헬멧에 이르기까지 생생한 일러스트레이션으로 이야기들을 풍부하게 꾸며 주었다.

『탐험가의 눈』은 보물창고다. 독자들은 마추픽추를 발굴한 하이럼 빙엄이나 갈라파고스 제도에 상륙한 찰스 다윈처럼 눈앞에 펼쳐지는 엄청난 경이에 입을 다물지 못할 것이다.

마이클 팰린, 런던 2005년 5월

조지프 뱅크스 *Joseph Banks* 1743~1820
그레이트배리어리프와 그 너머를 향해

뱅크스는 18세기 최고의 자연과학자였다. 원래 식물학자로 훈련을 받았지만, 바닥을 모르는 호기심으로 과학의 거의 모든 분야를 파고들었다. 티에라델푸에고 제도의 기후 패턴을 연구하는가 하면, 남극대륙의 존재를 고민하기도 하고, 온난한 기운이 고래의 지방층의 구성에 미치는 영향(집 안의 램프에 사용하는 기름과 관련하여)을 살펴보기도 했다. 그는 1768~1771년에 제임스 쿡과 함께 인데버호를 타고 남아메리카를 거쳐 남태평양, 뉴질랜드, 오스트레일리아까지 갔다. 새로운 식물 종의 그림을 그리기 위해 일러스트레이터 두 명이 정식으로 함께 항해했는데, 일러스트레이터들은 그들이 그리는 식물에 모여들고, 그림에 색을 칠하는 순간 물감을 먹어 버리기도 하는 파리들과 계속 싸워야 했다. 일러스트레이터 시드니 파킨슨은 이 항해에서 그림 1,332점을 남겼다. 이 항해에서는 새로운 식물이 워낙 많이 발견되었기 때문에 오늘날까지도 분석이 계속되고 있다. 또 이 항해에서는 오스트레일리아 해안에 있는 한 만灣의 해도를 그리기도 했는데, 뱅크스는 나중에 이곳을 죄수를 보내기에 이상적인 장소로 추천했다. 지금은 시드니라고 알려진 이 땅에 사람들이 정착하면서 대륙 전체의 식민지화가 시작되었다. 훗날 왕립학회 회장이 된 뱅크스는 아프리카와 극지방 탐험의 권위자가 되었으며, 소호 스퀘어에 있는 그의 집은 영국 과학자와 탐험가들이 모이는 장소가 되었다.

인데버호는 오스트레일리아 동해안을 항해하여 그레이트배리어리프를 탐사한 첫 유럽 배가 되었다

1770년 8월 오늘 석 달 만에 처음으로 눈앞에서 육지가 사라진 것을 보고 적잖은 만족을 느꼈다. 전에는 모두가 공포에 사로잡혀 바라보던 바로 그 바다가 지금은 오랫동안 바라 마지않다가 마침내 찾아낸 피난처가 된 것이다. 모든 사람의 얼굴에 분명한 만족감이 나타나고 있었다. …… 육지에서 너무 멀리 나가는 것을 두려워하던 선장은 …… 육지를 만날 수 있을 것이라고 여기고 배를 서쪽으로 틀었으나 …… 밤이 올 때 말하자면 암초로 둘러싸인 만 같은 곳에 들어서게 되었으며, 따라서 어느 침로로든 그곳을 뚫고 나갈 수 있느냐 하는 것이 문제가 되었다. 우리는 북쪽을 고수했으며 어두워질 무렵, 배가 눈에 보이는 모든 것에서 벗어날 수 있을 것이라는 결론이 내려졌다. 그러나

Bromelia bracteata.

Sydney Parkinson pinx 1760.

인데버호에 탑승했던 공식 화가 두 명 가운데 한 명인 시드니 파킨슨이 그린 브라질 브로 멜리아드(파인애플의 친척). 식물 전문 일러스트레이터였던 파킨슨의 일은 뱅크스와 그의 동료 박물학자 대니얼 솔랜더가 채집한 표본을 기록하는 것이었다. 쿡 선장은 파킨슨이 타 히티에서 벌레 때문에 고생하던 모습을 다음과 같이 회고했다. "파리는 …… 파킨슨 씨가 …… 작업하는 것을 거의 불가능하게 했다. 그리려는 대상을 덮어 버려 보이지 않게 했을 뿐 아니라, 그가 물감을 종이에 칠하는 순간 그것을 먹어 버리기도 했다." 파킨슨은 항해 도중 죽었지만, 총 1,332점의 그림을 남겼다.

뉴질랜드에서 머뭇거리며 내민 바닷가재로 물물교환이 시작되었다. 아마 뱅크스 자신이 그렸을 이 그림은 마오리족과의 관계를 장밋빛으로 비추고 있다. 이 호전적인 부족은 가끔 식인도 했으며, 침입자들을 환대하지 않았다. 드물지만 교환이 가능했을 때 인데버호 승무원들은 바닷가재가 아니라, 기념품 삼아 갉아먹다 만 인간 뼈를 원했다. 뱅크스는 이렇게 기록했다. "(선원들은) 자신들이 갖고 있는 잡다한 물건을 준다면서 뼈를 사겠다고 했다."

밤은 별로 유쾌하지 않았다. 우리의 운명이 어떻게 될지는 모르겠으나, 이 암초에 부딪히는 것에 비하면 우리가 이제까지 피해 온 모든 위험은 아무것도 아니었기 때문이다. 내가 지금 말하는 암초는 유럽에는 거의 알려지지 않은 것이며, 사실 이쪽 바다 외에는 어디에서도 보기 힘든 것이다. 이것은 깊이를 알 수 없는 바다로부터 거의 수직으로 솟아오른 산호 바위의 벽으로, 보통 2미터에서 2미터 50센티미터 높이에 이르는 만조 때는 늘 물에 잠기지만, 간조 때는 대체로 모습을 드러낸다. 바다로부터 밀려오던 커다란 파도들이 여기에서 갑자기 저항에 부딪히는 바람에 파도는 산 높이로 무시무시하게 부서진다.……

오늘 새벽 3시에 바다는 갑자기 잠잠해졌지만, 우리의 상황은 조금도 나아지지 않았다. 우리는 암초에서 4, 5리그밖에 떨어져 있지 않다고, 아니, 그보다 훨씬 가까울 수도 있다고 판단했다. 암초를 향해 몰려가는 큰 파도가 우리 배를 암초 쪽으로 빠르게 몰아가고 있었다. …… 우리는 위험을 알아차리자마자 모든 방법을 동원했다. 우리 배를 밖으로 끌고 가 줄까 싶어 보트들을 띄웠지만 성공하지 못했다. …… 그러는 동안 우리 배는 계속 암초에 접근하여, 이제 40미터만 더 가면 부서지는 파도와 마주칠 판이었다. 뱃전을 쓸고 간 파도가 높이 치솟더니 바로 다음 순간 엄청난 높이에서 부서졌다. 따라서 우리와 그 부서지는 파도 사이에는 우리가 타고 있는 파도의 폭 크기의 우울한 골짜기밖에 없는 셈이었다. …… 진실로 우리는 절망적이었다. 누가 이런 상황에서 완전히 마음을 비우지 않겠는가. 우리가 바랄 수 있는 것은 빠른 죽음뿐이었다. 거대하게 부서지는 파도가 우리 배를 금세 박살내 버릴 것이라는 사실에는 의심의 여지가 없었다. …… 이 위기의 순간, 아니, 이 무시무시한 순간, 어떤 도움도 우리의 비참한 목숨을 구해 주기에는 너무 작아 보이는 이 순간, 작은 바람이 위로 솟구쳐 올랐다. 너무 작아서 다른 차분한 상태였다면 그것을 보지도 못했을 것이다. 그러나 우리는 그 바람이 즉시 우리의 나아감을 막는 것을 분명히 보았다. 우리는 그 바람을 잡으려고 모든 돛의 방향을 틀었고, 결국 배가 부서지는 파도를 피해 빗겨 가는 것을 보게 되었다. …… 배가 부서지는 파도로부터 약간 멀어지기는 했지만, 10분이 안 되어 그 작은 바람은 사그라져 물은 전과 다름없이 평평하고 잔잔해졌다. …… 우리는 다시 불안에 사로잡혔다. 종잇조각을 수도 없이 뱃전 너머로 던져 보트들이 실제로 배를 끌어당기는지 확인해 보려 했지만, 움직임이 너무 적어 계속 논란이 일어났다. 아까 그 고마운 작은 바람이 다시 우리를 찾아와 아까만큼 불어 준 덕분에, 우리는 부서지는 파도로부터 100미터 정도 벗어날 수 있었다. 그렇다고 해도 파괴의 아가리에서 빠져나오지 못하기는 마찬가지였다. 우리에게서 200미터 떨어진 암초에 작게 열린 구멍이 보였다. 그 폭은 배가 간신히 들어갈 만한 정도였지만, 그래도 그곳으로 배를 밀어 넣기로 결정했다. 그 안에는 파도가 없어서 우리 목숨을 구할 수 있을지도 몰랐기 때문이다. 문제는 배를 거기까지 가져갈 수 있느냐 하는 것뿐이었다. 그러나 우리의 작은 바람이 세 번째로 찾아와 우리를 그 근처까지 밀어 주었다. 죽음의 공포는 살벌했다. 그래서 이제 우리가 이룬 모든 것을 잃는다 해도 우리 목숨만은 구할 수 있다는 가능성이 보이자, 내 마음은 한결 가벼워졌다. 아마 모두가 똑같은 느낌이었을 것이다. …… 4시에 우리는 불과 이틀 전에 떠나오면서 무척 행복하게 생각하던 그 모래톱에 다시 닻을 내리며 행복을 느꼈다. 자신에게 진짜 이득이 되는 일이 무엇인지 안다는 것이 인간에게는 얼마나 힘든 일인지. 이틀 전 우리의 가장 큰 소망은 암초 밖으로 나가는 것이었는데, 오늘 우리는 다시 그 안에 들어와 행복해하고 있다니.

J. Beaglehole (편), *The Endeavour, Journal of Joseph Banks, Vol. 2.*

원주민에 관하여

이 사람들은 이렇게 적은 것을 가지고도, 아니 거의 아무것도 없는데도 만족해서 살고 있다. 행복하다고도 말할 수 있을 것 같다. 이들은 부자들에게 찾아오는, 또는 우리 유럽인들이 흔한 필수품이라고 부르는 것의 소유에 찾아오는 불안으로부터 멀리 떨어져 살고 있다. 그런 불안은 아마 갖고 싶은 것의 소유에서 오는 쾌락에 균형을 맞추려고 신이 만들어 놓은 것인지도 모른다. 부가 늘면 불안도 늘게 되며, 이런 식으로 부자와 빈자 사이의 행복의 균형이 어느 정도 유지되기도 한다. 이 사람들을 보면 인간 본성이 진정으로 원하는 것은 무척 적은 듯하다. 우리 유럽인들은 그것을 지나치게 늘려 놓았기 때문에, 이 사람들은 그 이야기를 들으면 틀림없이 믿지 못할 것이다. 우리 또한 사치품이 발명되고 그것을 살 부(富)가 있는 한 그것을 늘리는 일을 멈추지 못할 것이다. 이런 사치품들이 얼마나 빨리 필수품으로 전락하는지는 독한 술, 담배, 향신료 등을 보편적으로 사용하는 것만 보아도 알 수 있을 것이다. 이 경우에도 섭리는 균형을 잡는 역할을 하여, 모든 계층 사람들을 똑같이 부족을 느끼는 상태, 결과적으로 똑같은 궁핍의 상태로 밀어 넣는다. 위대하고 훌륭한 사람들도 보통 사람들과 똑같이, 어쩌면 그 이상 부족함을 느낀다. 자신의 지위에 비례하여 열등한 사람들보다 그만큼 더 부족함을 느끼는 것이다. 각 계층은 여전히 자신의 지위보다 더 높은 곳을 보지만 어떤 선에 머물며, 그 이상은 바라는 방법을 알지 못한다. 적어도 거기에 누릴 수 있는 무엇이 있는지를 완벽하게 알지는 못한다.

J. Beaglehole (편), *The Endeavour, Journal of Joseph Banks, Vol. 2.*

제임스 쿡 *James Cook 1728~1779*
남태평양을 향한 서사시적 항해

쿡은 18세기의 위대한 항해자였다. 그는 네 번의 획기적인 항해—그 가운데 한 번은 조지프 뱅크스와 함께 갔다—에서 남극대륙을 일주하고, 남태평양, 뉴질랜드, 오스트레일리아 동해안의 해도를 그리고, 북서 항로에 도전했다. 그는 최초로 크로노미터(천문 관측, 항해 때 쓰이던 정밀도가 높은 휴대용 태엽 시계)를 사용한 덕분에 경도—항해의 성배 역할을 했다—를 확인할 수 있었으며, 야채가 많은 혁신적인 식단을 채택한 덕분에 괴혈병을 막아 어떤 선배 탐험가보다도 오래 바다에 머물 수 있었다. 그럼에도 사망자 수는 꽤 많았다. 인데버호가 첫 항해에 나갔을 때는 열병으로 죽은 사람이 41명이었다. 레졸루션호와 디스커버리호를 지휘하여 유럽인으로서는 처음으로 하와이에 발을 디뎠던 1779년에 그의 탐험은 끝을 맺었다. 불운하게도 원주민의 풍요를 비는 중요한 제의의 시기에 그곳에 도착한 쿡은 신으로 오인되어 몽둥이에 맞아죽었다. 온 나라의 탐험가들이 그의 성취에 경외심을 느꼈다. 영국에서 그는 신이나 다름없는 존재가 되어, 사람들은 그와 관련된 아주 작은 기념물도 엄청난 대가를 지불하고 사들였다.

쿡은 깜짝 놀라 마오리족이 식인의 경향이 있다고 보고했다

(1777년) 2월 21일 …… 나 자신의 관찰로 보나, 티아루아를 비롯한 다른 여러 사람의 정보로 보나, 뉴질랜드 사람들은 서로 상대에게 죽임을 당할 것이라는 끊임없는 불안 속에 사는 것이 틀림없다. 다른 부족에게 이런 저런 부상을 당하지 않은 부족은 거의 없으며, 이렇게 부상을 당하면 복수를 하려고 계속 지켜본다. 여기에는 훌륭한 식사를 할 수 있다는 기대도 있는 것 같다. 복수를 할 유리한 기회가 생길 때까지 오랜 세월이 흐르는 경우도 있으며, 아들은 아버지가 입은 상처를 절대 잊지 않는다는 말도 들었다.

그런 무시무시한 계획을 실행에 옮기는 방법은 밤에 기습을 하는 것이다. 상대 부족이 무방비 상태임을 알게 되면 (그러나 나는 그런 일은 거의 없다고 생각한다), 눈에 띄는 모든 사람을 죽인다. 아녀자도 봐주지 않는다. 그런 다음 그 자리에서 잔치를 열어 배불리 먹거나, 아니면 죽인 사람을 최대한 끌고 가 자기들 본거지에서 말하기도 끔찍한 잔인한 행동을 한다. 자신들의 계획을 실행에 옮기기 전에 발각되면 대체로 몰래 도망간다. 가끔 추격을 당해 공격을 받기도 한다. 이들은 서로 봐주지도 않고 포로로 잡지

A VIEW of the ENDEAVOUR'S Watering-place in the Bay of GOOD SUCCESS

1769년 티에라델푸에고의 굿 석세스 만에서 붉은 코트를 입은 해병대원들이 인데버호의 급수를 감독하고 있다. 그러나 굿 석세스(멋진 성공)라는 말은 잘못 붙인 것이다. 두 사람이 후배지로 들어가려다 죽었기 때문이다. 이 그림을 그린 앨릭댄더 부천도 인데버호가 귀국하기 전 열병으로 죽은 41명 가운데 한 사람이 되었다.

도 않기 때문에, 패배한 쪽이 목숨을 구하는 방법은 달아나는 것밖에 없다.

이런 전쟁 방법 때문에 그들은 늘 경계를 하고 산다. 밤이건 낮이건 뉴질랜드 사람들이 경계를 풀고 있는 모습은 좀처럼 보기 힘들다. 사실 몸과 영혼을 보존하는 데 그들만큼 확실한 이유를 가진 사람들도 없다. 그들 말에 따르면 적에게 잡아먹힌 사람의 영혼은 지옥에 가 영원한 불로 내려가고, 죽임을 당했지만 몸이 먹히지는 않은 사람은 신들의 거처인 천국으로 올라가기 때문이다. 자연사한 사람들의 영혼도 모두 천국으로 간다.

나는 적에게 죽임을 당한 친구의 시신을 그들의 손에서 빼냈을 경우, 그 친구의 몸도 먹느냐고 물었다. 그들은 그 질문에 놀란 표정으로 아니라고 대답하며, 그 생각 자

젊은 풍경화가 윌리엄 호지스는 쿡의 남태평양 2차 항해 때 타히티의 이 파노라마를 그렸다. 쿡이 세 번째 방문했을 때 이 섬은 친숙해지고 주민의 환대는 전설적이어서, 쿡은 부하들을 떼어놓을 수가 없었다. 찰스 클러크 중위는 이렇게 말했다. "내가 그렇게 많은 행복한 시간을 보낸 이 행복의 섬을 떠나는 것이 내키지 않는 일이었다고 고백할 수밖에 없다."

체에 혐오감을 표시했다. 그들은 죽은 친구는 땅에 묻는다. 그러나 적의 경우 너무 많아 다 못 먹으면 바다에 던진다.

J. Beaglehole (편), *The Journals of Captain James Cook on his Voyages of Discovery.*

쿡의 배에 탄 찰스 클라크 중위는 뉴칼레도니아 주민에게서 강한 인상을 받았다

이 사람들은 피부가 짙은 마호가니 색깔이다. 이목구비가 뚜렷하고, 머리카락은 양털 같으며, 몸은 균형이 잘 잡혔고, 키는 중간쯤이다. 남자, 여자 할 것 없이 눈에 띄게 잘생겼으며, 우리가 이제까지 만난 어느 양털 머리 부족보다도 뛰어나다. 그들은 기회가 생길 때마다 자비로운 모습을 보여 주었으며, 또 그런 기회를 찾으려고 열심이다. 자신들이 도움이 되거나 상냥한 태도를 보여 줄 기회를 찾지 못할 때는 몹시 우울한 표정이다. 우리가 나무를 하거나 물을 길으려 하면, 먼저 나서서 나무를 베고 운반을 하며, 물통에 물을 채우거나 통을 굴린다. 만일 그런 일을 못 하게 하면 상대가 받아들일 만한 최선의 노력을 기울일 수 없다는 것 때문에 불안해한다. 우리는 그들이 처음 본 유럽인일 텐데도 우리를 보자마자 가없는 신뢰를 보내는 것을 보면, 그들이 정직하고 마음이 선하다는 사실을 분명하게 말할 수 있을 것 같다. …… 이 선한 사람들의 옷은 약간 독특하다. 처음 만났을 때 그들은 홀딱 벗고 음경까지 드러냈는데, 음경은 잎으로 싸 놓았다. 그들은 우리가 무엇을 주든, 어떤 것을 손에 넣든 바로 그것으로 음경을 감쌌다. 반면 그들이 좋아하는 그 부분을 장식하는 데 어떤 식으로든 도움이 되지 않는 옷에는 전혀 관심이 없었다. 나는 어느 날 한 명에게 긴 양말을 주었다. 그는 아주 조심스럽게 양말을 거기에 끼웠다. 그 뒤에 메달을 하나 주자, 그것을 바로 거기에 달았다. 간단히 말해서 그 고귀한 부분을 멋지게 장식을 하면 아주 행복한 표정이었으며, 몸의 나머지 부분에 대해서는 전혀 관심이 없었다. 여자들 옷은 긴 줄에 삼끈을 매달았는데, 20센티미터 길이의 끈은 끝을 작고 독특한 매듭으로 마무리했으며, 전체적으로 검게 염색을 했다. 그들은 이것을 엉덩이에 너덧 번 둘러, 비는 곳 없이 서로 맞물리게 해 놓았다. 이것은 내가 어떤 여자에게서 본 페티코트 못지않게 감추고 싶은 곳을 완벽하게 가린다.

디스커버리호에 탑승했던 의사 데이비드 샘웰은 하와이에서 쿡이 죽은 뒤의 일을 기록했다

2월 20일 토요일. …… 10시에서 11시 사이에 우리는 아주 많은 사람들이 행렬을 이루어 언덕을 따라 내려오는 것을 보았다. 모두 어깨에 사탕수수를 한두 개씩 지고, 손에는 빵나무, 타루 뿌리, 질경이를 들고 있었다. 그들과 함께 온 북 치는 사람 둘이 해변의 하얀 기 옆에 앉아 북을 두드렸다. 그러자 인디언이 한 명씩 나와 사탕수수를 내려놓고 다시 돌아갔다. 다른 무리도 같은 순서로 해변을 따라오더니 선물 또는 평화의 제물을 다른 것들 위에 올려놓고 물러났다. 해변의 가운데쯤 되는 곳에 하얀 기가 하나 더 꽂혀 있고, 그 옆에도 한 남자가 앉아 있었다. 곧 깃털이 달린 망토를 입은 이포가 바위에 서서 보트를 해변에 대라고 우리에게 손짓하는 것이 보였다. 중형 보트를 탄 클라크 선장이 해변으로 다가갔고, 커다란 보트를 탄 중위도 함께 갔다. 그들은 상륙을 하지는 않았다. 이포가 타웨노-오라와 함께 중형 보트에 탔기 때문이다. 그들은 깃털이 달린 검은 망토에 덮인 커다란 꾸러미를 건네주었다. 거기에는 좋은 새 천을 잔뜩 둘러 품위 있게 장식한 쿡 선장의 유해가 담겨 있었다. 이포는 어느 쪽 배에도 오래 머물지 않고, 우리가 준 선물을 들고 해변으로 돌아갔다. 디스커버리호에 탔을 때 테두리에 녹색을 두른 적갈색 고급 새 망토를 준 것이다. 오후에 레졸루션호의 선실에서 꾸러미를 펼쳤다. 안에는 살이 약간 남은 뼈들이 있었으며, 불에 탄 자국이 있었다. 허벅지와 다리는 붙어 있었지만 발은 붙어 있지 않았다. 손이 달린 두 팔은 따로 떨어져 있었다. 두개골에서 얼굴을 이루는 뼈는 다 갖추어져 있었지만 두피는 분리되어 있었다. 머리를 짧게 깎은 두피도 꾸러미 안에 있었다. 두 손은 온전했으며, 팔뚝의 피부가 붙어 있었다. 손은 불에 타지는 않았지만, 소금에 절여져 있었다. 소금에 재우려고 찢은 상처들이 몇 군데 있었다. 우리는 꾸러미에 담긴 신체 부위들의 주인이 누구인지 전혀 의심하지 않았지만, 그럼에도 손을 보는 순간 모두 완벽한 확신을 가질 수 있었다. 엄지와 검지를 가르는 2, 3센티미터 정도의 커다란 흉터를 잘 알고 있었기 때문이다. 귀는 두피에 붙어 있었는데, 두피에는 2, 3센티미터 길이의 벤 자국이 있었다. 몽둥이로 처음 맞았을 때 생긴 상처인 것 같았다. 그러나 두개골에 골절이 일어나지 않은 것으로 보아 그 타격이 치명적이지는 않았던 것 같다. 쿡 선장을 아버지처럼 존경하고 그의 위대한 자질을 숭배하던 사람들은 이런 식으로 그의 유해를 볼 운명이었다. 이때 그들의 감정이 어떠했는지는 이야기하지 않겠다.

J. Beaglehole (편), *The Journals of Captain James Cook on his Voyages of Discovery.*

S.Parkinson del.   T. Chambers Sculp.

An Heiva, or kind of Priest of Yoolee-Etea, & the Neighbouring Islands.

쿡의 1차 항해 때 만난 타히티의 유쾌한 사제. 쿡이 이 섬에서 발견한 불가사의한 것들 가운데는 신전의 단도 있었다. 네모나게 잘린 돌들은 놀랍도록 정확하게 서로 맞물려 있었다. 쿡은 철제 도구나 유럽의 석공술이 없는 타히티 사람들이 어떻게 그런 구조물을 만들 수 있었는지 이해할 수 없었다.

루이-앙투안 드 부갱빌 *Louis-Antoine de Bougainville 1729~1811*
타히티까지 항해하다

부갱빌은 몇 가지 면에서 조지프 뱅크스를 군인처럼 바꾸어 놓은 사람이라고 할 수 있다. 파리에서 법률가와 수학자로 훈련을 받은 부갱빌은 육군 장교로 복무하다 서른네 살에 해군으로 옮겨 갔다. 워낙 능력이 출중하여, 불과 3년 만에 그는 지구를 일주하는 원정을 지휘하게 되었다. 그는 부되스호와 에투알호 두 척의 배로 남아메리카 해안까지 내려가 남태평양을 잠깐 조사한 뒤─그는 이곳에서 타히티에서 누린 기쁨은 열렬히 찬양했지만, 오스트레일리아는 발견하지 못했다─계속 항해를 했다. 그가 이 지역을 찾아온 첫 유럽인은 아니었다. 네덜란드 탐험가들은 오래전에 동인도 제도를 합병했고, 한 영국인이 그보다 1년 전에 타히티에 도착했다. 그러나 낙원의 섬 이야기로 대중을 흥분시킨 것은 그의 1766~1769년 항해 이야기다. 여기에 나오는 '고상한 야만인'의 묘사는 많은 학문적 살롱에서 토론 주제가 되었다. 그는 뱅크스와 마찬가지로 해양 생물과 식물의 표본을 많이 채집했으며, 화려한 덩굴식물 부겐빌레아에 그의 이름이 남아 있다. 프랑스 혁명 뒤에는 과학에 헌신하여, 프랑스에서 가장 영향력 있는 학자로 꼽히게 되었다. 그가 쓴 일기는 1977년에야 공개되었다.

1768년 부갱빌은 타히티 섬에 이르렀다

(4월) 7일 목요일 우리는 물통을 청소하는 작업을 했으며, 오후에 나는 육지에 텐트를 쳤다. 인디언들은 처음에는 우리를 보고 기뻐하는 것 같았다. 이윽고 추장이 다가왔다. 그는 지도자들과 일종의 회의를 열었다. 그런 뒤에 나에게 배에서 잠을 자고 아침에 다시 오라고 말했다. 나는 우리가 해안에서 잠을 자며 물과 땔감을 구하려고 왔으며, 이 일을 위해 18일이 필요한데 그 뒤에는 떠나겠다고 대답했다. 나는 그에게 우리가 머물고 싶어 하는 날짜의 수와 같은 수의 돌을 주었다. 그들은 회의를 열더니 돌 아홉 개를 빼고 싶어 했다. 나는 동의하지 않았다. 결국 모든 것이 합의되었지만, 인디언들은 여전히 큰 불신을 드러냈다. 나는 추장 그리고 그의 가족 몇 명과 내 텐트에서 저녁을 먹었다. 주방마다 요리를 보내왔다. 우리는 많이 먹지 않았지만, 이곳의 왕과 그의 피를 물려받은 왕자들은 우리가 도저히 흉내 낼 수 없는 식욕을 보여 주었다. 저녁 식사 뒤에 나는 손님들 앞에서 로켓 열두 발을 쏘았다. 그들은 믿을 수 없을 정도로 두려워했다.

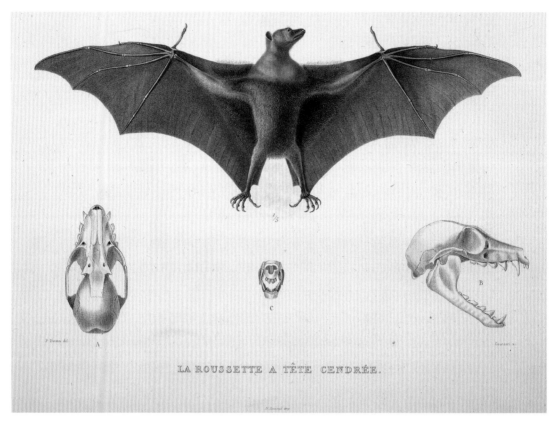

LA ROUSSETTE A TÊTE CENDRÉE.

이 남아메리카 박쥐는 부갱빌이 태평양으로 가는 길에 채집한 여러 표본 가운데 하나다. 그는 앵글로색슨 경쟁자들 못지않게 확고한 태도를 보여 준 채집가였다. 부갱빌의 이름은 화려한 덩굴식물 부겐빌레아에 남아 있다. 브라질이 원산지인 이 식물은 나중에 프랑스 남부에 성공적으로 이식되었다.

…… 한밤중이 되었을 때 …… 저녁 때 내 호주머니에서 훔쳐간 오페라글라스를 두고 왕, 왕의 형제들, 그들의 하인들로 보이는 사람들 사이에 격론이 벌어졌다. 왕은 신하들을 비난하면서 그들을 죽이겠다고 위협했다. 그러나 내가 보기에 이 도둑질의 책임을 져야 할 사람은 그 가엾은 자들이 아니라 왕이었던 것 같다. 논쟁이 잠잠해지면서 밤이 끝날 무렵에는 좀 평화로워졌다. 다음 날 프랑스 사람 몇 명은 이 나라의 관습을 찬양하게 되었다. 그들이 집에 들어가자 젊은 처녀들을 선물로 받았다. 바닥에는 녹색 식물이 놓여 있었고, 남자, 여자 할 것 없이 인디언들이 많이 모여 그들을 둘러싸고 원을 그렸다. 그들의 환대는 찬사를 받을 만했다. 조수 한 사람은 플루트 소리에 맞추어 행복의 찬가를 부르고 있었다. …… 결혼한 여자들은 남편에게 충실하며, 부정한 행동에

는 목숨을 대가로 내놓는다. 그러나 우리에게는 젊은 처녀들을 모두 제공한다. 그들은 우리의 하얀 피부에 기쁨을 느껴, 아주 풍부한 표현으로 감탄을 한다. 더욱이 이들 종족은 몸이 당당하다. 남자는 키가 175센티미터 정도인데, 180센티미터에 이르는 사람도 많고, 넘는 사람도 몇 명 있다. 이목구비도 준수하다. 잘생긴 머리에, 머리카락은 여러 가지 방법으로 꾸민다. 몇 사람은 또 턱수염을 길게 길렀는데, 코코넛 기름을 머리에 바르면서 수염도 함께 문지른다. 여자들은 예쁘다. 이것은 아마 기후, 음식, 물 때문일 것이다. 남자와 여자, 심지어 노인마저 세상에서 가장 훌륭한 치아를 자랑한다. 이 사람들이 숨을 쉬는 것은 오직 쉬고 관능적 쾌락을 누리기 위해서다. 비너스는 그들이 숭배하는 여신이다. 온화한 기후, 아름다운 경치, 강과 폭포의 물 덕분에 어디나 비옥한 땅, 더운 나라의 저주라 할 수 있는 벌레의 무리조차 건드리지 않는 깨끗한 공기, 이 모든 것이 관능적 쾌락을 부추긴다. 그래서 나는 이곳에 새로운 키테라라는 이름을 붙였다. 기후와 이 사람들의 도덕관의 영향으로부터 자신을 방어하려면 고대 키테라에서 그랬던 것처럼 여기에서도 미네르바의 보호가 필요하다.

아직 그들의 정부 형태, 서열 차이, 서로를 구분하는 표지는 모르겠다. 우리가 늘 보게 되는 추장은 독재자처럼 다스리고, 사람들이 우리를 괴롭히면 막대기로 쫓아 버린다. 그 자신이 큰 도둑이면서도, 사람들이 우리에게서 훔쳐간 물건을 돌려주는 일을 맡기도 한다. 그의 왕국에서 도둑질을 하는 사람은 자기 하나뿐이기를 바라는 것이다. 사회적 차이와 관련하여 처음 발견한 것은 자유인과 노예를 구별하는 표시인데, 자유인은 엉덩이에 물감을 칠하는 듯하다(농담이 아니다). …… 다른 차이는 발견하는 대로 적을 생각이다.

L. Bougainville, *The Pacific Journal of Louis-Antoine De Bougainville, 1767~68.*

식량이 바닥나고 괴혈병이 심각해졌으며, 부갱빌은 에투알호의 명단에서 예기치 않은 변화를 발견했다

(5월) 28일 토요일에서 29일 일요일까지 우리는 가로돛을 죄었다. 중간 돛대의 큰 돛은 바들바들 떨면서 에투알호를 기다리고 있다. 에투알호는 전보다 항해를 더 못한다. 그럼에도 우리는 한순간도 허비할 수가 없다. 식량 재고 때문에 유럽의 시설에 가야만 한다. 승무원은 오랫동안 똑같은 식량만 먹었다. 병자를 위해 아껴 둔 닭 몇 마리와 일요일이 세 번만 지나면 끝이 날 칠면조 세 마리밖에 남지 않았다. 그 가운데 한 마리를 오

LE CALLOCEPHALE AUSTRAL, Mâle.

남태평양의 앵무새. 부갱빌은 타히티—그는 뉴 키테라라고 불렀다—에 매혹되었다. 그는 이렇게 기록했다. "오늘 아침에는 이웃 지역의 지배자 셋이 천을 선물로 들고 왔다. 그들의 키와 덩치는 어마어마했다. 나는 그들에게 도끼, 못, 송곳을 주었다. 우리는 그들이 있는 자리에서 권총을 쏘았으며, 총알은 판자를 뚫었다. 이 무거운 지배자들은 뒤로 쓰러졌으며, 그들을 다시 일으키는 데 시간이 좀 걸렸다. 우리는 오후에 그들을 다시 찾아가야 했다. 족장은 자기 부인들 가운데 하나를 나에게 제공했다. 젊고 아주 예뻤다. 그러자 온 마을이 결혼 축가를 불렀다. 얼마나 멋진 나라냐! 얼마나 멋진 민족이냐!"

늘 점심으로 먹고 있으며, 그것 때문에 다들 무척 기뻐한다. 말콩이라고 부르는 이 큰 콩, 베이컨, 거의 3년은 된 절인 쇠고기로 이루어진 식단은 정말 지독하다!

어제는 에투알호에서 좀 이상한 사건을 조사했다. 한동안 드 코메르송 씨의 하인 바르가 여자라는 소문이 두 배에 돌았다. 몸집, 다른 사람이 있는 곳에서는 절대 옷을 갈아입지 않고 용변도 보지 않고 주의를 하는 태도, 목소리, 수염이 없는 턱을 비롯한 몇 가지 점이 그런 의심을 불러일으키고 굳혀 왔다. 이런 의심은 키테라(타히티) 섬에서 벌어진 사건 때문에 확신으로 바뀐 듯하다. 드 코메르송 씨는 식물 채집 때면 항상 따라다니는 바르와 함께 상륙했다. 바르는 무기, 음식, 식물 공책을 들고 다닐 뿐 아니라, 용기와 힘도 보여 주어 우리 식물학자로부터 짐 나르는 짐승이라는 칭호까지 얻었다. 이 하인이 섬에 상륙하자마자 키테라 사람들은 그를 둘러싸고, 그가 여자라며 그녀에게 섬사람들이 경의를 표하겠다고 제안했다. 당직 항해사가 가서야 그를 빼올 수 있었다. 그래서 나는 왕의 포고에 따라 이 의심이 사실인지 확인해 볼 수밖에 없었다. 바르는 눈물을 글썽이며 자신은 여자라고, 승선할 때 로슈포르에서 남자 옷을 입고 주인 앞에 나타나 주인을 속였다고, 전에도 어떤 제네바 사람의 하인으로 일한 적이 있다고, 부르고뉴에서 태어나 고아가 되었으며, 소송에서 지는 바람에 궁핍해져 자신이 여자라는 사실을 감추기로 했다고, 더욱이 승선할 때 이 배가 세계 일주를 한다는 것을 알고 이 항해에 강한 호기심을 느꼈다고 말했다. 그녀는 (이런 일을 한) 유일한 여성일 것이며, 나는 그녀가 늘 아주 꼼꼼하고 정확하게 행동했기 때문에 그녀의 결의에 더욱더 감탄하고 있다. 나는 그녀가 불쾌한 일을 당하지 않도록 조치를 취했다. 법정도 그녀가 이렇게 포고를 위반한 것을 용서해 줄 것이라고 본다. 그녀의 예가 전염성이 있다고 보기는 힘들기 때문이다. 그녀는 추하지도 예쁘지도 않으며, 아직 스물다섯 살이 되지 않았다.

L. Bougainville, *The Pacific Journal of Louis-Antoine De Bougainville, 1767~68.*

알렉산더 폰 훔볼트 *Alexander von Humboldt 1769~1859*
남아메리카에서 식물 연구

사랑에 실패하고 광산 검열관이라는 직업에 환멸을 느낀 독일 귀족 훔볼트는 탐험가가 되기로 결심했다. 그는 1799년 상당한 개인 재산과 단 하나의 커다란 야심을 갖고 남아메리카에 도착했다. 그 야심이란 모든 것에 관하여 모든 것을 배우겠다는 것이었다. 다음 5년 동안 훔볼트는 프랑스 식물학자 에메 봉플랑과 함께 남북 아메리카 전역을 널리 여행하며 많은 과학 정보를 모았는데, 나중에 이 정보를 정리하는 데에만 30년이 걸렸다. (그의 『신세계의 주야 평분선 지역 여행』 마지막 권은 1834년에야 나왔다) 그는 얼마 안 남은 재산을 이용해 알프스 산맥, 우랄 산맥, 중앙아시아를 탐험하고 나서 세계의 움직임을 설명하려고 시도한 철학적 논문인 『코스모스』를 썼다. 이 책은 1859년 그가 죽을 때까지 완성되지 않았는데, 이 무렵 그는 너무 유명해져서 팬들에게 자신을 조용히 지내게 해 달라고 요청하는 광고를 게재해야 했다. 그의 일기는 그 풍부한 호기심만이 아니라, 정확한 솜씨로 그린 삽화로도 유명하다.

훔볼트는 지식을 탐구할 때는 어떤 장애에도 물러서지 않았다. 그는 등반 경험이 전혀 없었음에도 안데스의 큰 산 몇 개를 올라갔다. 단지 거기에 무엇이 있나 보려는 것이었다. 1802년 6월 23일에는 당시 세계에서 가장 높다고 알려진 5,790미터 높이의 침보라소 산을 올라가려 했다. 그때까지 인간이 하늘을 향해 그렇게 높이 올라간 적은 없었다. 이 기록은 수십 년 뒤에야 깨진다. 그는 늘 분화구 속으로 들어가려 했으며, 옷에서 타는 냄새가 나거나 숨을 쉴 수 없게 되었을 때에야 물러났다. 높은 산의 난관과 공포를 강조하는 산악인들과는 달리 훔볼트는 그런 등반을 멋진 게임으로 여겼다. 그는 어떤 분화구에서 약간 덴 뒤에도 이렇게 썼다. "얼마나 멋진 곳이냐! 얼마나 재미있었는가!"

훔볼트와 봉플랑은 6만 종 이상의 식물을 수집했는데, 그 가운데 반 이상이 유럽에는 알려지지 않은 것이었다. 남아메리카의 산을 넘고 강을 건너 표본을 운반하는 것은 큰 문제였다. "이 물건들을 운송하고 세심하게 돌보느라 우리는 생각하기 힘든 당혹스러운 일들을 겪었다." 훔볼트는 그렇게 썼다. "대여섯 달 탐험을 하면서 짐을 실은 노새를 열두 마리, 열다섯 마리, 때로는 스무 마리씩 끌고 다니는 일, 여드레에서 열흘마다 이 짐승들을 교체해 주는 일, 대규모 탐험단을 이끌기 위해 고용한 인디언들을 감독하는 일 등 세 가지 일 때문에 진행이 늦어지곤 했다." 훔볼트는 혹시 표본을 잃어버릴 경우에 대비하여 각 표본을 일기에 기록했다. 일단 개략적으로 스케치를 해 놓고, 나중에 정교하게 다듬어 세밀한 삽화로 바꾸어 놓았다. 또 이 일기를 잃어버릴 것에 대비해 공을 들여 세 부를 필사했다. 그 가운데 두 부는 프랑스와 영국

훔볼트가 그린 침보라소 산과 코토팍시 산(연기를 뿜는 산)의 그림으로, 안데스 산맥의 고도에 따른 식물 분포를 보여 준다. 침보라소 산은 6,310미터로, 당시 세상에 알려진 가장 높은 산이었다.

에 미리 보냈고, 나머지 한 부는 아바나에 숨겨 두었다. 결국 세 부 모두 안전하게 손에 넣었으니, 그렇게 공들여 필사를 할 필요는 없었던 셈이다.

전기뱀장어 잡기

일반 사람들에게 전기뱀장어가 주는 충격에 대한 두려움이 워낙 크고 또 너무 과장되어 있기 때문에, 사실은 쉽게 잡을 수 있고, 힘세고 튼튼한 것 한 마리에 2피아스터를 주겠다는 약속까지 했음에도 사흘 동안 우리는 한 마리도 손에 넣을 수가 없었다. 인디언들의 이런 공포는 유별나다. 그들은 자신들이 매우 신뢰한다고 공언하는 예방책도 시도해 보려 하지 않는다. 그들에게 뱀장어의 영향에 관해 물어보면, 담배를 씹으면서

뱀장어를 만지면 무사하다고 말하곤 한다. 담배가 동물의 전기에 미치는 영향력에 대한 믿음은 남아메리카 대륙에 널리 퍼져 있다. 마늘과 수지獸脂가 자침磁針에 영향을 준다는 뱃사람들의 믿음만큼이나 일반적이다.

기다리는 데 짜증이 나고, 그동안 우리한테 산 채로, 그러나 매우 약해진 상태로 가져온 전기뱀장어에게서는 매우 불확실한 결과만 얻었기 때문에, 우리는 카노 데 베라로 가서 야외 물가에서 바로 실험을 하기로 했다. 우리는 3월 19일 아주 이른 시간에 라스트로라는 마을로 갔다. 그곳에서 인디언들의 안내를 받아 냇물로 갔다. 이 냇물은 가뭄 때는 진흙탕 웅덩이를 이루는 곳으로, 멋진 나무들, 클루시아, 아미리스, 향기로운 꽃이 피는 미모사에 둘러싸인 곳이다. 전기뱀장어는 아주 민첩하기 때문에 그물로 잡는 것은 매우 어렵다. 진흙 속으로 쏙 들어가 버린다. …… 그래서 인디언들은 우리한테 "말로 낚시를 할 것"이라고 말했다. 이 특별한 낚시법이 도대체 어떤 것인지 이해하기가 어려웠다. 그러나 우리는 곧 안내인들이 초원에서 돌아오는 것을 보았다. 그들은 야생말과 노새를 찾으려고 초원을 뒤졌던 것이다. 그들은 말과 노새를 서른 마리쯤 데려와 웅덩이에 들어가게 했다.

말발굽의 독특한 소리 때문에 전기뱀장어들은 흥분하여 진흙에서 튀어나와 말을 공격한다. 커다란 물뱀을 닮은, 납색을 띤 이 노르스름한 뱀장어들은 수면에서 헤엄을 치며, 말과 노새의 배 밑으로 모여든다. …… 작살과 길고 늘씬한 갈대를 든 인디언들은 웅덩이를 빽빽하게 둘러싼다. 몇 사람은 나무에 올라간다. 그러자 나뭇가지들이 수면 위에 수평으로 길게 늘어진다. 그들은 시끄럽게 소리를 지르며 긴 갈대를 이용해 말이 달아나 웅덩이 가장자리에 이르지 못하게 막는다. 뱀장어들은 소리에 놀라 계속 전기 배터리를 방전하여 자신을 방어한다. 오랫동안 그들이 승리를 거둘 것처럼 보인다. 사방으로부터 생명에 핵심적인 장기에 눈에 보이지 않는 강한 공격을 받은 말 몇 마리가 쓰러진다. 강한 충격이 되풀이되자 정신을 잃고 물 밑으로 사라지는 것이다. 또 어떤 말들은 갈기를 바짝 세우고 숨을 헐떡인다. 사나운 눈은 괴로움과 당혹감을 드러낸다. 그들은 몸을 일으키며, 그들을 사로잡은 폭풍우로부터 달아나려 한다. 그러나 인디언들에게 쫓겨 다시 물 가운데로 들어간다. 그래도 몇 마리는 강하게 막아서는 낚시꾼들을 피해 달아나는 데 성공한다. 이들은 물가에 이르지만 계속 비틀거리다 완전히 진이 빠진 데다가, 전기뱀장어가 준 전기 충격 때문에 다리가 마비되었기 때문에 모래에 뻗어 버린다.

Pl. XXX.

Simia ursina.

남아메리카의 가장 큰 영장류 가운데 하나인 붉은고함원숭이는 훔볼트가 일지에 스케치한 많은 발견물들 가운데 하나일 뿐이다.

5분이 안 되어 우리 말 두 마리가 익사했다. 뱀장어는 1.5미터 길이인데, 말의 배에 몸을 갖다 붙이고 그 전기 기관 전체로 방전을 한다. 말의 심장, 내장, 복부에 뭉친 신경을 동시에 공격한다. 당연하지만, 말이 느끼는 충격은 사람이 뱀장어에 손끝만 닿았을 때 느끼는 충격보다 훨씬 강렬하다. 말은 대개 죽지는 않고 기절만 한다. 그러나 다른 말과 뱀장어들 사이의 긴 싸움 때문에 일어날 수가 없어 익사하고 만다.

싸움을 하는 동물이 모두 차례로 죽어야만 낚시가 끝날 것 같았다. 그러나 이 불균등한 싸움의 열기는 점차 수그러들고, 지친 전기뱀장어들은 흩어졌다. 잃어버린 전기력을 회복하려면 오래 쉬면서 많이 먹어야 한다. 노새와 말은 두려움이 한결 덜해진 듯하다. 갈기는 이제 곤두서 있지 않고, 눈의 공포도 많이 가셨다. 전기뱀장어들은 겁을 먹고 웅덩이 가장자리로 간다. 그곳에서 사람들은 긴 끈이 달린 작은 작살로 뱀장어를 잡는다. 끈이 바싹 말라 있을 때는 뱀장어를 공중에 들어 올려도 사람이 충격을 느끼지는 않는다. 몇 분이 안 되어 우리는 커다란 뱀장어 다섯 마리를 확보했는데, 대부분 약간씩 부상을 당했다. 저녁 무렵에 같은 방법으로 몇 마리를 더 잡았다.

아주 크고 매우 성이 난 전기뱀장어가 내뿜는 첫 전기 충격에 몸을 노출시키는 것은 만용일 것이다. 혹시라도 오랫동안 쫓겨 다닌 끝에 부상을 당하거나 지치기 전인 뱀장어에게 공격을 받으면, 통증과 마비 증세가 극심한데 그 느낌을 말로 묘사하는 것은 불가능하다. 나는 경솔하게도 방금 물에서 잡은 전기뱀장어에 두 발을 올려놓는 바람에 큰 충격을 받았는데, 커다란 라이덴병(전기를 모아 두는 유리병)의 방전에서도 이보다 무시무시한 충격을 받은 기억은 없다. 나는 그날 내내 무릎, 나아가서 거의 모든 관절에서 심한 통증을 느꼈다. ……

독일령 기아나, 예를 들어 데메라타에서는 전에 마비 증상을 치료하는 데 전기뱀장어를 이용했다. 유럽의 의사들이 전기의 효과를 굳게 믿었던 시절에 반 데어 로트라는 에세키보의 외과 의사는 전기뱀장어의 의학적 성질에 관한 논문을 네덜란드에서 발표했다. 의사들은 이런 전기요법으로 아메리카의 야만인들을 치료했다. …… 내가 찾아갔던 스페인 식민지들에서는 이런 치료 방법에 관해 듣지 못했다. 하지만 전기뱀장어를 가지고 네 시간 동안 몇 가지 실험을 해 본 결과 봉플랑 씨와 나는 다음 날까지도 근육의 무기력, 관절의 통증, 몸 전체의 불편을 느꼈는데, 이것은 신경계의 강한 자극의 결과라고 자신 있게 말할 수 있다.

A. von Humboldt, *Personal Narrative to the Equinoctial Regions of America, 1852.*

메리웨더 루이스 *Meriwether Lewis 1774~1809*
윌리엄 클라크 *William Clark 1770~1838*
북아메리카의 광야 속으로

루이스는 미국의 제퍼슨 대통령의 비서였으며, 클라크는 그가 군대에서 사귄 장교였다. 그들은 과학과는 거리가 먼 사람들이었지만, 제퍼슨이 정확하게 말했듯이, "이런 과제를 수행하는 데 꼭 필요한 강한 체질과 성격, 신중함, 숲에 적응하기 쉬운 생활 습관, 인디언의 생활 방식과 성격에 관한 지식"을 갖추고 있었다. 이 과제란 원정대를 이끌고 북아메리카의 한쪽 끝에서 다른 쪽 끝까지 갔다가 다시 돌아오는 것이었다. 그들은 1803년부터 1806년까지 미시시피 강을 따라 올라가, 로키 산맥을 가로지르고, 컬럼비아 강을 따라 태평양까지 갔다. 이들은 지도가 전혀 없는 땅, 가끔 캐나다에서 온 상인들만 들락거릴 뿐, 아무도가 본 적이 없는 땅을 통과했다. 어떤 사람들은 긴 여행에 불과하다고 말하지만, 이것은 정치적이고 과학적인 사실들을 파악하는 임무로, 그 영향도 광범했다. 리빙스톤, 스탠리 등이 아프리카에서 식민지 개척자들을 위한 길을 열어 주었듯이, 루이스와 클라크는 북아메리카 대륙에 수많은 식민지 개척자들을 위한 길을 열어 주었다. 그러나 유럽인들은 결국 아프리카에서 물러났지만, 미국 정착자들은 그대로 남아 무기와 병의 힘으로 한 종족 전체를 쫓아내 버렸다. 이것은 제국의 역사에서 가장 치밀하고 장기적인 행동 가운데 하나였다.

루이스가 원정 출발의 흥분을 기록하고 있다

우리 배는 작은 카누 여섯 척과 커다란 통나무 배 두 척이었다. 이 작은 함대는 비록 콜럼버스나 쿡 선장의 함대만큼 모양새가 좋지는 않지만, 그럼에도 우리는 그 명성을 누려 마땅한 모험가들이 자신의 함대를 볼 때처럼 기쁜 마음으로 우리 함대를 보았다. 또 감히 말하거니와 그 함대가 안전하게 유지되기를 갈망하는 마음도 똑같았을 것이다. 이제 우리는 문명인이 밟아 본 적이 없는, 폭이 적어도 3,000킬로미터는 되는 땅을 관통하려는 참이었다. 그곳에서 우리를 기다리는 좋고 나쁜 일들은 겪어 보기 전에는 아직 뭐라 말할 수 없는 상황이었으며, 이 작은 함대에는 우리가 생명을 유지하고 우리 자신을 방어하는 데 필요하다고 여겨지는 물건이 모두 담겨 있었다. …… 지난 10년 동안 나의 소중한 기획이었던 항해의 성공에 대한 자신감 넘치는 희망을 품으며, 나는 이 출

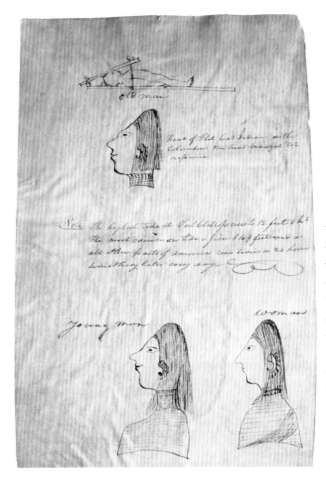

클라크의 그림을 그려 넣은 엘크 가죽 일지의 한 페이지는 미국 원주민 플랫헤드(납작한 머리)족이 왜 그런 이름을 얻었는지 보여 준다. 아기의 두개골을 판자 두 개로 눌러 주면 플랫헤드족이 바라는 독특한 모양을 얻게 된다. 루이스는 이렇게 썼다. "이렇게 하는 것은 그들이 매우 존경하는 넓은 이마를 얻으려는 것이다." 이런 장식적인 특권은 우월한 신분의 상징이었다. 노예들은 이렇게 머리를 납작하게 만드는 것이 허용되지 않았다.

발 순간을 내 인생에서 가장 행복한 순간으로 꼽지 않을 수 없었다. 원정대는 건강 상태가 훌륭하고 사기가 충천하며, 이 일에 대한 뜨거운 의욕이 충만하여 어서 출발하고 싶어 한다. 불만 때문에 소곤거리거나 중얼거리는 소리는 들리지 않고 모두 하나가 되어 완벽한 조화를 이루며 움직이고 있다. 나는 이날 저녁에는 일찌감치 저녁을 먹고 잠자리에 들었다.

E. Osgood (편), *The Field Notes of Captain William Clark*.

태평양 해안에서 식량이 바닥을 보이는 상황에서 탐험대는 해안에 쓸려 온 고래가 있다는 이야기를 들었다

1월 5일. 소금을 만들러 떠났던 다섯 명 가운데 두 명이 돌아왔다. 그들은 해안을 꼼꼼하게 조사하여, 떠난 지 닷새째 되는 날에야 소금 제조를 위한 편리한 곳을 발견했다. …… 인디언들은 그들을 잘 대접했으며 고래 지방을 선물로 주었고, 그들은 그 일부를 우리에게도 가져왔다. 이 지방은 흰색으로 돼지 지방과 크게 다르지 않았지만, 더 거칠고 스펀지 같은 느낌도 났다. 하지만 조리를 하자 부드러워지고 입에도 맞았다. 비버와 비슷한 맛이었다. 그들은 소금도 1갤런 가져왔다. 희고 고왔으며 품질이 아주 좋았다. 하지만 미국 서부 지역에 흔한 암염만큼 강하지는 않았다. ……

고래의 출현은 이웃의 인디언 모두에게 중요한 일이었다. 우리도 몇 마리 잡을 수도 있고, 아니면 적어도 인디언에게 지방을 살 수는 있었기 때문에, 사람들 몇 명이 물건을 조금 꾸려 아침에 떠날 준비를 하게 했다. 이 결정이 알려지자 샤보노와 그의 (인디언) 부인도 함께 가게 해 달라고 요청했다. 이 가엾은 여자는 커다란 물을 보려고 아주 진지한 태도로 우리와 함께 먼 길을 왔지만 한 번도 해안에 내려가 보지 못했다. 이제 이 엄청난 물고기도 보게 된다는데, 바다도 고래도 보는 것을 허락해 주지 않는다면 너무 억울하다는 이야기였다. 일리가 있는 요청이라 거부할 수가 없었다. 그래서 그들도 동행하게 해 주었고, 클라크 선장은 1월 6일 이른 아침을 먹은 뒤 그들 외에 열두 명과 함께 카누 두 대에 나누어 타고 떠났다. …… (그들이 돌아왔을 때) 날씨는 아름답고, 하늘은 맑고, 달은 밝게 빛났다. 두 달 만에 처음 맞이한 맑게 갠 저녁이라 더욱 기분이 좋았다.

E. Coues (편), *History of the Expedition under the Command of Lewis and Clark, Vol. 2.*

멍고 파크 *Mungo Park 1771~1806*
니제르 강 탐험

조지프 뱅크스는 스마트라에서 근무하다 돌아온 지 얼마 되지 않는 스코틀랜드의 외과 의사 파크를 니제르 강 원정대장으로 선발했다. 유럽의 지리학자들은 이 유명한 강 때문에 무척 고생을 했다. 그들은 이 강이 존재한다는 것을 알았지만—확신은 못해도—어디로 흘러가는지는 알지 못했다. 어떤 사람들은 나일 강과 합쳐진다고 했고, 어떤 사람들은 콩고 강과 합쳐진다고 했다. 어떤 설에 따르면 서쪽으로 흘렀고, 어떤 설에 따르면 북쪽으로 흘렀다. 많은 권위자들이 강어귀는 존재하지 않고, 그냥 사하라 어딘가로 사라진다고 믿었다. 파크는 이 문제를 확정하기 위해 1795년에 포츠머스에서 출발했다. 그는 아프리카 적도 지대를 통과하는 위험한 단독 여행 끝에 결국 니제르 강을 발견했지만, 병과 물자 부족 때문에 끝까지 가지는 못했다. 파크는 1805년에 일을 마무리하기 위해 군인들을 보충하여 다시 돌아갔다. 이들 대부분은 니제르 강에 이르기도 전에 병으로 죽었고, 나머지는 강에서 습격을 받아 죽었다. 파크는 유명한 인물이 되어, 그의 유해와 사라진 일기를 찾고 그의 임무를 마무리하기 위해 원정대가 몇 번 파견되었다. 그러나 니제르 강의 수수께끼가 마침내 풀리기까지는 25년이 걸렸다.

1796년에 파크는 니제르 강에 이르렀다

7월 20일 …… 우리는 큰 마을 몇 개를 지났는데, 밤바라 사람들은 계속 나를 무어인으로 여기며 무척 즐거워했다. 그들은 내가 말을 나보다 앞세워 몰고 가는 것을 보고 크게 웃어 젖혔다. …… 어떤 사람은, 저 사람은 메카에 다녀왔어, 옷을 보면 알아, 하고 말했다. 또 어떤 사람은 내 말이 아프냐고 물었다. 또 어떤 사람은 말을 사겠다고 제안하기도 했다—그러자 노예들도 나와 함께 있는 것을 창피해하는 듯했다. 해가 지기 직전 우리는 단추 하나라는 싼값에 내 식량과 말이 먹을 곡물을 산 그 마을에서 밤을 보낼 곳을 찾았다. 그곳에서 다음 날 일찍 니제르 강(니그로들은 이 강을 졸리바, 즉 '큰 물'이라고 부른다)을 보아야 한다는 말을 들었다. 이곳에는 사자가 아주 많다. 해가 지면 조금 있다가 문을 닫으며, 아무도 밖에 나가는 것이 허락되지 않는다. 아침에 니제르 강을 본다는 생각과 윙윙거리는 성가신 모기 때문에 밤에 눈을 감을 수가 없었다. 말에 안장을 얹어 놓았기 때문에 날이 밝기 전에 준비가 끝났다. 그러나 야생동물들 때문에 사람들

멍고 파크는 『아프리카 내륙지역 여행』의 한 장면에서 카말리아의 감비안 마을에서 제련을 하는 용광로를 관찰했다. 그가 죽자 탐험가들은 그의 일지를 찾으려고 달려들었다. 그러나 그들이 찾은 것이라고는 양복점의 청구서와 스트랜드의 왓슨 부부의 식사 초대장이 든 로그표 책뿐이었다.

이 잠자리에서 일어나 문을 열 때까지 기다려야 했다. ……

　　마을(세고)에 가까이 갔을 때, 나는 운 좋게도 도망 다니는 카르타인들을 따라잡았다. 나는 밤바라를 가로지를 때 그들에게 큰 신세를 진 적이 있었다. 그들은 기꺼이 나를 왕에게 소개시켜 주겠다고 했다. 우리는 함께 말을 타고 습지를 달렸다. 내가 그곳에서 애타게 두리번거리며 강을 찾고 있을 때 그들 가운데 한 명이 "제오 아필리!(물을 봐라!)" 하고 소리쳤다. 앞쪽을 보니 기쁘게도 내 임무의 중대한 목표가 보였다. 그토록 오랫동안 찾아 헤매던 니제르 강이 아침 해에 당당하게 빛나고 있었다. 웨스트민스터의 템스 강만큼 폭이 넓은 강은 동쪽으로 천천히 흐르고 있었다. 나는 서둘러 강변으로 가서 물을 마시고, 이렇게 나의 노력에 성공이라는 관을 씌워 준 것에 대해 만물의 '위대한 지배자'에게 뜨거운 감사 기도를 올렸다.

M. Park, *The Life and Travels of Mungo Park.*

1805년 11월 17일, 파크는 후원자 캐드먼 경에게 마지막(그리고 예언적인) 편지를 썼다

아주 건강한 몸으로 감비아를 떠난 유럽인 44명 가운데 현재 불과 5명, ─ 병사 셋(한 명은 정신이 이상합니다), 마틴 중위, 그리고 저만 살아 있다는 말씀을 드리게 되어 매우 송구스럽습니다. 이 이야기를 듣고 각하께서 상황이 매우 절망적인 상태라고 생각하시지나 않을까 걱정이 됩니다. 하지만 장담하건대 저는 전혀 절망하지 않았습니다. 병사 한 명의 도움으로 커다란 카누를 그런 대로 괜찮은 스쿠너(두 개 이상의 마스트를 가진 세로돛 범선)로 바꾸었고, 오늘 거기에 영국 기를 게양했습니다. 이제 니제르 강이 끝나는 곳을 발견하거나 아니면 그 과정에서 죽겠다는 확고한 결심으로 동쪽을 향해 떠날 것입니다. 이 큰 강이 어디로 흘러가느냐 하는 문제에 관해서는 믿을 만한 이야기를 듣지 못했습니다. 하지만 바다 외에 다른 어디로도 갈 수 없다는 생각이 점점 강해집니다.

저의 귀중한 친구 앤더슨 씨, 또 마찬가지인 스코트 씨도 숨을 거두었습니다. 함께 있던 유럽인이 모두 세상을 뜨고, 저 역시 반은 죽은 것이나 다름없지만, 그래도 저는 버틸 것입니다. 그래서 설사 제 여행의 목적을 이루지 못한다 해도, 마침내 니제르 강에서 죽을 것입니다.

M. Park, *The Life and Travels of Mungo Park.*

조지 라이언 *George Lyon 1795~1832*
사하라 경험

1818년 영국의 조지프 리치는 사하라를 건너 니제르 강에 간다는 목적으로 트리폴리에 도착했다. 외향적인 젊은 해군 장교 라이언도 그와 함께 왔는데, 그는 '무도회, 승마, 식사, 나 자신을 조롱하는 것'이 관심사라고 공언했다. 두 사람이 거의 아무것도 이루지 못한 상태에서 리치가 도착 후 1년 만에 죽는 바람에 라이언은 그들이 한 일을 일기로 써야 했다. 그는 정력적으로 그 일에 달려들어, 모래폭풍, 노예제, 신기루, 사막에서 만나는 거미의 종류, 캐비아 맛이 나는 오아시스의 벌레 등 다양한 주제에 관해 썼다. 그는 나중에 북극 원정에도 참여하며, 중대한 지리학적 발견을 하지는 못하지만, 특이하면서도 그 나름으로 성공을 거둔 아마추어 인류학자가 되었다. 라이언은 뛰어난 화가이자 데생 전문가로서 사람들이 보고 싶어 하는 것을 파악하는 눈이 있었다. 그의 일기는 영국에서 베스트셀러가 되지는 못했지만, 아프리카에서는 아주 유명해져 그 뒤에 사하라로 오는 사람들은 라이언이 그린 그림을 보고 싶어 하는 사람들에게 계속 시달렸다. 탐험가의 일기가 자국 시장보다 '탐험되는' 시장에서 더 관심을 불러일으키는 흔치 않은 사례 가운데 하나가 된 것이다.

사막의 미녀에 관하여

3월 31일 …… 트리폴리에서부터 나를 따라왔던 소년이 다가오더니 셰이크 바루드의 뚱뚱한 부인이며 백인인 릴라 파티마 칭찬을 늘어놓았다. 세상에서 그렇게 아름다운 여자는 처음 보았다는 것이다. 그녀는 너무 뚱뚱해서 제대로 걷지도 못한다. "팔이 내 몸통만 해요." 소년이 말을 이어 갔다. "선생님하고 시디 유수프(리치)를 보고 싶대요." 그런 암시를 거부할 수는 없었다. 그래서 나는 바로 그녀를 찾아갔고, 소년이 통역 역할을 했다. 안으로 들어갔을 때 그녀는 화려하게 장식된 팔만 드러낸 채 얼굴은 베일로 완전히 가리고 있었다. 내가 얼굴을 보여 달라고 부탁하자 그녀는 거의 머뭇거리지 않고 내 요청을 들어주었다. 그녀는 턱, 코끝, 두 눈썹 사이의 공간에는 검은 줄을 그어 놓았다. 또 루주를 많이 발랐다. 목, 팔, 다리에는 꽃, 펼친 두 손, 원, 신과 수많은 남자 친구의 이름을 새긴 문신이 있었다. 금귀걸이와 아주 형편없는 모조 보석으로 만든 장신구도 잔뜩 달고 있었다. 무게를 다 합치면 1 내지 1.5킬로그램은 나갈 것 같았다. 셔

모래 폭풍 때문에 라이언의 카라반이 혼란에 빠져 있다. 이 그림처럼 라이언의 그림들은 거의 모두가 북아프리카의 이국적인 면을 보여 준다.

츠는 줄무늬 비단이었다. 그리고 자주색 비단으로 만든 바라칸이라고 부르는 망토를 몸에 푸짐하게 두른 다음 가슴께에서 황금 핀으로 고정했다. 바라칸에도 똑같은 금속으로 만든 장신구들이 달려 있었다. 그녀가 소유한 다른 장신구들은 모두 천막 주변에 전시해 놓았다. 마녀를 닮은 바싹 마른 가엾은 사람들이 잔뜩 모여 평생 그런 완벽의 화신은 본 적이 없는 것처럼 놀란 표정으로 그녀를 둘러싸고 앉아 있었다. 아랍 사람들이 다 그렇듯이 그들도 가장 마음에 드는 것을 어루만졌다. 어떤 사람은 이 물건에 감탄하고 다른 사람은 그 옆에 있는 것에 감탄했다. 그 바람에 손가락 여남은 개가 우리의 가엾은 미녀를 한꺼번에 찌르는 일도 벌어졌다. 그러나 모두 그녀가 아름답게, 지나치게 뚱뚱하다는 데는 동의했다. 솔직히 나는 평생 그렇게 엄청난 인간 살덩이를 본 적이 없었다. 거대한 크기의 다리 한쪽은 종아리까지 드러내고 있었다. 모두 종아리를 눌러 보며 그 단단함에 감탄하고, 그런 광경을 보게 해 준 신을 찬양했다. 나는 정중한 대접을 받으며 그녀 가까운 곳에 앉으라는 권유를 받았다. 그녀가 나에게 던진 첫 질문은 우리 나라 여자들도 자기처럼 뚱뚱하고 잘생겼느냐는 것이었다. 나는 창피해하면서 우리나라 여자들의 통통한 상태에 관해서 대답했다. 감탄이 나올 정도로 살찐 면에서는 그녀 반도 못 따라간다고 솔직히 말한 것이다. 그녀는 그것을 큰 칭찬으로 받아들였다. 그녀는 실제로 얼굴이나 이목구비는 아주 잘생겼지만, 나는 그런 식으로 계속 비교하려 하지는 않았다. 그녀는 말을 하면서 데르부카라고 부르는 진흙으로 만든 북 같은 것을 가지고 놀았다. 한 손으로 두드리고, 다른 손 손가락으로 연주를 했다. 내가 그것을 보고 즐거워하자, 그녀는 한 노인에게 일어나서 춤을 추라고 명령했다. 여자들은 곧 노래를 부르고 손뼉을 쳤다. 노인은 다양한 자세로 춤을 추었는데, 모두 하나같이 상스러웠다. 이윽고 한 여자가 그 뒤를 이었는데, 상스러운 면에서는 노인보다 훨씬 윗길이었다. 하지만 나는 이것이 바르바리의 이 지역에서 춤을 추는 일반적인 방식이라는 것을 알고 있었으며, 물론 박수를 보냈다. 그러자 릴라 파티마도 똑같은 스타일의 우아한 동작 몇 가지로 우리를 대접하는 것이 예의라고 생각했다. 그러나 리치 씨가 텐트에 들어오는 바람에 이런 보여 주기 행사는 끝이 나고, 전과 마찬가지로 베일을 쓰는 의식이 진행되었다. 파티마는 곧 자신의 죽은 남편과 리치 씨 사이의 닮은 점을 찾아냈다. 둘 다 매우 늘씬했던 것이다. 그러나 안타깝게도 닮은 점은 딱 그것뿐이었다. 그녀의 전 남편은 바쇼의 명령에 따라 어쩔 수 없이 헤어졌을 때 나이가 쉰이고 턱수염이 허옜다. 반면 리치 씨는 스물일곱 살밖에 안 되었고, 얼굴이 아주 희었다. 어쨌든 그녀는 우리가 만족스럽다고 판단했다. 그녀는 우리에게 장미 향수를 뿌려 주며, 떠나도 좋다고 했다. 우리는 천막으로 돌아와 커피와 설탕 몇 덩이를 보냈다.

G. Lyon, *A Narrative of Travels in Northern Africa*.

아프리카인의 환대에 관하여

1월 16일 …… 우리는 10시에 무르주크를 향해 출발했다. …… 정오에 자이조 근처의 마을인 베단에 그라지 사람들이 들어가자마자 총을 쏘는 소리가 들렸다. 그 직후 베단에 도착한 우리는 카이드 사드가 사는 곳에서 말에서 내렸다. 카이드 사드는 바닥에 누워 있었다. 술에 취해 기분이 좋아 말이 많았다. 주위에 닭과 빵, 달걀, 케이크, 수프, 과자와 시큼한 라크비, 대추야자가 있었다.

그는 아주 관대하여 자기 집이라도 다 내줄 것 같았다. 게다가 그의 늙은 부인도 덤

1821~1823년 폭스 베이신 항해 때 라이언이 그린 에스키모 여자. 라이언은 열심히 에스키모인의 생활의 여러 면에 참여하여, 이글루에 살고, 개 썰매를 다루는 법을 배우고, 그들의 음식을 먹었다. 그는 씩씩하게 사슴의 숨통이 아주 맛있다고 말했다. 또 사슴의 위의 내용물은 "수영과 무청을 섞어 놓은 것 같았다"고 말했다. 그는 아주 활기차게 조사 활동을 했기 때문에, 원정대가 떠날 때는 임신한 자매 둘이 그에게 손을 흔들어 작별 인사를 했다.

으로 내주었을 것이다. 그녀는 식사를 할 때 우리 시중을 들었으며, 이날을 위해 기름을 잔뜩 바르고 있었다. 그는 비밀을 지킬 정신 상태가 아니었기 때문에, 우리는 곧 그가 그렇게 라크비를 많이 마신 이유를 알게 되었다. 그는 그전에 나와 함께 있는 동안 내내 두 번째 부인 자랑을 했으며, 그렇게 아름답고 수줍음 많은 사람이 남편 아닌 다른 사람에게 얼굴을 드러내도록 설득할 수 있으면 나에게도 꼭 보여 주겠다고 약속했다. 그러나 한 달 전 그가 나와 함께 가기 위해 자이조를 떠났을 때 그 매력적인 여자는 달아나 버렸다. 그녀는 우선 찾아낼 수 있는 대로 곡물을 다 그러모으고, 쟁여 두었던 1달러인가 2달러를 챙겼다. 그런 뒤에 동거인이었던 연상의 부인을 때리고 무르주크로 떠났다. 그곳에서 그녀의 행실에 관한 좋지 않은 이야기가 전해졌다. 노인은 그 일 때문에 그가 좋아하던 술로 슬픔을 삭이려고 했던 것이다. 그 집의 부인은 수단에서 만든 사발을 나에게 선물했다.

오늘 오후에는 어떤 남자가 가슴의 통증 때문에 약을 타려고 나에게 왔다. 남자는 셔츠를 열었는데, 나는 평생 그렇게 역겨운 것은 처음 보았다. 가슴 전체에 화상을 입어 상처가 곪으면서 직경이 30센티미터가 넘는 종기로 바뀌어 있었다. 이 종기가 피부를 먹어 들어가, 나는 이 남자가 며칠 못 살 것이라고 생각했다. 나에게는 그의 고통을 덜어 줄 만한 것이 없었지만, 그에게 상처를 깨끗하게 유지하라고 조언을 했다. 아마 그는 평생 생각도 못 해 본 일이었을 것이다. 환자를 나에게 데려온 친구는 세상없어도 그를 씻기지는 않겠다고 말했다. 책에서 봤는데 화상에 물을 대면 분명히 죽는다는 것이었다. 그들의 무지와 편견 때문에 이 가엾은 사람은 아마 목숨을 잃었을 것이다. 우리는 친절 때문에 거의 죽을 뻔한 뒤에 출발했다. 카이드는 비쩍 마른 가엾은 말 위에 앉는 것도 불가능해 보였지만, 그러고도 전속력으로 내 앞으로 달려가 길을 가로지르며 즐거워했다. 소리를 지르고 나에 대한 경의의 표시로 총을 뽑아 공중에 쏘기도 했다. 그러나 그의 목을 위해서는 다행스럽게도, 또 내 목을 위해서도 다행스러운 일이었지만, 30분 정도 지나자 총알이 나가지 않았다.

G. Lyon, *A Narrative of Travels in Northern Africa*.

존 프랭클린 *John Franklin 1786~1847*
북서항로 찾기

프랭클린은 관대하게 말해 인생을 잘못 관리했다고 말할 수 있는 사람이었다. 그는 과체중이었고, 혈액순환에 문제가 있었으며, 조금만 움직이면 멈추어 차를 마셔야 했고, 조금만 거리가 멀어도 걸어서 가지 못했다. 그는 1819년에 북서항로를 찾기 위해 캐나다의 가장 험준한 지형을 통과하는 육로 여행에 파견되었다. 그는 허드슨 만 북쪽 배드랜즈에서 길을 잃었다. 그의 일행 가운데 반은 굶어 죽거나 다른 사람들의 식량이 되었다. 생존자들은 썩은 고기, 석이石耳와 같은 지의류, 그리고 결국에는 자신이 신고 있던 신발까지 먹었다. 그들 가운데 한 사람이라도 살아온 것이 기적이었다. 그러나 놀랍게도 그는 다시 돌아가 임무를 마무리하라는 명령을 받았다. 이번에는 아무도 죽지 않았다. 하지만 그가 이 지역에서 식량을 너무 많이 빼앗는 바람에 인디언 수백 명이 죽었다. 1845년 유형지 총독으로 비참한 시기를 보낸 뒤 그는 다시 원정대를 이끌고 북서항로로 갔다. 그와 그의 배들, 또 그의 휘하의 원정대원 133명은 돌아오지 않았다.

프랭클린은 배드랜즈를 통과하여 돌아오는 길에 부대장인 리처드슨 박사에게 굶고 있는 부하들을 돌보라고 맡겨 놓고, 지난해의 야영지인 포트 엔터프라이즈로 식량을 가지러 떠났다
10월 4일. 신발과 옷은 서리 때문에 뻣뻣했다. 우리는 큰 고통을 겪으며 걸었다. …… 석이는 없었다. 우리는 저녁으로 차를 마시고 신발을 조금 먹었다. 다음 날 아침 평소와 마찬가지로 차로 식사를 하고 집을 향해 나아갔다. 거기서 무엇을 찾을 수 있을 것인지 생각을 하게 되자, 우리는 흥분하여 희망과 공포를 왔다 갔다 했다. 평소에는 대화로 서로 사기를 북돋우며 걷는 것이 우리의 습관이었지만, 이때는 그냥 묵묵히 나아갔다.

마침내 우리는 포트 엔터프라이즈에 이르렀다. 그러나 그곳은 완전히 황폐한 주거지가 되었기 때문에 우리는 몹시 실망하고 슬퍼했다. 식량을 저장해 놓은 곳도 없고, 인디언도 보이지 않았으며, 어디에 가면 인디언을 찾을지 알려 주는 웬첼 씨의 편지도 없었다. 이 비참한 집에 들어가 우리가 버림을 받았다는 것을 알았을 때 우리 기분이 어땠는지는 말로 표현할 수가 없다. 모두 눈물을 흘렸다. 우리 자신의 운명 때문이 아니라 뒤에 두고 온 친구들의 운명 때문이었다. 그들은 우리가 이곳에서 즉시 식량을 보내

프랭클린의 카누는 북서항로를 찾으려는 1819~1822년 원정 때 질풍과 싸웠다. 그의 캐나다인 짐꾼들은 이 경험에 겁을 먹었다. 그들은 이런 바다에서 항해를 하기는커녕, 이런 바다를 본 적도 없었다. 그러나 훨씬 비참한 상황이 그들을 기다리고 있었다. 캐나다의 배드랜즈를 가로질러 퇴각하다 20여 명의 대원 가운데 열한 명이 죽은 것이다.

주지 않으면 살 수가 없었다. ……

우리는 먹을 만한 것을 찾아 주위를 둘러보았다. 다행히도 우리가 전에 살 때 버렸던 사슴 가죽을 몇 장 찾을 수 있었다. 잿더미에서 뼈도 몇 개 추렸다. 여기에 가죽, 그리고 석이가 있으면 한동안은 그런 대로 잘 버틸 수 있을 것 같았다. 집을 보니 창문의 양피지는 다 뜯겨 나갔고, 우리가 거처로 삼았던 곳은 비바람에 완전히 노출되어 있었다. 우리는 틈에 헐렁하게나마 판자를 대 바람을 가능한 한 막으려 했다. 이제 기온은 영하 5도에서 10도 사이였다. 우리는 다른 방의 바닥을 뜯어내 땔감을 확보하고, 조리를 위해 눈을 녹여 물을 만들었다. ……

다음 날 아침에 일어났을 때는 몸과 팔다리가 너무 심하게 부어 몇 미터도 걸을 수가 없었다. 애덤은 나보다 상태가 훨씬 안 좋아 부축하지 않으면 일어나지도 못했다.

어울리지 않는 두 영웅 존 프랭클린 경(오른쪽)과 프랜시스 크로지어 중위가 1845년 영국 기선 에레버스호와 테러호를 타고 북서항로를 찾아 떠나기 전날 저녁 갑판에서 포즈를 취하고 있다. 당시 많은 사람들은 프랭클린이 임명된 것에 의문을 품었다. 너무 늙고(60세) 병약했기 때문이다. 그러나 실종 후 그와 그의 동료 장교들은 우상화되었다.

다행히도 다른 동행자들은 이 정도로 불편하지 않아, 뼈와 석이를 주우러 갔다. 덕분에 우리는 두 끼를 해결할 수 있었다. 뼈는 너무 자극적이어서, 거기서 우려낸 수프는 그 것만 먹으면 입천장이 벗겨질 정도였지만, 석이를 넣고 끓이면 약간 부드러워졌다. 거기에 소금을 넣자 심지어 맛있다는 생각까지 들었다. 다행히도 봄에 이곳에 두고 간 소금 통이 있었던 것이다.

　(10월 22일) 내가 조리 일을 맡아, 식량을 확보할 수 있을 때마다 하루 두 끼를 먹어야 한다고 고집을 부렸다. 그러나 나는 너무 몸이 약해 뼈를 부술 수도 없었기 때문에 펠티에가 땔감을 모으는 힘겨운 일에 추가로 그 일까지 해 주기로 했다. 다음 날은 온종일 심한 눈보라가 몰아쳤다. 날씨마저 이렇게 음산해지자 그렇지 않아도 힘겨워하던 애덤과 사망드르의 우울증은 더 깊어졌다. 둘 다 자리에서 일어나지 못했으며, 하루 종일 눈물을 흘리다시피 했다. 펠티에와 내가 기분을 북돋워 주려 했지만 소용없었다. 심지어 열심히 애원을 한 뒤에야 우리가 준비한 음식을 간신히 먹일 수 있었다. 우리 상황은 실제로 괴로웠지만, 그래도 뒤에 있는 친구들과 비교하면 우리는 행복하다고 생각했다. ……

(10월 26일) 매일 힘이 줄어드는 것이 느껴졌다. 몸을 조금만 움직여도 짜증이 났다. 간신히 일어나 앉는다 해도, 일어서려면 또 엄청난 노력이 필요했다. 그래서 서로 자리에서 일으켜 주는 일이 잦았다. …… 우리가 지금 사는 곳을 허물어뜨리지 않고 구할 수 있는 땔감은 다 썼기 때문에 펠티에는 오늘부터 이웃한 집들의 칸막이를 부수기 시작했다. 옆에 있는 집들은 불과 20미터 정도 거리였지만, 장작을 운반하는 데 추가로 힘을 쓰게 되자 펠티에는 너무 지쳐 저녁이면 진이 다 빠져 버렸다. 다음 날에는 도끼를 드는 것도 힘이 들 정도로 몸이 약해졌다. 그럼에도 펠티에는 버텼고, 사망드르와 내가 도왔다. 그러나 우리가 힘을 합해도 하루에 땔감을 네 번 넣을 정도밖에 모으지 못했다. 뼈 수프를 먹느라 입 안이 다 헐었기 때문에 우리는 그것은 그만 먹기로 하고, 우리의 (가죽 담요를) 삶았다. 지금까지 해 온 대로 튀기는 것보다는 삶는 것이 더 맛있다는 것을 알았기 때문이다. ……

10월 29일 (리처드슨 일행이 포트 엔터프라이즈에 도착했을 때) 우리는 의사와 헵번의 여윈 얼굴을 보고 모두 충격을 받았다. 그 얼굴은 그들이 얼마나 쇠약한 상태인지 분명히 보여 주고 있었다. 우리 외모가 변한 것도 그들에게 똑같이 충격을 주었다. 부기가 가라앉자 우리 또한 뼈와 가죽 말고는 남은 것이 없었기 때문이다. 의사는 무덤에서 나오는 것처럼 음산한 우리 목소리가 특히 마음에 걸리는지, 가능하면 더 명랑한 소리를 내라고 했다. 자신의 목소리도 우리와 똑같다는 것은 모르는 모양이었다. ……

11월 1일. 펠티에는 완전히 지쳐서 이제 일어나 앉는 것도 힘들어했고, 표정도 아주 불쌍해 보였다. 마침내 그는 스툴에서 미끄러져 침대 위로 쓰러졌다. 우리는 그가 잔다고 생각했다. 펠티에는 이런 고요한 상태를 두 시간 이상 유지했고, 우리는 아무런 위험을 느끼지 못했다. 그러다가 그의 목에서 가르랑거리는 소리가 나는 바람에 우리는 깜짝 놀랐다. 의사가 진찰을 해 보니, 그는 말을 할 수 없는 상태였다. 펠티에는 밤에 죽었다. 사망드르는 …… 춥고 관절이 뻣뻣하다고 하소연하기 시작했다. 그의 몸을 녹일 만큼 불을 계속 피울 수가 없었기 때문에, 우리는 그를 눕히고 담요를 몇 장 덮어 주었다. 그러나 사망드르는 나아지지 않았다. 정말 안타까운 일이지만, 그도 동이 트기 전에 죽었다. 우리는 주검을 건너편으로 옮겼지만, 힘을 합해도 그들을 묻어 줄 수가 없었다. 심지어 강까지 들고 내려갈 수도 없었다.

(11월 6일) 나의 관찰에 따르면 우리 힘이 빠지는 것에 비례하여 정신도 허약의 증상을 보여 주었다. 서로 비합리적인 이유로 토라지기 잘하는 것이 그 증거였다. 우리는

서로 상대가 지적인 면에서 자신보다 약하여, 조언과 지원을 해 주어야 한다고 생각했다. 장소를 바꾸는 것 같은 아주 사소한 일을 두고도 한쪽에서는 더 따뜻하고 편안한 곳을 추천하면 다른 쪽에서는 움직이기 싫어 거부했고, 그러다 보면 말을 하자마자 사과를 해야 하는 짜증스러운 표현이 튀어나오기 일쑤였다. 이런 일이 잠깐 동안에도 여러 번 되풀이되었다. 불에 장작을 가져다 넣는 과정에서 서로를 도울 때도 똑같은 일이 자주 벌어졌다. 우리 힘에 부치는 일이었음에도 우리 가운데 누구도 도움을 받고 싶지 않았기 때문이다. 다시 그런 실랑이가 벌어졌을 때 헵번은 자신이 제멋대로 고집을 부리고 있다는 것을 잘 알았기 때문에 소리를 질렀다. "맙소사, 우리가 살아남아 영국으로 돌아간다 해도 분별력이 다시 돌아올까 모르겠네."

11월 7일. 리처드슨 박사가 와서 구조대가 도착했다는 기쁜 소식을 알려 주었다. 그와 나는 즉시 이런 구원이 찾아온 것에 자비의 주님께 감사 기도를 드렸지만, 가엾은 애덤은 너무 약한 상태라 이 말 자체를 잘 이해하지도 못했다. 인디언들이 들어오자 그는 일어나려 했지만 다시 쓰러지고 말았다. 만일 이렇게 섭리가 제때 개입하지 않았다면 아마 그의 생명은 몇 시간이면 끝이 났을 것이고, 나머지 사람들의 생명 또한 며칠을 넘기지 못했을 것이다. …… 나와 닥터 리처드슨, 헵번은 구조대가 경솔하게 우리에게 내민 음식을 열심히 먹어 치웠다. 그러나 너무 많이 먹는 바람에 심한 소화불량이 생겨 밤새 잠도 못 잤다. …… 우리는 위험을 잘 알고 있었고, 닥터 리처드슨은 계속 자제하라고 주의를 주었다. 그러나 그렇게 분별력 있게 주의를 주었음에도 그 자신도 그렇게 하지 못했다. ……

11월 8일. 저녁에 구조대가 마른 나무를 한 무더기 가져왔다. 강변에 있던 것으로, 우리도 전에 여러 번 탐나는 눈길로 바라보았지만 둑까지 끌어올리지 못했던 것이었다. 인디언들은 놀라운 활동력으로 모든 일을 처리하기 시작했다. 우리의 여윈 몸과 극도로 쇠약한 상태와는 대조적으로 그들의 몸은 거대해 보였고, 그들의 힘은 초자연적으로 느껴졌다. 이들은 그 다음에는 우리 개개인의 외모에 관심을 기울여, 면도와 세수를 하라고 설득했다. 의사와 헵번의 콧수염은 해안을 떠난 뒤로 손을 대지 않아 끔찍한 길이로 자란 상태였다. 이것이 인디언들에게는 특히 불쾌하게 느껴졌던 것이다. 의사와 나는 속이 거북하여 심하게 고생하고 있었기 때문에 조금만 먹었다.

J. Franklin, *Narrative of a Journey to the Shores of the Polar Sea*.

딕슨 데넘 *Dixon Denham 1786~1828*
휴 클래퍼턴 *Hugh Clapperton 1788~1826*
월터 우드니 *Walter Oudney 1790~1824*
차드로 가는 노예의 길

1822년 데넘, 클래퍼턴, 우드니는 힐먼이라는 이름의 뱃사람과 함께 니제르 강을 찾을 목적으로 사하라 사막을 건너려 했다. 그들은 카라반을 따라 사막을 통과했으며, 1823년 2월 24일 유럽인으로는 처음으로 차드 호수를 보았다. 그러나 갈등이 많은 여행이었다. 데넘과 우드니가 지도자 자리를 놓고 다투었기 때문이다. 한번은 데넘이 기분이 몹시 상해 원정대를 떠나기도 했다. 클래퍼턴과 우드니는 나중에 그가 다시 합류했을 때 몹시 실망했다. 결국 적대하던 사람들은 차드 호수에서 각자의 길로 갔다. 데넘은 주변 지역을 탐험하러 갔다(그러다가 자기도 모르는 새에 노예 습격에 말려들었다). 클래퍼턴과 우드니는 소코토를 향해 서쪽으로 갔다. 그곳에서 가면 니제르 강의 위치에 관한 정보를 얻을 뿐 아니라, 신비한 도시 팀북투에 관해서도 알 수 있을 것 같았기 때문이다. 그들은 1824년에 다시 합쳤다. 양쪽 모두 니제르 강을 발견하지 못했고, 우드니는 결핵으로 죽은 뒤였다. 돌아온 지 석 달도 안 되어 클래퍼턴은 다시 출발했고, 이번에는 남쪽에서부터 니제르 강을 찾아 나섰다. 클래퍼턴은 성공을 거두지 못한 채 1826년에 소코토에서 열병으로 죽었다. 결국 1831년에 니제르 강의 흐름을 추적하는 데 성공한 사람은 그의 하인 리처드 레먼 랜더였다.

그들은 남쪽으로 방향을 잡아 사하라 횡단 교역로를 따라갔다. 데넘은 노예 상인들이 인간의 유해를 많이 남기고 간 것을 보고 마음이 불안했다

12월 22일. 우리는 동이 트기 전에 움직여 붉은 돌이 섞인 거친 모래언덕을 통과했으며, 서쪽으로 가서 작은 자갈이 깔린 평원을 넘어 엘-함마르라고 부르는 우물에서 멈추었다. 아침에 텐트를 거둔 뒤로 계속 눈에 보이던 절벽 밑에서 가까운 곳이었다. 오늘은 낙타들이 바싹 따라붙게 하고, 아랍인은 낙오하지 못하게 하라는 엄한 명령이 떨어졌다. 망을 보았을 때 팁부 아랍인이 눈에 띄었기 때문이다. 지난 이틀 동안 우리는 매일 평균 60에서 80이나 90구에 이르는 해골을 지나갔다. 그러나 엘-함마르 우물 주위에 있는 해골은 그 수를 헤아릴 수가 없었다. 특히 완벽하고 가지런한 치아로 보아 젊다는 것을 알 수 있는 두 여자의 유해는 충격적이었다. 그들의 팔은 죽을 때 그대로 서

원정대에서 가장 교육을 받지 못한 인물인 클래퍼턴은 이 사하라 오아시스의 그림을 그리려고 노력을 했다. 그러나 이런 광경은 드물었다. 대개 몇 시간 땅을 파도 졸졸 흐르는 물만 나올 뿐이었다. 데넘은 한 군데 머물렀을 때 이렇게 기록했다. "우물이 모래로 막혀 있어, 수레로 몇 번을 퍼내고 나서야 충분한 물을 찾아낼 수 있었다. 그런 뒤에도 짐승은 밤 10시 가까이나 되어서 마실 수 있었다."

로를 끌어안고 있었다. 물론 타오르는 태양에 노출되어 살은 오래전에 사라지고 거무스름한 뼈만 남아 있었다. 그러나 손톱과 손의 힘줄은 약간 남아 있었다. 또 한 여자의 치아 사이로 혀도 조금 보였다. 우리는 지금까지 식물은 전혀 볼 수 없는 사막을 엿새 동안 지나왔는데, 이제 사람들이 위로도 할 겸 재미도 줄 겸 작은 수아크 가지 하나를 내게 가져왔다. 다음 날 우리는 모래가 깔린 곳과 자갈이 깔린 곳을 번갈아 걸었다. 서쪽 멀리 언덕이 몇 개 보였다. 정오 무렵 그맘때면 늘 엄청난 힘으로 내리쬐는 해의 열기를 못 이기고 말 위에서 졸고 있는데, 밑에서 뭐가 부서지는 소리에 화들짝 놀라 잠을 깼다. 나는 말이 완벽한 형태를 갖추고 있는 두 인간의 해골을 밟았다는 것을 알았다. 물론 말은 수치감이나 놀라움을 전혀 드러내지 않았다. 약한 뼈들이 말발굽에 부서지고, 한 발을 떼자 두개골이 몸통에서 떨어져 나가 공처럼 앞으로 굴러갔다. 이 일을 겪은 뒤 나를 사로잡은 느낌은 한동안 사라지지 않았다. 나는 며칠 동안 말을 전과 같은 눈으로 볼 수가 없었다.

D. Denham, H. Clapperton, W. Oudney, *A Narrative of Travels and Discoveries in Northern and Central Africa*.

노예 습격의 예상치 못한 결과

새 말을 타고 '바르카 가나' 쪽을 보면서 처음으로 사고에 대한 대비도 없이 나 자신을 그렇게 노출시킨 어리석음을 한탄했다. 내 말이 입은 두 곳의 상처 가운데 하나가 독화살에 의한 것이라면 나는 살아날 길이 없다고 생각했다. 그러나 생각할 시간이 많지 않았다. 우리는 즉시 하나의 덩어리가 되어 달아났다. 몇 시간 전 질서 있게 통과했던 숲으로 엄청나게 무질서하게 뛰어들었다. 물론 아까와는 감정이 완전히 달랐다. 나는 바르카 가나 서쪽으로 조금 달려갔다. 바로 뒤의 협곡에서는 우리가 통과하자마자 혼란이 벌어졌다. 그곳에서 보르노위족 100명 이상이 펠라타족의 창에 찔려 죽었다. 나는 빠르게 말을 달려 만다라족 환관 한 명의 뒤를 따르고 있었다. 그는 계속 왼쪽 어깨 너머로 뒤를 돌아보면서 주변을 살폈다. 무척 당황한 표정이었다. 뒤에서 비명, 펠라타족의 말이 따라오는 소리가 들리는 바람에 우리 둘 다 속도를 더 냈다. 그러나 이렇게 박차를 가하는 바람에 내 말은 완전히 힘을 소진해 버렸다. 나중에 알았지만 화살이 어깨뼈에 닿아 있었던 것이다. 말은 거친 땅을 통과하다가 비틀거리더니 쓰러졌다. 내가 미처 일어서기도 전에 펠라타족이 들이닥쳤다. 하지만 나는 고삐를 놓지 않고 있었기 때문에 케이스에서 권총을 꺼내든 다음, 창을 들고 다가오는 사나운 야만인 둘에게 보여주었다. 그들은 바로 달아나 버렸다. 하지만 내가 말에 올라타려고 애쓰고 있을 때 대담하게 다가온 다른 야만인은 왼쪽 어깨쯤에 총을 맞았다. 나는 다시 등자에 발을 올려놓을 수 있었다. 말에 올라탄 나는 또 열심히 달아났다. 하지만 몇백 미터 가기도 전에 말이 다시 쓰러졌다. 그 충격으로 나는 상당히 멀리 떨어진 나무에 부딪혔다. 말은 뒤에서 오는 말들에 놀라 얼른 일어서더니 달아나 버렸다. 이제 나는 무기도 없이 걸어서 가야만 했다.

환관과 그를 따르던 네 명은 여기에서 아주 약간 저항을 하다가 도살을 당하고 옷마저 빼앗겼다. 나한테서 몇 미터 떨어지지도 않은 곳이었다. 비명이 무시무시했다. 지

데넘이 그린 초상화 속의 보르누의 셰이크의 한 경호원은 위협적으로 보이지만, 셰이크는 그들을 환대해 주었다. 셰이크의 영토는 차드 호수 서쪽이었다. 그러나 셰이크의 백성은 그들의 편의를 봐주지 않았다. 데넘은 한 마을에 갔을 때 그 주민들이 기독교인을 '세상에서 가장 나쁜 사람'으로 생각한다고 기록했다. "아마 그들은 나를 보기 전에는 기독교인이 인간이라고 생각하지도 않았을 것이다."

금도 그 순간이 기억에 생생하다. 살아날 것이라는 희망은 너무 희미해서 희망이라는 이름을 붙이기도 어려웠다. 나는 거의 즉시 포위되었고, 무기가 없었기 때문에 저항을 할 수도 없었다. 그들은 빠른 속도로 내 옷을 벗겼다. 처음에는 셔츠, 다음에는 바지를 빼앗기지 않으려고 애를 쓰다가 바닥에 쓰러졌다. 추적자들은 창으로 나를 몇 번 찔렀고, 그 바람에 손 두 곳에 심한 상처를 입고, 오른쪽 갈빗대 아래쪽에 가벼운 상처를 입었다. 사실 지금 나를 사로잡은 자들의 힘에 쓰러진 몇 사람이 무자비하게 잔혹한 죽음을 당했다는 것 외에는 아무런 생각도 나지 않았다. 그들은 내 옷이 상할까 봐 걱정이 되어 나를 바로 죽이지 못하는 것 같았다. 옷이 그들에게는 귀중한 전리품이었기 때문이다. 그러나 나는 그 자리에서 죽을 운명은 아니었다.

이제 셔츠가 몸에서 완전히 뜯겨 나가, 나는 완전히 벌거벗은 상태였다. 약탈자들이 전리품을 놓고 싸우기 시작하자, 탈출해야겠다는 생각이 번개처럼 머리를 스치고 지나갔다. 나는 잠시도 망설이거나 생각하지 않고 가장 가까이에 있는 말의 배 밑으로 기어가 있는 힘을 다 해 빽빽한 숲을 향해 달리기 시작했다. 펠라타족 두 명이 쫓아왔다. 나는 동쪽으로 달려갔다. 우리 편 낙오자들이 그쪽에 있다는 것을 알았기 때문이다. 그러나 여전히 적만큼이나 친구도 두려워하고 있었다. 추적자들이 거리를 좁혀 왔다. 날카로운 덤불들이 전진을 방해할 뿐 아니라 내 살마저 비참하게 찢어 놓았기 때문이다. 깊은 협곡 바닥을 흐르는 산의 냇물을 보았을 때 내가 얼마나 기뻤는지 상상할 수도 없을 것이다. 나는 힘이 거의 다 빠진 상태였다. 나는 커다란 나무 밑동에서 협곡 위로 뻗은 어린 가지들을 움켜쥐었다. 물로 뛰어내리려는 것이었다. 비탈은 아주 가팔랐다. 가지가 내 몸무게에 밑으로 처질 때 내 손 밑에서 이 땅에 사는 최악의 뱀인 커다란 리파가 마치 공격을 하려는 듯 똬리를 틀고 있던 몸을 들어올렸다. 나는 공포에 사로잡혀, 잠시 아무 생각이 없었다. 가지가 내 손에서 미끄러졌고, 나는 머리부터 밑의 물로 곤두박질쳤다. 그러나 그 충격에 오히려 나는 되살아났고, 팔을 세 번 젓자 반대편에 닿을 수 있었다. 나는 힘겹게 둑을 기어올랐다. 그제야 처음으로 추적자들로부터 벗어났다는 느낌이 들었다.

D. Denham, H. Clapperton, W. Oudney, *A Narrative of Travels and Discoveries in Northern and Central Africa*.

르네 카이예 *René Caillié 1799~1838*
전설의 도시 팀북투를 발견하다

카이예는 늘 아프리카를 탐험하고 싶어 했으며, 1820년대 중반에는 전설의 도시 팀북투에 애정을 품게 되었다. 팀북투는 거리는 금으로 덮이고 도서관에는 고대의 지혜가 보관되어 있는, 환상적인 부를 자랑하는 도시로 널리 알려져 있었다. 그곳을 본 유일한 유럽인은 영국인 고든 랭이지만, 그는 발견 소식을 고향에 가져오지 못하고 1826년에 투아레그 부족에게 살해당했다. 카이예는 프랑스인이 영국인보다 잘할 수 있다고 생각했다. 그는 1827년에 아라비아어를 배우고, 간단한 종교 교육을 받은 뒤, 고향 이집트를 찾아가는 이슬람 노예로 가장하고 서아프리카를 떠나 팀북투로 가는 카라반에 끼어들었다. 카이예는 열병으로 고생을 했고, 발에 염증이 생겨 다리를 절었고, 심한 괴혈병에 걸려 입천장이 가루가 되어 혀로 떨어졌다. 그럼에도 그는 버텨 냈고, 마침내 1828년 4월 20일에 목적지에 도착했다. 그러나 여행을 하는 도중에 생긴 적들을 피하기 위해 두 주도 머물지 못하고, 사하라를 가로질러 모로코로 가는 카라반을 따라갔다. 그의 팀북투 이야기는 많은 유럽인의 환상을 깼다. "이 도시는 처음 보았을 때 흙으로 지은 못생긴 집들의 덩어리에 불과했다. 사방으로 노란색을 띤 흰 유사流砂의 평원이 거대하게 펼쳐져 있을 뿐, 다른 것은 전혀 보이지 않았다. 하늘은 지평선까지 온통 옅은 붉은색이었다. 모든 자연이 황량해 보였고, 깊디깊은 정적이 깔려 있었다. 새가 지저귀는 소리조차 들리지 않았다." 카이예는 파리 지리학회로부터 푸짐한 보상을 받았으나, 다시는 아프리카에 돌아가지 못하고 1838년 5월 17일에 결핵으로 죽었다.

카이예는 돌아오는 여행길에 모래폭풍을 만났다

이 끔찍한 날에 우리를 가장 괴롭힌 것은 모래 기둥들이었다. 모래 기둥은 매 순간 지나갈 때마다 우리를 묻어 버릴 것처럼 위험해 보였다. 한번은 그런 기둥 가운데 가장 큰 축에 드는 것이 우리 야영지를 가로질러 가며 텐트를 뒤집었다. 우리는 그 소용돌이에 지푸라기처럼 휘말려 서로 뒤엉키며 큰 혼란에 빠졌다. 우리가 어디에 있는지도 몰랐고, 한 걸음 앞도 분간할 수 없었다. 모래가 짙은 안개처럼 어둠으로 우리를 감쌌다. 하늘과 땅이 뒤섞여 하나로 합쳐진 것 같았다.

이런 자연의 소란에서는 누구나 당황할 수밖에 없었다. 사방에서 탄식 소리밖에 들리지 않았다. 함께 있는 사람들은 대부분 목청껏 소리를 질러 하늘에 호소했다. "신 외

카이예의 팀북투 스케치는 많은 유럽인의 환상을 깼다. 팀북투는 환상적인 부를 자랑하는 도시로, 거리는 금으로 덮이고 도서관에는 고대의 지혜가 보관되어 있다고 널리 알려져 있었다. 그러나 실제로는 생기 없는 사막에 있는 역시 생기 없는 물자 집산지에 불과했다. 카이예는 이렇게 기록했다. "이 도시는 처음 보았을 때 흙으로 지은 못생긴 집들의 덩어리에 불과했다. 사방으로 노란색을 띤 흰 유사流砂의 평원이 거대하게 펼쳐져 있을 뿐, 다른 것은 전혀 보이지 않았다. 하늘은 지평선까지 온통 옅은 붉은색이었다. 모든 자연이 황량해 보였고, 깊디깊은 정적이 깔려 있었다. 새가 지저귀는 소리조차 들리지 않았다. …… 이 도시의 건설자들이 이겨 낸 어려움을 생각하면 감탄이 나올 수밖에 없다."

에 다른 신은 없고, 마호메트는 신의 예언자로다!" 이런 외침과 기도, 그리고 바람의 포효 사이사이에 낮고 애처로운 낙타 울음이 들렸다. 낙타들은 주인들만큼이나 놀랐고, 주인들보다 더 가련했다. 나흘 동안 아무것도 먹지 못했기 때문이다. 이런 무시무시한 태풍이 부는 동안 우리는 땅바닥에 늘어져 꼼짝도 못하고 있었다. 목이 타 죽을 것 같았다. 그런 상태에서 뜨거운 모래에 몸을 데고, 바람에 두들겨 맞았다. 그러나 해 때문에 고생하지는 않았다. 둥근 해는 모래 구름에 가려 빛을 잃고 침침한 상태였기 때문이다. 우리는 감히 물을 마실 수가 없었다. 우물이 마를 것이 걱정되었기 때문이다. 만일 3시쯤 바람이 수그러들지 않았으면 우리는 어떻게 되었을지 모른다. 바람이 잠잠해지자마자 우리는 출발할 준비를 했고, 도크누를 마시라고 나누어 주었다. 우리가 이 순간을 얼마나 초조하게 기다려 왔는지 말로 표현하기가 힘들다. 나는 내가 받은 몫에서 최대한 기쁨을 뽑아내고자 머리를 그릇에 박고 오랫동안 물을 들이마시고 핥았다. 그러나 물을 마시자마자 불쾌한 느낌이 나를 사로잡았고, 그 느낌은 곧 새로운 갈증으로 이어졌다.

오후 4시 30분쯤 우리는 이 무시무시한 허리케인을 겪은 곳을 떠나 북쪽으로 계속 갔다. 낙타들은 천천히 힘겹게 걷고 있었다. 거의 진이 빠졌기 때문이다. 이 가엾은 짐승들은 야위고 기운이 없어 보였다. 물이 없어 갈증으로 죽을 운명의 수많은 카라반이 불모지에 흩어져 있는 광경은 참으로 우울해 보였다. 낙타들은 가볍게 고개를 젓거나 되새김질을 하면서, 아무런 지시가 없어도 북쪽으로 잘도 갔다. 우리는 2미터 가까운 높이의 바위가 덮인 모래땅을 걸었다. 나는 혼자 생각에 잠겨 있었다. 우리의 모든 부족한 것을 미리 아시는 신의 지혜를 생각했다. 낙타는 과연 자연의 걸작이구나! 나는 그런 생각도 했다. 일주일 동안 아무것도 안 먹어도 살 수 있는 이 놀라운 동물이 아니라면 이런 사막을 어떻게 건널 수 있겠는가? 어떤 인간도 감히 그런 시도는 할 수 없을 터였다. 만일 경솔하게 그런 일을 시도했다가는 죽음이 그런 만용의 보답이 될 터였다. 이런 생각은 진부한 것이다. 그러나 내가 처한 상황에서는 자연스러운 것이었다. 사실 나는 내 감각이나 고통만이 아니라 생각을 이야기해 보고 싶기도 하다.

R. Caillié, *Travels through Central Africa to Timbuctoo*.

존 로스 *John Ross 1777~1856*
북극의 얼음에 갇혀

로스는 1818년 배핀 만 원정에서 북서항로를 찾지 못했다는 이유로 비난을 받자 평판을 회복하고 싶었다. 1829년에 그는 진(gin)을 팔아 돈을 번 부호 펠릭스 부스의 후원을 받아 아주 작은 기선 빅토리호를 타고 북극을 향해 출발했다. 그는 이 항로에 무려 4년이나 갇혀 있는 기록을 세웠다. 로스가 에스키모 식단을 채택하여 신선한 고기와 생선을 먹게 한 덕분에 그의 승무원들은 괴혈병에 걸리지 않았는데, 이것은 그의 시대를 훨씬 앞서 나간 조치였다. 심술궂은 사람이었던 로스는 남아도는 시간에 북극, 그곳 주민, 기후, 자신의 배, 승무원, 인생 전반에 관한 의견을 쏟아 놓았다. 짜증이 좀 가라앉을 때면 소박하고 직접 수채화를 그렸는데, 바깥 세계에서는 이 그림을 통해 긴 북극의 밤을 처음으로 천연색으로 구경하게 되었다. 로스는 사촌 제임스 클라크 로스—1832년 자북극磁北極을 발견했다—를 포함하여 승무원 다수의 원성을 샀지만, 그래도 그의 재주와 의지 덕분에 이들은 북극의 얼음으로부터 최초로 위대한 보트 탈출을 감행하여 무사히 고향에 돌아올 수 있었다.

에스키모에 관하여

1831년 8월 23일. 왕의 탄신일이었기 때문에 기를 모두 내걸었다. 그것을 보고 원주민 친구들은 무척 즐거워했다. 부하들에게는 관례에 따라 추가 수당을 지급했다. 선실로 초대를 받은 원주민 한 명이 그의 무리에게 생긴 일 몇 가지를 전해 주었다. 미망인은 바로 새 남편을 얻을 수 있었다. 자식이 다섯이었기 때문이다. 물론 이것이 영국에서는 그리 좋은 이유가 안 되겠지만. 영국에서는 다른 사람이 이미 만든 가족이 별 위안을 주지 못하는 경우가 많다. 따라서 그것이 귀중한 재산이 아니라는 것은 말할 필요도 없다. 그러나 이곳에서는 자식 다섯이 귀중한 상품이다. …… 손실이 아니라 이윤의 원천이며, 화를 내고 괴로워할 일이 아니라 행복해할 일이다. 이곳 아이들은 여덟 살만 되면 일을 할 수 있다. 거기에서 몇 살만 더 먹으면 다른 사람도 부양할 수 있다. 부모가 늙어 무력해지면, 부모 가운데 한쪽이 다른 자식이건 양자로 들인 자식이건, 그들에게 의지하는 것이 이곳에서는 관습이며 당연한 일이다. 이 나라에는 구빈세가 없는 것이다. …… 자식이 다섯 있는 여자가 최고의 부인감이고, 젊은 남자들 가운데 마음에 드

부시아—진의 상표명을 딴 이름이 붙은 세계 유일의 땅덩어리다—의 주민이 로스의 부하들과 만났다. 그러나 나중에 이 사람들은 빅토리호에 탑승하여 이 땅의 지도를 그리고, 로스에게 겨울에 북극에서 살아남는 법을 가르쳐 주었다. 로스는 그 보답으로 배의 목수를 시켜 북극곰에게 다리를 잃은 사람에게 의족을 만들어 주게 했다. 로스가 에스키모 식단을 채택하여 신선한 고기와 생선을 먹게 한 덕분에 그의 승무원들은 괴혈병에 걸리지 않았는데, 이것은 그의 시대를 훨씬 앞서 나간 조치였다.

는 남자를 고를 수 있다는 것은 유토피아적 상황이다. 게다가 사람들이 가난하지 않고 부유하다는 것은 유토피아를 넘어선 상황이다. 사람들이 정말로 일을 하려 하고, 사람의 노동으로 …… 자신만이 아니라, 자신에게 의존할 수밖에 없는 사람들까지 부양할 수 있다. 물론 의존하는 사람들도 할 수 있을 때까지 자신의 힘으로 노동을 한 사람들이다. 이곳보다 지혜로운 땅에 사는 지혜로운 사람들이 이곳으로 와서 바다표범 가죽을 두른 야만인들, 기름을 마시고 생선을 날로 먹는 야만인들에게서 참된 지혜의 교훈을 얻었으면 좋겠다.

　　그들의 경제학 가운데 또 한 가지에는 동의를 한다고 말할 수 없다. 그러나 그전에 있었던 것과 짝을 지어 보면, 거기에도 어떤 철학적 적합성이 있다. 법체계를 조각

내 놓은 다음에 이런 저런 법이 나쁘다고 말하면 안 되는 것이다. 무엇이 옳은지 결정하기 전에 …… 전체를 한 덩어리로 보아야 한다. …… 그것은 부인을 교환하는 관습이다. 만일 완전히 다른 문명이었던 로마인들이 똑같은 일을 했다면, 안됐지만 나는 그들의 이유를 변호할 수 없을 것이다. 물론 이곳에서는 그 이유가 무엇인지 물을 필요가 없다. 물론 실제로 건전한 것인지 확인을 해 보아야 하겠지만, 내가 알고 있는 한 이 나라 사람들의 관점은 생리학적인 것으로 보인다. 이곳 사람들은 자식을 많이 낳아야 한다고 생각했다. 옳지 않은 일인지는 모르지만, 그럴 만한 이유를 갖고 있다는 것은 좋은 일이다.

J. Ross, *Narrative of a Second Voyage in Search of a North-West Passage*.

1831년 8월 13일. 사람들이 돌아왔다. 부인, 자식 합쳐 모두 스물세 명이 돌아와, 우리는 생선과 지방을 대접했다. 우리는 옷가지를 좀 샀고, 그들과 함께 텐트까지 갔다. 변화가 없고 즐거울 것이 없는 생활이라 그들과 함께 있는 것만으로도 기뻤다. 일에서나 놀이에서나 흥미를 자아낼 만한 것이 전혀 없다는 점은 우리가 그나마 위안을 찾는 것이 무엇인지 말하면 금세 알 수 있을 것이다. 예를 들어 우리는 우리 자신의 마음과 대화를 나누거나 서로 함께 있는 것에서 위안을 얻는다. 기온, 바람, 조수, 얼음, 배, 삭구, 식사의 따분하고 끝없는 되풀이에서 위안을 얻는다. 기름이 줄줄 흐르는 이 대식가 족속과 함께 있으면서 위안을 얻는다. 말도 거의 못 알아들으면서. 하지만 언어 없이도 그들의 생각은 충분하고도 남을 정도로 이해한다고 믿는다. 비록 아무 말도 안 했지만, 전혀 느끼지 못하는 것처럼 그냥 지나가 버렸지만, 우리가 첫 몇 달 동안, 그 뒤로 몇 년 동안 이 모든 것을 느끼지 못했다고 생각하지 말기 바란다. 이곳에는 추위의 악마가 있었고, 굶주림의 악마가 있었고, 노역의 악마가 있었다. 우리는 다른 사람들처럼 죽거나 팔다리를 잃지는 않았지만, 다른 세상과 마찬가지로 작은 병이라는 악마의 방문은 받았다. 그러나 아픈 동안에는 상당히 괴롭지만, 작은 병은 삶의 흐름에서 큰 비중을 차지하지 않으며, 게다가 우리 같은 원정에서는 그 비중이 훨씬 줄어든다. 우리는 또 엄청난 불안과 근심을 경험하지 않았던가. 희망이 사라지는 고통을 경험하지 않았던가. 그리고 이 모든 것보다 강하고, 그 어떤 것보다도 약하지 않은 것으로, 멀리 떨어져 있는 우리 친구들과 고국을 갈망하는 마음을 경험하지 않았던가. 고향과 친구로부터 멀리 떠나온 누가 그런 갈망을 면제받겠느냐만. 하지만 다시는 그 친구와 고향을 보지 못

로스의 배는 1818년 배핀 만으로 가던 도중 놀라운 빙산을 만났다. 로스는 또 이 항해에서 그린란드 서해안의 에타에서 세계에서 가장 북쪽에 있는 공동체를 발견하기도 했다. 에스키모에게는 '자신들이 어떻게 이곳에 왔는지, 어디에서 왔는지에 관한 전승이 없었다. 그들은 우리가 도착하기 전까지만 해도 자신들이 세상의 유일한 인간들이라고 믿고 있었다. 그들은 로스의 배가 어떤 종류의 새인지, 거울 뒤에는 누가 살고 있는지, 손목시계가 어떤 맛인지 알고 싶어 했다.

로스가 그린 부시아의 이글루 정착지는 인간 개미탑을 닮았다. 로스는 과학적 법칙을 말 그대로 따르는 사람이 결코 아니었기 때문에, 첫 항해 뒤 에타 에스키모를 '북극의 고지인들'이라고 묘사하여 많은 비난을 받았다. 1830년에는 런던 교외의 이름을 따 이 마을을 '노스 헨던'이라 불렀다.

할지도 모른다는 생각을 수도 없이 할 수밖에 없는 우리만큼 그 갈망이 강한 사람들이 또 어디 있겠는가. 하지만 이 모든 것을 넘어서는 고통이 있었다. 그리고 그 아픔은 거의 쉴 틈을 주지 않았다. 우리는 할 일이 없어, 변화가 없어서, 정신을 쓸 데가 없어, 생각이 부족해서, (왜 내가 이 말을 안 하겠는가?) 교제가 없어 지루했다. 오늘이 어제 같고, 오늘도 어제 같은 것이다. 늘 변화가 없다면, 더 나아질 것이라는 희망이 없다면, 야만인들의 방문조차도 환영할 만한 일 아닌가. 이것이 즐거운 일이라는 고백보다 우리의 즐거움의 본질을 더 잘 보여 주는 것이 있을까. 런던의 사교가 런던 생활을 잘 보여 주는 것과 마찬가지일 것이다.

얼음 속에서 3년째

1831년 3월 31일. 딱히 병들었다고 할 만한 사람은 없고 괴혈병도 없었는데, 우리 승무원들 전체의 건강이 전 같지 않다는 것, 또 피로를 견디는 능력, 특히 얼음 위를 움직이는 능력이 저하되었다는 것을 알게 되니 기분이 좋지 않다.

지난 한 달이 전체적으로 따분했다는 것은 말할 필요도 없을 것이다. 아섭게도 이 빈약한 일기에 그 흔적이 너무 분명하게 드러나는데, 그래도 지금보다 더 심했던 때는 없는 것 같다. 하지만 일기를 쓰는 사람이 무엇을 할 수 있을까? 항해를 하는 것도 아닌데. 아무리 사건과 변화가 거의 없는 감금 생활이라 해도, 이처럼 나날이 아무런 차이 없이 지나가지는 않을 것이다. 관심을 끌거나 생각을 자극할 만한 것이 아무것도 없었다는 이야기다. 모든 것이 똑같다는 것이 기분을 짓누르고 있고, 정신 자체가 자극이 없어 축 늘어져 있었다. 변변치 않은 자극조차, 전에 자주 있었던 것의 지루한 반복에 지나지 않는다는 것이 증명되었다. 이곳은 모든 것을 처음 보았을 때조차 관심을 끌 만한 것이 많지는 않았다. 그런데 이제 한 군데 이렇게 오래 갇혀 있다 보니, 그나마도 훨씬 줄어들어 버렸다. 생각할 것도 없고 볼 것도 없으니, 거짓이나 로맨스라는 위험에 빠지지 않고 흥미로운 이야기를 지어낼 수 있는 재료도 없었다. 육지에는 묘사를 할 만한 그림 같은 풍경도 없었다. 산도 바위도 아무런 특징이 없고, 호수와 강은 아름답지 않았다. 식물은 거의 없었다. 나무는 전혀 없었다. 설사 아름다운 경치가 있었다 해도, 끝없고 지루하고 실망스럽고 균일하며 차가운 얼음과 눈 때문에 숨이 막히고 형태가 일그러져 버렸을 것이다. 바다에도 변화가 없었다. 이곳도 1년의 많은 기간 얼음뿐이었기 때문이다. 따라서 어디가 물이고 어디가 땅이든 상관이 없었다. 하늘도 땅의 이런 아름다움이나 변화의 결여를 대체해 줄 만한 것을 보여 주지 않았다. 그림 같아 보일 수도 있는 풍경은 모두 겨울에 덮여 있다. 정신적인 그림으로 방향을 틀면, 사람들이 간혹 보이기는 하지만, 빈약한 특징들마저 너무 제한되어 있어 오래 관심을 끌지 못하고, 한 번 만나면 생각의 바닥이 보인다. 이런 재료로 누가 관심을 끌 만한 재미있는 책을 만들어 낼 수 있겠는가? 이것은 "짚 없이 벽돌을 만들라"는 저주보다 더 심하다. ……

　9월 14일. 새로 언 얼음은 스케이트를 타도 될 정도로 두껍다. 하지만 그런 오락이야 없어도 하나도 아섭지 않을 것이다. ……

　우리에게 얼음은 역병, 고민거리, 괴로움, 악, 그리고 절망의 원인이었다. 스케이트를 타고 온 땅을 돌아다닌다 한들 그것이 즐거운 일이 될 수는 없었다. 어떤 목적을 달성하는 것도 아니고, 명성을 얻기 위해 어떤 집단과 경쟁하는 것도 아니고, 우리를 보고 감탄할 사람도 없고, 경쟁도 없고, 격려도 없고, 동기도 없었기 때문이다. 굳이 스케이트를 타지 않아도 운동은 충분히 했다. 쇠보다 더 강한 족쇄처럼 우리와 우리 배를 묶고 있는 얼음, 우리를 둘러싸고, 우리를 막고, 가능한 모든 방법으로 우리 부아를 돋우고, 1년 가운데 열 달 동안 우리를 쉬지 않게 따라다니며 우리를 짜증 나게 하는 얼음은 오래전부터 보기만 해도 밉살스러웠기 때문에 그 위에서 스케이트를 타는 것은 즐거운 일이라기보다는 불쾌한 일이 아니었을까 하는 생각마저 드는 것이다. 우리는 얼음을 보는 것도 싫었다. 얼음이 우리에게 주는 영향이 싫었기 때문이다. 또 얼음에 속한 모든 것, 얼음과 관련된 모든 생각이 싫었기 때문이다.

얼음과 눈을 보는 것을 좋아하는 사람이 과연 있을까? 나는 예전부터 그런 사람은 없다고 생각해 왔다고 상상하고 있다. 현재로서는 그것을 확신하고 있다. ……

다시 말해서 눈만 보이는 풍경이 불만이라는 말이다. 이런 불만은 하루만 눈을 겪어도 생길 수 있다. 그런데 반년 이상 머리 위의 모든 것이 눈뿐이라면, 질풍은 눈의 질풍이고, 안개는 눈의 안개라면, 해가 비추어도 아래까지 내려오지 않고 덮인 눈에 반사되기만 한다면, 입에서 나오는 숨이 눈이라면, 눈이 머리, 옷, 눈썹 위에 내린다면, 눈이 우리 주위에 내리고 우리 방, 침대, 그릇을 채운다면, 문을 열면 바깥 공기가 가장 안쪽까지 파고든다면, 우리가 갈증을 달래는 '수정 같은 물'이 사실은 등유를 이용해 주전자에 넣고 녹인 눈이라면, 우리 소파를 눈으로 만들었고 우리 집을 눈으로 만들었다면, 눈이 우리의 지붕이고, 눈이 우리의 처마고, 눈이 우리의 관측소고, 눈이 우리의 기름이고, 눈이 우리의 소금이라면, 그리고 마침내 다른 데 쓸 일이 없어져 우리의 관과 무덤마저 눈으로 만들게 된다면, 그렇다면 오죽하겠는가.

이 정도면 그냥 감탄하기에는 너무 많은 눈 아닐까?

J. Ross, *Narrative of a Second Voyage in Search of a North-West Passage.*

존 스티븐스 *John Stephens 1805~1852*
중앙아메리카의 잃어버린 도시들

법률가이자 고고학자인 스티븐스는 1839년 중앙아메리카 특별 대사로 임명되기 전 중동, 폴란드, 러시아 전역을 널리 여행했다. 그는 중앙아시아에서는 마야 문명에 매혹되어, 상대적으로 인적이 드물었던 유카탄 지역을 몇 번 여행했다. 그가 발견한 식물에 덮인 구조물도 그 주위의 숲만큼이나 뚫고 들어가기가 어려웠다. 그는 예를 들어 코판에 관해서는 이렇게 썼다. "도시는 황폐했다. …… 마치 대양 한가운데 놓인 박살난 돛배처럼 우리 앞에 놓여 있었다. 돛대는 사라지고, 이름은 지워지고, 승무원은 죽어, 도대체 어디서 왔는지, 누구의 배인지, 얼마나 오래 항해를 했는지, 무엇 때문에 그렇게 파괴를 당했는지 말해 줄 사람이 없었다. 사라진 사람들은 그릇의 구조에서 어떤 닮은 모습을 상상해 볼 수 있을 뿐, 진실은 아마 전혀 알 수 없을 것이다. …… 모든 것이 신비, 뚫고 들어갈 수 없는 어두운 신비였으며, 모든 상황이 그 신비를 더 어둡게 만들었다." 이런 묘사 때문에 그의 일기는 베스트셀러가 되었다. 물론 그의 동행자 프레더릭 캐서우드가 그린 삽화도 일조했다. 스티븐스는 나중에 50달러를 주고 지역의 지주한테 코판을 샀지만, 코판을 센트럴 파크로 옮긴다는 야망(그런 소문이 돌았다)을 실현하지 못하고 파나마에서 죽었다.

스티븐스는 현지인들에게 엘 라베린토, 즉 '미로'라고 알려진 막스카누의 동굴에 흥미를 느꼈다

나는 전에도 동굴 이야기를 많이 들었고 또 그만큼 실망도 많이 했기 때문에 이번에도 큰 기대를 하지 않았다. 그러나 이 동굴은 그 주요한 점에서 첫눈에 만족스러웠다. 즉, 이 동굴은 자연 동굴이 아니라, 설명에 따르면 손으로 만든 것이었다. ……

  이곳은 유명한 곳으로, 다른 나라 같았으면 그 이름만으로도 철저한 탐험이 이루어졌을 것이다. 그럼에도 내가 그 앞에 도착하기 전까지 이 라베린토는 놀랍게도 조사된 적이 없었다. 이 점은 이 나라 모든 계급 사람들이 자기 나라의 유물에 관심이 없다는 사실을 내 백 마디 말보다 확실하게 보여 준다. …… 과거 몇 사람이 밖에 묶어 놓은 줄을 잡고 조금 들어가 보다가 돌아 나오기는 했다. 통로는 수도 없이 많고 끝은 없다는 것이 이곳 사람들의 일반적인 믿음이었다.

  이런 상황이었기 때문에 입구에 선 나는 물론 상당히 흥분을 했다. 라베린토라는

사라진 도시 코판을 발견한 스티븐스와 캐서우드를 맞이한 돌 거인의 모습. 스티븐스는 이렇게 말했다. "높이는 약 5미터, 한 면은 약 1미터 정도 되었으며, 아주 대담한 돌새김으로 조각해 놓았다. 앞면은 사람의 모습으로, 묘하지만 화려한 옷을 입고 있었다. 얼굴은 분명히 사람의 모습으로, 엄숙하고, 엄하고, 공포를 자아낼 만했다. …… 안내인은 이것을 '우상'이라고 불렀다."

이름만으로도 크레타와 모에리티 호숫가에 있는 거대한 미로들이 떠올랐다. 그런 곳들은 지금은 황당무계하다고 불신을 받고 있지만.

내 수행원은 내가 고용한 사람이 여덟에, 임시로 쓰는 사람이 서너 명 되었다. 이들을 포함한 모든 사람이 무리를 이루어 입구를 둘러쌌다. 욱스말의 시장 외에는 다 처음 보는 사람들이었다. 나는 믿을 만한 사람을 밖에 두는 것이 중요하다고 생각했기 때문에, 시장을 입구에 세워 두고 실몽당이를 맡겼다. 나는 왼쪽 손목에 실을 묶고 한 사람에게 횃불을 들고 따라오라고 말했다. 그러나 그는 완강하게 거절했다. 다른 사람들도 차례차례 거절했다. 그들은 기껏해야 줄을 잡아 주는 것 정도밖에 해 줄 수 없었다. 하지만 나는 알고 싶었다. 그래서 그들과 흥미로운 문제, 즉 입구 밖에 서 있는 것으로 보수를 받기를 원하느냐 하는 문제를 놓고 회의를 했다. 어떤 사람은 나한테 그곳을 안내해 준 대가로 돈을 받기를 바랐고, 다른 사람들은 물을 운반한 대가로 받기를 바랐으며, 또 어떤 사람은 말을 돌본 대가로 받기를 바랐다. 하지만 나는 단 1메디오도 못 주겠다고 선언하여 갑자기 토론을 끝내 버렸다. 나는 그들에게 답답하게 입구를 막지 말고 모두 멀찌감치 떨어지라고 말했다. …… 나는 한 손에는 초, 다른 손에는 권총을 들고 들어갔다.

나도 야생동물을 놀라게 할지 모른다는 두려움에서 완전히 자유로운 것은 아니어서, 아주 느리게 또 아주 조심스럽게 움직였다. 또 모퉁이를 돌면 실이 엉키곤 했다. 그러면 인디언들이 돈을 못 받을까 봐 걱정이 되어 들어와서 풀어 주곤 했다. 그들은 점차 한 덩어리가 되어 나에게 다가왔다. …… 새로운 통로로 접어드는 순간 뒤에서 그들의 횃불이 흘끗 보였다. 그러나 그 순간 어떤 소리가 나는 바람에 나는 깜짝 놀라 빠르게 뒤로 물러났다. 뒤에 오던 사람들은 완전히 내빼 버렸다. 박쥐들이 갑자기 달려들면서 낸 소리였다. 나는 이 짐승 같은 새들을 약간 무서워했다. 이곳은 그들을 만나기에는 아주 안 좋은 장소였다. 통로의 천장이 너무 낮아, 내 머리 위에 박쥐들이 날아갈 만한 공간이 거의 없었기 때문이다. 똑바로 서서 걸었다가는 박쥐들이 내 얼굴에 부딪칠 위험이 있었다. 따라서 고개를 숙이고, 박쥐들의 날갯짓에 불이 꺼지지 않도록 보호하며 움직여야 했다. 그럼에도 한 걸음 한 걸음 흥미진진했다. 이집트의 피라미드와 무덤들이 떠올랐다. 그러자 이 어둡고 복잡한 통로를 따라가면 커다란 방이 나올 것이라고 믿지 않을 수 없었다. 어쩌면 왕을 매장한 곳이 나올지도 몰랐다. …… 갑자기 통로가 막혔기 때문에 나는 완전히 멈추었다. 위에 있는 엄청난 양의 흙의 무게를 못 이기고 천

캐서우드가 아름답게 스케치한 쓰러진 석상. 그는 건축학적 세부를 뛰어나게 살려내며 유적과 기념물을 기록했다. 그의 기록에 따르면, 숲에서 벗어나자 유적은 "높은 수준의 건축 솜씨"를 보여 주었다. "장식으로나 비율로나, 구세계에 알려진 어떤 모델과도 다른 토착적이고 단단하게 확립된 설계 체제가 널리 퍼져 있었음을 증언하고 있었다."

S.H.Gimber

볼론첸 근처 한 동굴로 들어가는 위태로운 나무 계단. 이곳에서 출발하여 터널과 추가의 동굴들을 거쳐 지하의 우물에 이르게 되었다. 스티븐스는 이렇게 썼다. "인디언들이 내려가기 시작했다. 그러나 맨 앞에 있는 사람의 머리가 밑으로 사라지자마자 발판 하나가 부서졌다. 그는 다른 사람에게 매달려 간신히 목숨을 구했다. 우리는 약간 불안한 마음으로 내려갔다. 각 손과 발을 반드시 다른 발판에 두었다. 가끔 부서지고 미끄러지기는 했지만, 우리 모두 맨 아래까지 내려갈 수 있었다."

버린 흙더미를 가리켰다. 그러면서 이제 라베린토에 끝이 없다는 거짓말은 그만하라고 말했다. 나는 실망한 가운데도 그곳이 지나치게 덥고 답답하다는 사실을 의식하기 시작했다. 조금 전까지만 해도 잘 느끼지 못하던 것이었다. 하지만 이제는 횃불의 연기와 좁은 통로를 막고 있는 인디언들 때문에 견딜 수가 없을 정도였다.

내가 할 수 있는 일이라고는, 불만족스럽기는 했지만 이 지하 구조물의 평면도를 알아내는 것이었다. 나한테는 휴대용 나침반이 하나 있었다. 더위와 연기에도 불구하고 또 인디언들이 거의 도와주지 않았음에도, 땀이 수첩에 뚝뚝 떨어지는 등 온갖 불편이 많았음에도, 나는 측정을 하며 입구로 돌아가기 시작했다. ……

이곳이 지하 구조물이라는 이야기를 들었기 때문에, 또 지상에 이르렀을 때 풀이 무성한 흙더미에 반쯤 묻힌 문을 보았기 때문에, 나는 달리 생각해 보지를 않았다. 하지만 밖에서 살펴보다가 내가 불규칙한 자연적 형태의 비탈이라고 생각했던 것이 사실은 피라미드형 둔덕임을 알았다. …… 지금까지 우리는 이 둔덕들이 방 같은 구조물은 없는, 돌과 흙으로 이루어진 견고하고 단단한 덩어리라는 인상을 받았다. 그러나 이렇게 무덤을 발견하자 이곳에 흩어진 모든 커다란 둔덕에 은밀하게 감추어진 미지의 방이 있다는 흥미진진한 생각이 떠올랐다. 이것은 탐험하고 발견할 거대한 영역이 앞에 놓여 있다는 뜻이었다. 비록 둔덕 정상의 건물들은 폐허가 되었지만, 이 내부야말로 도시를 건설한 사람들을 알 수 있는 유일하게 남은 자료일 것 같았다.

나는 정말이지 어째야 좋을지 알 수 없었다. 동료들에게 말을 전한 다음 다른 모든 것을 포기하고 그곳에 머문 채 둔덕 전체를 허물고 안에 담긴 비밀을 다 발견하고 싶은 유혹을 느꼈다. 그러나 서둘러서 될 일은 아니었다. 나는 일단 그곳을 떠나 장차 기회를 보기로 했다. 그러나 그 둔덕으로 돌아갈 기회는 없었다. 그 둔덕은 지금도 모든 신비를 간직한 채 미래의 탐험가가 도전해 볼 가치가 있는 곳으로 그대로 남아 있다. 하지만 그 신비가 벗겨지고 감추어진 모든 것이 빛을 볼 날이 그리 멀지 않았다는 희망을 품지 않을 수 없다.

J. Stephens, *Incidents of Travel in Yucatan, Vol. 1.*

찰스 다윈 *Charles Darwin 1808~1882*
비글호의 항해

다윈이 성직자로 나아갈 생각을 하고 있을 때 한 친구가 남아메리카로 가는 답사선의 박물학자 자리를 권했다. 다윈은 달리 할 일이 없었기 때문에 그 권고를 받아들였다. 여기에서부터 거의 우연적인 사건들이 줄지어 일어나, 마침내 탐험 역사상 가장 중요한 항해가 이루어졌다. 비글호는 1831~1836년 항해에서 남아메리카에만 간 것이 아니라, 지구를 완전히 한 바퀴 돌면서 남태평양과 남아프리카까지 갔다. 이 항해에서 새로운 땅을 발견한 것은 아니지만, 다윈은 지구의 본질에 관한 놀라운 통찰을 얻었다. 그는 6년 뒤 산호초 형성을 묘사하는 책에서 자신이 발견한 것 가운데 일부를 발표했다. 그러나 『종의 기원』을 낸 것은 1859년의 일이었는데, 그는 이 책에서 갈라파고스 제도에서 이루어진 관찰을 이용하여 진화론을 다듬을 수 있었다. 다윈은 자신의 경험을 돌아보며 겸손하게 말했다. "젊은 박물학자에게 먼 땅들을 여행하는 것보다 도움이 되는 일은 없는 듯하다."

갈라파고스 제도, 1835년 9월

17일. …… 만에는 동물이 떼를 지어 다녔다. 물고기, 상어, 거북이가 사방에서 머리를 쑥쑥 내밀었다. 곧 낚싯줄을 뱃전에 늘였다. 50센티미터, 심지어 1미터나 되는 좋은 물고기가 수도 없이 잡혔다. 이 놀이에 모두 아주 기뻐했다. 사방에서 큰 웃음소리와 물고기가 기운차게 펄떡이는 소리가 들렸다. 식사 후에 한 무리가 거북이를 잡으러 해변으로 갔지만 성공하지 못했다. 이 제도는 온갖 종류의 파충류의 낙원으로 보인다. 세 종류의 바다거북 외에도, 육지 거북이 아주 많아 배 한 척의 승무원들이 짧은 시간에 500~800마리를 잡았다. 해변의 검은 용암 바위에는 크고(50~100센티미터) 아주 혐오스럽고 투박해 보이는 도마뱀들이 앉아 있는 경우가 많다. 그들은 자기들이 앉아 있는, 구멍이 숭숭 뚫린 바위만큼이나 시커먼데, 바다에서 오는 먹이를 찾고 있다. 어떤 사람은 이 도마뱀들을 '어둠의 작은 악마'라고 부른다. 어쨌든 그들이 사는 땅에 잘 어울리는 것은 분명하다. 나는 해안에서 식물 채집을 하다가, 꽃을 열 가지 얻었다. 하지만 열대의 땅보다는 북극에 잘 어울릴 것 같은 하찮고 못생긴 작은 꽃들이었다. 작은 새들은 인간을 처음 보는 터라, 자신들의 동포인 거대한 거북이와 마찬가지로 인간이 순수

이 세 종류의 야자나무를 기록할 수 있었던 것은 다윈에게는 큰 기쁨이었다. 그는 이 항해의 과학적 잠재력에는 열광했지만, 뱃멀미로 심하게 고생을 하여 비글호가 육지에 다가갈 때면 늘 좋아했다. 그는 이렇게 불평했다. "광대한 바다가 자랑하는 영광이란 무엇인가? 지루한 황무지, 아라비아인들이 부르는 대로 물의 사막일 뿐이다."

Rhea Darwnii.

다윈이 고향에 가져온 표본을 분석하기 위해 고용한 일급 조류학자 존 굴드가 그린 남아메리카의 타조. 갈라파고스 제도에서 발견된 피리새를 그린 굴드의 스케치 덕분에 다윈은 진화론을 정리할 수 있었다. 굴드가 1837년에 확인한 새로운 종 열세 가지 중에 오늘날에는 아홉 종만 남아 있다.

하다고 생각한다. 크기가 1미터 정도 되는 작은 새들은 덤불 주위를 조용히 뛰어다니는데, 돌을 던져도 겁을 내지 않았다. 킹 씨는 모자로 한 마리를 죽였고, 나는 총 끝으로 가지에서 커다란 매 한 마리를 밀어냈다.

21일. 하인과 함께 앞서 말한 구역을 조사하기 위해 북동쪽으로 몇 킬로미터 떨어진 곳에 상륙했다. …… 굴뚝을 닮은 곳이었다. 울버햄턴 근처의 쇠 용광로를 생각한다면 더 정확한 모습이 그려질 듯하다. 어느 각도에서 보니 이런 꼭대기를 잘라 낸 듯한 작은 언덕들을 60개 정도 셀 수 있었다. 용암 평원에서 불과 15 내지 30미터 높이로 솟아 있었다. 다양한 냇물의 나이는 식물이 있느냐 없느냐로 분명하게 구분이 된다. 식물이 없는, 즉 최근에 만들어진 냇물은 그보다 거칠고 무시무시한 것을 상상할 수 없다. 그 수면은 가장 거친 순간의 바다와 비교할 만하다. 그러나 어떤 바다도 그런 불규칙한 톱니 모양을 보여 주지는 못할 것이다. 또 그렇게 깊고 길게 갈라진 틈을 보여 주지도 못할 것이다. 분화구는 모두 완전히 활동 정지 상태다. 분석噴石만 둥그렇게 놓여 있을 뿐이다. 또 깊이가 10미터에서 25미터에 이르는 큰 원형 구덩이들이 있다. 분화구로 착각하기 쉽지만, 사실은 커다란 동굴의 지붕이 가라앉아 생긴 것이다. 동굴 자체는 용암이 액체 상태로 대량으로 흘러 다닐 때 생겼을 것이다. 나에게는 새로운 광경이라 큰 흥미가 생겼다. 오래전부터 글에서만 익숙했던 것을 눈으로 보는 것은 늘 즐거운 일이다. 나는 걸어 다니다가 아주 커다란 거북이 두 마리를 만났다(등딱지 둘레가 2미터쯤 되었다). 한 마리는 선인장을 먹다가 조용히 물러났다. 또 한 마리는 낮고 크게 쉬익 소리를 내더니 머리를 집어넣었다. 아주 무거워 내 힘으로는 땅에서 들어 올릴 수가 없었다. 이들은 검은 용암, 잎 없는 관목, 커다란 선인장에 둘러싸여 있었기 때문에 마치 대홍수 이전에 살던 가장 오래된 동물처럼 보였다. 아니, 다른 행성의 거주자라고 하는 편이 나을지도 모르겠다.

22일. 우리는 해변 모래밭에서 잤다. 아침에 새로운 식물, 새, 조개, 곤충을 많이 채집한 뒤 저녁에 배로 돌아갔다. 해가 이글이글 타올라 몹시 더웠다. 우리가 적도에 가까이 왔다는 것을 처음으로 실감한 날이었다.

25일. …… 여기 주민들은 로빈슨 크루소 같은 생활을 한다. 장대를 세우고 풀을 덮은 집은 아주 단순하다. 그들은 숲에 많이 있는 야생 돼지와 염소를 사냥하며 상당한 시간을 보낸다. 기후 때문에 농사는 조금만 지으면 된다. 동물 가운데 주식으로 삼는 것은 테라핀과 거북이다. 이들은 수가 아주 많아 일주일 가운데 이틀만 사냥하면 나머지 닷새는 먹을 양이 나온다. 물론 그 수는 많이 줄었다. 200명이 넘는 프리깃함의 승무원들 전체가 해변에 내려온 후 얼마 지나지 않아 그렇게 된 것이다. 그들은 전에 테라핀과 거북이가 아주 많았던 샘터 근처에 정착지를 만들어 놓고 있다. 로슨 씨는 그래도 앞으로 20년 먹을 양은 남아 있다고 생각한다. 그러면서도 고기를 절이려고 제임스 섬(그곳에 소금 광산이 있다)에 사람들을 보냈다. 어떤 동물은 아주 커서 한 마리에서 100킬로그램이 넘는 고기가 나오기도 한다. 로슨 씨는 여섯 명이 들어 올리지도 못하고, 두 명이 뒤집지도 못하는 테라핀을 본 적이 있다고 한다. 이런 거대한 동물은 나이가 아주 많을 것이다. 1830년에는 껍질에 다양한 연도가 새겨진 동물이 잡히기도 했다(보트로 옮기는 데 여섯 명이 필요했다). 그 가운데는 1786년도 있었다. 그 당시에 데려가지 못한 이유는 보나마자 너무 커서 둘이서는—포경선은 늘 사냥을 할 때 두 사람씩 짝을 지어 보낸다—감당할 수가 없었기 때문일 것이다.

26일과 27일. 나는 이 섬에서 모든 동물, 식물, 곤충, 파충류를 부지런히 채집했다. 장차 비교 분류를 해서 이 군도의 존재들이 어느 '창조의 중심' 또는 구역에 소속되는지 알아내면 아주 흥미로울 것이다.

(10월) 9일. …… 거북이는 물을 구할 수 있으면 엄청난 양을 마신다. 그래서 이 동물이 샘터 근처에서 떼를 지어 다니는 것이다. 다 큰 거북이의 평균 크기는 등껍질이 거의 1미터 길이다. 이 껍질은 아주 단단해서 나 정도는 쉽게 올라갈 수 있으며, 몸이 아주 무거워 땅에서 들어 올릴 수가 없다. 그들이 다니는 길에 가 보면, 많은 수가 물을 마시러 가고 또 많은 수는 양껏 마시고 돌아온다. 이 거대한 동물이 목을 길게 뽑고 느릿느릿 걸어가는 것을 보면 아주 웃긴다. 아마 시속 300미터 정도의 속도로 움직일 것이다. 24시간이면 7킬로미터 정도를 가는 셈이다. 거북이는 샘터에 도착하면 누가 보든 말든 물이 눈 위까지 오도록 진흙탕에 머리를 담그고 탐욕스럽게 입 안 가득 물을 빨아들인다.

물이 있는 곳은 어디에나 …… 사방으로 길이 뻗어 있고, 그 길이는 몇 킬로미터에 이른다. 이것을 보면 이 물은 어부들이 발견했다는 것을 알 수 있다. 건조한 저지대에는 거북이가 거의 없다. 대신 알버말 섬에서 언급했던 크고 노란 초식 도마뱀만 수도 없이 널려 있다. 이 동물의 굴도 엄청나게 많아, 우리는 텐트 칠 곳을 찾을 수 없어 애를 먹었다. 이 도마뱀은 장과나 잎 등 식물만 먹는다. 그래서 자주 나무를 기어오르는데, 특히 미모사를 좋아한다. 물은 전혀 마시지 않으며, 대신 수분이 많은 선인장을 무척 좋아한다. 이들은 선인장 조각을 다른 도마뱀에게서 빼앗으려고 개처럼 싸우곤 한다. 이들과 같은 종류인 '어둠의 작은 악마'들도 마찬가지로 해초만 먹고 산다. 아마 이런 식습관은 도마뱀류 가운데는 유일무이할 것이다. ……

호블스에서 우리 거처에 머물던 이틀 동안 우리는 지방에서 얻은 투명한 기름으로 튀긴 거북이 고기를 먹고 살았다. 고기가 붙은 가슴 부분은 가우초들이 '카르네 콘 쿠에로'를 굽듯이 굽는다. 그러면 아주 맛이 좋다. 어린 거북이들은 수프 재료로 아주 좋다. 하지만 고기는 내 입맛에는 별로 맛이 없다.

C. Darwin, *Charles Darwin's Beagle Diary.*

쥘-세바스티앙-세자르 뒤몽 뒤르빌

Jules-Sébastien-César Dumont D'Urville 1790~1842

남극대륙에 첫발을 디디다

뒤몽 뒤르빌은 열일곱 살에 해군에 입대하여 마흔 살까지 7개 국어(헤브라이어 포함)를 익혔다. '밀로의 비너스'를 손에 넣어 프랑스에 가져갔고, 지구를 두 바퀴 돌았으며, 처음으로 멜라네시아, 폴리네시아, 미크로네시아 등 주요 세 무리의 섬을 확인했을 만큼 정확하게 남태평양 해도를 그렸다. 그러나 뒤르빌은 기록을 날조하고 승무원을 학대했다는 혐의로 거의 10년을 책상에 앉아 보내다가 1837년 3차 세계 일주 명령을 받았다. 이번에는 그보다 먼저 항해했던 쿡처럼 남쪽으로 깊이 내려가, 남극대륙을 찾아 '얼음이 허락하는 한' 가 볼 계획이었다. 그는 라스트롤라브와 라 젤레 등 두 척의 배에 항해사와 승무원 183명을 태우고 갔다. 그는 위도 75도에 이르면 금화 100개, 그 다음부터 1도마다 20개, 그리고 남극에 닿으면 '원하는 대로 뭐든지' 상으로 주겠다고 했다. 그들은 남극에 이르지는 못했지만 남극대륙 본토에 처음 발을 디딘 사람들이 되었다. 뒤르빌은 상륙 지점에 부인의 이름을 따 아델리 랜드라는 이름을 붙였다. 돌아오는 항해는 탈주와 괴혈병 때문에 쉽지 않았다. 마침내 1840년 11월 프랑스에 돌아왔을 때 승무원 수는 130명으로 줄어 있었다. 그럼에도 이 항해는 그때까지 이루어진 남극 항해의 모든 기록을 깼다.

탐험대가 남극대륙에 접근하다

밤의 정적 속에서 우리 주위의 거대한 얼음 덩어리들은 웅장해 보였고, 동시에 접근을 허락하지 않을 것처럼 보였다. 승무원 전체가 해가 긴 커튼 같은 빛을 남기며 지평선 너머로 가라앉는 것을 지켜보았다. 자정이 되어도 아직 어스름 녘 같아, 함교에서 책도 쉽게 읽을 수 있었다. 우리는 진짜 밤이 30분밖에 안 될 것이라고 판단했다. 나는 밤을 이용해 밑으로 내려가 쉬고, 다음 날 앞에 있을지도 모르는 육지의 존재를 확인하기로 했다.

아침 4시에 주위의 빙산을 세어 보니 60개였다. 나는 밤 동안 우리의 위치가 바뀌지 않았다는 사실을 알고 있었다. 그러나 전날 우리를 둘러싸고 있던 거대한 덩어리들—모두 아주 비슷해 보였지만 다 모양이 달랐다—가운데 단 하나도 눈에 익은 것이 없었다. 해는 뜬 지가 꽤 되었다. …… 우리는 그 열기를 느낄 수 있었다. 빙산들도 그

젤레호와 아스트롤라브호가 남극에서 거친 날씨와 맞서고 있다. 뒤르빌은 많이 늙고 통풍으로 발도 절룩거려 신체적으로 힘든 항해를 할 처지가 아니었다. 그가 절뚝거리며 승선하자 한 뱃사람이 여행이 끝나기 전에 그가 먼저 죽을 것처럼 보인다고 중얼거렸다. (뒤르빌은 그 말을 듣고 마음이 편치 않았다)

것을 느끼는지, 갑자기 녹기 시작했다. 별로 멀지 않은 빙산 하나가 특히 눈길을 끌었다. 꼭대기에서 헤아릴 수 없이 많은 물줄기들이 쏟아져 내리며 빙산 사면에 깊은 골을 팠다. 물줄기들이 폭포가 되어 바다로 떨어졌다. 날씨는 훌륭했으나 안타깝게도 바람은 불지 않았다. 우리는 계속 앞에 있는 육지를 보고, 그 기복을 눈으로 따라갈 수 있었다. 이렇다 할 특징은 없었고, 눈으로 덮여 있었으며, 서에서 동으로 쭉 뻗어 있었는데, 마지막에는 부드럽게 비탈을 그리며 바다로 내려가는 것 같았다. 그 잿빛의 황량함을 덜어 줄 만한 봉우리 하나, 거무스름한 점 하나 찾을 수가 없었다. 따라서 우리는 육지의 존재를 의심할 수밖에 없었다. 그러나 정오 무렵이 되면서 모든 불확실성은 사라졌다. 젤레호에서 온 보트가 옆에 붙어, 어제 육지를 보았다고 말했다. 나보다 의심이 적은 젤레호의 항해사들은 모두 육지 발견을 확신하고 있었다. 그러나 안타깝게도 바람이 없는 날씨 때문에 확실하게 확인을 할 수가 없었다. 그럼에도 다들 기뻐하고 있었

뒤르빌의 부하들이 아스트롤라브호를 부빙에서 꺼내려고 애쓰고 있다. 뒤르빌은 이렇게 기록했다. "우리 배 두 척을 보니 조수에 밀려왔다가 돌이 가득한 해변에 발이 묶여 …… 그리고 넓은 바다로 다시 나가려고 안간힘을 쓰는 가재가 생각났다." 구출 작전 동안 승무원 대부분과 의사 세 명 모두가 동상에 걸렸다.

다. 이제 우리 탐험의 성공은 확실했다. 다른 것을 몰라도 새로운 땅을 발견했다는 보고는 할 수 있었기 때문이다. …… 육지를 찾으러 나간 보트 두 대는 10시 반이 되어서야 해안에서 모은 암석 표본을 싣고 돌아왔다.

　　다음은 이 흥미로운 답사를 기록한 뒤부제 씨(젤레 호에 탑승한 박물학자)의 일기의 한 대목이다. "하루 종일 우리는 눈과 얼음이 아닌 것을 찾으려고 해안에서 눈을 떼지 못했다. 거의 절망에 빠진 채 해안을 완전히 가리고 있던 커다란 빙산 덩어리를 지나고 나자 마침내 수많은 작은 섬들이 보였다. 그 측면들은 우리가 그렇게 간절히 찾던 거무스름한 땅 색깔을 드러내고 있었다. 몇 분 뒤 아스트롤라브호의 보트가 항해사 한 명과 박물학자 두 명을 데리고 해안으로 향하는 것이 보였다. 나는 즉시 사키노 선장에게 바다에 내리고 있는 소형 보트에 나를 태워 달라고 요청했다. 아스트롤라브호의 보트는 이미 우리보다 앞서 나아갔다. 그러나 우리도 열심히 노를 저어 두 시간 반 뒤에는 가장 가까운 섬에 도착했다. 우리 승무원들은 열의가 넘쳐, 힘 드는 줄도 모르고 금세 10킬로미터가 넘는 거리를 주파했다. 우리는 가는 길에 거대한 빙산들 밑을 지났다. 옆면은 수직이었고, 아래는 바다가 갉아먹었으며, 위는 녹색을 띤 긴 바늘 같은 얼음이 장식처럼 달려 있었다. 어떤 광경도 이보다 극적이지는 않았을 것이다. 이들은 우리가 향하고 있는 섬의 동쪽으로 막강한 벽을 이루는 것처럼 보였다. 밑으로는 80 내지 100패덤쯤 깊이 박혀 있는 것 같았다. 높이를 보면 그 정도 깊이로 들어가 있어야 할 것 같았다. 바다는 얼음 조각으로 덮여 있었기 때문에, 우리는 어쩔 수 없이 자주 우회를 해야 했다. 부빙 위에는 펭귄 떼가 있었는데, 우리가 빠른 속도로 지나가면 멍하니 우리를 보았다.

거의 9시가 되었을 때 우리는 동쪽 끝에 있는 가장 높은 섬의 서쪽 곶에 상륙을 했다. 말할 수 없이 기뻤다. 아스트롤라브호의 보트는 우리보다 한발 앞서 도착해서, 그 승무원들은 이미 바위 절벽을 기어 올라가 펭귄들을 아래로 집어던지고 있었다. 펭귄은 자기들만 살고 있다고 생각하던 곳에서 잔인하게 내쫓김을 당하자 깜짝 놀랐다. 우리는 곡괭이와 망치로 무장을 하고 해안으로 뛰어올랐다. 그러나 파도 때문에 상륙이 매우 어려워, 몇 사람은 보트를 제자리에 유지하기 위해 남겨 둘 수밖에 없었다. 상륙 직후 나는 선원 한 명을 보내 우리 전에는 어떤 인간도 본 적도, 디딘 적도 없는 땅에 삼색기를 게양하게 했다. 영국인들이 오랫동안 유지하고 있는 부러운 관습을 따라 우리는 얼마 전까지 얼음 때문에 도달하지 못했던 주변 해안을 프랑스의 이름으로 소유하고 그렇게 공표했다. 이런 평화로운 정복의 방법으로 프랑스 영토가 늘어났다는 사실 때문에 우리의 의욕과 기쁨은 더 커졌다. 이런 소유의 의식이 남용되는 바람에 사람들은 이것이 우스꽝스럽고 가치 없는 짓이라고 여기곤 하지만, 적어도 이 경우에 우리는 우리나라를 위하여 오랜 관습을 이행하는 것이 정당한 일이라고 여겼다. 우리는 누구 것도 빼앗지 않았으며, 누구도 우리의 소유권에 이의를 제기하지 않았다.

그 뒤로 우리는 프랑스 땅을 딛고 있다고 생각했으며, 그러면서도 우리나라를 전쟁에 말려들게 하지 않았다는 점 때문에 마음이 편안했다.

당연히 이 의식 끝에는 건배가 뒤따랐다. 우리는 한 승무원이 침착하게 챙겨 온 프랑스의 가장 고귀한 포도주 한 병을 프랑스의 영광을 위하여 마셨다. 이제까지 보르도의 포도주가 이보다 훌륭한 역할을 해 본 적은 없을 것이다. 또 이보다 어울리는 자리에서 포도주를 마신 사람들도 없을 것이다. 사방이 영원한 눈과 얼음으로 덮여 있어 날씨가 쌀쌀했기 때문에 이 너그러운 술은 아주 훌륭한 위로가 되어 주었다. 이 모든 일이 그것을 글로 적는 것보다 빠른 시간 안에 이루어졌다. 이어 우리는 일을 시작했다. 이 황량한 땅이 자연사 연구에 어떤 도움을 줄 것인지 알아보는 일이었다. ……

우리는 9시 30분이 되어서야 배를 향해 출발했다. 손에 든 귀한 것들 때문에 환희에 넘쳐 있었다. 보트의 돛을 올리고 마지막 작별 인사를 하기 전에 모두 만세를 불러 우리의 발견을 기념했다. 적막한 땅은 처음 들은 인간 목소리에 놀라 메아리로 우리의 외침을 돌려 주더니, 다시 전과 다름없이 어둡고 위압적인 침묵을 이어 나갔다. 우리는 동쪽에서 불어오는 부드러운 바람에 실려 배를 향해 나아갔다. 배는 이제 바다 멀리 나가 있었고, 그쪽으로 가는 길은 종종 거대한 빙산이 가로막고 있었다. 우리는 저녁 11시가 되어서야 배에 도착했다. 몹시 추웠다. 온도계는 영하 5도를 가리키고 있었다. 보트 바깥에는 얼음이 겹겹이 덮여 있었다. 우리는 코르벳함(옛 중형 군함)에 다시 타게 되어 기뻤다. 무사히 발견 임무를 완수한 것도 감사했다. 이 춥고 변덕스러운 날씨에는 오래 배를 떠나지 않는 것이 최선이었기 때문이다.

J. Dumont D'Urville, *Voyage au Pole Sud et dans L'Océanie sur les corvettes l'Astrolabe et la Zélée: Exécuté par ordre du roi pendant les années 1837-1838-1839-1840*, Vol. 8.

엘리샤 켄트 케인 *Elisha Kent Kane 1820~1857*
북극을 찾다 좌초하다

1853년 케인은 존 프랭클린 경을 찾겠다고 말한 뒤. 아주 작은 어드밴스호를 타고 그린란드의 서쪽 해안을 따라 올라갔다. 사실 그의 진짜 목표는 북극에 가는 것이었다. 그러나 두 목표 모두 이루지 못했다. 대신 얼음 속에서 겨울을 두 번 나고, 폭동을 견디고, 배를 잃고, 괴혈병과 승무원 몇 사람의 죽음이라는 피해를 딛고, 보트를 이용한 위험한 항해 끝에 고향에 돌아왔다. 많은 탐험가들이 그랬듯이 케인도 일기를 쓰는 것을 잡무로 여겼다. "이 별것 아닌 일기를 쓰는 일은 정말 죽도록 괴로웠다." 그러나 그의 이야기는 그때까지 나온 이런 종류의 글 가운데 가장 잘 읽혔으며, 엄청난 양이 팔렸다. 그가 서른일곱 살에 죽었을 때, 조객이 그의 무덤 앞을 줄지어 지나가는 데 사흘이 걸렸다.

곤경에 처한 썰매대원들을 구출하다

전날 우리가 세운 중간 기지에 이르렀다는 확신이 들기 시작했다. 우리 텐트를 두고 온 곳이었다. 그러나 우리는 여전히 그곳에서 15킬로미터 떨어져 있었다. 우리는 거의 아무런 예고도 없이 한 순간에 에너지가 다 빠져나갔음을 깨닫고 놀랐다.

물론 나는 극한의 추위가 몰고 오는 마비의 느낌, 거의 혼수상태에 가까운 느낌에 익숙했다. 한번은 배핀 만에서 한겨울 추위에 몇 시간 노출되었을 때, 전기의 충격으로 온몸에 널리 퍼지는 마비에 비교할 만한 증상을 겪은 적이 있었다. 그러나 그때만 해도 나는 몸이 얼 때의 그 잠이 오는 듯한 편안한 느낌을 낭만적인 장식품처럼 여겼다. 그러나 지금은 정반대의 증거와 마주하고 있었다.

가장 튼튼한 부하 본살과 모턴이 자겠다고 허락을 받으러 나에게 왔다. "저 사람들은 춥지 않습니다. 이제 저 사람들한테 바람은 들어오지 않습니다. 저 사람들이 원하는 건 조금 자는 것뿐입니다." 곧 한스가 바람에 밀려와 쌓인 눈 밑에서 거의 뻣뻣해진 상태로 발견되었다. 토머스는 눈을 감고 꼿꼿하게 앉아 있었지만, 말을 거의 하지 못했다. 마침내 존 블레이크가 눈에 쓰러지며 일어나지 않겠다고 고집을 부렸다. 그들은 춥다고 하지는 않았다. 나는 그들의 몸을 흔들고, 따귀를 때리고, 밀어내고, 소리를 지르고, 조롱하고, 야단을 쳤지만, 다 소용없었다. 바로 멈추지 않을 수가 없었다. ……

케인은 그린란드의 이 놀라운 바위를 영국의 계관시인 이름을 따 '테니슨 기념비'라고 불렀다. 많은 탐험가들이 그랬
듯이, 케인은 일기를 쓰는 일을 잡무로 여겼다. "이 별것 아닌 일기를 쓰는 일은 정말 죽도록 괴로웠습니다." 케인은
아버지에게 그렇게 말했다. 그래서 그랬는지, 그의 일기 두 번째이자 마지막 권이 출간되던 1857년에 세상을 떠났다.

(다른 동료 한 사람과 전진하는 중이었지만) 15킬로미터를 오는 데 얼마나 걸렸는지 알 수가 없다. 묘한 무감각 상태에 빠져, 시간을 거의 의식하지 못했기 때문이다. 아마 네 시간쯤이었을 것이다. …… 나는 그 네 시간을 내가 겪은 가장 괴로운 시간으로 기억하고 있다. 우리 둘 다 제정신이 아니었기 때문에, 텐트에 도착하기 전에 도대체 무슨 일이 있었는지 기억이 뒤죽박죽이었다. 그러나 우리 둘 다 곰 한 마리는 기억했다. 곰은 우리 앞을 느긋하게 걸어가면서, 맥게리 씨가 앞일을 생각하지 않고 벗어 던진 점퍼를 찢어발겼다. 곰은 점퍼를 갈기갈기 찢고 둘둘 말아 공으로 만들었지만, 한 번도 우리 앞길을 막으려 하지는 않았다. …… 우리는 추위에 완전히 취해서 계속 걷기만 했다. 내가 아는 한 우리 속도는 빨라지지 않았다. ……

(다른 사람들이 따라오자) 멈추는 일이 잦아졌다. 우리는 쓰러져서 눈 위에서 반쯤 잠이 들었다. 어쩔 수가 없었다. 이상한 말이지만, 그러면 기운이 났다. 나는 라일리에게 3분 후에 깨워 달라고 하고, 과감하게 직접 실험을 해 보았다. 그렇게 하자 큰 도움이 되어, 나는 다른 사람들도 똑같은 방식으로 시간을 재 주었다. 사람들은 썰매 활주부에 앉자마자 잠이 들었다. 그러다가 3분이 지나면 일어나야 했다. …… 이제 평소보다 길게 쉬고 마지막으로 더 강한 술을 마신 뒤, 우리는 오후 1시에 브리그선에 이르렀다. 멈추지는 않았던 것 같다.

나는 지금 그런 것 같다고 말하고 있다. 우리의 고통의 가장 결정적인 증거는 아마도 바로 이것일 것이다. 우리는 착란 상태에 빠져 있었기 때문에, 주변 상황을 제대로 파악할 수가 없었다. 우리는 꿈속에 나오는 사람들처럼 움직였다. 나중에 발자국을 보니 그래도 브리그선(쌍돛대 범선)까지 최단 코스로 움직이기는 했다. 틀림없이 일종의 본능이었을 것이다. 기억에는 전혀 남아 있지 않으니까. …… 나는 내가 가장 상태가 낫다고 생각했다. 나는 정신을 차리려고 쓸 수 있는 방법은 다 썼기 때문이다. 그래서인지 브리그선의 선실로 돌아갔을 때 동료들이 착란상태에서 중얼거리던 소리도 기억한다. 하지만 나중에 내가 어떤 말을 했고 어떤 명령을 내렸는지 듣게 되었다. 얼토당토않았다. 정신이 균형을 유지했다면 다 기억을 했을 만한데, 전혀 기억이 나지 않았다. ……

닥터 헤이스는 …… 우리 뇌 증상이 심각하지 않다고 보고했다. 그냥 탈진해서 그런 것뿐으로, 먹고 쉬면 나을 것이라고 했다. 올슨 씨는 한동안 사팔눈과 시력 상실로 고생을 했다. 다른 두 사람은 발의 일부가 떨어져 나갔지만, 불편한 결과는 없었다.

케인의 일기에 나오는 이 삽화는 그의 대원들이 겪은 곤경을 보여 준다. 얼음이 너무 험준하여, 한 승무원은 맨해튼의 건물들을 꼭대기에서 꼭대기로 옮겨 다니는 것이 더 쉽겠다고 말했다.

두 사람은 우리가 온갖 노력을 기울였음에도 죽었다. 구조대는 72시간 동안 밖에 나가 있었다. 우리는 총 여덟 시간 멈추었으며, 한 번에 반씩 교대로 잤다. 이동 거리는 120~150킬로미터 정도 되며, 대부분 무거운 썰매를 끌었다. 사흘 동안 가장 따뜻했던 시간을 포함한 전체 기간의 평균 기온은 영하 40.6도였다. 두 번 쉴 때를 제외하면 물은 마시지 않았으며, 잠시라도 몸을 힘차게 움직이는 것을 멈추면 몸이 바로 얼었다.

1854년, 어드밴스호의 승무원들이 폭동을 일으켰다

8월 18일, 금요일. 끼니당 땔감 허용량을 약 3킬로그램으로 줄였다. 사람이 열여덟 명이므로 한 사람 당 6분의 1킬로그램 돌아가는 꼴이다. 이것이면 하루에 커피 두 번, 수프 한 번을 마실 수 있다. 이것 외에 차가운 돼지고기를 대량으로 삶아 필요한 만큼 먹을 수 있다. 이런 상황은 별로 좋지 않다. 하지만 다른 긴급 사태를 대비해 석탄을 아껴야 한다. '앞의 어둠'이 보인다.

　　오늘도 얼음을 살폈다. 나쁘다! 나쁘다! 또 한 번 겨울을 마주해야 한다. 그 생각 때문에 기가 죽지는 않는다. 우리 앞에 기회가 있는 동안은 그 기회를 놓치지 않도록 모든 준비를 하는 것이 나의 첫 번째 의무다. 그래도 신선한 음식과 연료 없이 병과 어둠의 한 해를 또 맞이할 것을 생각하니 끔찍하다. 그래, 끔찍하다는 말이 어울린다. 동지들을 위해 주고 보호해야 한다는 의무감만 없다면 덜 슬픈 마음으로 겨울을 맞이할 수 있을 텐데. ……

8월 21일, 월요일. 얼마 전부터 부대를 파견할까 하는 생각을 했다. 하지만 생각하면 할수록, 그 자체로 옳지도 않고 실제로 안전하지도 않다는 확신이 강해졌다. 나 개인적으로 보자면 브리그선 옆에 남아 있는 것이 간단하고 명예로운 의무다. …… 무슨 일이 닥치더라도, 나는 브리그선과 운명을 함께할 것이다.

하지만 내 동료들은 다르다. 그들이 나와 같은 의무감을 느낄 것이라고 기대할 수는 없다. 또 그들을 내 결론에 묶어야만 한다고 확신하지도 못한다. 나에게 그럴 도덕적 권리가 있을까? 해상의 규칙은 이 상황에 적합하지 않기 때문이다. 포경선의 경우 배가 가망 없이 봉쇄되면 선장의 권위는 꺾이고, 승무원들은 떠날 것인지 배에 남을 것인지 스스로 결정한다. ……

하지만 내가 느끼는 압박은 성격이 다르다. 우리가 배에서 또 한 번 겨울을 맞이할 준비가 전혀 안 되어 있다는 것을 나 자신에게 감출 수가 없다. 우리는 괴혈병에 걸리고 무너진 사람들이다. 식량은 양이 심하게 준 상태이며, 전체적으로 우리 조건에 적합하지 않다. 우리가 봄에 탈출하는 데 불가결한 수준의 건강을 유지하거나 회복할 것이라는 나의 유일한 희망은 부하들의 건강하고 탄력적인 분위기에 기초를 두고 있었고, 또 그럴 수밖에 없다. 주저와 우울과 상심의 분위기는 역병처럼 우리 갑판을 쓸어 버릴 것이다. 나는 우울한 예가 끼치는 해악을 두려워하고 있다. ……

8월 23일, 수요일. 브리그선은 탈출할 수 없다. 나는 썰매를 타고 적당한 자리로 가서 부빙을 살피고 오늘 새벽 2시에 돌아왔다. 조수가 극적으로 개입해 주지 않는 한 우리가 풀려날 가능성은 없다. …… 사실 우리 브리그선이 여기서 빠져나갈 수 있을지 극히 의심스럽다. 지금 배를 버리고 보트를 타고 가는 것도 좋지 않을 것이다. 물줄기들이 다가오고, 부빙군이 다시 거의 고정되고, 새로 생긴 얼음은 거의 뚫을 수가 없을 것이다.

항해사와 승무원들을 다 모아 놓고 그들에게 상황을 자세히 알리고, 그들이 제안하는 시도를 할 경우에 어떤 위험이 따르는지 이야기해야 할 것이다. 그들에게 내 입장을 분명하게 표시해야 한다. ……

8월 24일, 목요일. 오늘 정오에 승무원을 다 불러 놓고, 이 자리에 그대로 남아 있기로 결정하게 된 조건들을 솔직하게 설명했다. 나는 넓은 바다로 탈출하는 것이 성공할 수 없으며, 그런 시도가 극히 위험하다는 점을 설명하려고 노력했다. 또 배에 대한 우리의 의무도 언급했다. 한마디로, 그런 계획을 버리라고 열심히 권유한 것이다. 그런 뒤에 …… 그들이 선발한 항해사들의 명령에 따르고, 배에 남겠다고 결심한 나 자신을 포함한 나머지 사람들에게 어떤 요구도 하지 않겠다고 서면으로 작성할 것을 요구했다. 그런 뒤에 나는 한 사람씩 불러서 답변을 하라고 했다.

결과적으로 우리 일행의 생존자 열일곱 명 가운데 여덟 명만 브리그선에 남겠다고 결심했다.

E. Kane, *Arctic Explorations, Vol 1*.

리처드 버턴 *Richard Burton 1821~1890*
아프리카와 동양에서

버턴은 19세기 탐험의 '무서운 아이'였다. 매우 똑똑하고, 27개 국어에 능통했으며, 결단력 있는 여행자였고, 지칠 줄 모르는 인류학자였으며, 사나운 콧수염을 길러 자신이 악마처럼 보인다고 자랑했다. 그는 자신이 편안함을 느끼지 못하는 유일한 곳은 집뿐이라고 공언했다. 그는 인도, 아프리카, 중동―메카에 가기 전에 할례를 받았다―을 편력했고, 여러 논쟁적인 책에 자료를 제공했다. 버턴은 나일 강의 근원을 발견한 사람이 누군가 하는 문제로 존 해닝 스피크와 다투면서 유명해졌지만, 동양의 성적 관행을 묘사하여 오래 남을 악명을 얻었다. 남편의 여행에 함께했던 다부진 여자인 그의 아내 이사벨은 서구 문명에 해롭다는 이유로 그의 마지막 원고를 태워 버렸다.

메카 순례의 위험에 관하여

'라미', 즉 돌팔매 의식은 모든 순례자가 첫날 해 뜨고 나서부터 해 지기 전까지 해야 한다. 사악한 마귀는 험준한 고개에 나타났기 때문에, 이 좁은 곳에 군중이 모여들어 위험한 상황이 전개된다. 폭이 10미터 정도 되는 도로가에는 주로 이발사들이 소유한 가게들이 한 줄로 늘어서 있다. 반대편에는 울퉁불퉁한 벽이 있고, 그 벽에 기둥이 서 있다. 기둥 옆에서 베두인족과 벌거벗은 소년들이 방책을 이루고 있다. 좁은 공간은 순례자들로 바글거렸는데, 그들은 악마에게 가능한 한 가까이 다가가려고 마치 물에 빠진 사람들처럼 버둥거렸다. 차라리 그 사람들 머리를 딛고 가는 것이 더 쉬울 것 같았다. 그들 사이에 뒷발로 선 군마를 탄 기병들이 있었다. 베두인족은 야생 낙타를 탔고, 귀족들은 노새나 당나귀를 타고 하인을 두었다. 그들은 공격하고 때리면서 길을 열고 있었다. 나는 알리 베이가 '왼쪽 다리 두 군데만 상처'를 입은 채 이곳을 빠져나갔다고 자축하는 글을 본 적이 있었기 때문에 잊지 않고 단검을 감추어 왔다. 그렇게 조심한 것이 다행이었다. 내 당나귀가 군중 속으로 들어가자마자 단봉낙타에 부딪혀 쓰러졌기 때문이다. 나는 발을 구르며 소리를 지르는 짐승의 배에 깔려 있었다. 나는 적당히 칼을 사용하여 발에 밟히는 것을 피하면서 얼른 이 추악할 정도로 위험한 곳을 빠져나왔다. 어떤 이슬람교도 여행자들은 이곳의 신성함을 증명이라도 하려는 듯, 이슬람교도가 이곳

특유의 음침한 분위기를 드러내는 버턴의 모습. 버턴의 악마 같은 외모와 개구쟁이 같은 행동은 그의 성장 배경과 어울리지 않았다. 그가 열아홉 살에 옥스퍼드에 입학할 때는 다들 그가 성직자가 될 것이라고 생각했기 때문이다.

레이디 이사벨 버턴이 동양식으로 누워 있다. 남편의 여행에 동참한 강한 여자였던 이사벨 버턴은 결혼 직전 어머니에게 이런 편지를 썼다. "나도 남자였으면 좋겠어요. 남자라면 나도 리처드 버턴이 될 텐데, 여자이기 때문에 리처드 버턴의 부인일 뿐이잖아요. 급행을 타고 빠른 속도로 세계를 한 바퀴 돌고 싶은 마음이 간절해요. 집에만 있으면 미쳐 버릴 것 같아요."

에서 살해된 적은 없다고 주장했다. 그러나 나는 메카에서 그런 사고가 결코 드물지 않다는 것을 확신했다.

곧 모함메드 소년이 코피를 흘리며 군중을 뚫고 나왔다. 우리는 함께 이발소 앞의 벤치에 앉아, 역경을 견디며 참을성 있게 기회를 기다렸다. 들어갈 틈이 보이자 우리는 그 장소에서 3미터도 안 떨어진 곳까지 다가가, 오른손 엄지와 검지 사이에 돌을 하나씩 잡고 기둥을 향해 던졌다. ……

어떤 사람들은 초등학생이 공깃돌을 잡듯이 자갈을 잡았고, 어떤 사람들은 엄지와 검지를 펼쳐서 그 사이에 잡았으며, 어떤 사람들은 엄지 관절로 자갈을 튕겨 냈다. 대부분의 사람들이 자기 편한 대로 하고 있었다. ……

나그네가 순례 의식에서 마주치는 위험은 여전히 상당하다. 학식 있는 동양학자이자 성직자인 한 사람이 몇 년 전에 출간된 글에서 변장 없이 메카를 방문하겠다는 의도를 밝혔다. 그는 이제 터키 총독이 유럽 여행자를 방해하지 않을 것이라고 자신했다.

만일 친구가 그런 시도를 한다면 나는 말릴 것이다. 서유럽인이 이제 제다의 메카 문을 나서도 모욕을 …… 당하지 않는 것은 사실이다. 또 우리 부영사와 여행자들이 그들의 눈길로 성소를 오염시키지 않는다는 조건으로 타이프를 비롯하여 성도의 동쪽에 있는 지역을 방문하는 것이 허락된 것도 사실이다. …… 그러나 서유럽인의 모자를 본 첫 베두인족은 그의 머리에 총알을 박아 넣지 않으면 자신이 사나이가 아니라고 생각할 것이다. 순례 기간에는 메카를 방문하는 수많은 다양한 사람들 때문에 변장이 쉽다. 여행자는 '땀 냄새 나는 사내들과 부딪치는 것을 견디기만' 하면 된다. 그러나 사람들 앞에서 이교도라는 것이 드러나는 불행한 사람에게는 화가 있을 것이다. 그럴 때는 당장 정부의 보호를 받아야 한다. 그러나 광신이 절정에 달한 순례자들 무리에게 들킨다면 아마 즉시 쫓겨날 것이다. 위험을 기쁨의 소금이라고 생각하는 사람들은 메카를 찾아가도 좋다. 하지만 그런 위험을 감수할 만한 결과가 나오느냐고 묻는다면, 나는 부정적으로 답을 할 것이다. 제다의 부영사는 불행한 일이 일어나지 않는다고 확신할 만한 조치를 취할 수 있는 날이 오기 전에는 유럽 여행자가 변장 없이 메카에 가는 것을 사전에 금지하는 자신의 의무만 다할 것이다. 사고가 일어나도 우리의 평판에 영향을 주지는 않을 것이다. 우리가 정당하게 복수를 할 수 없기 때문이다.

R. Burton, *Personal Narrative of a Pilgrimage to Al-Madinah & Meccah, Vol. 2.*

이사벨 버턴은 몇 번 남편과 함께 여행을 했고, 시리아에서 함께 보낸 시기의 일기도 공개했으며, 더 폭넓은 여행의 회고록도 냈다. 가끔 매우 실용적인 태도를 보였던 그녀는 동시에 견딜 수 없을 정도로 깐깐하게 굴기도 했다. 다음 발췌문은 그녀의 성격의 양면을 모두 보여 준다.

시리아 폭동에 관한 이사벨 버턴의 이야기

나는 평원에서 리처드와 헤어져 블루단에서 독수리 둥지로 올라갔다. 그곳에서는 온 땅이 한눈에 보였다. 숫자에서 밀리지만 않는다면 총알이 있는 한 우리 자신을 방어할 수 있다고 생각했다. 밤이 다가오고 있었다. 물론 나는 앞으로 무슨 일이 벌어질지 전혀 몰랐지만, 최악을 두려워하고 있었다. 얼마 전 다마스쿠스 기독교인 학살에서 무슨 일이 벌어졌는지 알고 있었기 때문이다. 흥분한 낙오자들이 뛰어 들어왔고, 그들에게서 다마스쿠스는 이미 피바다가 되었다는 소식을 알게 되었던 것이다. 결국 이슬람교도 무리가 블루단까지 밀어닥쳐 우리를 끝장낼 것이라고 짐작할 수 있었다. 나는 공격을 당할 것이 확실하다고 예상했으며, 그래서 구할 수 있는 모든 무기와 탄약을 모았다. 집에는 부하 다섯 명이 있었다. 나는 그들에게 각각 총, 리볼버, 칼을 주었다. 한 사람에게는 무게가 200그램 가까이 나가는 총알이 들어가는 코끼리 사냥 총 두 자루를 주고 지붕에 올라가게 했다. 그리고 집의 사방에 한 명씩 배치했다. 테라스는 나 자신이 맡았다. 집 꼭대기의 깃대에는 영국 기를 단 다음, 누가 다가오면 짖도록 불테리어를 정원에 풀었다. 내 시중을 드는 어린 시리아 소년은 심하게 겁에 질려 있었기 때문에 안전한 방에 넣고 문을 잠갔다. 그러나 여느 남자 못지않게 용감한 영국인 하녀에게는 우리에게 먹을 것을 날라 오고 뭐든 도움이 될 만한 일을 하라고 말했다. 그런 다음 말을 타고 언덕 밑에 있는 미국 공관으로 가, 올라와서 우리와 함께 몸을 피하라고 간청했다. 그 뒤에는 블루단 마을로 가서 기독교인들에게 조금이라도 위험이 느껴지면 올라오라고 말했다. ……

긴장을 하며 대기한 사흘 동안 커다란 독수리가 계속 우리 집 위를 선회했다. 사람들은 그것이 불길한 징조라고 말했다. 그래서 나는 총알이 아깝기는 했지만 작은 총을 가져왔다. 독수리는 흔히 하는 말로 사격 범위 밖에 있었지만, 나는 운 좋게 그것을 떨어뜨릴 수 있었다. 사람들은 큰 위로를 받았다. 우리는 독수리를 가장 높은 나무 꼭대기에 걸어 두었다.

마침내 사흘째 되는 날 자정에 말을 탄 전령이 리처드의 편지를 가져왔다. 다마스쿠스에서는 모든 일이 잘 풀렸지만, 일주일 뒤에나 돌아온다는 내용이었다.

I. Burton & W. Wilkins, *The Romance of Isabel Lady Burton, Vol. 2.*

버턴과 함께 고아로

선장이 간밤에 서둘지 말라고 했기 때문에 5시쯤 느긋하게 일어났다. 곧 흑인 집사가 내려와서 말했다.

"부인, 해안으로 모셔 갈 보트를 갖고 사람이 왔습니다. 선장님은 바로 출발한다고 말씀을 전하라 하셨습니다."

나는 화장실에 들어가 있었기 때문에 문을 열거나 나갈 수가 없어 열쇠 구멍에 대고 말했다.

"선장님한테 고맙다고 하고, 나한테 10분이나 15분만 여유를 주세요. 그리고 남편한테 무슨 일이냐고 물어보세요."

버턴은 아라비아를 가로지르는 여행을 하는 도중 이 귀족의 가마를 만났다. 버턴과 마찬가지로 가마에 탄 사람들도 메카로 가고 있었지만. 물론 훨씬 고상한 방법으로 가고 있었지만. 그들은 필요할 때마다 뒤에 있는 낙타에 실은 사다리를 이용해 이 안락한 가마에서 내려왔다.

"그럼 저는 가겠습니다." 집사가 대답했다. "하지만 선장님은 못 기다리실 겁니다. 계속 가는 게 선장님 의무니까요."

"나가요!" 나는 소리쳤고, 그는 갔다.

2분 뒤에 흑인이 다시 내려왔다.

"선장님이 불가능하다고 하십니다. 사실 배는 벌써 움직이고 있습니다."

우리는 시간과 다른 많은 것에 묶여 있었고 상륙을 놓칠 여유가 없었기 때문에, 나는 마치 난파선에서 탈출하듯이 페티코트에 숄만 걸치고 머리를 늘어뜨린 채 달려 나

가 집사에게 소리쳤다.

"가능한 한 모든 짐을 잘 꾸려서 보트에 실어요. 혹시 남은 게 있으면, 봄베이의 호텔로 가져와요."

나는 얼른 갑판으로 올라갔다. 그러나 놀랍게도 기선은 전혀 움직임이 없었다. 리처드와 선장은 조용히 이야기를 나누고 있었다. 그들은 내가 엉망인 차림으로 흥분해 있는 것을 보자 왜 옷도 안 입고 법석을 떠느냐고 물었다. 내가 대답을 하자 선장이 말했다.

"나는 그런 말을 한 적이 없는데요. 어젯밤에 7시에 출발할 거라고 말했잖습니까. 지금은 5시밖에 안 되었는데요."

나는 흑인 하인이 그런 장난을 쳤다는 생각에 엄청나게 화가 났다. 나는 36시간 항해에 10파운드를 내고 있었다. 그리고 누구에게나 예의바르게 행동했기 때문에 이런 일을 당할 이유가 없었다. 나는 이 일이 매우 무례하다고 생각하여 선장에게 그렇게 말했다. 그럼에도 선장은 굳이 이 일을 조사하려 하지 않았다. 봄베이의 교황 대리 주교인 아스칼론의 주교가 배에 타고 있었기 때문에, 나는 그에게 이 일을 이야기했다. 그러자 주교는 자기도 1년 전에 똑같은 장소에서 똑같은 일을 당했다고 말했다. 그런 일이 허용된다는 것이 너무 터무니없게 느껴졌다. 만일 내가 심장병이 있는 예민하고 신경이 날카로운 승객이었다면 큰 피해를 입었을 수도 있는 것 아닌가.

I. Burton & W. Wilkins, *The Romance of Isabel Lady Burton, Vol. 2.*

찰스 스터트 *Charles Sturt 1795~1869*
오스트레일리아 지도를 그리다

1843년 식민지 하급 관리 찰스 스터트는 경제적 '혼란'(그의 표현이다)에 빠져, 탐험으로 돈을 벌어 보기로 했다. 스터트는 이미 오스트레일리아 남동부 강들의 지도를 그리는 일을 도운 적이 있지만, 이제는 이 대륙의 미지의 심장부를 열어 보겠다고 제안했다. "누구라도 그 앞에 오스트레일리아 지도를 놓고 텅 빈 부분을 보게 하라. 나는 그에게 묻겠다. 그 중심에 처음으로 발을 딛는 것은 명예로운 업적이 아니겠는가." 그의 탐험대는 1884년 애들레이드를 떠나 이듬해에 돌아왔지만, 중심부에도, 많은 지리학자들이 있을지도 모른다고 생각한 내해內海에도 이르지 못했다. 그들은 완강한 사막밖에 보지 못했다. 스터트는 이렇게 기록했다. "어떤 공상도 그런 곳에는 색을 칠한 적이 없다. 어떤 상상력으로도 그런 냉담하고 역겨운 면을 그려 볼 수 없을 것이다." 스터트의 탐험대는 가뭄이 든 해에 출발했기 때문에 더 고생을 했다. 그들은 괴혈병, 허기, 갈증, 온도계가 터져 버릴 정도로 높은 기온에 시달렸다. 한 사람은 동맥류로 죽었고, 그렇지 않아도 시력이 나빠 두 손을 뻗고 방을 돌아다녀야 했던 스터트는 눈이 멀 뻔했다. 그러나 그들은 그때까지 갔던 어느 유럽인보다 멀리 갔으며, 이후 성공적인 탐험을 위한 발판을 놓았다. 스터트는 아내 샬롯에게 매주 보내는 편지에서 진전 상황을 기록했다. 자신이 없는 동안 위로를 하려는 것이었지만, 재난, 질병, 실망만 끝도 없이 기록하는 바람에 외려 역효과만 내고 말았다. 스터트는 역시 그답게 기운 빠지는 방식으로, 1869년 길을 건너다 다리가 부러지고 나서 세상을 떴다.

스터트 탐험대는 넉 달 동안 사막에 길을 만들려 했으나, 그들의 노력은 수포로 돌아갔다

1845년 8월 31일 일요일. …… 눈앞에 보이는 광경은 정말 무시무시하오, 사랑하는 샬롯. 그것을 보고 있자니 어떤 공포가 밀려왔소(나는 그런 감정에는 무딘 사람인데 말이야). 꼭 지옥 입구 같았소. 브라운 씨는 겁에 질려 서 있었지. 이렇게 소리치더군. "인간이 이런 곳을 본 적이 있을까?" …… 사실, 여보, 나는 브라운 씨가 이런 힘든 상황을 견딜 만한 몸 상태가 아니라는 것을 알았소. 매일 아침 그의 두 다리에 치명적인 시커먼 게 나타났다는 소리를 들을 것만 같소. …… 그래서 개울로 돌아가, 다른 곳을 시도해 보기로 했소. ……

1845년 9월 14일 일요일. …… 우리 밑의 골짜기는 회향풀 덤불로 어두웠고, 묵직

스터트의 부하들이 나중에 그들의 지도자의 이름이 붙게 되는 아무런 특색 없는 오스트레일리아의 사막에서 위치를 파악하고 있다. 스터트는 이렇게 썼다. "모래 색깔 때문에 풍경에는 독특한 색조가 깔려 있었소. 마치 우리가 마지막 남은 인류가 되어 행성의 파괴를 목격하고 있는 것 같았소. 어떤 공상도 그런 곳에는 색을 칠해 본 적이 없을 거요. 어떤 상상력으로도 그런 냉담하고 역겨운 면을 그려 볼 수 없을 거요." 탐험대는 북쪽으로 몇백 킬로미터 더 올라가다가 6개월간의 가뭄 때문에 발이 묶였다. 혹심한 더위 때문에 온도계가 터질 지경에 이르자, 그들은 돌아가기로 결정했다.

하게 부는 바람에 실려 마치 눈보라처럼 우리 얼굴과 눈을 때리는 소금으로 하얀 색이었소. 서쪽으로는 모래 언덕이 잇따라 뻗어 있었는데, 눈이 닿는 곳까지 점점 높아졌지. 그 절망적인 광경에 가슴이 내려앉았소. 우리는 사막을 통과해 중심부까지 가려고 이 여행을 하는 중이었잖소. 그런데 모든 희망이 다 말라붙은 것 같았으니까. 한 8마일 동안 계속 걸어, 한동안 눈앞에 보이던 가장 높은 언덕에 올라갔는데, 거기에서도 가까이 할 수 없는 풍경이 펼쳐지고 있었소. …… 거대한 붉은색 모래언덕이 평행선을 그리며 몇 킬로미터씩 달리고 있었지. 그 사이사이에 어둡고 우울한 골짜기들이 있고. 스피니펙스와 사철채송화로 뒤덮인 곳이었소. 그래도 나는 계속 전진했소. 그러다 결국 브라운 씨가 심한 통증을 겪는 걸 알게 되었지. 그때 갑자기 어떤 생각이 떠올라 바로 행동에 옮기기로 했소. 전진을 중단하고, 브라운 씨한테 기지로 돌아가기로 결심했다고 스터트의 스케치에 기초를 두고 그린 스탠리 산맥의 풍경. 스터트는 시력이 아주 나빴기 때문에 그가 스케치를 할 수 있었다는 것 자체가 놀라운 일이다. 그는 출발할 때는 방에서도 앞으로 두 손을 뻗어 방향을 가늠할 수 있었다. 돌아와서는 앞이 거의 안 보여 일기를 마무리하는 데 4년이 걸렸다.

말했소. 그날 밤 우리 말들은 먹을 것도 마실 것도 없었소. 우리는 말을 아카시아 덤불에 묶어 놓았고, 말들은 밤새 거기 서 있었소.

1845년 9월 28일 일요일. …… 여보, 금요일에 우리는 첫 개울을 만났소. 어제는 전에 머물렀던 개울에 가는 대신—그곳에서는 물을 찾을 수 없을 거라는 걸 알았기 때문이오—그냥 지나쳐 작은 숲까지 갔소. 이쪽으로 나올 때 브라운 씨를 보냈던 곳으로, 그곳에서 먹을 것과 마실 것을 많이 찾아냈었지. 말을 타고 가는데, 원주민 몇 명이 우리를 불렀소. 그들에게 다가가자마자, 그들은 자기들이 북쪽에서 오는 길인데 물을 찾으러 간다는 말했소. 북쪽의 물은 다 사라졌다면서. 한동안 물이 전혀 없었다고 했소. 다들 입술이 타고 갈라지고 부풀어 올랐더군. 아주 위급한 상태인 것 같았소. 마침내 그들은 빠른 걸음으로 출발했소. 내가 그들한테 북서쪽에 갔다 왔다고 하니까 그들은 고개를 저었소. 그곳에도 물이 없다는 거였소. 가뭄이 계속되면 이 가엾은 사람들이 어떻게 할지 정말 모르겠소. 우리가 본 모든 물구덩이가 곧 말라 버릴 텐데 말이오. 정말 무서운 지역이오.

오늘은 여보, 첫 개울에 도착했소. 지금은 기지에서 겨우 120킬로미터밖에 안 떨어져 있소. 내 부하들은 모두 녹초가 되어 있고, 말들은 아주 약하고, 브라운 씨는 건강이 몹시 안 좋소. 하지만 사흘이면 캠프에 도착할 거요. 그러기를 바라오. 그러면 다들 잠시 쉴 수 있겠지. ……

1845년 10월 5일 일요일. 사랑하는 샬롯, 지금 기지 캠프에서 편지를 쓰고 있소. …… 우리는 …… 인간이 겪어 본 가장 심한 고통 속에서 7주를 보낸 뒤에 말에서 내렸소. 처음부터 끝까지 총 1,540킬로미터를 달렸소. 보통 동이 트자마자 말을 타기 시작해서, 서너 시, 또는 종종 여섯 시까지 말을 달렸지. 우리가 돌아다닌 불 같은 사막은 엄청나게 더웠지만, 해를 피할 곳은 없었소. 게다가 먹을 것도 빈약했지. 고향에서라면 돼지도 안 마실 물을 마셔야 했고, 어떻게 그걸 그렇게 잘 견디었는지 나도 모르겠구려. ……

사랑하는 샬롯, 이렇게 해서 탐험의 성패를 결정할 답사는 끝이 났소. 우리는 또다시 내륙에서 물러날 수밖에 없었소. …… 결국 내가 어떤 노력을 했건, 칭찬을 듣거나 보상을 얻을 발견은 하지 못했고, 따라서 내가 이 엄청나고 불안한 과제를 떠맡을 때 마음에 품었던 유일한 목적을 달성하지 못했다는 고통스러운 생각을 하지 않을 수 없었소. 하느님은 나의 이전 노력에는 기꺼이 성공을 안겨 주었지만, 이번에는 그것을 주시지 않았소. 결국 나 때문에 행복을 희생했던 사람들에게 도움을 주기는커녕, 피해만 주고 말았소. 나에게는 너무도 중요했던 이 일에 성공을 거두게 해 달라고 전능하신 분께 빌었지만 소용이 없었소. 나는 괜찮지만 당신과 우리 자식들만은 축복해 달라고 호소했지만 소용이 없었소. 전능하신 분은 내 기도를 거부했고, 내 청원을 들어주지 않았소. 그래서 희망의 빛이 내 길을 비추기는커녕, 계절에 맞서서 필사적인 노력을 하는 과정에서 하늘의 힘과 맞서 싸웠다는 느낌만 갖게 되는구려. 결국 이제 나는 황폐해지고 박살이 나고 말았지. 내 머리에는 가장 어두운 운명이 내려앉아 있소. 하느님은 아시지, 샬롯 …… 처음부터 끝까지 곤경과 실망이 나를 압도했다오. ……

1845년 10월 26일 일요일. 사랑하는 샬롯, 지난 일요일에 우리는 전혀 바람직하지 못한 상황이었소. …… 그 다이아몬드 같은, 그 강철을 입혀 놓은 것 같은 평원이 우울하고 단조로운 모습으로 앞에 펼쳐져 있었소. 18킬로미터 정도 가자 구릉 지대가 나왔는데, 이곳에서는 새로운 실망이 나를 기다리고 있었소. 그 언덕들은 보통 언덕도 아니고, 앞으로 지형이 변할 것임을 보여 주는 언덕도 아니고, 그냥 우리가 보았던 것들보다 더 높고 큰 모래 언덕들일 뿐이었소. …… 언덕 꼭대기에 올라가 주위를 둘러보았는데, 평생 그런 것은 본 적이 없었소. 완전히 어둡고, 어둡고, 어두웠소. 내 앞에는 내가 딛고 선 것과 똑같은 종류의 언덕들이 눈이 닿는 곳까지 계속 펼쳐져 있었소. 어느 방향에도 희망의 빛은 보이지 않았소.

나는 말에서 내려 땅바닥에 주저앉아, 계속 가야 할지 돌아가야 할지 생각했소. 만일 계속 간다면 그날 밤에 물을 찾지 못해 우리 일행 전체가 죽을 것이라고 확신했소. 말들은 이미 34시간 동안 물을 마시지 못했지. 말은 그렇게 지친 상태에서는 물이 없으면 견디어 내지 못하오. 게다가 굽이 빠르게 닳아 속살이 드러날 정도가 되었지. 굽이 너무 말라 걸을 때마다 벗겨진 조각이 날렸소. 사람이건 동물이건 정말이지 끔찍한 상황에 처해 있었던 거요. 우리는 물이 있다고 알려진 곳으로부터 거의 80킬로미터는 떨어져 있었으니까. …… 그런데도 계속 밀고 나가고 싶은 욕망, 거의 저항할 수 없는 욕망이 나를 사로잡고 있었소. 하지만 알 수 없는 은밀한 힘이 나를 지배하여, 나는 마침내 돌아가기로 결정했지. 나는 침울한 기분으로 천천히 말을 언덕 아래로 끌고 내려갔소. 바닥에 내려가자 내 주위에 그런 어마어마한 것을 만들어 놓은 자연의 힘에 놀라지 않을 수 없더군. 바다처럼 넓은 평원이 깨진 산 조각들로 덮여 있었거든. 언덕들은 홍수가 쓸고 가면서, 이렇게 말해도 좋다면, 모두 똑같은 불멸의 재료로 덮어 놓은 것 같았소. 돌의 열기는 압도적이어서, 우리 얼굴은 늘 불그스레하고 입술과 피부는 타고 있었소. ……

1845년 11월 23일 일요일. 여보, 틀림없이 지난주에 무슨 일이 있었는지 알고 싶겠지. 하지만 안타깝게도 당신 기분을 좋게 해 줄 만한 일은 없었소. …… 두 주일 전 월요일 …… 9시에 북동쪽에서 뜨거운 바람이 불어왔소. 우리 몸이 다 타 버릴 것 같았소. 정오에 유칼리나무 그늘에 앉아 함석 상자에서 온도계를 꺼내 보니 수은주가 52도까지 올라가더군. 이 온도계는 53도까지밖에 잴 수 없는데. 뭔가 이상이 있는 것이라고 생각하고, 온도계를 나뭇가지가 갈라진 곳에 놓았소. 키가 한 1.5미터쯤 되는 아주 큰 나무였소. 2시에 보러 가니 가장 높은 곳까지 올라가 있더군. 그러다 수은이 팽창하는 바람에 구가 터져 버렸소. 내가 알기에 이건 어떤 여행자도 기록한 적이 없는 사실이오. 당신도 우리가 거의 매일 얼마나 엄청난 열기를 겪고 있는지 대충 짐작이 가겠지. ……

여보, 나는 여행을 끝낼 수 없을 거라고 생각했지만, 수요일 11시에 마침내 기지에 도착했소. 사람이 없어 조용하더군. 스튜어트 씨가……정원 침대 한 곳에서 까마귀가 뭘 긁는 것을 봤소. 까마귀는 거기에서 커다란 베이컨 조각을 끌어내더니 날아가 버렸소. 그것을 보고 스튜어트 씨는 그곳을 살펴서, 개들이 그곳에 묻어 놓은 베이컨 한 조각과 쇠기름 두 조각을 파냈소. …… 모건이 그걸 깨끗이 씻었소. 나한테도 베이컨 작은 조각을 하나 가져다주었는데, 5실링짜리 동전보다 작더군. 모건은 그걸 주면서 아주 깨끗하고 맛있다고 말했소. 가운데 부분을 잘라 낸 거라면서, 내가 오랫동안 아무것도 먹지 않아서 가져다주는 거라고 하더군. 원치 않았고, 먹고 싶지도 않았는데 어쩔 수 없이 받아 들었소. 식욕이 그 정도로 사라진 상태였지. 그걸 받아든 것은 영양분이 필요하다고 생각했기 때문이오. 또 그렇게 작은 고기 조각이라면 아무런 해가 될 게 없다고 생각했지. 하지만 다음 날 나는 다리에 욱신거리는 통증을 느꼈소. 저녁 무렵에 통증이 심해지더니, 다음 날 아침에는 더 심해졌소. ……

여보, 5주 3일 만에 1,468킬로미터를 달린 끝에 말에서 내렸소. 말에서 내리자 마치 늙은 개가 평소의 습관대로 사람을 환영하듯이 내 두 다리 사이에 머리를 집어넣고 나를 앞으로 미는 느낌을 받았소. 그래서 야단을 치려고 몸을 돌렸지만, 개는 그곳에 없었소. 그냥 허벅지 근육이 땅겼던 거요. 하지만 그것은 더 나쁜 일의 조짐에 불과했소. 8월 14일 이후 두 여행을 합쳐 3,004킬로미터를 달렸지. …… 일행의 모든 사람이 지쳐 버렸기 때문에, 지난 여행은 완전히 새로운 사람들과 함께 했소. 동이 트고 나서부터 해가 질 때까지 타는 듯한 해를 받다가, 밤이면 하늘이 지붕 노릇을 하는 곳에서 잠을 잤소. 따라서 몸이 나빠진 것도 당연한 일이지만, 목표가 있었기 때문에 해에 노출되건 물이 부족하건 무모하게 달려들었던 거요. 결국 캠프에 도착한 다음 날 왼쪽 다리를 쓰지 못하게 되었지. 중요한 근육들이 수축이 되어서, 다리를 펴지도 못하게 된 거요. 점차 오른쪽 다리에도 같은 증상이 나타나, 마침내 나는 무력하게 매트리스에 엎드려 있게 되었지. 하지만 여보, 불평은 하지 않아. ……

12월 21일 일요일. 여보, 지난 일요일에는 산맥 북쪽에 있었소. 오늘은 남쪽으로 와서 달링 강변에 자리를 잡았지. …… 그래서 내 작은 일기도 이제 끝이 나려 해. …… 금요일 아침 6시에 출발을 해서 움직이다가 오후 2시에 식사를 하기 위해 멈추었소. 4시에 다시 움직여서 토요일 새벽 3시에 평원 가장자리에 이르렀소. 거기서 한 시간을 쉬었지. 우리는 4시에 다시 출발해서, 저녁 7시에 콘딜라에 이르렀소. 달링 강에서 15킬로미터 정도 떨어진 곳이었지만, 소들이 너무 지쳐서 멈출 수밖에 없었소. 결국 오늘 아침에 다시 움직여 피에스 씨 일행과 합류하게 되었지. 피에스 씨는 우리 운명을 확인하려고 안간힘을 쓰고 있었소. 그는 당신을 만났는데 잘 있더라고 알려 주는 편지를 나무마다 꽂아 두었소.

그 소식을 듣고 정말 고마웠다오, 여보. 당신 편지 한두 통을 읽고, 당신 불안을 덜기 위해 원주민들을 보내 이걸 애들레이드 특급으로 우송하기로 결심했소. 따라서 이제 일을 처리하려면 이걸 마무리해야 할 것 같소. 가끔 너무 급하게 써서 당신이 잘 알아보지 못할 것 같아 아쉬울 뿐이오. 그래도 당신이 만족한다면, 나는 목적을 달성하는 거요.

하느님의 가호가 있기를.

아멘.

C. Stuart, *Journal of the Central Australian Expedition 1844~45.*

존 해닝 스피크 *John Hanning Speke 1827~1864*
나일 강의 원류

장교이자 지칠 줄 모르는 사냥꾼인 스피크는 리처드 버턴을 따라 나일 강 원류를 찾기 위한 탐험에 나섰다. 버턴은 탕가니카 호수와 나일 강을 연결하는 강이 있다고 생각하여, 1856년에서 1858년까지 스피크와 함께 그 강을 찾겠다고 아프리카 동부를 돌아다녔지만 그런 강은 존재하지 않았다. 그러나 버턴이 열병에서 회복되는 동안 스피크는 혼자 북쪽을 돌아다니다가 '너무 넓어 건너편이 보이지 않고, 너무 길어 아무도 그 길이를 모르는' 호수를 발견했다. 스피크는 이 호수를 빅토리아 니안자라고 불렀다. 스피크는 1862년 제임스 그랜트와 함께 떠난 2차 탐험에서 이 호수가 흘러 나가는 곳을 발견했다. 그는 이렇게 기록했다. "탐험은 이제 그 임무를 완수했다. 늙은 아버지 나일은 의심의 여지없이 빅토리아 니안자에서 발원한다." 버턴은 그런 주장에 이의를 제기했다 그도 그럴 만한 것이, 스피크의 계산은 너무 부정확해서 나일 강이 오르막을 144킬로미터나 흘러 올라가야 하는 결과가 나왔기 때문이다. 버턴은 왕립 지리학회에서 공개 토론회를 준비했다. 그러나 스피크는 나타나지 않았다. 그날 오후 그는 자신의 가슴에 산탄총을 쏘았다. 정황상 사고였다. 그러나 버턴과 무대에서 맞서는 것보다는 자살하는 쪽을 택했다는 소문이 돌았다.

1858년 3월 8일, 탕가니카 호수를 탐험하는 동안 스피크는 벌레들 때문에 괴로웠다

오늘은 쉬면서 게으르게 보냈다. 최근에 힘을 많이 썼기 때문에 몸을 회복하는 것이다. 밤에는 거센 비바람이 몰아치며 텐트를 거칠게 흔들어 대 아래쪽이 말뚝에서 뜯겨 나갔다. 손으로 붙들고 늘어졌기 때문에 텐트는 간신히 쓰러지지 않고 버텼다. 바람이 좀 수그러들자, 물건들을 정돈하려고 촛불을 켰다. 그러자 누가 무슨 마법이라도 건 것처럼 순식간에 아주 작은 딱정벌레들이 안을 완전히 덮어 버렸다. 촛불 빛에 끌려온 것이 분명했다. 그들은 짜증스럽게도 자기들이 머물고자 선택한 장소를 떠나지 않겠다고 굳게 결심하고 있어서, 옷이나 침구에서 털어 버리려 해 보았자 아무 소용이 없었다. 하나를 쳐 내면 다른 것이 오고, 또 다른 것이 왔기 때문이다. 마침내 나는 지쳐서 촛불을 꺼 버리고, 소매 위로 기어오르거나 머리카락을 헤집고 들어오거나 등이나 다리를 타고 내려가는 이 침입자들로 인해 근질거리고 짜증이 나는 것을 참으며 간신히 잠이 들었다.

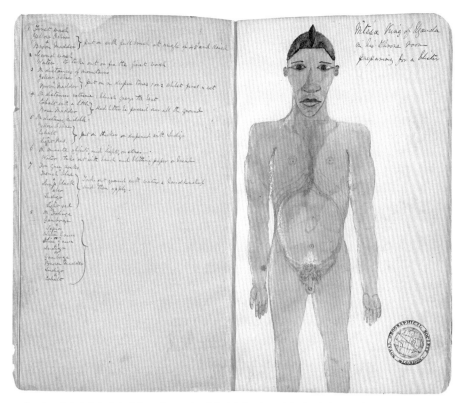

스피크가 그린 우간다의 왕 음테사. 스피크는 빅토리아 니안자 호수 주변을 여행하던 도중, 이 지역에 비옥함에 강한 인상을 받았지만, 음테사 같은 통치자의 고집에 경악히기도 했다. 예를 들어 음테시는 유립에서 온 물건−특히 스피크의 총−이라면 사족을 못 썼으며, 아주 사소한 죄로도 사람들을 매일 처형하기를 즐겼다.

귓속으로 벌레가 들어온 것을 알고

그놈은 좁은 관을 따라 안간힘을 쓰며 나아가다, 마침내 통과할 공간이 사라지자 멈추었다. 이 장애물에 격분한 것이 분명했다. 마치 구멍 속의 토끼처럼 격렬하게 내 고막을 있는 힘껏 파헤치기 시작했기 때문이다. 이 재미있는 동작이 일으킨 묘한 느낌은 도저히 말로 표현할 수가 없었다. 나는 예전의 우리 당나귀들처럼 행동하고 싶은 심정이었다. 이 당나귀들은 벌 떼의 공격을 받아 벌들이 귓전에서 붕붕거리고 머리와 눈을 쏘자 짜증과 혼란에 시달린 나머지 제멋대로 뛰어다니며, 벌의 머리를 밟거나 눈에 띄는 덤불 아래로 달려가거나 집 안으로 뛰어들거나 정글을 통과하여 떨쳐 내려 했다. 정말이지 어떤 것이 최악이었는지 모르겠다. 벌들은 당나귀 몇 마리를 죽였고, 이 딱정벌레들은 나를 죽일 뻔했다. 나는 어떻게 해야 좋을지 알 수가 없었다. 담배도, 기름도, 소금도 찾을 수가 없었다. 그래서 녹은 버터로 시도해 보았다. 그것이 실패하자, 펜나이프 끝으로 놈의 등을 찔러 보았다. 이것은 득보다는 실이 많았다. 몇 번 찌르자 그놈은 조용해졌지만, 날카로운 칼끝에 내 귀도 심한 상처를 입었기 때문이다. 염증이 시작되면서 심하게 곪기 시작했다. 그 지점으로부터 어깨까지 뻗어 내려가는 얼굴의 샘들이 모두 일그러지고 옆으로 끌려 나갔으며, 그 지역 전체를 종기가 줄줄이 장식했다. 세상에 태어나서 이렇게 아픈 것은 처음이었다. 그러나 더 짜증이 났던 것은 며칠 동안 씹을 수가 없어 죽만 먹어야 했다는 것이다. 몇 달 동안 종기 때문에 나는 귀가 멀다시피 했으며, 귀와 코 사이에 구멍이 뚫려 그곳으로 바람을 보내면 귀에서 휘파람 소리가 나 듣는 사람마다 웃음을 터뜨렸다. 이 사고가 있고 나서 예닐곱 달 동안 귀지를 파낼 때마다 다리, 날개, 몸통 등 딱정벌레 조각들이 나왔다.

J. Speke, *What Led to the Discovery of the Source of the Nile*.

빅토리아 호수 가는 길에 캄라시 왕의 궁정에서

1862년 9월 18일. 선물을 개봉했고, 모든 것이 차례로 빨간 담요 위에 놓였다. 보안경이 나오자 꽤 즐거워했다. 가위도 마찬가지였다. 봄베이는 어떻게 쓰는 것인지 보여 주려고, 가위로 턱수염을 잘랐다. 황린黃燐 성냥은 경이의 물건으로 여겨졌다. 그러나 왕은 모든 것이 끝날 때까지 거의 움직이지도 않고 아무런 이야기도 하지 않았다. 마침내 왕은 조신들의 부추김에 따라, 내 크로노미터를 보여 달라고 했다. 관리들은 그것을 나침반으로 잘못 알고, 이 경이로운 도구가 백인들이 어디에 있든 길을 찾아내는 마법의 뿔이라고 말했다. 캄라시는 그것을 꼭 가져야겠다고 말했다. 그것 말고는 총밖에 새로운 것이 없다는 이야기였다. 나는 크로노미터가 하나밖에 남지 않아 내놓을 수가 없다고 말했다. 대신 캄라시가 가니로 사람들을 보내면 새것을 구해 줄 수 있다고 덧붙였다.

　　그러자 정말 다행스럽게도 캄라시는 화제를 바꾸어 봄베이에게 물었다. "영국은 누가 다스리는가?" "여자입니다." "자식은 있는가?" "네." 봄베이는 뻔뻔스럽게 거짓말을 했다. "여기 둘도 자식입니다." (그는 그랜트와 나를 가리켰다) 그렇게 정리가 되자 캄라시는 점박이 소가 있는지, 아니면 어떤 독특한 색의 암소가 있는지, 또 우리 소 몇 마리가 탐났기 때문에 큰 소 네 마리와 작은 소 네 마리를 바꿀 생각이 있는지 알고 싶어 했다. 이것은 큰일이었다. 결국 …… 우리가 그와 거래를 하는 단순한 상인이 아니라는 인상을 …… 전달하는 데 완전히 실패한 것이다. ……

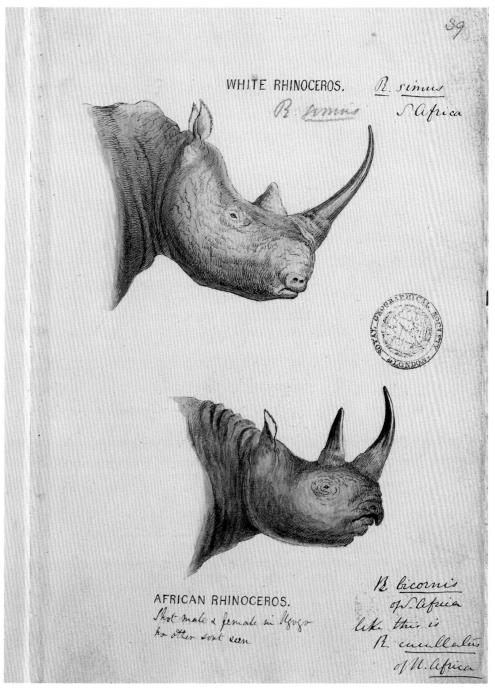

WHITE RHINOCEROS.

R. simus

R. simus

S. Africa

AFRICAN RHINOCEROS.

Shot male & female in Ngogo
No other sort seen

R. bicornis
of S. Africa
like this is
R. cucullatus
of N. Africa

스피크의 일지의 한 페이지를 장식하고 있는 코뿔소 한 쌍. 그는 탐험에도 의욕이 넘쳤지만, 큰 사냥감을 사냥하는 일은 더 즐겼다. 그가 빅토리아 니안자 호수를 발견한 것은 거의 우연이었다. 사실은 새로운 사냥감을 찾고 있었기 때문이다.

19일. …… 캄라시가 흑인의 비유적인 언어로 말했다. "당신들한테 어떤 일을 비밀로 하는 것은 나한테 어울리지 않는 일일 것이오. 따라서 바로 말하리다. 나는 당신만고칠 수 있는 병으로 고생하고 있소." "그게 무슨 병입니까, 전하? 얼굴에는 아무것도안 나타나 있는데요. 진찰을 해야 할지도 모르겠습니다." "내 가슴이 아프오. 당신이 마법의 뿔을 안 줘서. 당신 호주머니에 있는 것 말이오. 언젠가 부드자와 비타구라가 길이야기를 할 때 당신이 꺼냈던 것. 당신은 그걸 보자마자 말했잖소. '이게 궁으로 가는길이다.'"

그랬던 것이다! 그 교활한 자는 내내 크로노미터를 노리고 있었던 것이다. 그가 그걸 얻을 때까지 나는 그에게서 아무것도 얻어낼 수 없다. 호수로 가는 길도, 가니로 가는 길도. 모든 것이 그가 내 크로노미터를 얻는 데 달려 있다. 50파운드나 나가는 이 크로노미터는 그의 손에 들어가면 하루면 망가질 것이다. 그에게 사실을 털어놓으면, 그때 내가 본 것은 나침반이지 크로노미터가 아니라고 말하면, 나는 결국 나침반도 잃게될 것이다. 나는 이것이 길 안내인이 아니라, 몇 시에 식사를 하는지 알기 위한 목적으로 만든, 시간을 알려 주는 기계라고 말했다. 그것은 내가 가지고 있던 유일한 크로노미터였다. 그러니 봄베이가 가니에서 또 하나를 가져올 때까지 기다려 달라고 간청했다. 그때가 되면 이것과 새것 가운데 골라가질 수 있다고 하면서. "아니. 나는 당신 호주머니에 있는 걸 가져야겠소." 어쩔 수가 없었다. 나는 그것을 바닥에 놓으며 말했다. "이 기계는 이제 전하 것입니다. 하지만 다른 것이 올 때까지만 제가 갖고 있겠습니다." "아니오. 지금 가져야겠소. 그리고 당신한테는 하루에 세 번만 보내 보게 해 주겠소."

크로노미터는 갔다. 금줄도 따라갔지만, 아무런 축복도 얻을 수 없었다. 이 지긋지긋한 왕은 마법의 뿔을 하나 더 만들 수 없느냐고 물었다. 그는 우리에게서 여행하는 힘을 빼앗았고, 이제 길을 여는 영광이 자신에게 맡겨질 것이라는 생각으로 으스대고 있었기 때문이다. 하나를 더 사려면 소 500마리가 필요하다고 말하자, 왕의 일행은 기계가 가진 마법의 힘을 더 확실하게 믿는 것 같았다. 제정신을 가진 사람이라면 단지 식사를 언제 할지 알기 위해 소 500마리를 내줄 것이라고는 생각하지 않았기 때문이다. …… 왕은 저녁에 폼베 네 단지와 밀가루 한 포대를 크로노미터와 함께 보냈다. 태엽을 감으라고 보낸 것이었다. 물론 망가져 있었다. 초침이 사라지고 없었다.

J. Speke, *What Led to the Discovery of the Source of the Nile.*

샘 베이커 *Sam Baker 1821~1893*
아프리카의 빅토리아 여왕 시대 사람

광적으로 큰 사냥감만 골라 다니던 사냥꾼 베이커는 이국적인 장소와 그 안에 있는 새로운 사냥감을 찾아 세상을 여행했다. 그의 많은 탐험 가운데는 나일 강 원류를 찾는 것도 있었다. 그는 1863년에 현장에 도착했을 때, 존 해닝 스피크가 이미 원류를 발견했다는 사실을 알았다. 그러나 주눅 들지 않고 나일 강의 일부라고 알려진 신비의 호수 루타 응지게를 찾아 나섰다. 다양한 라이플, 격식을 갖춘 하이랜드 군복, 난공불락의 정의감, 묵직한 두 주먹, 거기에 계속 규모가 줄어들기는 하지만 짐꾼과 하인들로 무장을 한 베이커는 요란하게 아프리카를 가로지르다 마침내 루타 응지게를 발견했다. 그는 그 이름을 알버트 니안자로 바꾸고 다시 요란하게 돌아왔다. 그는 1893년에 죽기 전까지 총을 들고 이집트, 키프로스, 시리아, 인도, 일본, 아메리카를 돌아다녔다.

베이커는 알버트 니안자에서 돌아온 뒤 짧은 전투로 활기를 띠게 되었다

어느 날 한낮의 더위 속에서 타오르는 해를 받으며 나무도 없는 사막을 오랫동안 행군하다가 멀리 홀로 서 있는 나무를 발견했다. 우리는 마치 친구에게 달려가듯이 그 나무로 달려갔다. 가 보니 이미 하덴도우다 아랍인들 여러 명이 그늘을 차지하고 있었다. 우리는 낙타에서 내려 우리도 들어갈 수 있도록 조금 비켜 달라고 했다. 사막의 나무는 우물과 같아, 모든 여행자가 공유하는 것이었기 때문이다. 그러나 그들은 우리가 원하는 장소를 제공하기는커녕, 아주 무례하게 나무 그늘의 공유를 거부했다. 리찬이 자리를 차지하려고 하자, 사람들은 난폭하게 그를 옆으로 밀어내고 아랍인 한 사람은 칼까지 뽑아 들었던 것이다. …… 번쩍 하며 그들의 칼집에서 날이 넓은 검들이 나왔다! 그 가운데 우두머리가 내 머리를 겨누고 멋지게 내리쳤다. 나는 양산으로 검을 막아 내며 그대로 입을 찔러 들어갔다. 이 평화로운 무기의 끄트머리가 엄청난 힘으로 목을 찌르자, 그는 벌렁 나자빠졌다. 거의 같은 순간 다른 사람이 공격을 하는 바람에 그것을 막아 내느라 양산이 완전히 부서지고, 나한테는 터키에서 만든 1미터 길이의 튼튼한 양산대와 주먹만 남았다. 나는 막대로 검을 막아 내고 얼굴을 찌르거나 왼손으로 쳐서 서너 명을 쓰러뜨릴 수 있었다. 그 과정에서 공격을 막아 내다가 왼팔을 검에 약간 베었다.

식량이 바닥나자 샘과 플로렌스 베이커 부부는 그들이 애완동물로 기르던 원숭이를 도살하기를 기다리고 있다. 샘 베이커는 풀이 죽어 이렇게 말했다. "이 혐오스러운 땅을 떠날 수 있으면 정말 고맙겠다. …… 전체적으로 나는 이 탐험에 완전히 질려 버렸지만, 집요하고 고집스럽게 앞으로 계속 전진할 것이다. 끝이 어디인지는 아무도 모른다. 그리운 영국을 다시 볼 날이 온다면 정말 고마울 것이다."

다행히 스치기만 했을 뿐이다. 나는 상대를 쓰러뜨리고 검을 옆으로 쳐냈다. 그러나 허리를 굽힐 여유가 없었기 때문에 아내가 검을 집어 들었다. 아내는 새로 얻은 무기를 잘 휘둘러, 무기를 빼앗긴 아랍인은 검을 아내에게서 빼앗고 싶었지만 감히 가까이 다가오지는 못했다. 나는 나 나름의 방식으로 싸워야 했다. 가지들이 거의 땅까지 늘어진 나무 밑에 있는 아랍인들은 칼끝을 이용하는 방법을 몰라 검을 제대로 사용하지 못했다. 검으로 베려고 했지만 계속 나뭇가지에 가로막혔다. 그러나 나는 힘차게 찌르고 직선으로 공격을 하여 나무의 방해를 받지 않았다. 아랍인들은 곧 흩어졌다. …… 창으로 무장한 아랍인 한 명이 뒤에서 빠른 속도로 리찬을 공격했다. 그러나 제네브는 호전적인 딩카 부족 소속으로 단단한 나무 도끼 자루로 무장하고 있었기 때문에 곧바로 그 소동에 뛰어들었다. 그녀는 공격한 아랍인의 머리를 갈겨 그 자리에서 쓰러뜨린 다음 창을 빼앗았다. 그녀는 창으로 무장을 하자 다시 싸움 한복판으로 달려들었다.

"브라보 제네브!" 나는 그렇게 소리치지 않을 수 없었다. 나는 한 아랍인이 떨어뜨린 굵은 막대를 집어 들고 리찬을 비롯하여 몇 명 안 되는 우리 일행을 불러 모아, 저항하는 소수의 아랍인을 공격했다. 그들은 곧 쓰러지고 무장해제를 당했다. 아랍인들의 우두머리는 처음에 검을 뽑았다가 입에 내 양산을 맞은 사람이었는데, 쓰러진 자리에서 꼼짝도 하지 않았지만, 기침을 하고 침을 뱉으며 지루함을 달래고 있었다. 나는 그를 묶으라고 명령하고, 달아난 한 패를 다 부르지 않으면 그를 낙타 꼬리에 묶어 포로로 수아킴 총독에게 데려가겠다고 협박했다. 그들은 이제 사막 멀리 거리를 두고 서 있었고, 나는 그들이 무기를 내놓아야 한다고 말했다. 우두머리는 두들겨 맞아 완전히 기가 죽었기 때문에 우리가 포로로 잡은 그의 부하들과 상의를 했고, 결국 무기를 모두 내놓는 것으로 결말이 났다. 받아 보니 검이 일곱, 창이 열한 자루였고, 작은 칼은 잔뜩 쌓여 있었는데 수는 잊어버렸다.

S. Baker, *The Albert N'yanza, Great Basin of the Nile, and Explorations of the Nile Sources, Vol. 2.*

베이커의 부인은 헝가리 사람으로 이름이 플로렌스였는데, 베이커가 발칸 반도의 노예 시장에서 산 여자였다. 매우 강인했던 이 여인은 모든 탐험에 남편을 따라다녔다.

베이커의 플로렌스 이야기
강은 폭이 약 80미터였다. 4분의 1쯤 가다가 아내가 가까이서 따라오고 있는지 확인하려고 뒤를 돌아보았다. 나는 아내가 한 지점에 멈추어 잡초들 사이로 서서히 가라앉는 것을 보고 깜짝 놀랐다. 아내의 얼굴은 일그러져 있었고, 완전히 자주색이었다. 내가 돌아보는 순간 아내는 마치 총을 맞은 것처럼 쓰러졌다. 나는 곧바로 아내 옆으로 갔다. 다행히도 내 옆에 있던 남자 여덟에서 열 명의 도움을 받아 나는 아내를 부드러운 식물 사이로 시체처럼 끌어당겼다. …… 나는 아내를 나무 밑에 눕히고 물로 머리와 얼굴을 씻어냈다. 아내가 잠시 기절했다고 생각했기 때문이다. 그러나 아내는 마치 죽은 것처럼 완전히 정신을 잃고 누워 있었다. 이는 악물고 손은 꽉 움켜쥔 상태였다. 눈은 떴지만, 시선은 한곳에 고정되어 있었다. …… 나는 생기를 찾아 주려고 아내의 심장을 문질렀다. 또 흑인 여자들은 발을 문질렀지만 아무 소용이 없었다. 마침내 들것이 왔고, 아내의 옷을 갈아입힌 다음 애달픈 마음으로 마치 시체처럼 운반했다. 우리는 계속 발을 멈추고 머리를 받쳐 주어야 했다. 목에서 고통스럽게 가르랑거리는 소리가 나 질식 상태임을 알려 주었기 때문이다. 마침내 우리는 마을에 도착하여, 그곳에서 밤을 보냈다. ……

해가 뜨는 것을 알리는 첫 번째 붉은 줄무늬를 지켜보고 있다가, 뒤에서 "다행이야" 하고 희미하게 중얼거리는 소리에 깜짝 놀랐다. 아내가 예고도 없이 혼수상태에서 깨어난 것이다. 가슴이 터질 것 같았다. 나는 아내의 침대로 갔다. 그러나 아내의 눈은 광기에 사로잡혀 있었다! 아내는 말은 했지만, 뇌가 가 버린 것이다! ……

뇌염으로 인한 일주일간의 끔찍한 시련, 그리고 거기에 따르는 무시무시한 일들은 묘사하지 않겠다. …… 나는 이레 밤 동안 잠을 못 잤다. 몸은 갈대처럼 약했지만, 아내의 들것 옆을 따라 걸었다. …… 어느 날 저녁 어떤 마을에 이르렀다. 아내는 잇따라 심한 경련을 일으켰지만, 이제 끝이 거의 다가온 것 같았다. 나는 아내를 오두막 안의 들것에 눕히고, 스코틀랜드 격자무늬 이불을 덮어 주었다. 그런 뒤에 슬픔과 피로에 지쳐 정신을 잃고 내 매트에 쓰러졌다. 부하들은 그날 저녁 곡괭이에 새 자루를 꽂고, 무덤을 팔 마른 곳을 찾았다.

눈을 떴을 때는 이미 해가 떠 있었다. …… 아내는 침대에 누워 있었다. 대리석처럼 창백했다. …… 하지만 두려움에 사로잡혀 아내를 보았을 때, 아내의 가슴은 부드럽게 오르내리고 있었다. 열 때문에 경련을 일으키는 것이 아니라, 자연스럽게 …… 살아난 것이다! 희망의 빛이 한 줄기도 남지 않았을 때도 하느님만은 무엇이 우리에게 도움이 되는지 아시는 것이다. 그 순간의 고마운 마음을 나는 도저히 표현할 수가 없다.

S. Baker, *The Albert N'yanza, Great Basin of the Nile, and Explorations of the Nile Sources, Vol. 2.*

1871년에서 1873년까지 플로렌스는 나일 강으로 가는 2차 탐험에 남편을 따라갔다. 그녀는 의붓딸에게 보내는 편지에서 그들이 마주친 곤경을 묘사했다.

아프리카 백나일(white Nile), 곤도코로 1871년 5월 19일

사랑하는 이디스,

마침내 우리는 여기에 왔구나. ─ 32마력짜리 기선을 포함한 배 59척으로 이루어진 함대를 끌고 높은 풀과 늪지를 건너는 무서운 고투와 힘든 여행 끝에 온 거야. …… 우리가 함대를 끌고 힘든 항해를 하면서 만난 장애들을 아무리 이야기해도 너는 도저히 상상도 못하겠지. 하지만 1,500명이 겨우 3킬로미터를 가는 데 32일이 걸렸다는 이야기를 들으면

우리의 고생이 상상이 갈까. ……

우리 배들은 대개 1미터 깊이의 물 위를 움직였지만, 많은 곳은 50센티미터 정도밖에 안 되었어. 이런 무서울 정도로 얕은 물이 30킬로미터 정도 뻗어 있고, 가끔 깊은 물이 나타났어.

물 위에 둥둥 떠 있는 듯한 늪지에 운하를 뚫는 힘든 일을 하느라 모두 지쳤지. 사람들은 얕은 물에 이르면 상심했고, 결국 돌아가야 한다고 결정을 내리곤 했어. 강의 수위는 빠르게 낮아졌기 때문에, 이것은 시간과의 싸움이었어. 눈앞의 장애를 넘어설 때면 강이 완전히 말라붙어 있을지도 모르는 거니까. 이번 탐험은 완전히 망칠 수밖에 없을 것처럼 보였어.

네 아빠가 이런 상황을 예측하고 어려움에 대비해 삽, 괭이, 밀낫 등 좋은 연장을 잔뜩 가져온 게 다행이지. 네 아빠는 늘 노 젓는 작은 보트를 타고 한참 앞서 나가 계셔. 수심을 재고, 이 비참하고 무서운 땅을 전체적으로 살피려는 거지. 마른 땅은 전혀 없었어. 깊은 곳도 없고. 그냥 무서운 늪지와 모기밖에 없었어. 사람들이 많이 죽었지.

삽으로 여러 곳에 물길을 깊이 판 뒤에, 몇 달간 힘든 노동을 한 뒤에, 우리는 마침내 밧줄로 함대를 끌고 물이 완전히 멈춘 한계까지 갔어. 함대는 길고 좁은 호수에 완전히 좌초해 꼼짝도 하지 못했지. 우리가 미리 물길을 파기도 전에 물이 다 사라져 버린 거야. ……

아빠는 모든 책임을 떠안고 열심히 일하고 탐험을 걱정하지만 다행히도 건강을 잃지 않았어. 이게 정말 고마운 일이야. 아니면 탐험을 완전히 망쳤을 테니까. 모든 게 절망적으로 보였던 날 아빠는 열댓 명의 사람들과 함께 작은 보트를 끌고 높은 풀과 늪지 사이를 다섯 시간 동안 돌아다니다, 다행히도 물이 깊은 큰 호수를 찾아내셨어. 거기에서 흘러넘친 물이 우리가 지난 석 달 동안 힘겹게 따라온 어려운 물길을 이루고 있었던 거야.

다음 날 아빠는 작은 보트를 타고 호수 전체를 탐험했어. 25킬로미터 정도를 돌아다닌 뒤 어느 날 밤에 진짜 백나일 합류점을 발견했다는 좋은 소식을 갖고 왔어. 심지어 그 크고 위대한 강의 물도 마셨더라고……

문제는 '어떻게 그 호수에 가느냐' 하는 거야. 함대는 좌초해 있고, 우리 앞에는 물길이 없는데. 우리는 호수로 가는 물길을 뚫고, 함대 뒤쪽에 커다란 댐을 쌓기로 했어. 물한 방울 새어 나가지 못하도록 말이야. 그렇게 해서 수위가 올라가면 배가 떠서 얕은 수로를 통과할 수 있을 테니까. …… 그 효과는 마법과 같았어. 물이 몇 시간 만에 거의 1미터나 올라가더라고. …… 일단 호수에 들어가니까 큰 어려움은 지나갔어. 우리는 곧 커다란 백나일에 들어섰지. …… 4월 14일에는 곤도코로에 도착했어. 정말이지 천국에 온 듯한 기분이 들더구나. ……

사랑하는 이디스, 너한테 귀찮은 일을 좀 시켜야겠구나. 기회가 생기는 대로 즉시 '새 뮤얼 베이커 파샤 각하, 카이로 영국 영사관 전교'라는 아빠 주소로 다음 물건들을 보내 주려무나.

가장 품질 좋은 갈색 긴 장갑 6켤레,

여러 색 장갑 6켤레,

가장 좋은 품질의 프랑스제 약간 짧은 코르셋 1벌과, 비단으로 만든 긴 코르셋 끈 6쌍.

아빠가 낄 노란 장갑 2켤레. 사이즈는 7이면 될 것 같지만, 가장 좋은 것으로 골라야 돼.

연필 24자루.

성가신 부탁을 해서 미안하구나. 어쨌든 잊지 말고 잘 챙겼으면 좋겠다.

아, 또 코르셋에 쓸 가장 좋은 버팀테 6쌍.

로버트와 사랑하는 애그니스한테 따뜻하고 애정 어린 인사를 전해 주렴. 나의 사랑하는 손자들한테도 키스를 보내마.

나의 이디스에게

늘 너를 사랑하는

플로렌스 베이커가.

코르셋은 23인치짜리야.

사랑하는 이디스, 좋은 손수건 12장을 보내 달라고 말한다는 걸 깜빡 잊었구나.

아빠 걸로 6장도. 손수건이 많이 모자라. 사실 모든 게 모자라지만.

A. Baker, *Morning Star: Florence Baker's diary of the expedition to put down the slave trade on the Nile, 1870~73.*

에드워드 휨퍼 *Edward Whymper 1840~1911*
마터호른 정복

목각이 직업이었던 휨퍼는 1860년에 여행서의 삽화를 그리려고 처음 스위스를 찾아갔다. 즐거운 여행은 아니었다. "경치는 아주 평범하다." 그는 생베르나르 고개를 보고 그렇게 썼다. "그리고 사람들은 전체적으로 매우 멍청하고 약간 무례하다." 그러나 휨퍼는 이 지역의 미학적 매력은 높이 평가하지 않았는지 몰라도, 정상에 올라가는 것은 좋아했다. 1865년에 그는 정상 수십 개를 올라, 유럽에서 가장 경외할 만한 알피니스트가 되었다. 어느 해에는 불과 18일 동안 총 30,500미터를 올라갔다. 그 시대의 한 사람이 말했듯이 "휨퍼 씨에게는 아무런 약점이 없다는 찬사를 보낼 수밖에 없다." 그러나 1865년에 그는 마터호른 첫 등정을 함께한 총 일곱 명 가운데 네 명을 잃었다. 이 비극은 빅토리아 여왕 시대 탐험에서 가장 악명 높은 사건 가운데 하나로 기록되었다. 이것으로 휨퍼의 알파인 경력은 끝이 났으며, 그 이후 '등산의 황금 시대'라고 부르게 된 시기도 절정에서 아래로 내려가게 되었다. 휨퍼는 자신의 알파인 시절에 관해 이렇게 말했다. "이루 말로 표현할 수 없는 기쁨이 있었으며, 차마 생각하고 싶지 않은 슬픔이 있었다. 이런 것들을 염두에 두고 나는 말한다. 원한다면 올라가라. 그러나 순간의 태만이 평생의 행복을 무너뜨릴 수도 있다는 것을 기억하라." 그가 등정을 기록하고 자신의 손으로 삽화를 그려 넣은 일기는 초기 알피니즘의 성서로 남아 있다.

마터호른을 내려오며.

미셸 크로츠는 피켈을 옆에 내려놓고, 해도 씨를 더 안전하게 확보하기 위해 그의 두 다리를 확실하게 잡고 발을 하나씩 제자리에 가져다 놓았다. 내가 보기에 아무도 실제로 내려가고 있지는 않았다. 그러나 확실하게 말할 수는 없다. 앞서 가는 두 사람이 중간에 있는 커다란 바위 때문에 잘 보이지 않았기 때문이다. 그러나 그들의 어깨의 움직임으로 보아, 크로츠는 내가 방금 말한 행동을 한 뒤, 몸을 돌려 스스로 한두 걸음 내려가는 중인 것 같았다. 그 순간 해도 씨가 미끄러져 그의 몸에 부딪치며 함께 넘어졌다. 깜짝 놀란 크로츠의 외마디 외침이 들렸고, 그와 해도 씨가 아래로 날아가는 것이 보였다. 다음 순간 허드슨이 끌려갔고, 로드 F. 더글러스가 바로 그 뒤를 따랐다. 이 모든 것이 한순간의 일이었다. 바로 크로츠의 비명이 들렸다. 아버지 페터와 나는 바위들이 허

휨퍼는 이렇게 말했다. "누가 나에게 '여기 오다니 당신은 정말 바보요' 하고 말했다면 나는 겸손하게 이렇게 대답했을 것이다. '정말 맞는 말입니다.' 나의 감독자가 나에게 '이번에 안전하게 내려가면 다시는 어떤 산도 오르지 않겠다고 맹세하시오' 하고 말했다면, 나는 그렇게 맹세하고 싶은 마음이 들었을 것이다."

락하는 한 단단히 자세를 잡았다. 우리 사이의 로프는 팽팽했다. 마치 우리 둘이 하나인 것처럼 로프가 우리를 함께 당겼다. 우리는 버텼다. 그러나 로프는 타우크발터와 로드 프랜시스 더글러스 사이에서 끊어지고 말았다. 우리는 몇 초 동안 불행한 동료들이 어떻게 해 보려고 안간힘을 쓰며 두 팔을 펼치고 누운 자세로 아래로 미끄러지는 것을 보았다. 그들은 말짱한 몸으로 우리의 시야에서 하나씩 사라져, 절벽으로부터 밑의 마터호른글레처로 떨어졌다. 거의 1,200미터 높이였다. 로프가 끊어진 순간부터는 그들을 구하는 것이 불가능했다.

우리의 동지들은 그렇게 죽었다! 30분 동안 우리는 그 자리에서 단 한 걸음도 떼지 못했다. 두 남자는 공포에 몸이 마비되어 아기처럼 울었다. 하도 몸을 떠는 바람에 다른 사람들과 똑같은 운명을 맞이할 것 같았다. …… 나는 둘 사이에 고정되어 올라가지도 내려가지도 못했다. 나는 아들 페터에게 내려오라고 간청했지만, 그는 감히 내려오지 못했다. 그러나 그가 내려오지 않으면, 우리는 전진할 수가 없었다. …… 마침내 아버지 페터가 용기를 내어 자세를 바꾸어 바위에 로프를 고정할 수 있었다. 그러자 아들 페터가 내려왔고, 우리는 모두 함께 서 있었다. ……

그 다음 두 시간여 동안 나는 거의 매 순간 다음이 나의 마지막 순간이라고 생각했다. 타우크발터 부자는 완전히 겁에 질려 전혀 도움을 주지 못했기 때문이다. 오히려 당장이라도 미끄러질 것만 같았다. 잠시 후 우리는 처음부터 했어야 할 일을 할 수 있었다. 서로 몸을 묶는 것만이 아니라 단단한 바위에 로프를 묶는 것이었다. 이런 로프들은 이따금씩 잘라 뒤에 그대로 남겨 두었다. 로프가 지탱을 해 주었음에도 그들은 나아가기를 두려워했다. 몇 번이나 아버지 페터는 하얗게 질린 얼굴로 손발을 떨면서 돌아보며, 무시무시하게 힘을 준 목소리로 "나는 못해요" 하고 말했다.

오후 6시쯤 우리는 체르마트로 내려가는 능선 위의 눈밭에 도착했다. 위험은 모두 끝이 났다. 우리는 불행한 동료들의 흔적을 찾아 자주 두리번거렸지만 아무것도 보지 못했다. …… 마침내 그들의 모습을 볼 수도 없고 소리를 들을 수도 없다고 판단하여 쓸모없는 노력을 중단했다. 우리는 너무 기분이 가라앉아 아무 말 없이 물건을 정리했다. …… 계속 하강할 준비를 하고 있었다. 그때, 보라! 리즈캄 위 높은 하늘에 단단한 아치가 나타났다. 창백하고, 색깔 없고, 소리도 없었지만, 구름에 사라진 부분만 빼면 아주 선명하고 분명했다. 이 세상 것 같지 않은 이 환영은 다른 세계에서 온 것 같았다. 우리는 경악을 한 상태에서 양편에 하나씩 거대한 십자가 두 개가 서서히 생기는 것을 놀란

마터호른 비극 뒤에 휨퍼와 다른 생존자 두 명은 하늘에 십자가가 나타난 것을 보았다. 이것은 흰 무지개라는 드문 현상이었는데, 당시에는 초자연적인 의미가 있는 것으로 여겨졌다. 휨퍼는 자신의 알파인 경력을 돌아보며 이렇게 말했다. "이루 말로 표현할 수 없는 기쁨이 있었으며, 차마 생각하고 싶지 않은 슬픔이 있었다. 이런 것들을 염두에 두고 나는 말한다. 원한다면 올라가라. 그러나 순간의 태만이 평생의 행복을 무너뜨릴 수도 있다는 것을 기억하라. 절대 서두르지 마라, 한 발 한 발 잘 살펴라. 처음부터 끝이 어떻게 될 것인지 생각하라."

눈으로 지켜보았다. 만일 타우크발터 부자가 먼저 그것을 보지 못했다면, 나는 내 감각을 의심했을 것이다. 그들은 그것이 사고와 어떤 관련이 있을지도 모른다고 생각했다. 나는 잠시 후 우리 자신과 어떤 관계가 있을지도 모른다고 생각했다. 하지만 우리의 행동은 그것에 영향을 주지 않았다. 그것은 두렵고도 놀라운 광경이었다. 처음이자 마지막 경험이었을 뿐 아니라, 하필이면 그런 순간에 나타났기 때문에 말로 표현할 수 없을 정도로 강한 인상을 받았다. ……

　　나는 미친 듯이 무모하게 절벽을 내려갔다. 그들은 여러 번 자기들을 죽일 생각이냐고 물었다. 밤이 왔다. 우리는 어둠 속에서도 계속 한 시간 동안 내려갔다. 9시 30분에 쉴 만한 곳이 나타났다. 우리는 셋이 간신히 들어갈 만한 궁상맞은 평평한 돌에서 비참한 여섯 시간을 보냈다. 이윽고 동이 트자 하산을 계속했다. 호른리 능선에서 불의 오두막들로 달려내려가, 거기에서 체르마트로 갔다. 호텔 관리인 자일러가 문간에 마중 나와 있다가, 내 방까지 말없이 따라왔다. "무슨 일입니까?" "타우크발터 부자와 나는 돌아왔습니다." 더 말이 필요 없었다. 그는 울음을 터뜨렸다. 그러나 쓸데없는 탄식에 시간을 낭비하지 않고 마을 사람들을 깨우러 갔다. 오래지 않아 스무 명 정도 되는 사람들이 칼버마트와 츠무트 위쪽 홀리호트에 올라가기 시작했다. …… 그들은 여섯 시간 뒤에 돌아와, 사람들이 꼼짝도 않고 눈에 누워 있는 것을 보았다고 알렸다. 토요일이었다. 그들은 우리더러 일요일 저녁에 떠나면 월요일 동틀 때 고원에 도착할 것이라고 말했다.

　　우리는 16일 일요일 오전 2시에 출발하여, 지난 목요일에 택했던 루트를 따라 호른리까지 갔다. 그곳에서 능선 오른쪽으로 내려가, 마터호른글레처의 세락들 사이로 올라갔다. 8시 30분에 우리는 빙하 꼭대기에 있는 고원에 이르렀고, 우리 동료들이 있을 것이 틀림없는 모퉁이가 시야에 들어왔다. 햇볕에 탄 사람들이 한 명씩 망원경을 들어올렸다가 핏기가 가신 얼굴로 다음 사람에게 망원경을 넘기는 것이 보였다. 우리는 그것을 보고 모든 희망이 사라졌다는 것을 알았다. 우리는 다가갔다. 그들은 아래에서도 위에서 떨어진 순서대로 자리를 잡고 있었다. 크로츠가 약간 앞에 있고, 해도는 그의 옆이었고, 허드슨은 조금 뒤였다. 그러나 로드 F. 더글러스는 보이지 않았다. 우리는 그들을 떨어진 곳에 그대로 두었다. 알프스에서 가장 웅장한 산의 가장 거대한 절벽 밑의 눈에 묻은 것이다. ……

　　이렇게 접근 불가라는 이야기가 전해지던 마터호른을 정복하고, 그 전설은 현실적인 전설로 바뀌었다. 사람들이 또 그 당당한 절벽들을 올라가 보려 하겠지만, 이제 누구에게도 첫 탐험가들의 눈에 보이던 산 같지는 않을 것이다. 마터호른은 고집스러운 적이었다. 오랫동안 저항을 하고, 많은 타격을 가했다. 그러나 누구도 예상 못했을 만큼 쉽게 승리를 거두었다. 물론 정복은 당하지만 부서지지는 않는 강한 적답게 무시무시한 복수를 했지만.

E. Whymper, *Scrambles Among the Alps in the Years 1860~69.*

카를 콜데바이 *Carl Koldewey 1837~1908*
파울 헤게만 *Paul Hegemann 1835년경~1902*
그린란드에 유배당하다

1869년 게르마니아호와 한자호는 독일의 첫 본격 북극 탐험을 위해 브레머하펜을 출발했다. 그들의 목적지는 그린란드 동해안으로, 그들은 이곳에서 북극으로 가는 항로를 찾을 수 있을지도 모른다고 기대하고 있었다. 그러나 한자호는 그린란드에 도착하기도 전에 얼음 속에 가라앉아, 헤게만과 그의 승무원들은 커다란 부빙에 발이 묶였다. 그들은 배에서 건진 석탄 벽돌로 아주 작은 오두막을 짓고(지붕창까지 갖추었다), 벽은 헤게만의 선실에서 가져온 박을 입힌 거울과 기압계로 장식을 했으며, 난로를 설치하고 해류가 그들을 어디로 데려가는지 지켜보았다. 부빙이 965킬로미터를 움직인 뒤 밑에서 부서지기 시작하자, 그들은 보트 몇 척을 이용해 탈출하여 그린란드 남쪽 끝에 있는 선교사 정착지로 갔다. "우리가 그린란드에 대한 지식을 크게 늘렸다고 자화자찬할 수는 없다." 헤게만은 짐짓 겸손한 척 그렇게 말했다. "하지만 우리는 인간의 힘과 인내가 무엇을 이룰 수 있는지는 보여 주었다." 한편 게르마니아호를 지휘했던 콜데바이는 상당한 성공을 거두었다. 그는 동해안에 상륙하여 썰매 부대를 북위 77도까지 보냈다. 그들과 동행한 오스트리아인 화가 율리우스 폰 파이어는 나중에 시베리아 북쪽에서 프란츠 요제프 제도를 발견하여 유명해진다. 파이어는 또 콜데바이의 일기에도 기여했는데, 이 일기는 군데군데 그림 형제가 쓴 동화를 읽는 듯한 느낌을 주기도 한다.

북극곰이 게르마니아호 승무원을 공격하다

13일 아침, 사람들이 밖에서 바쁘게 움직이는 동안 테오도르 클렌처는 강해지는 한낮의 빛 속에서 풍경을 보려고 게르마니아베르크에 올라갔다. 그는 정상에 이르자 바위에 앉아 고요한 대기 속에서 노래를 불렀다. 그러나 뒤를 돌아보는 순간 몇 걸음 떨어지지 않은 곳에서 거대한 곰을 발견했다. 곰은 아주 심각한 표정으로 낯선 사람을 보고 있었다. 우리 '테오도르'는 힘이 셀 뿐 아니라 차분하고 단호한 사람이기도 했기 때문에, 다른 때 같았으면 이것은 아무 일도 아니었을 것이다. 곰이 아주 좋은 과녁 노릇을 하고 있어, 총알이 빗나갈 일은 거의 없었기 때문이다. 그러나 클렌처는 완전히 비무장 상태였다. 심지어 칼도 없었다! 믿을 수 없는 일이었다! 그렇지 않은가? 하지만 파이어 대위

게르마니아호 승무원들은 그린란드 동해안의 프란츠 요제프 피요르드에 들어서자 육중한 바위와 마주쳤다. 그들은 여기에 '악마의 성'이라는 이름을 붙였다. 콜데바이는 자신의 자랑스러운 업적에 애국심이 불타올라 이렇게 썼다. "독일 원정대가 검은색, 흰색, 붉은색 3색의 깃발의 가호 아래 처음으로 …… 세계에서 가장 알려지지 않은 지역을 찾아왔다."

가 쓰고 있듯이, "곰은 늘 우리가 그들을 완전히 잊고 있을 때 찾아온다."

이렇게 클렌처는 혼자 비무장 상태에서 동료들과 한참 떨어져 있었고, 곰은 가까운 곳에 있었다. 가능성이 많다고는 할 수 없으나, 그래도 도망치는 것이 유일한 살길이었다. 그때 빙하의 가파른 비탈을 타고 내려가자는 대담한 생각이 떠올랐다. 그는 그나마 경사가 완만한 비탈을 골라 서둘러 산을 내려오기 시작했다. 잠시 후 뒤를 돌아보자 거대한 곰이 큰 개처럼 약간 거리를 두고 그의 뒤를 따라 달려오는 것이 보였다. 그렇게 그들은 한동안 함께 산을 내려왔다. 클렌처가 멈추면, 곰도 멈추었다. 클렌처가 다시 움직이면, 곰도 천천히 따라왔다. 클렌처가 달리면 곰도 따라 달렸다. 둘은 이런 식으로 한동안 함께 내려왔다. 그러나 클렌처는 심각하게 목숨을 걱정하기 시작했다. 추적 놀이가 약간 지겨웠는지 곰이 바싹 따라붙었기 때문이다. 클렌처는 크게 소리를 질렀다. 그러나 곰은 잠시만 당황할 뿐, 화를 내며 더 빨리 따라오는 것 같았다. 그 짐승의 뜨거운 숨이 느껴지는 듯한 기분이었다. 이 무시무시한 순간, 영원히 기억에 남을 순간, 그는 들은 이야기가 기억나, 달리면서 재킷을 벗어 뒤로 곰을 향해 던졌다. 그랬더니 보라! 꾀가 먹혔다. 곰이 발을 멈추고 재킷을 살피기 시작한 것이다. 클렌처는 용기를 얻어 산을 달려 내려오며 도와달라고 소리쳤다. 그 소리가 적막한 공기를 뚫고 울려 퍼졌다. 그러나 곰은 곧 다시 그를 쫓기 시작했다. 그는 모자와 조끼도 벗어 던져야 했다. 그 덕분에 시간을 약간 벌 수 있었다. 이제 클렌처의 눈에 구조대가 다가오는 것이 보였다. 친구 몇 사람이 얼음 위를 달려오고 있었던 것이다. 클렌처는 마지막 힘을 모아 소리를 지르며 계속 달렸다. 그러나 구조대도 소용이 없을 것 같았다. 쫓아오던 곰도 속도를 냈기 때문이다. 클렌처는 마지막 수단을 쓸 수밖에 없었다. 목도리를 정확히 괴물의 주둥이를 향해 던진 것이다. 그러나 클렌처의 외침 때문에 더 흥분한 곰은 머리를 한 번 흔들어 우습다는 듯이 목도리를 떨쳐 내고, 무방비 상태의 인간을 계속 쫓아왔다. 클렌처는 차갑고 검은 주둥이가 손에 닿는 것을 느낄 수 있었다. 클렌처는 결국 졌다고 생각했다. 더 할 수 있는 일이 없었다. 그 순간 허리에 두르고 있던 가죽 허리띠로 곰의 목을 조르자는 멋진 생각이 떠올랐다. 클렌처는 짐승의 무자비한 눈을 뚫어져라 마주 보았다. 짧은 순간 의심에 마음이 흔들렸다. 그러나 곰이 깜짝 놀라는 표정을 지었다. 그의 관심은 다른 데 쏠리고 있었다. 다음 순간 곰은 마구 달려 달아났다. 구조를 하러 달려오는 많은 사람들의 외침에 겁을 먹은 것이 분명했다. 클렌처는 기적적으로 구출되었다. …… 이날 사건의 영향으로 몇 사람이 가슴에 약한 통증을 느꼈으며, 젱슈타케 씨와 P. 이페르존은 동상에 걸려 발에 큰 물집이 생겼다. 한 시간 반 동안 신발도 안 신고 뛰어다녔으니 놀랄 일도 아니다!

C. Koldewey, *The German Arctic expedition of 1869~70, and narrative of the wreck of the "Hansa" in the ice.*

데이비드 리빙스턴 *David Livingstone 1813~1873*
아프리카 오지를 관통하여

리빙스턴은 미개한 곳에 기독교를 전파하는 것을 유일한 임무로 삼는 공인된 선교사였지만 실제로는 19세기의 가장 끈질긴 탐험가로 꼽혔다. 1852년에서 1873년 사이에 그는 사하라 사막 이남 아프리카를 여행하며 그 과정에서 빅토리아 폭포, 나가미 호수, 니아사 호수를 발견했으며, 이 지역의 종교와 교역 가능성에 관한 귀중한 정보를 제공했다. 그는 포르투갈 노예 상인들의 활동을 지칠 줄 모르고 알려 빅토리아 여왕 시대 영국의 사랑을 받았으며, '검은 대륙'의 삶에 관한 그의 일기는 엄청난 인기를 끌었다. 새로운 영토를 발견하겠다고 결심한 리빙스턴은 결국 선교 사업을 포기하고 순수하게 지리적인 정복에 나섰다. 그는 1873년 루알라바 강이 나일 강과 연결된다는 자신의 이론(사실은 콩고 강의 지류였다)을 증명하려고 시도하던 도중에 죽었다. 독학을 하여 리빙스턴의 열정적인 탐험의 대상을 많은 기록으로 남겼고 결국 아프리카에서 가장 인기 좋은 화가가 된 세밀화가 토머스 베인스를 포함한 유럽인 동료들은 리빙스턴이 너무 의욕이 강해 편안한 생활을 도외시한다고 생각했다. 리빙스턴은 탐험대원 대부분이 죽거나 흩어져도 계속 밀고 나가는 일이 드물지 않았다. 그는 오로지 탐험만 생각했기 때문에 1862년 잠베지 강을 찾아가던 도중 아내가 죽었을 때도 런던의 명령을 받고 나서야 탐험을 중단했다. 그러나 그의 아프리카인 하인들은 그를 매우 높이 평가하여 그가 죽은 뒤에 그의 시신을 미라로 만들어 해안까지 옮겼다. 시신은 그곳에서 영국으로 옮겨져 웨스트민스터 수도원에 묻혔다.

리빙스턴은 노예제에 대하여 동정심, 실용주의, 편협성이 뒤섞인, 그 시대 특유의 전형적이고 모순된 태도를 보여 주었다

테테의 포르투갈 사람들에게는 노예가 많았는데, 그들은 도둑질, 거짓말, 불결 같은 그들 계급 특유의 악덕을 다 보여 주었다. 일반적으로 진짜 포르투갈 사람들은 그런 대로 인간적인 주인들이라, 노예를 잔인하게 다루는 일이 드물었다. 하지만 이것은 그들이 착해서라기보다는 노예가 달아나지나 않을까 하는 걱정 때문일 것이다. 그들은 어른 노예를 살 때면 가능한 한 친척들도 모두 함께 산다. 그렇게 해서 가정의 유대를 이용해 노예를 새 집에 묶어 두려는 것이다. 이렇게 되면 노예의 입장에서 볼 때 달아나는 것은 자유를 얻을 가능성 하나만을 위해 자신의 마음에 자리를 차지하고 있는 사람들을 모

테테의 잠베지 강가에서 녹색 식물 옆에 선 리빙스턴의 부하들이 아주 작아 보인다. 독학을 한 세밀화가 토머스 베인 즈는 오스트레일리아와 남아프리카에서 수습 기간을 보냈다. 그러나 다른 사람들과 마찬가지로 리빙스턴의 성마른 기질 때문에 사이가 틀어져, 결국 좀도둑질을 이유로 쫓겨났다. 베인즈는 이렇게 썼다. "그 사람은 나의 인격을 훼손 하려고 최선을 다했으며, 결국 나의 삶의 가능성들을 훼손했다." 베인즈는 그 스스로 탐험가가 되었으며, 100년 뒤에 는 아프리카에서 가장 인기 있는 화가로 꼽히게 되었다.

빅토리아 폭포 가장자리
에서 망설이는 물소 떼.
이것은 리빙스턴이 이 아
프리카의 가장 장엄한 자
연 현상을 처음 보았을 때
마주친 광경은 아닐 것이
다. 베인즈는 방어적인 태
도로 자신의 그림이 실물
그대로이긴 하지만, 이따
금씩 장식을 덧붙여 자신
의 그림에 예술적 신빙성
을 부여한다고 말했다.

두 버리는 것이 된다. 그러나 자유의 가능성마저도 첫 원주민 마을에 들어서자마자 사라져 버릴 수 있다. 추장이 아무런 가책 없이 그를 다시 노예로 팔아 버릴 수 있기 때문이다.

우리는 자발적인 노예라는 다소 독특한 사례를 알게 되었다. 강에서 우리의 수로 안내인 역할을 하기도 했던 치반티라는 이름의 똑똑하고 적극적인 젊은이는 자유 흑인이었는데, 스스로 노예로 팔린 적이 있다고 말해 주었다. 왜 그렇게 했느냐고 묻자, 그는 자신이 아버지나 어머니도 없이 혈혈단신이라 아플 때 물을 주거나 굶주릴 때 먹을 걸 줄 사람도 없었기 때문에 친절한 주인으로 이름이 높았던 시카드 소령에게 자신을 팔았다고 대답했다. 그의 노예들은 하는 일은 거의 없고 먹을 것은 많았다. "그래서 너를 팔고 얼마를 받았는데?" 우리가 물었다. "30미터짜리 무명 세 개요. 나는 그걸로 남자 한 명, 여자 한 명, 아이 한 명을 샀지요. 그러느라고 무명 두 개가 들었고, 하나는 남았습니다." 그는 그런 식으로 넉살 좋은 태도와 계산적인 정신을 보여 주었다. 그는 나중에 노예를 더 샀으며, 2년이 지나자 커다란 카누에 가득 찰 만큼 노예를 소유하게 되었다. 나중에 그의 주인은 그에게 킬리마네까지 상아를 나르는 일을 시켰으며, 그 일을 위해 뱃사람들을 고용할 천을 주었다. 물론 그는 그 자신의 노예를 데려갔고, 이런 식으로 사업이 번창하게 되었다. 그는 자신이 좋은 투자를 한 것이라고 확신했다. 그가 아팠다면 주인이 그를 돌보아 주었을 것이 틀림없었기 때문이다. 이런 식으로 이따금씩 자유로운 흑인들이 미래의 주인 앞에서 창을 부러뜨리는 간단하면서도 의미심장한 의식을 통해 스스로 노예가 되었다. 지금은 고인이 된 한 포르투갈 장교는 마콜롤로족한 사람을 설득하여 그의 땅으로 돌아가는 대신 테테에 남게 했다. 장교는 또 그가 자기 앞에서 창을 꺾고 노예가 되도록 유도하려 했으나, 그는 똑똑하여 그렇게 하지는 않았다. 그는 사냥꾼들과 함께 다니는 위대한 코끼리 의사로, 사냥꾼들에게 언제 그 거대한 짐승을 공격할지 말해 주었으며, 사냥에 확실하게 성공할 수 있는 약도 주었다. 진짜 포르투갈 사람과는 달리 혼혈인은 무자비한 주인이다. 그들은 불쌍한 노예를 야만적으로 대하는 것으로 악명 높다. 한 인도적인 포르투갈 사람이 했다고 하는 다음과 같은 말은 사실은 아닐지 몰라도 그럴듯하기는 하다. "하느님은 백인을 창조했다. 하느님은 흑인을 창조했다. 하지만 혼혈인은 악마가 창조했다."

장교와 상인들은 충성스러운 우두머리 밑에 있는 노예들을 보내 코끼리를 사냥하게 하거나 거래를 하게 한다. …… 상아를 가져오라는 것이다. 노예들은 이런 일에서

스케치북을 손에 든 베인즈가 잠베지 강의 케브라브라사 골짜기 앞에 서 있다. 밑의 바위에는 리빙스턴의 형제 찰스가 카메라를 만지작거리고 있다. 베인즈는 이렇게 말했다. "화가가 서둘러 스케치하면서 바랄 수 있는 것보다 정확한 디테일을 바라는 사람들은 사진을 찍고 싶을 수도 있다. 그러나 여행자가 …… 변하는 기후, 물의 오염이나 부족, 그 외에 헤아릴 수 없을 정도로 많은 새롭고 예기치 않은 곤경과 싸워 이길 만한 화학적 지식이 …… 없다면, 그 사람이 가진 미술 솜씨를 발휘할 수 있는 연필이 최선은 아니지만 적어도 확실하게 남길 수 있는 결과물은 줄 수 있다고 생각하고 싶다.

이득을 챙길 수 있다고 생각한다. 그들은 마을 근처에서 코끼리 한 마리를 죽이고, 원주민들은 그들에게 코끼리 고기를 일부 받는 대가로 맥주와 음식을 준다. 상아 하나를 살 때마다 아주 많은 시간을 들이고, 이야기를 나누고 맥주를 마신다. 아프리카인은 대부분 타고난 장사꾼들이다. 그들은 장사를 해서 버는 것보다는 장사 자체를 위해 장사하는 것을 좋아한다. 테테의 한 똑똑한 신사가 우리한테 해 준 말에 따르면, 원주민 상인들이 그에게 상아를 팔러 오는 일이 종종 있는데, 그들은 그가 제안한 값을 따져 보다가 더 요구를 하고, 이런 저런 말을 하고, 다시 생각을 하고, 어리둥절한 표정을 짓다가, 그냥 가 버린다는 것이다. 매일 그런 일을 반복하면서 마을 상인을 모두 만나고, 그

런 뒤에 마침내 첫 상인이 제시한 것보다 훨씬 낮은 가격에 어떤 사람에게 팔아 버린다
는 것이다.

D. Livingstone, *Narrative of an Expedition to the Zambezi and its Tributaries: And of the Discovery of the Lakes Shirwa and Nyassa.*

때때로 리빙스턴은 아프리카의 인간 거주자들보다 야생 생물을 묘사할 때 편안함을 느꼈다

신제레에 있는 우리 야영지는 넓게 가지를 뻗은 야생 무화과나무 밑에 있었다. 땅에는 흰개미들이 득실거렸다. 개미들이 새의 눈을 피하기 위해 만든 진흙 터널들은 땅 위를 실처럼 뻗어 나무줄기를 따라 올라가 가지까지 뻗어 나갔다. 이 작은 건축가들은 나뭇가지에서 썩거나 죽은 나무를 모두 청소해 버렸다. 땅의 터널 안에 나뭇가지의 형태는 그대로 남아 있는데, 그 안에 나무는 한 조각도 없는 경우가 아주 많았다. 우리가 이곳을 통과한 첫날 밤 이 파괴적인 곤충은 풀로 만든 우리 침대 속을 먹어 버리고, 우리 담요까지 공략했다. 크고 머리가 붉은 녀석들은 심지어 우리 살까지 물어뜯었다.

커다란 검은 개미들로 이루어진 강력한 약탈 부대가 야영지 근처에 있는 흰개미들의 둥지를 공격했다. 전투는 지면 밑에서 벌어졌기 때문에 우리는 상황을 파악할 수 없었다. 하지만 곧 검은 개미들이 승리를 거두어 흰개미들의 도시를 약탈한 것이 분명해졌다. 그들이 알과 패배한 자들의 주검 가운데 맛있는 부분을 들고 의기양양하게 돌아가는 것이 눈에 띄었기 때문이다. 개미도 언어의 재능과 비슷한 재능을 가지고 있었다. 건물 일부가 부서지면 간부 하나가 나와 피해를 살핀다. 그는 부서진 곳을 조심스럽게 조사한 뒤 분명하고 또렷한 음을 몇 개 내뱉는다. 그러면 즉시 일꾼들이 몰려나와 부서진 곳을 수리하기 시작한다. 일이 끝나면 다른 명령이 떨어지고 일꾼들은 물러난다. 그랬다가 새로 지은 부드러운 부분이 무너지면 다시 나타난다. 어느 비오는 밤 우리는 원주민 오두막에서 자려고 했지만, 아주 작은 종의 개미 전투부대가 공격을 하는 바람에 잘 수가 없었다. 길이가 2밀리미터도 안 되는 것들이었다. 곧 그들이 제대로 훈련을 받은 부대이며, 심지어 어떤 탁월한 지도자의 노련한 계획과 전략을 이행하려 한다는 것이 분명해졌다. 우리의 손과 목이 첫 번째 공격 목표였다. 이 작은 벌레들의 거대한 무리는 공격 지점 주위에 말없이 모여들었다. 그전까지만 해도 우리는 개미가 소리를 낼 수 있다고 믿지 않았지만, 날카로운 소리로 명령을 두세 차례 반복하는 것을 분명히 들을 수 있었다. 그 직후 우리는 개미 무리가 떼를 지어 몰려와 머리와 목을 뒤덮으며 부

드러운 살을 물고 머리카락에 죽어라 매달렸다. 문 것을 놓치느니 차라리 턱이 잘리는 것을 감수하려 한다는 것이 느껴졌다. 우리는 그들을 쫓아 버렸다고 생각하고 다시 자리에 누웠지만, 불이 꺼지고 사방이 고요해지자 작전은 다시 반복되었다. 또렷한 명령 소리가 들리더니, 공격이 재개된 것이다. 그 오두막에서는 잠을 자기가 어려웠다. …… 하얀 개미는 …… 원래 식물로 만든 것만 먹어 치웠다. 그러나 무두질 때문에 식물 맛이 나는 가죽은 먹었다. ……

서양에서는 드라이버라고 부르는 불그스름한 개미가 매일 폭 3센티미터 정도 되는 단단한 대열을 이루어 우리가 가는 길을 가로질렀다. 그 용맹은 어떤 인간이나 짐승도 당하지 못할 것이다. 실수로라도 그들에게 가까이 다가가는 것도 그들에게는 전쟁의 이유가 되었다. 그 즉시 일부가 대오에서 빠져나와 입을 떡 벌리고 서거나, 방해자에게 달려들어 사납게 물어뜯었다. 사냥을 하다 보면 우연히 그들 사이에 들어가는 일이 생겼다. 우리가 개미는 까맣게 잊고 사냥감에 몰두하고 있을 때면 그들은 조용히 머리에서 발끝까지 우리를 덮은 다음 동시에 물어뜯기 시작했다. 강력한 집게로 피부 조각을 쥔 다음 그것을 떼어 내기로 결심한 듯 거기에 매달려 몸을 비틀었다. 얼마나 아프게 무는지 아무리 용감한 사람이라도 옷을 벗고, 강철 핀셋으로 쥐듯이 구부러진 턱으로 살을 물고 매달려 있는 개미들을 떼어 낼 수밖에 없었다. 이런 종류의 개미는 습한 곳에 아주 많으며, 보통 강둑에서 만나게 된다. 우리는 그들이 비단뱀─배가 잔뜩 불러 노곤한 상태였다─외에 다른 동물을 실제로 죽였다는 이야기는 듣지 못했지만, 이미 죽은 동물은 금세 먹어 치웠다. 이것이 그들의 주식인 것으로 보이며, 따라서 자연의 경제에서 그들의 용도는 썩은 고기를 먹는 쪽인 것이 분명하다.

D. Livingstone, *Narrative of an Expedition to the Zambezi and its Tributaries: And of the Discovery of the Lakes Shirwa and Nyassa.*

조지 네어스 *George Nares 1831~1915*
북극에 도달하려는 영국의 노력

1875년 네어스는 행복하게 남태평양을 가로질러 항해하다가 해군본부로부터 북극으로 가라는 명령을 받고 깜짝 놀랐다. 그는 디스커버리호와 얼러트호를 이끌고 얼음을 헤치며 엘즈미어 섬까지 갔다. 그때까지 북쪽으로 이렇게 멀리 올라온 배는 없었다. 네어스는 여기에서부터는 사람이 끄는 썰매로 이동하는 부대를 미지의 영역으로 파견했다. 한 부대는 엘즈미어 섬 너머 서쪽으로, 또 한 부대는 그린란드를 가로질러 동쪽으로, 마지막 한 부대는 북극으로 보냈다. 그러나 썰매 부대원들과 두 배의 승무원 모두 괴혈병에 걸리는 바람에 네어스는 예정보다 1년 이른 1876년에 귀환했다. 그는 그가 겪은 시련을 짧은 전문으로 요약했다－북극 실행 불가. 휘하의 대위 앨버트 마컴이 북위 83도 20분까지 올라가는 기록을 세웠음에도 네어스는 임무에 실패했다고 혹독한 비난을 받았다. 이것으로 영국 정부의 거의 100년에 걸친 공식 북극 원정은 끝을 맺었다.

네어스의 썰매 원정대는 모두 비참한 상황에 빠졌지만, 루이스 보몽 대위의 지휘로 그린란드를 건넌 원정대가 아마 최악의 곤경을 겪었을 것이다

움직이기가 점점 힘들어졌다. 쌓인 눈은 1미터가 안 되는 경우도 있었고, 1미터가 훨씬 넘는 경우도 있었다. 이제는 마르고 파삭파삭한 눈이 아니라, 축축한 설탕처럼 끈기가 있었다. 걷는 것 자체가 무척이나 힘이 들었다. 한 걸음 떼어 놓을 때마다 말 그대로 구멍에서 기어 나와야 했다. 겉의 딱딱한 껍질은 우리의 무게를 지탱해 주지 못했다. 게다가 깊기까지 하여 앞으로 밀고 나아갈 수도 없었다. 한 걸음 내디디면 무릎 위 10센티미터까지 빠졌다. 그 발을 꽉 끼는 구멍으로부터 빼내려고 높이 들어 올리려니 곧 모두 진이 빠질 수밖에 없었다. 윌리엄 젠킨스, 피터 크레이그, 찰스 폴은 오금이 뻣뻣해졌다고 불평했다. 우리 모두 몹시 지쳤다. …… 그 다음에는 뜨거운 햇볕을 받으며 1미터 이상 쌓인 눈을 헤치고 가야 했다. 목이 바싹바싹 탔으며, 50미터 정도 가면 발을 멈추고 숨을 돌려야 했다.

　　우리가 가고자 하는 해안은 3킬로미터 이상 떨어진 것 같지 않았다. 그래서 나는 절벽 밑은 움직이기가 더 편한가 싶어 앞서 나갔다. 그러나 세 시간쯤 걸려 썰매 앞쪽으

얼러트호의 기간 승무원(썰매 부대가 떠난 뒤 남은 전부)이 배 밖에 모여 있다. 그들 뒤의 눈 위에 버려진 마스크가 놓여 있다. 네어스는 그런 도구를 경시하여, 숨이 응결되게 하여 쓴 사람의 얼굴을 얼음으로 덮는다는 이유로 착용을 금지했다. 같은 이유로 썰매를 타는 사람들은 턱수염을 깎으라고 명령했다.

로 2킬로미터 정도 간 다음에 포기하고 말았다. 지쳐 쓰러질 뻔한 것이다. …… 그동안 부하들도 최대한 안간힘을 썼다. 때로는 아픈 다리를 쉬려고 기는 자세로 썰매를 끌기도 했고, 때로는 긴 밧줄을 이용해 서서 끌기도 했다. 그러나 3킬로미터쯤 간 뒤 야영을 해야 했다. 존스도 다리가 뻣뻣하다고 말했다.

5월 19일에 다시 움직일 때는 다들 다리를 잘 구부리지 못했다. 온갖 수단을 이용해 보았지만, 결국 평상시의 방법으로 돌아가 숨을 헐떡거리며 잡아끌다가 10미터쯤 움직이고 나서 쉬곤 했다. 그날 쓴 일기가 있다. "나흘째 되는 날 이것이 얼마나 힘든 일이 되어 버렸는지 아무도 상상도 하지 못할 것이다. 하지만 이렇게 말하면 어느 정도 짐작이 갈 것이다. 점심을 먹으려고 멈추었을 때 부하 두 명은 이 끔찍한 눈 위를 쓸데없이 걸어 다니는 대신 200미터를 네 발로 기었다. 하지만 지치고 뻣뻣하고 쑤셨음에도 불평은 한마디도 없었다. 부하들은 명랑했고 희망을 잃지 않았고 단호했다. 12시부터 내 생일이었다. 하지만 평생 이렇게 생일을 보낸 적은 없었고, 다시 이렇게 생일을 보내는 일도 결코 없기를 바란다." 이 행군에서 우리는 2킬로미터도 가지 못했다. 지난 며칠 동안 너무 힘을 쓰는 바람에 모두 지쳤다. 다리가 뻣뻣한 사람들에게 일을 하는 것은 고통이고 슬픔이었다. 상황은 전혀 나아질 것 같지 않았다. …… 이틀 동안 계속 전진했지만, 이제 돌아가는 것도 계속 가는 것만큼이나 힘든 일이 될 것 같았다. …… 우리는 하루에 3킬로미터도 가지 못했다. 부하들은 아프기 시작했다. 나는 다리를 살펴보는 것을 권하지 않았다. 오히려 뻣뻣한 다리는 가능한 한 생각하지 못하게 하려 했다. 불쾌한 진실이 곧 우리에게 드러날 수밖에 없다는 것을 잘 알고 있었기 때문이다. ……

19일 저녁에 다시 출발하여 전처럼 힘겹게 나아갔지만, 진행한 거리는 터무니없을 정도로 짧았다. …… (21일에는) 정말 실망스럽게도 …… 더 전진하는 것이 소용없다는 것을 알게 되었다. …… 부하 두 명, J. 크레이그와 Wm. 젠킨스가 괴혈병에 걸린 것이 틀림없었기 때문이다. …… 그래서 나는 필요하다면 이틀이라도 우리가 있는 자리에서 기다리기로 결정했다. 빙하 바로 너머에 있는 높은 봉우리에는 올라가 보기를 바랐기 때문이다. …… 이렇게 힘들게 왔는데 육지에 도착하지도 못할 뿐만 아니라, 아무것도 보지도 못하고 돌아가는 것은 너무 잔인한 일 같았다. 부하들도 우리의 원정을 더 성공적으로 끝내고 싶다는 간절한 마음을 보여 주어 힘도 얻고 기분도 좋았다. 그러나 운명은 그것을 허락하지 않았다. 5월 21일에는 하루 종일 눈이 심하게 내렸다. 5월 22일도 마찬가지였다. 보급품을 꼼꼼하게 조사한 결과 우리는 본부로 돌아가야만 한다고 결론을 내렸다. …… 우리는 다시 한 번, 이번에는 풀퍼드 곶을 향하여 출발했다. 음울하고 좋지 않은 날씨 때문에 부하들의 기분도 우울했다. 부하들은 그렇지 않아도 이미 의기소침한 상태였다. 일곱 명 가운데 그레이와 나만 제외하고 모두 괴혈병에 시달리고 있었기 때문이다. ……

눈이 내려 족히 30센티미터는 쌓였다. …… 그 바람에 밑의 오래된 껍질이 흐물흐물해져, 썰매와 사람의 무게에 내려앉았다. 썰매 무게가 1톤은 나가는 것처럼 느껴졌다. …… 우리는 6월 3일 아침까지 느릿느릿 왔던 길을 되짚어 갔다. 이때까지 날씨는 짙은 안개가 낀 상태에서 쉬지 않고 눈이 내렸다는 말로 다 정리가 되었다. 한 시간 정

슬라이드 네 개가 북극대륙에서의 생활을 보여 준다. 왼쪽 위: 네어스가 해 없는 겨울 동안 얼러트호의 승무원들이 우울해지지 않도록 고안한 많은 오락 가운데 하나인 주간 '북극 극장'의 한 장면. 오른쪽 위: 썰매 부대가 동상과 괴혈병에 걸린 부상자의 무게와 씨름하고 있다. 왼쪽 아래: 벨트를 묶은 썰매 부대원들이 빙구의 미로를 빠져나가고 있다. 오른쪽 아래: 네어스가 '원시 얼음'이라는 별명을 붙인 험준한 지형. 아주 험한 능선으로 덮인 들판이라, 그는 이것이 선사시대에 형성되었다고 추측할 수밖에 없었다.

도 해가 한두 번 나왔지만, 곧 다시 눈이 내렸다. 병자들은 계속 상태가 나빠졌다. 폴과 젠킨스는 썰매와 함께 갈 수가 없어 뒤에서 기어 왔다. …… 크레이그는 상태가 몹시 안 좋았다. …… 도빙과 존스는 몸이 다리가 점점 뻣뻣해졌다. …… 그레이와 나만 몸이 괜찮았다. 병자들은 거의 아무것도 먹지 못했다. 잠을 자지도, 가만히 누워 있지도 못했다. ……

우리는 저녁에 다시 출발했다. 그러나 10미터도 가지 않아 폴이 아주 무력하게 쓰러져 버렸다. 그때부터 끝까지 그는 마비된 사람이나 다를 것이 없었다. 두 다리가 전혀 쓸모가 없었기 때문이다. 젠킨스는 여전히 기어 오고 있었지만, 그의 마지막 때가 가까워 오고 있었다. 7일에 그는 썰매 위에 폴과 함께 누웠다. …… (11일에) 도빙은 완전히 무너져 버렸다. 존스는 몸이 아주 안 좋아 스스로 얼마 더 걸을 수 없을 것 같다고 생각했다. 가엾은 사람들! …… 이날이 우리에게 가장 암울한 날이었다. 우리는 폴라리스 만으로부터 적게 잡아도 65킬로미터는 떨어져 있었다. 그런데 오직 그레이와 나 둘이서만 썰매와 병자들을 끌고 있었다―가망이 없을 것 같았다. 하지만 보급품을 모두 가져가야 한다는 것, 가능한 한 오래, 가능한 한 멀리까지 밀어붙여야 한다는 것은 분명했다. ……

크레이그는 이제 거의 걷지도 못했지만, 용기는 잃지 않았다. 도빙은 급속하게 쇠약해졌지만, 다행히도 존스가 소생했다. 썰매 끄는 밧줄에는 아직 세 명이 있었다. 우리는 힘겹게 맥코믹 고개를 통과했다. 눈은 거의 없고 바위와 물뿐인 아주 힘든 길이었다. 고개가 좁아지고 가팔라졌기 때문에 꼭대기로 다가가자 엄청나게 힘들었다. 썰매에서 짐을 내리고, 병자들은 따로 돛에 내려놓아야 했다. …… 이제 우리는 아주 느리게 움직이고 있었다. 아주 오래 버텨 온 크레이그는 이제 설 수도 없었다. 계속 그와 도빙이 쫓아와 주기를 기다려야 했다.

6월 21일. …… 한 시간 동안 노력한 끝에 간신히 텐트를 쳤다. 병자들이 그곳에 편안하게 있게 해 주고 싶었다. 하지만 텐트를 제대로 치지 못한 데다가 절벽에서 불어오는 회오리바람에 가까운 돌풍 때문에 텐트의 양쪽 벽이 가운데서 만났다. 우리는 모두 한 무더기가 되어 웅크리고 있었다. 몸이 완전히 젖었고, 아무도 자지 못했다. …… (22일) 처음으로 나도 다리에 괴혈병으로 인한 통증을 느꼈다. 크레이그와 도빙은 거의 기다시피 했다. 10미터 움직일 때마다 숨이 멎을 것 같았다. …… 지켜보는 것도 고통스러웠다. 아직도 폴라리스 만은 한참 남았다. 이런 상황에서 어떻게 거기까지 갈 수 있을지 도무지 알 수가 없었다. 6월 23일, 우리가 앞으로 조금이라도 나아가려면 도빙과 크레이그를 썰매에 싣고 갈 수밖에 없었다. ……

24일 저녁. …… 존스와 그레이가 거의 썰매를 끌 수 없다는 것을 알고, 평원의 해안에 가서 텐트를 친 뒤 혼자 폴라리스 만까지 걸어가 우리를 도와줄 사람이 있는지 보기로 결심했다. 만일 없다면 돌아와 …… 병자들과 함께 머물며 그들이 움직일 수 있도록 최선을 다할 생각이었다. 그러나 다행히도 일이 그렇게 되지는 않았다. 우리가 질척거리는 부빙을 따라 해안으로 힘겹게 걸어갈 때 뭔가가 눈에 띈 것이다. 개 썰매와 사람 셋이었다. 곧 우리는 로슨 대위, 닥터 코핑거와 반갑게 악수를 나누었다. 이 시의적절한 만남에서 우리가 느낀 기쁨, 안도감, 감사는 말로 표현할 수가 없다.

G. Nares, *A Voyage to the Polar Sea, Vol. 2.*

헨리 모턴 스탠리 *Henry Morton Stanley 1841~1904*
콩고 여행

헨리 모턴 스탠리와 편지를 자주 교환하던 『뉴욕 헤럴드』의 소유자인 백만장자 고든 베닛은 1869년 스탠리에게 이렇게 말했다. "자네가 할 일을 말해 주지. 지금 천 파운드를 인출하게. 그걸 다 쓰면 다시 천 파운드를 인출해. 그걸 다 쓰면 또 천 파운드를 인출해. 그걸 다 쓰면 또 천 파운드를 인출해. 계속 그런 식으로 돈을 써.―단 리빙스턴만 찾아내." 스탠리는 시키는 대로 하여, 1871년에 사라진 탐험가를 '찾아냈다'. 그러나 리빙스턴은 도움을 청하기는커녕, 거꾸로 스탠리에게 몇 달 만에 처음으로 먹을 만한 음식을 주었다. 곧 두 사람은 함께 탕가니카 호수 탐험에 나섰다. 스탠리는 리빙스턴에게 깊은 감명을 받아 아프리카 탐험가의 길로 나섰다. 그는 이 탐험을 십자군 전쟁처럼 여겼다. 리빙스턴이 죽자 그는 동료 영국인들에게 상심하지 말라고 훈계했다. "슬퍼하지 마라, 제군! 슬퍼하지 마!" 그는 소리쳤다. "어디를 가나 죽음은 있기 마련이다!" 그는 아프리카를 가로지르는 탐험에 여러 번 나섰으며, 한 번은 빅토리아 니안자 호수를 한 바퀴 돌았을 뿐 아니라 콩고 강을 어귀까지 따라가 보기도 했다. 나중에는 벨기에의 왕 레오폴트 1세가 악명 높은 콩고자유국을 만드는 것을 돕기도 했다. 스탠리의 여행은 호전성―콩고 원정에서는 아프리카인 수백 명이 죽기도 했다―과 집요함으로 악명이 높았다. 그는 원주민 짐꾼들이 그에게 블라 마타리, 즉 '돌을 깨는 자'라는 별명을 붙인 것을 자랑스러워했다. (한 역사가에 따르면 '불알을 깨는 사람: 심하게 고생을 시키는 사람이라는 뜻의 속어'이라는 별명이 더 적절했을 것이라고 한다) 스탠리는 분명히 매우 유능한 탐험가였지만, 동시에 유럽 제국주의를 전파하는 잔인한 대사 가운데 한 명이기도 했다.

『뉴욕 헤럴드』와 영국의 『데일리 텔리그라프』의 공동 자금 지원으로 콩고 강 어귀까지 대륙 횡단 원정을 했을 때 스탠리는 출발할 때 함께 떠난 백인 동료들을 모두 잃고, 아프리카인 347명 가운데 3분의 2 이상을 잃었다. 그는 목적지가 다가오자 다음 같은 편지를 썼다

응산다 마을, 1877년 8월 4일.
엠봄마의 영어를 하는 아무 신사에게나.

해당자 귀하,

중앙아프리카로 떠나기 전 스탠리의 모습. 돌아왔을 때 찍은 비슷한 사진을 보면, 때 이르게 머리가 세고, 여위고 일그러진 모습의 스탠리가 서 있다. 스탠리는 성공적인 탐험가였지만, 복잡하고 고독한 인물로, 대부분의 사람들이 싫어했다. 그가 은퇴한 뒤 성이 난 후원자 한 사람은 그에게 기자를 보내 아직도 부인을 때리는지 묻게 했다.

나는 잔지바르로부터 115명의 남자, 여자, 아이가 있는 이곳에 도착했습니다. 우리는 지금 굶어죽기 직전입니다. 원주민은 우리의 천, 구슬, 철사를 비웃기 때문에 그들에게서 아무것도 살 수가 없습니다. 게다가 이곳에서는 장날이 아니면 식량을 살 수도 없습니다. 하지만 굶어죽어 가는 사람들이 장날을 기다릴 여유는 없지요. 그래서 잔지바르 출신의 원주민인 부하 청년 세 명에게 이 도움 요청 편지를 들려 잔지바르의 영국 공관에서 일하는 로버트 페루치라는 이름의 소년과 함께 파견했습니다. 나는 귀하를 모릅니다. 하지만 엠봄마에는 영국인이 있다고 들었습니다. 부디 기독교인이자 신사로서 나의 요청을 무시하지 마시기를 간청합니다. 로버트 소년이 이 편지에서 내가 말할 수 있는 것보다 우리의 딱한 사정을 잘 설명할 수 있을 것입니다. 우리는 매우 곤란한 처지에 있습니다. 하지만 귀하의 보급품이 제시간에 도착하면, 나흘이면 엠봄마에 갈 수 있을 것입니다. 나한테는 4미터 길이의 천 300장이 필요합니다. 품질은 교역을 할 수 있는 수준이 되어야 합니다. 지금 내가 가진 것과는 완전히 달라야 하죠. 하지만 그보다 더 급한 것은 굶주린 배를 즉시 채울 수 있는 쌀이나 곡식, 10 내지 15명이 나를 수 있을 만한 양의 곡식입니다. 천이 있다 해도 먹을 것을 사는 데는 시간이 걸리고, 굶주리는 사람들은 기다릴 수가 없으니까요. 보급품은 이틀 안에 도착해야 합니다. 아니면 나는 죽어 가는 사람들 사이에서 무서운 시간을 보내야 할지도 모릅니다. 물론 이 일로 인해 생기는 비용은 내가 책임을 지겠습니다. 우리가 원하는 것은 즉각적인 구조입니다. 귀하께서 우리를 즉시 구조하는 데 최선을 다해 주시기를 간절히 바랍니다. 나 자신을 위해서는, 혹시 차, 커피, 설탕 같은 작은 사치품이 있으면, 한 사람이 쉽게 나를 수 있는 게 있으면, 조금만 보내 주시기를 간청합니다. 그러면 내 부하들을 위해 제때 보급품을 보내 주신 것에 감사하는 마음에 그것에 감사하는 마음도 보태질 것입니다. 그 시간을 고대하며.

충실한 벗.
H. M. 스탠리, 아프리카 탐험을 위한 영미 원정대 대장.

추신: 내 이름을 처음 들어 보실지도 모르겠습니다. 그래서 내가 1871년에 리빙스턴을 발견한 사람임을 알려드립니다. – H. M. S.

H. M. Stanley, *Through the Dark Continent, Vol. 2.*

이사벨라 버드 *Isabella Bird 1831~1904*
해외로 나선 영국 여자

병약한 여자 버드는 요통, 불면증, 우울증으로 고생하다가, 마흔 살이 되었을 때 오스트레일리아와 하와이를 찾아갔다. 그러자 건강이 기적적으로 회복되었다. 그 뒤로 그녀는 한 번도 뒤를 돌아보지 않고, 아메리카, 일본, 티베트, 조선, 중국, 페르시아, 아프가니스탄을 계속 여행했다. 그녀는 세계 최대의 화산을 오르고, 겨울에 말을 타고 혼자 로키 산맥을 넘는 업적을 세우기도 했다. 그녀는 새로운 땅을 발견하지는 않았지만, 가공할 힘으로 그 무렵 새로 발견된 곳들을 돌아다녀, 한 평론가가 말한 대로, "버드 양처럼 훌륭하게 모험을 한 사람은 없었다." 종종 여동생에게 보내는 편지의 형식으로 쓴 그녀의 일기는 그녀의 내밀한 경험을 묘사하고 있다. 그녀는 또 아시아를 여행하면서 사진을 많이 찍었는데, 보통 밤에 양쯔 강의 집배에서 현상을 하고, 강물에 현상판을 씻었다.

버드는 로키 산맥에 다가가면서 개척자들의 삶의 어려움에 감명을 받았다고 말한다

그레이트 플라트 캐년, 10월 23일. 이 여행에 관한 내 편지는 안타깝게도 매우 지루할 거야. 하루 종일 말을 달리고, 내 조랑말을 돌보고, 식사를 하고, 여러 길에 관해 물어보고, 이 부근의 목축, 농사, 광산, 사냥에 관해 이런 저런 이야기를 들은 뒤라 너무 졸리고 기분 좋게 피곤해서 거의 쓸 수가 없어. …… 덴버까지 저지대의 갈색 평원을 지루하게 50킬로미터 정도 달렸어. 사람은 거의 살지 않았고, 길은 사방으로 뻗어 있었지. 내가 받은 항로 명령은 '남쪽으로 방향을 잡고, 사람들이 가장 많이 다닌 길을 계속 따라가라'는 것이었어. 나침반도 없이 대양을 항해하는 것과 같았지. 한 2, 3킬로미터 떨어진 곳에 말 한 마리가 보이는, 굽이치는 갈색 파도가 묘하게 강한 인상을 남겼어. 정오가 되자 하늘이 시커메지면서 또 한 차례의 폭풍우를 예고했어. 산비탈이 시커멓게 아래로 비탈을 그리며 내려가면서 평원이 나타났지. 높은 봉우리들은 소름끼칠 정도로 음산해서 보기만 해도 무서웠어. 처음에는 아주 춥다가, 다시 아주 더워졌어. 그러다 마침내 동풍이 불면서 몹시 추운 날씨가 계속되어 견디기 힘들었어. 하지만 상쾌하고 자유로웠어. 말도 다소곳했고. 가끔 소 떼가 햇볕에 마른 풀을 뜯고 있었고, 또 가다 보면 말 떼가 나왔어. 이따금씩 안장에 라이플을 꽂은, 말 탄 사람을 만나기도 했고, 평범

1895년 쓰촨 성의 한 가족이 사진을 찍으려고 모여 있다. 버드는 미국 여행 때는 카메라를 가져가지 않았지만, 아시아에서는 사진을 많이 찍었다. 그녀는 양쯔 강의 짐배에서 사진을 현상했다. 그곳에서 "밤이 나에게 암실이 되어 주었고, 상자가 탁자 노릇을 해 주었다." 현상판은 강물에 씻었다. 안타깝게도 그 흙탕물이 '네거티브에 곱고 균일한 베일'을 씌웠다. 버드 부인은 늘 서양인에게 거리를 두고 싶어 했다. "혼자 있는 것이 마음에 맞지 않는 사람과 있는 것보다 훨씬 낫다. 고독은 역겨움과 비교하면 축복이다."

해 보이는 마차를 만나기도 했지. 하지만 하얀 차일을 친 마차가 풀밭을 가로질러 힘겹게 나아가는 광경이 눈에 더 많이 띄었지. '프레이리 스쿠너'라고 알려진 이 마차는 줄을 지어 다니기도 했고, 가축 떼, 노새, 말을 탄 사람과 함께 가기도 했어. 서부의 주들로부터, 진짜인지 거짓인지는 몰라도 어쨌든 좋다는 소문이 난 콜로라도의 초원 지대로 힘겹게 탈출하는 사람들과 가재도구를 실은 마차였지. 한번은 이런 마차의 주인 부부가 나를 초대해서 점심을 함께 먹은 적이 있어. 나는 차를 내놓았고(그 사람들은 1주 만에 처음 맛본다고 하더라), 그 사람들은 묽은 옥수수죽을 내놓았지. 일리노이를 떠나 석 달째 여행하는 길이라는데, 소들이 아주 여위고 약해 보였어. 그런데도 아직 한 달이나 더 가야 윗 마운틴 밸리에 도착할 것 같대. 오는 길에 아이가 하나 죽고, 소를 몇 마리 잃어, 꽤 상심을 했더라고. 오랫동안 고립되어 있었던 데다가 여행도 단조로워, 하루가 가고 또 오는 것에는 전혀 관심이 없었어. 마치 다른 행성에서 온 사람들 같더라고. 그 사람들은 나도 함께 가기를 바랐지만, 움직이는 속도가 너무 느렸어. 그래서 서로 기분 좋게 좋은 여행을 하기를 바라면서 헤어졌지. 마치 바다에서 돛만 보이고 선체는 안 보이듯, 쓸쓸한 초원의 바다에 멀리 그 사람들의 하얀 차일만 보이자, 오랫동안 알던 사람들과 헤어질 때보다 더 슬퍼졌어. 그날 밤 그 사람들은 사납게 몰아치는 바람을 맞으며 깊은 눈 속에서 야영을 했을 테니 몸이 얼어붙었겠지. 얼마 뒤에는 말을 탄 거칠어 보이는 남자 셋이 모는 텍사스의 여윈 소 2천 마리를 만났어. 여자, 아이들, 라이플을 실은 마차 두 대가 그 뒤를 따라왔어. 그 사람들은 1,500킬로미터를 여행했대. 그 다음에는 꼭 자칼처럼 생긴 초원의 이리 두 마리를 보았지. 잿빛 모피가 덮인 그 겁쟁이들은 나를 보자 펄쩍 뛰어 달아났어.

바람과 추위가 심해져서, 다음 20킬로미터 정도는 다가오는 폭풍과 같은 속도로 달렸어. 초원의 언덕에 올라갈 때마다 이제야 덴버가 보이려나 했지만, 5시가 되어서야 꽤 높은 곳에서 마침내 위대한 '평원의 도시', '준주들의 수도'가 내려다보였어. 쑥과 유카만 자랄 것 같은, 나무 없는 갈색의 평원에 나무 없는 갈색의 허풍선이 대도시가 펼쳐져 있더라고. 물이 줄어 자갈이 많은 강바닥의 6분의 1도 못 채우고 흐르는 얕은 플라트 강은 양 옆에 쪼그라든 사시나무를 거느리고 덴버 옆을 구불구불 흘렀어. 강을 따라 3킬로미터쯤 올라간 곳에 커다란 모래 폭풍이 보였지. 몇 분이 안 지나 폭풍은 도시를 덮어, 짙은 갈색 구름으로 그곳을 지워 버렸어. 잠시 후에는 질풍이 몰아치면서 눈보라가 시작되었지. ……

I. Bird, *A Lady's Life in the Rocky Mountains*.

프리드쇼프 난센 *Fridtjof Nansen 1861~1930*
북쪽 끝

1888년 난센은 극지방 탐험을 위해 신경과학 연구를 그만두었다. 그해에 그는 스키로 그린란드를 가로지른 최초의 인물이 되었다. 1893년에서 1896년 사이에는 북극 부빙군을 가로지르는 여행으로 기록을 세웠다. 그때까지 모든 극지방 항해자들은 얼음에 배가 부서진다는 데 큰 공포를 느꼈다. 그래서 난센은 부빙들 사이에 갇혔을 때 유연하게 선체를 움직일 수 있는 달걀 모양의 배 프람호의 건조를 요청했다. 그는 프람호를 타고 시베리아 연안 부빙군 안에 들어가, 해류가 북극까지 데려다 주기를 기대했다. 이 배의 혁명적인 디자인은 완벽한 성공을 거두어, 얼음 조각이 배 쪽으로 올 때마다 정면으로 부딪치지 않고 미끄러졌다. 난센은 적당한 순간이 왔다고 판단했을 때, 얄마르 요한센과 함께 스키로 세계의 꼭대기를 향해 달려갔다. 그들은 북위 86도 10분까지 갔다가 프란츠 요제프 제도로 돌아와, '구멍'이라고 이름 붙인 돌 오두막에서 개를 잡아먹으며 겨울을 났다. 그들은 카약을 타고 노를 저어 노르웨이로 돌아갈 계획이었으나, 우연히 그 지역에 가 있던 영국 탐험가 프레더릭 잭슨에게 구조되었다. "분명히 말하거니와 난센이 유럽에 도착할 가능성은 100만 분의 1도 안 되었다." 잭슨은 그렇게 말했다. "우리가 얼음 위에서 그를 발견하지 못했다면, 세상은 그의 소식을 다시 듣지 못했을 것이다." 한편 프람호는 부빙군 사이에서 표류를 계속하여 스피츠버겐에 이르렀다. 승무원들은 해안에 내리자 자갈을 움켜쥐었다. 4년 동안 돌을 한 번도 못 보았던 것이다. 신중하게 계획하고, 과감하게 실행에 옮기고, 엄청난 과학적 성과를 올리고, 예외적으로 인명 손실이 없었기 때문에 이 탐험은 교과서적인 모범이 되었다. 다양한 분야에 재주가 있었던 난센은 제1차 세계 대전 뒤 난민을 본국에 송환하는 일을 주도하여 노벨 평화상을 받기도 했다.

프람호를 타고

(1893년) 11월 28일 화요일. …… 오늘 저녁에 좀 우울한 마음으로 갑판에 나섰지만, 밖에 나가는 순간 그 자리에 못 박혀 버렸다. 초자연적인 광경이 눈앞에 펼쳐지고 있었다. 하늘에서 북쪽의 빛들이 비할 데 없는 힘과 아름다움으로 무지개의 모든 색깔을 드러내며 번쩍이고 있었다! 그렇게 화려한 색깔은 거의, 아니 전혀 본 적이 없었다. 처음에는 노란색이 지배적이었지만, 깜빡거리며 녹색이 점차 주도권을 쥐어 가다가 아치의 아래쪽, 광선들의 바닥에서 반짝거리는 루비 색깔이 나타나기 시작하더니 곧 아치 전

난센이 북극해에서 심해 온도계를 읽고 있다. 비록 북극에 도달한다는 목표는 달성하지 못했지만, 프람호의 표류는 과학에 큰 도움이 되었다. 북극 지방 바닥의 깊이와 형태만이 아니라, 전에 아무도 가 보지 못했던 지역의 해류와 기후 패턴에 관한 정보도 제공해 주었기 때문이다.

체로 퍼져 나갔다. 그러더니 먼 서쪽 수평선에서 불뱀이 꿈틀거리며 하늘로 올라가며 점점 강한 빛을 발했다. 뱀은 세 토막으로 나뉘었는데, 모두 찬란하게 반짝거렸다. 이윽고 색깔이 바뀌었다. 남쪽의 뱀은 노란 점이 박힌 루비 색깔로 바뀌었다. 가운데 있는 뱀은 노란색이었다. 북쪽의 뱀은 녹색을 띤 흰색이었다. 폭풍 전의 에테르 같은 파도를 통과하며 몰려가는 광선 다발이 뱀의 옆면을 훑고 갔다. 이 빛의 다발들은 앞뒤로 움직이면서, 약해졌다 다시 강해지곤 했다. 뱀들은 천정天頂에 이르렀다가 마침내 그곳을 통과했다. 나는 옷을 얇게 입어 추위에 떨고 있었지만, 이 장관이 끝날 때까지 그 자리에서 벗어날 수가 없었다. 마침내 서쪽 수평선 근처, 이 모든 것이 처음 시작되었던

1894년 여름 북극의 부빙을 가로질러 오랫동안 표류하는 동안 난센이 완전히 자신에게 몰입한 채 파이프를 물고 얼음을 바라보고 있다. 행동하는 사람인 난센은 금방 지루함을 느꼈다. "아무 일도 일어날 수 없는 것인가?" 그는 불평을 했다. "허리케인이 몰려와 이 얼음을 찢어서 넓은 바다의 높은 파도처럼 굽이치게 할 수는 없는가?" 개와 곰 가죽이 걸린 빨랫줄은 오랫동안 아무 일도 일어나지 않았음을 보여 준다. 그러나 처음 출발할 때부터 위험을 예상하며 거기에서 매혹을 느꼈다. "우리는 거인과 싸우는 아주 작은 난쟁이들 같다. 일단 쥐면 놓을 줄을 모르는 거인의 주먹에 붙들리지 않으려면 기지와 꾀에 의지할 수밖에 없다."

요한센이 얼음 능선에서 애를 쓰고 있다. 마지막 구간에서 그와 난센에게는 개가 한 마리씩밖에 남지 않았다. 나머지는 다 잡아먹었기 때문이다. "처음부터 끝까지 그 가엾은 동물들에게는 잔인한 일임을 부인할 수 없으며, 자주 그 생각이 떠올라 공포에 사로잡히곤 한다. 마침내 더 움직일 수 없는 때가 되어 죽음이 그들을 노고에서 해방해 주는 시간이 올 때까지 불평 한마디 없이 근육을 움직일 수 있는 한 우리를 위해 애를 쓰고, 친절한 말은커녕 고맙다는 말 한마디 듣지 못하고, 매일 채찍을 맞고 꿈틀거리던 그 훌륭한 동물들을 생각할 때면 심한 자책감에 사로잡힌다."

곳에 희미하게 빛나는 불뱀만 남게 되었다. 나중에 갑판에 올라섰을 때 빛의 덩어리들은 북쪽으로 몰려가, 북쪽 하늘 위에서 날개를 펼치며 불완전한 아치를 그리고 있었다. 자연현상에서 신비한 의미를 읽어내고 싶어 하는 사람이 있다면, 여기에 그 기회가 있다. ……

(1893년) 11월 30일 목요일. …… 추는 오늘 정확히 93길(170미터)의 깊이를 보여 주었다. 줄이 보여 주는 바에 따르면 우리는 북서쪽으로 표류하고 있는 듯하다. 이제

우리는 북쪽으로 더 올라온 것이 분명하다. 희망이 솟구치고, 삶이 다시 더 밝게 보인다. 내 기분은 추와 같다. …… 갖가지로 불규칙하게 흔들리며 왔다 갔다 하고 있다. 초연하게 받아들이려 해 보았지만 소용이 없다. 우리가 성공해서 돌아가느냐 아니면 성공하지 못하고 돌아가느냐 하는 문제가 나에게 아주 깊은 영향을 미치고 있음을 부정할 수 없다. 정말로 중요한 것은 성공하든 하지 못하든 탐험을 완수하고 무사 귀환하는 것이라는 논란의 여지없는 논리로 나 자신을 설득하는 것은 아주 쉬운 일이다. 나는 이 일을 떠맡을 수밖에 없었다. 나의 계획은 내 느낌으로는 성공할 수밖에 없는 것이었고, 따라서 그 계획을 시도해 보는 것이 나의 의무였다. 따라서 성공을 하지 못한다 해도, 내가 거기에 연연해야 할까? 나는 내 의무를 이행했고, 할 수 있는 모든 일을 했고, 편한 양심으로 내가 두고 떠났던 고요한 행복으로 돌아갈 수 있다. 우연, 아니면 뭐라고 부르든, 어쨌든 그런 것이 내 계획을 성공으로 이끌고 우리 이름을 불멸로 만들어 주느냐 아니냐가 중요한 것일까? 계획의 가치는 우연이 그것을 보고 웃음을 짓는 얼굴을 찌푸리든 변하지 않는다. 불멸에 관해 말하자면, 우리가 원하는 것은 행복뿐이다. 그런데 그 행복을 여기서는 얻을 수 없다.

이런 말을 천 번이라도 나 자신에게 할 수 있다. 이 모든 것이 나에게는 관심 없는 일이라고 정직하게 믿을 수도 있다. 그럼에도 바람이 이쪽에서 부느냐 저쪽에서 부느냐에 따라, 측심 결과로 해저가 깊어지느냐 낮아지느냐에 따라, 관찰의 결과 북쪽으로 표류하느냐 남쪽으로 표류하느냐에 따라 내 기분은 하늘의 구름처럼 바뀐다. 우리를 믿는 많은 사람, 노르웨이, 우리에게 시간, 믿음, 돈을 내준 그 모든 친구들을 생각할 때면, 그들이 실망하지 않았으면 좋겠다는 소망이 찾아오고, 예상한 대로 전진을 하지 못하면 우울해지고 만다. 가장 많은 것을 준 그녀(난센의 부인) ─ 그녀는 희생이 아무 의미가 없게 되는 상황을 맞이하고 마는 것일까? 아, 우리는 성공해야 하고 성공할 것이다!

F. Nansen, *Farthest North, Vol. 2.*

'구멍'에서

1896년 1월 1일, 수요일('오두막'에서). 영하 41.5도. 이렇게 새해가 찾아왔다. 기쁨과 귀향의 해다. 환한 달빛 속에 1895년이 가고, 환한 달빛 속에 1896년이 시작된다. 하지만 몹시 춥다. 우리가 여기 와서 만난 가장 추운 날이다. 어제 손가락 끝이 다 동상에 걸렸을 때 그것을 느꼈다. 나는 그런 일은 지난봄에 다 끝난 줄 알았는데. ……

프람호 위의 오토 스베르드룹. 난센이 떠난 뒤 스베르드룹이 배를 지휘했다. 그는 모든 부하의 존경을 받으며 이 임무를 충실하게 수행했다. 난센은 이런 지침을 내렸다. "자네의 의무는 …… 자네가 돌보아야 하는 사람들을 가능한 한 안전하게 집에 데려가는 것이며, 배나 그 내용물을 위해서건 탐험의 결과를 위해서건 그들을 불필요한 위험에 노출시키지 않는 것일세." 스베르드룹은 프람호를 안전하게 고향으로 몰고 간 뒤, 1898년에는 다시 그 배를 타고 그린란드 탐험에 나서, 미답의 영역 673,400제곱킬로미터의 지도를 그렸다.

1월 8일, 수요일. 어젯밤 바람이 썰매를 날려, 비탈 위 우리 온도계가 걸린 곳까지 밀고 갔다. 밖에서는 폭풍이 몰아친다. 사나운 날씨다. 머리를 내밀면 숨을 쉴 수도 없을 정도다. 우리는 여기 누워 잠을 자려 한다 — 자서 시간을 보내려 한다. 하지만 늘 잘 수 있는 것은 아니다. 뒤척이며 조금이라도 온기를 얻으려고 발길질을 하면서 세상에서 오직 한 가지, 잠만을 원하면서도 잠 못 들던 그 길고 긴 밤들이여! 머릿속은 늘 고국의 이런 저런 것들로 바쁘지만, 길고 무거운 몸은 여기 누워 뾰족한 돌들 사이에서 견딜 만한 자리를 찾으려고 헛되이 노력한다. 그러나 시간은 느릿느릿 기어 간다. 이제 꼬마 리브의 생일이 되었다. 아이는 오늘로 세 살이 되었다. 벌써 다 큰 소녀가 되었겠지.

가엾은 것! 지금은 네 아버지가 보고 싶지도 않겠구나. 하지만 다음 생일에는 너와 함께 있을 수 있기를 바란다. 우리는 아주 좋은 친구가 될 거다! 너는 아주 즐거워할 거야. 나는 너한테 북쪽의 이야기, 곰, 여우, 해마 등 얼음에 사는 모든 이상한 동물 이야기를 해 주겠지. 아, 그런 생각을 하면 견딜 수가 없다.

2월 1일, 일요일. 지금 나는 류머티즘으로 누워 있다. 밖은 하루가 다르게 점점 밝아진다. 남쪽 빙하 위의 하늘이 붉어지다 마침내 어느 날 산꼭대기 위로 해가 뜰 것이고, 우리의 마지막 겨울밤이 지나갈 것이다. 봄이 오고 있다! 나는 종종 봄이 슬프다고 생각했다. 너무 빨리 사라졌기 때문일까? 여름이 와도 결코 이행되지 않는 약속을 했기 때문일까? 하지만 올봄에는 슬픔이 없다. 그 약속은 지켜질 것이다. 지켜지지 않는다면 너무 잔인할 것이다.

F. Nansen, *Farthest North, Vol. 2.*

'구멍'에서 보낸 시기에 관하여 난센이 나중에 쓴 글

만날 똑같은 식사가 좀 바뀌기를 우리가 얼마나 바랐던가. 우리의 훌륭한 고기에 설탕과 곡물로 만든 음식이 조금만 보태진다면 우리는 제후처럼 살 수 있을 것이다. …… 하지만 깨끗한 옷을 입을 수 있다면 그것이 음식보다 훨씬 나을 것이다. 그리고 책―책 생각만 나면! 윽, 우리가 입고 사는 옷은 정말 끔찍하다! 우리는 즐거운 시간을 보내고 싶을 때면 크고 밝고 깨끗한 상점을 상상한다. 벽에는 깨끗하고 보드라운 새 모직 옷들이 걸려 있다. 거기서 우리 마음대로 골라 입을 수 있다. 셔츠, 조끼, 팬티, 부드럽고 따뜻한 모직 바지, 기분 좋을 정도로 안락한 저지, 그리고 깨끗한 모직 양말과 따뜻한 펠트 슬리퍼―이보다 더 즐거운 상상이 있을까? 거기에 터키식 목욕! 우리는 침낭에 들어가 나란히 앉아 몇 시간씩 이런 이야기를 하곤 했다. 상상도 할 수 없는 것들처럼 보였다. 그러나 공상 덕분에 우리는 우리가 입고 살아야 하는, 마치 풀로 붙인 듯 우리 몸에 달라붙어 있는 그 모든 무겁고 기름기가 흐르는 넝마를 던져 버릴 수 있었다. 우리 다리가 가장 고생을 했다. 바지가 무릎까지 딱 달라붙어 있어, 움직일 때마다 쓸리면서 허벅지 안쪽 살갗이 찢어져 벗겨지고 피가 흘렀다. 이 상처에 지방과 먼지가 들어가지 않게 하는 것이 무척 어려웠다. 늘 물 한 컵을 램프로 데워 이끼나 우리 구급낭에 있는 붕대 조각으로 닦아 내야 했다. 이제야 비누가 얼마나 훌륭한 발명품인지 알게 되었다. 우리는 가장 끈덕진 먼지를 닦아 내느라 온갖 시도를 했다. 하지만 무슨 짓을 해도 소용이 없었다. 기름 때문에 물도 소용이 없었다. 이끼와 모래로 문지르는 것이 나았다. 오두막 벽의 얼음을 도끼로 치면 모래가 많이 나왔다. 하지만 가장 좋은 방법은 손에 따뜻한 곰의 피나 고래 기름을 꼼꼼하게 바르고 다시 이끼로 문질러 씻어 내는 것이었다. 그렇게 하면 우리 손은 아주 고운 여자 손처럼 희고 부드러워졌다. 그 손이 우리 몸에 붙어 있다는 것이 믿어지지 않을 정도였다. 이런 화장품을 준비하지 못할 경우 두 번째로 좋은 방법은 칼로 우리 피부를 긁어내는 것이었다.

우리 몸을 깨끗하게 유지하는 것도 어려운 일이었지만, 우리 옷을 깨끗하게 하는 것은 불가능한 일이었다. 우리는 온갖 가능한 방법을 시도해 보았다. 에스키모 방식으로도 빨아 보고 우리 방식으로도 빨아 보았다. 그러나 어느 쪽도 별 소용이 없었다. 단지에 넣고 몇 시간씩 삶아 보았지만, 꺼내 보면 넣을 때와 다름없이 기름이 잔뜩 묻어 있었다. 옷을 짜서 고래 기름을 빼 보기도 했다. 이 방법이 조금 낫기는 했지만, 진짜로 효과가 있는 것은 삶은 다음 아직 따뜻할 때 칼로 기름을 긁어내는 것뿐이었다. 이로 물고, 왼손으로 잡아 팽팽하게 늘린 다음 오른손으로 긁어내면 놀랄 만큼 많은 양의 기름이 나왔다. 그러고 나면 마른 뒤에는 아주 깨끗한 옷을 입을 수 있겠구나 하는 생각마저 들었다. 우리가 긁어낸 기름은 다행히도 연료에 보탬이 되었다.

F. Nansen, *Farthest North, Vol. 2.*

아코디언과 선글라스를 갖춘 프람호 승무원들이 마치 맹인 거지들처럼 보인다. 사실 그들은 식량이 풍부했다. 심지어 선상에는 책 600권을 갖춘 도서관도 있었다. 필요한 에너지는 모두 풍차를 이용해 공급했다. 승무원들의 중심 문제는 권태, 고립감, 표류에 의해 좌우되는 변덕스러운 기분이었다. 스코트 한센은 승선하고 나서 세 번째 맞이하는 겨울에 이렇게 말했다. "우리가 서로 얼마나 지겨운지 상상도 못 할 것이다. 서로 보는 것이 견딜 수 없을 지경에 이르렀다." 1896년 6월 그들이 스피츠베르겐에 도착했을 때, 한 관찰자는 이렇게 말했다. "이들을 보다니 꿈만 같았다. 이들은 이 배를 타고 3년이라는 긴 세월을 보냈다. …… 묘하고, 감동적이고, 훌륭하다. (배가) 신성하다는 느낌마저 든다. 승무원들은 그간의 모든 불화를 잊고 육지에 다시 발을 디딘 것을 아이처럼 기뻐하며 돌을 가지고 놀았다.

프랜시스 영허즈번드 *Francis Younghusband 1863~1942*
티베트 이야기

영허즈번드는 군인, 첩자, 산악인, 신비주의자가 묘하게 뒤섞인 인물이었다. 그는 인도 북부 국경에 자리를 잡고 아프가니스탄으로 몇 번 여행을 했으며, 그러다가 히말라야를 가로질러 고비 사막과 그 너머의 땅까지 갔다. 군인이라는 면에서 그가 가장 악명을 떨친 것은 1903년 영국군을 이끌고 티베트를 유혈 정복했을 때였다. 하지만 발견이라는 영역에서는 중앙아시아를 끈질기게 탐험하고, 에베레스트 산을 정복하려고 시도한 최초의 인물들 가운데 한 명이라는 사실 때문에 유명하다. 다른 많은 탐험가들과는 달리 영허즈번드는 여행에서 그를 돕는 현지인들을 매우 사랑하고 존경했다. '인간은 선하게 타고났지 악하게 타고난 것이 아니다'가 그의 좌우명이었다. 그는 자신의 경험한 일들 때문에 마음이 크게 움직여, 1910년 퇴역을 하고 영적인 삶을 살아가기 시작했으며, 1936년에는 주요 종교들 사이의 화합을 촉진하기 위하여 '세계 신앙 대회'를 설립하기도 했다.

1887년에 히말라야 산맥을 넘으며 — 나중에 영허즈번드가 '공포의 세례'라고 묘사한 경험

다음 날 아침 동이 트자마자 우리는 자리에서 일어났다. 작은 냇물은 얼어붙었고, 공기는 살을 벨 듯이 차가웠다. 우리는 서둘러 짐을 싸고, 아침을 잘 먹었다. 그리고 해가 뜰 때 곧장 벽처럼 막아선 산을 향해 출발했다. 바위 봉우리들은 성가퀴나 다름없었다. 군데군데 눈이 덮여 있기도 했지만, 대부분은 너무 가팔라 눈이 붙어 있을 수가 없었다. 5, 6킬로미터쯤 움직이자, 갑자기 왼쪽에 골짜기가 나타났다. 안내인이 바로 그 골짜기를 기억하여, 그 위쪽으로 산의 장벽을 완전히 돌아 나가는 쉬운 고개가 있다고 말했다. 가는 길은 편했다. 나는 마음이 급해 조랑말들을 놓아두고, 어서 고개 꼭대기와 '건너편' — 늘 탐험가들을 끌어당기지만, 늘 그 너머가 또 있어 결코 그들을 만족시켜 주지 않는 것 — 을 보려고 앞장서서 서둘러 빠르게 걸어갔다. 그러나 높이 때문에 힘이 들기 시작했다. 가까이 다가갈수록 고개는 뒤로 물러나는 것 같았다. 나는 이번이 정상이겠지 하며 계속 오르막을 넘었지만, 늘 그 너머가 있었다. …… 마침내 길이가 500미터쯤 되는 작은 호수에 이르렀다. 나는 서둘러 다가갔다. 그곳에서 내 앞에 '건너편'이 펼쳐졌다. 인간의 눈으로 본 어떤 광경도 그보다 나을 수는 없을 것이다. 이 장면을 말로 묘

티베트 산꼭대기의 절. 영허즈번드의 이 지역에 대한 반종교적인 열광은 라사를 떠날 때 가장 그럴 듯하게 표현되었다. "그 순간의 환희가 점점 커져, 마침내 그 압도적인 강렬함 때문에 몸에 전율이 일었다. 나는 다시는 악을 생각하거나, 어떤 인간과도 반목하지 못하리라. 모든 자연과 모든 인간에 빛나는 장밋빛 광채에 물들어 있었다."

사하는 것은 불가능하다. 그것을 묘사할 수 있는 말이 없기 때문이며, 우리가 가진 말로 그렇게 하는 것은 그 웅장함과 장엄함을 오염시킬 뿐이기 때문이다.

내 눈앞에, 세상에서 가장 높은 곳에, 당당한 산들이 층층이 쌓여 있었다. 더럽혀지지 않은 눈이 덮인 봉우리들이었다. 7,500에서 8,000미터에 이르는 봉우리들이었고, 그 가운데 하나는 해발 8,400미터에 이르렀다. 내 앞 바위투성이의 깊은 골짜기 건너에는 그런 웅장한 산들이 멋지게 펼쳐져 있고, 멀리 이 풍경의 머리 부분에는 거대한 빙하가 보였다. 산들의 덩어리에서 흘러나온 물로 인해 생긴 것이다. 나는 그 광경을 보면서 이 난공불락으로 보이는 산들을 반드시 넘고 정복해야 한다는 것을 깨달았다. 내 영혼에 쇠가 들어와, 눈앞의 과제를 향해 나의 모든 에너지를 단단히 굳혀 주는 느낌이었다.

나는 그 풍경으로 인한 흥분에 사로잡힌 채 한 시간 이상 그곳에 앉아 있었다. 마침내 카라반이 도착했다. 우리는 바로 밑의 골짜기 바닥을 향해 천천히 고개를 내려갔다. 길은 거칠고 가팔랐지만, 우리는 큰 어려움 없이 강둑에 이르렀다. 그러나 우리는 여기

머리가 흐트러진 야크 몰이꾼 두 명이 티베트의 높은 고원에서 몸을 떨면서도 명랑한 표정을 짓고 있다. 다른 많은 탐험가들과는 달리 영허즈번드는 여행에서 그를 돕는 현지인들을 매우 사랑하고 존경했다. 그는 이런 격언을 남겼다. "피상적인 것은 악이다. 세계의 근본적 특징은 선이다. 반감이 아니라 애정이 모든 인간이 서로를 대하는 태도의 뿌리다. 인간은 본디 악한 것이 아니라 선하다."

서 정지하고 말았다. 강 가장자리를 따라 양쪽으로 멀리까지 30미터도 넘는 깎아지른 벼랑이 달리고 있었기 때문이다. 처음에는 이것이 심각한 장애물로 보였다. 하지만 나는 내려오는 길에 키앙(야생 나귀)이 다니는 길들이 나 있는 것을 보았다. 위쪽에는 물이 없었기 때문에 나는 이 짐승들이 물을 마시러 어떤 식으로든 강까지 내려갈 것이며, 짐승들이 가는 곳이면 우리도 갈 수 있다고 생각했다. 그래서 나는 이 좁은 길들을 따라

다시 올라가 조심스럽게 길을 짚어 갔으며, 그 길들이 절벽의 통행 가능한 지맥을 따라 내려가는 것을 알고 안도했다. 아주 가파르고 바위가 많았지만, 조랑말의 짐을 내리고, 한 사람은 앞에서 이끌고 두 사람은 뒤에서 꼬리를 잡게 하여 우리는 한 마리씩 아래로 내려가게 할 수 있었다. 마침내 한참 노력을 한 끝에 우리는 짐까지 전부 강변으로 내릴 수 있었다. …… 강 양쪽으로는 산이 아주 가파르게 치솟아 있었다. 산에는 강인한 쓴 쑥이 조금 자랄 뿐, 다른 식물은 찾아볼 수 없었다. 나무는 없었다. 강바닥을 따라 관목과 덤불만 조금씩 눈에 띌 뿐이었다.

다음 날 우리는 오프랑(샥스감) 강 골짜기를 따라 계속 내려가 마침내 다른 강에 이르렀는데, 발티스는 이 강을 사르포 락고라고 불렀다. 이 강은 산맥 중앙에서 흘러내려 왼쪽에서 본류와 합쳐졌다. 우리는 왼쪽 강둑으로 올라가 마침내 수게트 장갈이라고 부르는 작은 밀림에 이르렀다. 그곳에 도착하기 직전 나는 우연히 고개를 들었다가, 몸이 비틀거릴 만한 광경과 마주치게 되었다. 막 모퉁이를 돌았을 때 왼쪽으로 무시무시한 높이의 봉우리가 시야에 들어온 것이다. 그것은 에베레스트를 제외하면 세계에서 가장 높은 해발 8,483미터의 K2일 수밖에 없었다. 이쪽 방향에서 보니 거의 완벽한 원뿔을 그리며 솟아 있는 것처럼 보였으며, 그 높이는 엄청났다. 우리는 그 산의 아래쪽에 바싹 다가가 있었다. 아마 정상에서 20킬로미터도 떨어지지 않았을 것이다. 그리고 이 산의 북쪽 면은 말 그대로 빙하에 덮여 있었는데, 단단한 얼음의 높이가 4,200에서 4,800미터는 될 것 같았다. 이것은 사람에게 영원히 각인되어, 지속적인 영향을 줄 만한 광경이었다. 자연의 작품의 위대함과 웅장함이라는 지속적인 느낌―이것을 결코 잃거나 잊을 수 없다. ……

6,000미터 높이의 위험한 무스타그 고개에서

부드러운 눈을 딛고 올라가는 것은 아주 쉬웠다. 그러나 숨을 쉬기가 힘들었기 때문에 아주 천천히 걸었다. 정상에 이르자 우리는 내려갈 길을 찾아 두리번거렸지만 가파른 절벽밖에 없었다. 깨진 얼음 덩어리들이 뒹굴어, 거의 지나다닐 수가 없었다.

솔직히 고백하거니와 나라면 절대 내려가려는 시도를 할 수 없었을 것이다. 영국인인 나는 먼저 내려가기가 두려웠다. …… 다행히도 안내인들은 나보다 용기가 있어, 앞장선 사람의 허리에 줄을 묶고, 그가 디딜 곳을 파며 절벽을 향해 내려가는 동안 나머지 사람들은 줄을 잡고 있었다.

우리는 한 걸음씩 비탈을 가로질렀다. 내내 절벽을 바라보고 갔다. 한 명이라도 미끄러지면(얼음은 아주 미끄러웠다) 모두 얼어붙은 비탈을 굴러 절벽 너머 영원으로 떨어져 내린다는 것을 알고 있었다. 비탈을 반쯤 건넜을 때 벨 대령이 히말라야 여행에 아주 익숙한 사람이라며 나에게 돌려보내 준 라다크인 하인이 고개를 돌리더니, 온몸을 떨며 절벽을 마주 볼 수가 없다고 말했다. 산사람이 그렇게 겁을 먹은 것을 보자 나는 마음이 흔들렸다. 하지만 어차피 해야 할 일이었기 때문에 전혀 상관 안 하는 척하며 웃음으로 털어 버리고, 다른 사람들을 격려했다.

시간, 아주 힘든 시간이 지나고, 마침내 우리는 단단한 땅에, 튀어나온 커다란 선반 같은 모양의 바위에 이르렀다. 거기에서부터 절벽을 내려가야 했다. 방금 건너온 얼음 비탈은 이것에 비하면 장난이라고 할 수 있었다. 반쯤 내려갔을 때 위에서 라다크인 하인이 나에게 외치는 소리가 들렸다. 그는 용기를 내어 얼음 덮인 비탈을 가로지르고 절벽을 몇 걸음 내려왔으나, 이제 바위에 쭈그리고 앉아 두 손으로 나에게 연신 살람 인사를 했다. 그는 한 걸음도 더 움직이지 못하겠다며, 조랑말들을 데리고 라다크로 가겠다고 말했다. 나는 그를 돌려보냈다.

우리는 여섯 시간 동안 절벽을 내려왔다. 반은 바위로, 반은 얼음으로 덮여 있었다. 바닥에 내려와서 돌아보니, 사람은 도저히 내려올 수 없는 곳처럼 보였다.

우리는 그 뒤에 달빛을 받으며 몇 시간 동안, 50미터마다 크레바스가 있는 눈 위를 터덜터덜 걸었다. 자주 크레바스에 빠졌지만 사고는 없었다. 마침내 우리는 밤늦게 마른 땅에 도착했다. 나는 바위 뒤에 바닥깔개들을 펼쳤고, 다른 사람은 마른 풀을 모으고 등산용 지팡이 두 개도 꺾어 차를 끓일 작은 불을 피웠다. 나는 차와 함께 비스킷 몇 개를 먹은 뒤 양 가죽 침낭 안에 몸을 웅크리고 평생 가장 깊은 잠에 빠져들었다.

F. Younghusband, *The Heart of a Continent: A Narrative of Travels in Manchuria, Across the Gobi Desert, Through the Himalayas, the Pamirs, and Chitral, 1884~1894.*

스벤 헤딘 *Sven Hedin 1865~1952*
중앙아시아에서의 모험

20세기가 동틀 무렵 헤딘은 중앙아시아를 탐험하는 무자비하고 유능한 인물로 자리를 잡았다. 그는 자신과 동료를 무시무시한 곤경에 빠뜨리는 데 자부심을 느끼는 것 같았다. 실제로 헤딘의 몇 가지 기획에 참여하는 것은 거의 확실하게 죽음을 보장받는 길이기도 했다. 양차 대전에서 모두 독일을 지지하여 욕을 먹기도 했지만, 그는 또 가장 신랄한 비판자로부터 찬사를 얻어 내기도 했다. 예를 들어 62세가 된 1927년에는 탐험대를 이끌고 몽골 오지로 들어가 찬사를 받았다. "중년을 넘긴 이 놀라운 인물은 6년 동안 이 분야의 국제적 전문가들로 이루어진 팀을 이끌었다." 한 사람은 그렇게 썼다. "그는 여기에 만족하지 않고 고대 비단길을 탐사하기 위해 남경 정부로 향했다. …… 그런 다음에 고향으로 돌아와, 눈이 점점 보이지 않게 되었음에도 12년 동안 그 결과를 세 권의 커다란 4절판으로 기록하고 편집했다." 그가 임종을 앞두었을 때는 그를 경외하는 사람과 혐오하는 사람이 비슷한 비율을 이루게 되었다.

1908년 헤딘은 티베트의 탐험되지 않은 지역들을 가로지르는 모험을 했다

1월 24일 온 땅이 눈부신 눈으로 덮여 있고 해가 내리쬐었다. 하지만 폭풍처럼 거센 바람이 줄무늬를 그리며 가는 눈 입자들을 쓸고 다니고, 으르렁대는 소리가 귀에 쟁쟁거렸다. 땅 위를 가볍게 질주하는 영양들이 하얀 눈을 배경으로 검게 보였다. 가는 도중에 노새가 죽었다. 티베트산 노새도 이런 기후는 견디지를 못한 것이다. 나는 추위 때문에 몸이 마비되고 반은 죽은 상태로 야영지에 도착했다.

기온이 영하 21.3도로 내려간 뒤로 동네는 무거운 구름 때문에 어두컴컴했다. 남쪽의 삐죽삐죽한 산들을 보자 비오는 날 포격 훈련을 하는 함대가 떠올랐다. 낮은 구름들 너머에서 그 잿빛 윤곽이 내다보고 있었다. 골짜기는 폭이 약 10킬로미터였다. 동쪽으로는 눈이 얇게 쌓여 있었다. 마침내 야생동물의 발자국에만 눈이 채워져, 거무스름한 땅에 진주를 엮은 줄이 늘어져 있는 것 같았다.

이 무시무시한 여행의 일기장을 넘기다 보니, 오늘이 지금까지 내가 살아온 가운데 가장 힘든 날이라는 말을 얼마나 자주 만나게 되는지 모르겠다. 그러나 늘 계속 더 힘든 날이 다가왔다. 1월 26일도 마찬가지였다. 하늘은 빽빽한 구름들로 덮여 있어, 우리

1896년에 헤딘이 오만한 자세로 박트리아의 낙타에 올라앉아 있다. 가공할 만한 탐험가이지만 집요하기 짝이 없었던 헤딘은 가혹한 방법으로 많은 사람들에게 비난을 받았다. 같은 시대를 살았던 한 사람은 이렇게 말한다. "그는 어떤 목적을 이루겠다고 한번 결심을 하면, 다른 사람들의 감정, 편의, 심지어 안전 같은 것을 고려하는 법이 없었다."

는 지하 감옥 밑을 달리고 있는 듯한 느낌이었다. 몰아치는 폭풍은 기세가 전혀 약해지지 않았다. 말에 올라타고 나서 15분이 지나자 몸이 마비되어 힘이 하나도 없었다. 손이 아팠다. 메모를 할 때마다 오른손에 입김을 불어 녹여야 했다. 하지만 나침반을 2초만 보면 손에서 느낌이 다 사라져 버렸다. 발은 이제 신경이 덜 쓰였다. 전혀 감각이 없었기 때문이다. 피가 얼어붙기 전에 야영지에 도착하기만 바랄 뿐이었다. ……

(1월 27일) 하루 종일 눈이 많이 내렸다. 그래도 머리를 가릴 곳이 있어 따뜻하고 안락했다. 밖의 추운 곳에서 풀을 뜯는 가엾은 동물들이 안쓰러웠다. …… 양 한 마리를 도살했다.

밤이 되자 추위가 다시 심해졌다. 온도계는 영하 30.3도까지 내려갔다. 병든 노새는 인간의 텐트 뒤에 몸을 피하려 했다. 그곳에 엎드리자마자 애처로운 소리를 냈다. 나는 그 녀석을 살피러 나갔다가, 고통에서 해방시켜 주었다.

28일 아침, 우리는 풀 위에 말 두 마리가 죽어 쓰러져 있는 것을 보았다. 이제 우리한테는 동물이 스물세 마리밖에 안 남았다. 그나마 베테랑 가운데는 내 작고 하얀 라다키가 마지막 남은 것이다. 이 녀석을 타고 창-룽-요구마를 넘을 때만 해도, 150마리 가운데 이 녀석만 살아남을 줄은 몰랐다. 아침마다 이 녀석의 콧구멍에는 긴 고드름 두 개가 매달렸다. 나는 이 녀석을 잘 돌보았다. 아침마다 내 빵 한 조각을 남겨 이 녀석에게 주었다. 나는 이 녀석과 브라운 퍼피가 특히 마음에 들었다. 이 둘은 오랫동안 나와 함께 수많은 모험을 겪어 왔다.

하루에 동물 세 마리를 잃는다는 것은 우리 같은 카라반에게는 심각한 일이었다. 이 일이 어떻게 끝나려고 이러나? 아직 갈 길이 엄청나게 먼데. 우리는 움직이지 않는 다리를 끌고 세 시간 동안 해발 5,848미터의 무시무시한 고개를 올라가느라 안간힘을 썼다. 결국 바위 그늘에 야영을 하며, 마지막 남은 비쩍 마른 양을 도살했다. 이제 식량으로 사용할 가축은 남지 않았다.

기온은 영하 24.5도로 떨어졌다. 29일 아침에 처음 들린 소리는 그칠 줄 모르고 으르렁거리는 폭풍 소리였다. 우리는 30센티미터 깊이의 눈을 뚫고 남동쪽으로 행군했다. "우리의 최악의 날로 꼽을 만하다." 내 일기에는 그렇게 적혀 있다. 우리는 살아서 야영지에 도달하는 것 외에는 어떤 일에도 관심이 없었다. 얼굴에 목도리를 여러 번 둘렀지만, 목도리는 곧 얼음장으로 변하여 고개를 돌릴 때마다 금이 가는 소리가 났다. 담배를 피우려 했지만, 담배는 입술에서 얼어붙었다. 가는 길에 말 두 마리가 죽었다. ……

압둘 케림이 완전히 풀이 죽어 내 텐트로 들어오더니, 열흘 안에 유목민과 만나게 되느냐고 물었다. 그렇지 않으면 우리 상황이 절망적이라고 생각하는 것 같았다. 사실 나는 그를 위로할 수 없었다. 다만 노새가 한 마리라도 남아 있는 한 우리는 계속 가야 하며, 그 노새마저 사라지면 가지고 갈 수 있는 만큼 식량을 들고 유목민과 함께 무거운 다리를 끌고 가야 한다고 말할 수밖에 없었다. 이제 우리는 뒤의 추적자도 앞의 위험도 생각하지 않았으며, 다만 우리 목숨을 보존하여 생존 수단을 찾을 수 있는 땅에 이르기만 바랄 뿐이었다. 우리 뒤에서는 눈이 우리 발자국을 지웠으며, 미래는 도저히 알 수 없는 비밀을 품고 우리를 기다리고 있었다.

우리 주위에서 밤새 폭풍이 으르렁거렸다. 얇은 텐트 천은 계속 바람에 퍼덕거렸다. …… 오늘, 1월 30일, 우리는 함께 움직여야 했다. 몰아치는 눈이 발자국을 바로 지워 버렸기 때문이다. …… 짐도 싣지 않은 갈색 말 한 마리가 눈 속에 푹 쓰러지더니 죽었다. 몸이 식기도 전에 눈이 그의 무덤을 쌓아 주는 것을 볼 수 있었다. 죽은 말은 우리 뒤에서 무시무시한 고독 속으로 사라져 버렸다.

우리는 쌓인 눈 더미를 뚫고 아주 느리게 나아간다. 사나운 폭풍우가 안내인들의 입에서 경고의 외침을 쓸어 가, 그 소리가 우리 귀에는 닿지 않는다. 우리는 그냥 좁은 길만 따라가고 있다. 롭상이 먼저 간다. 그는 건조하고 퍼석퍼석한 눈 속으로 사라졌다가 다시 나타나 다른 방향에서 길을 찾곤 한다. 우묵한 곳에는 눈이 1미터나 쌓여 있다. 우리는 삽으로 눈에 도랑을 판 뒤에 한 번에 한 걸음만 내디딜 수 있다. 동물은 계속 한 마리씩 쓰러진다. 동물의 짐을 옮겨 싣거나 재조정을 하다 보면 길이 막힌다. 모두 똑같은 도랑을 따라 걸어야 하기 때문이다. 인간이나 동물 할 것 없이 모두 피로 때문에 반은 죽은 상태에서 숨을 헐떡인다. 눈이 숨구멍을 막을 듯이 빙빙 돌며 쓸고 들어온다. 우리는 바람에 등을 돌리고 앞으로 몸을 기울인다. 가장 가까이 있는 노새만 똑똑하게 눈에 보인다. 사방이 온통 새하얘서 다섯 번째 노새만 해도 뚜렷하게 보이지 않는다. 안내인은 아예 보이지 않는다. 그렇게 몇 걸음 걷다 보면 다시 앞이 막혀 멈추어 선다. 바로 앞에 있는 노새가 다시 움직이지만 눈이 가득 덮인 구덩이에 푹 빠진다. 두 사람이 그 짐을 들려고 기다린다. 이제 방향은 동쪽이고, 땅은 경사를 그리며 올라간다. 이런 날이 며칠 계속되면 카라반은 길에서 쓰러지고 말 것이다.

S. Hedin, *Trans-Himalaya: Discoveries and Adventures in Tibet.*

티베트의 산악 야영지, 1899~1902년. 그는 탐험가로 나서면서 이렇게 썼다. "아시아 전체가 내 앞에 열려 있었다. 나는 제한 없이 발견을 하라는 부르심을 받았다는 느낌을 받았다. 발견은 사막이나 산봉우리 한가운데서 나를 기다리고 있었다."

아브루치 공작 *Duke of Abruzzi 1873~1993*
북극해 항해

이탈리아 왕의 사촌인 아브루치 공작은 19세기의 걸출한 왕족 탐험가(유일하지는 않았지만)였다. 그는 알래스카, 아프리카, 아시아를 여행했지만, 가장 유명한 업적은 1899년 북극 도전 기록을 깬 것이다. 그는 난센의 여행에서 영감을 얻어 스텔라 폴라레호를 타고 프란츠 요제프 제도로 갔으며, 거기서 개 썰매로 북극 부빙을 단숨에 가로지를 수 있기를 바랐다. 그러나 불행하게도 동상에 걸리는 바람에 그는 북극 원정대의 지휘권을 오랜 등산 친구 움베르토 카그니 대위에게 양보해야 했다. 미리 정한 지점에 식량과 연료를 운반해 놓고 돌아가는 지원 팀의 뒷받침 덕분에 카그니는 최북단인 86도 32분에 이르렀다. 돌아오는 길에 표류하는 부빙에 실려 길에서 벗어났으나, 행운과 초인적인 노력 덕분에 카그니와 동행자 세 명은 프란츠 요제프 제도로 돌아올 수 있었다. "7일 동안 열심히 노력했지만 동쪽으로 1미터도 나아가지 못했다. 우리는 어떻게 될까?" 카그니는 절망의 순간을 그렇게 기록했다. 그를 지원하던 한 팀은 얼음 사이에 떨어져 영영 돌아오지 못했다.

카그니는 새로운 최북단 원정 기록을 세운다

4월 21일, 토요일. 이틀 전만 해도 여전히 매우 불확실했던 우리의 꿈과 희망은 다시 생명을 얻어 찬란하게 빛나고 있다. 우리는 이 고난과 황폐의 지역에서 전에 경험한 적이 없는 기쁨을 느끼고 있다! …… 우리는 85도 29분에 이르렀다. …… 이 사실에 우리 모두 마음이 뜨거워지지만, 보통 감정을 전혀 드러내지 않는 페노일레트가 특히 더 그렇다. …… 앞으로 나아갈수록 눈은 단단해진다. 개들이 오늘처럼 잘 달린 적이 없다. 우리는 6시까지 아무런 사고 없이 속보로 빠르게 전진한다. 아침부터 아노락을 벗고 있지만 땀이 날 정도다. ……

당연한 일이지만 돌아간다는 생각은 하지도 않는다. 하지만 자신의 생명을 나에게 맡기고 있는 동료들─그들의 생명은 나의 생명과 긴밀하게 연결되어 있다─에게는 이야기를 해야 한다. 저녁 식사 뒤 나는 그들에게 우리의 현재 상황과 내 계획을 이야기한다. ……

"우리에게는 아직 30일분의 식량이 있다. 배급을 줄이면 44일도 버틸 만하다. 즉,

프란츠 요제프 랜드의 북단에 있는 얼음 대피소. 아브루치의 부하들은 카그니가 북극에 갔다 돌아오는 길에 도움이 필요할지 몰라 이곳에서 계속 망을 보았다. 그러나 바람과 해류 때문에 카그니는 서쪽으로 너무 멀리 가서, 프란츠 요제프 랜드 자체를 놓칠 뻔했다. 카그니는 절망의 순간에 이렇게 썼다. "이레 동안 열심히 노력했음에도 우리는 동쪽으로 1미터도 가지 못했다. 우리는 어떻게 될까?" 그러나 카그니가 운과 노력 덕분에 마침내 스텔라 폴라레호로 돌아왔을 때, 아브루치는 그 모습을 보고 충격을 받았다. "남은 썰매는 다른 썰매 조각으로 수리를 했다. 조리 기구 가운데 남은 것이라고는 스토브의 껍데기뿐이었다. …… 마지막 몇 주 동안 프리머스 램프 대신 개의 기름을 태우는 램프를 사용했다. 침낭은 버리고, 두꺼운 캔버스 안감만 남겼다. 옷은 넝마였다."

5월 말까지 버틴다는 것이다. 이제 어제 그리고 그저께처럼 6, 7일 동안 행군할 수 있다면, 완전한 성공은 아니라 해도 아주 만족스러운 결과를 얻을 수 있을 것이다. 그러나 우리의 행군이 길어지면 돌아올 때 식량이 부족해질 수도 있다. 불행하게 눈보라라도 만나면 심각한 위험에 처할 수도 있다. 우리가 이틀 만에 주파한 50킬로미터를 나흘에 달리지 못할 수도 있다. 귀환이 늦어지면, 단지 식량만 부족한 것이 아니라, 해빙의 기습을 받을 수도 있으며, 이것은 치명적인 결과를 낳을 수도 있다."

이렇게 마지막 시도에 대한 찬반 논거를 제시한 다음 나는 사람들에게 의견을 물었다. 그들은 입을 모아 외쳤다. "전진! 적어도 위도 87도까지는 갑시다!"

신이 바로 이 순간에 우리를 버릴까? 나는 희망으로 가득 차 있고, 내가 진심으로 존경하는 이 세 사람도 마찬가지다.

4월 22일, 일요일. 우리는 아침 5시에 일어나 몸이 약간 무겁다고 느꼈다. 중요한 결정을 내린 뒤에는 종종 생기는 일이다. 어젯밤 많은 생각을 했고, 86도 30분에만 이르면, 설사 단 며칠 만에 거기에 갈 수 있다 해도, 바로 돌아오겠다고 (결심했다). 그러나 그런 결정을 내리자마자 의심이 파고들기 시작한다. 우리가 과연 86도 30분에 도달할 수 있을까? ……

우리는 7시 30분에야 휴식을 한다. 86도에서 족히 20킬로미터는 온 것 같다. …… 피로에도 불구하고 신경이 곤두서 있다. 그럴 만도 하다. 얼음이 허락한다면 내일은 86도 16분에 도착할 것이라는 이야기를 하고 있으니까. 오늘 저녁에는 그 어느 때보다 난센이 화제에 오르내린다. ……

4월 23일, 월요일. …… 행군을 계속했다. 이렇게 피곤했던 적이 없다. 서 있기도 힘들었다. 개들이 가려 하지 않기 때문에 1분마다 때려야 했다. 2시 30분에 수로를 발견하고 그곳을 건너 쉴 곳을 찾았다. …… 커피와 함께 점심을 먹었다. 자오선 고도는 86도 4분을 가리켰다. 난센이 도달했던 위도에 이르려면 아직도 15킬로미터는 더 가야 했다. 기껏해야 네 시간이면 갈 수 있는 거리였다. 우리는 어떤 일이 있어도 그날 저녁에는 86도 16분까지 시도하기로 결심했다. ……

짧은 휴식이 큰 도움이 되었는지, 개들은 멈추지 않고 기꺼이 계속 썰매를 끌었다. 나도 오늘 아침의 갑작스럽고 이상한 피로에서 완전히 벗어나 있었다. …… 페티가와 페누아예는 호송대보다 백 걸음쯤 앞서서 따로 따로 걷고 있다. 호송대는 뒤에 두 개의 골을 파며 말없이 움직였다. 뒤를 보니, 골은 쪽 뻗어 나가다 먼 곳에서 희미해졌다.

아브루치 팀의 한 사람이 프란츠 요제프 랜드 연안의 어두운 물에서 노를 젓고 있다. 아브루치는 썰매에 헬륨 풍선을 달아 북극까지 쉽게 가기를 바랐다. 그러나 결국 그의 계획은 무산되었다. 헬륨 발생기는 스텔라 폴라레호가 얼음에 부딪혀 선체에 구멍이 난 뒤 물을 퍼내는 데 필요했기 때문이다. 결국 북극 원정대는 개나 카약 같은 신뢰받는 방법에 의존했다. 그들은 다른 원정대와는 달리 스키를 이용하지 않고 피네스코—마른 풀로 단열을 한 라플란드의 펠트 장화—를 신고 썰매 옆에서 달려갔다.

이따금씩 시간을 보았다. 행군 속도가 빨랐음에도 우리는 조금도 쉬지 않고 한 시간 이상, 한 시간 반 정도 전진한 뒤에 5분 쉬고 다시 걸었다. 7시가 지나고, 8시가 지나도 우리는 계속 전진했다. ……

　　(난센이 도달한 지점을 통과한 뒤) 우리의 성공에 깜짝 놀랐다. (파티가와 나는) 몇 시간 동안 한마디도 나누지 않고 있었다. 나는 그에게 손을 내밀었고, 우리는 따뜻하게 악수를 나누었다. 나는 그동안 나를 도와준 것에 감사했다. 나는 고마워하는 마음으로 친구의 손을 잡고 있는 것이라고 말해 주고 싶었으나, 무슨 말을 했는지도, 그가 내 말을 들었는지도 모르겠다. 그는 더듬거리며 자기 할 일을 했을 뿐이라고 말했지만, 나처럼 감

정 때문에 목이 메어 있었다. 또 내 눈처럼 그의 눈에서도 눈물이 빛났다.

"깃발!" 나는 그에게 말했다. …… 우리는 얼른 카약을 뒤져 작은 깃발을 꺼내 대나무 막대에 묶고 흔들며 소리쳤다. "이탈리아 만세! 왕 만세! 아브루치 공작 만세!" 내가 외칠 때마다 다른 사람들도 소리를 질러 큰 기쁨을 표시했다.

반짝거리는 보석 같은 순수한 얼음이 영원히 덮인 땅에 거룩한 말이 계속 울려 퍼졌다! 검으로 얻은 정복도, 행운의 도움을 얻은 정복도, 사보이 왕가의 왕관을 이보다 찬란하게 장식하지는 못할 것이다!

4월 24일, 화요일. …… 어제 저녁에는 오늘 하루 종일, 그리고 내일 정오까지 계속 가겠다고 결심했다. 그런 다음 자오선 고도를 재고, 식사를 한 뒤, 한 번에 이곳으로 돌아와 야영을 하겠다는 계획이다. 나는 그렇게 하면 분명히 86도 30분에 도착할 수 있을 것이라고 계산하고 있다.

사람들은 내 계획에 만족한다. 하지만 그들의 눈은 87도에 도달하고 싶은 욕망을 드러내고 있었다. 그러나 나는 사람들의 이런 소망에 저항하고 있다. 나는 숫자를 우수리 없이 맞추고자 하는 것은 허영심일 뿐이라고, 나 자신을 포함한 모두를 설득하려 한다. ……

(그날 저녁 6시에 얼음이 상당히 나빠졌다) 우리는 북위 86도 31분에 있는 것 같다. 그러나 여기에서 얼음 위로 하루의 반을 더 전진한다 해도, 몇 킬로미터 더 가지 못할 것이다. …… 개들은 많이 지쳤다. 우리 또한 어제 힘든 하루를 보낸 영향을 받고 있다. 따라서 여기서 단호하게 멈추는 것이 신중한 태도라고 생각한다. ……

우리는 어제의 잔치를 되풀이하고, 아브루치 대공을 위해 건배를 했다. 나는 건배를 제안하면서 흥분을 느끼고, 동료들도 나와 똑같은 감정을 공유한다고 느낀다. 잠깐 정적이 흐르다 우리 대화가 다시 이어진다. 이 누더기 같은 형편없는 텐트에서는 본 적이 없는 활기다. 가장 많이 떠오르는 생각, 동시에 가장 즐거운 생각은 오두막에 돌아간다는 것이다. 우리의 첫 행군 소식을 듣고 우리가 성공할 것이라는 희망을 모두 버렸을 공작과 동료들이 얼마나 놀랄까. 우리가 도착할 때 멀리서도 볼 수 있도록 텐트 조각으로 커다란 펼침 막을 만들어 86도 30분이라고 써서 들고 가자는 이야기도 나온다. 우리는 집 이야기도 하고, 고국에 돌아가는 이야기도 한다. 아, 미래가 우리에게 웃음을 짓고 있다!

우리는 밖으로 나간다. 온도계는 영하 35도를 가리킨다. 하지만 …… 우리는 모두 바깥에 한참 머문다. 모두 큰 행복감에 사로잡혀 있다. 우리는 피로의 끝에 이르렀다. 돌아가는 행군이 소풍처럼 느껴진다. …… 공기는 아주 맑다. …… (멀리) 동에서 서에 이르기까지 하나의 사슬을 이루고 있는 밝은 지평선에 큰 하늘색 벽이 있다. 멀리서 보니 넘을 수 없을 듯하다. 그것이 우리의 '극점에 있는 땅'이다! ……

4월 25일, 수요일. 어젯밤에는 추위 때문인지 신경의 흥분 때문인지 눈을 감을 수가 없었다. 다른 사람들도 거의 잠을 자지 못했다. 우리는 7시에 일어났다. 우리는 페미컨만 먹고, 썰매를 준비하기 시작했다. …… 11시에 모든 준비를 마쳤다. 자오선 경도를 재 보니 …… 우리는 북위 86도 32분에 와 있다.

호송대는 이미 출발 준비를 마쳤다. 나는 그들의 사진을 찍고 출발 신호를 보낸다. 페티가가 어제 만들어진 길을 따라 전진한다. 우리 조국으로 돌아가는 첫걸음을 내딛는 순간, 가슴이 빠르게 뛰기 시작한다.

Abruzzi, L., *On the Polar Star in the Arctic Sea, Vol. 2.*

로버트 에드윈 피어리 *Robert Edwin Peary 1856~1920*
북극에 가장 가까이

두 살 때 아버지를 잃은 피어리는 자신을 증명하고자 하는 강렬한 욕구에 사로잡혔다. 그는 서른 살에 이렇게 썼다. "잊지 마세요, 어머니, 저는 명성을 얻어야만 합니다. 저는 오랜 세월 뻔하고 단조로운 일만 하다 말년에 가서나 이름을 얻는 인생에 적응할 수가 없습니다. 지금 명성을 얻고 그 달콤한 음료를 마실 수 있는데도 말이에요. 지금 저에게는 젊음과 힘과 그것을 한껏 누릴 능력이 있잖아요. …… 저는 지금 명성을 원합니다." 그는 북극으로 눈을 돌렸고, 그린란드와 엘즈미어 섬을 통한 원정에 몇 번 실패한 끝에 1909년에 북극에 이르렀다. "마침내 북극이다!!!" 그는 그렇게 썼다. "사람들이 300년간 노리던 목표물이며, 23년 동안 나의 꿈이자 야망이었다. 그것이 마침내 내 것이 되었다." 그 뒤의 분석에 따르면 그는 계산을 잘못하여, 기껏해야 북극에서 100킬로미터 정도 떨어진 지점에밖에 이르지 못했다는 결론이 나왔다. 그러나 당시 이용할 수 있었던 장비를 가지고 거기까지 갔다는 것만으로도 그가 놀라운 인물이라는 것은 분명히 알 수 있다.

피어리가 극지방에서 성공을 거둔 것은 에스키모의 생존 기법을 채택한 덕분이었다. 그는 양모 대신 모피 사용, 인력을 통한 운반보다는 개의 이용, 괴혈병을 물리치기 위한 생고기 섭취, 텐트 대신 이글루 설치를 옹호했다. 실제로 그가 1909년에 위대한 극지방 탐험을 한 것도 에스키모의 지원이 있었기 때문에 가능한 일이었다.

당시 대부분의 서양인들과 마찬가지로 피어리는 온정주의, 자유방임적 자본주의, 인종주의라는 프리즘을 통해 '고상한 야만인'을 보았으며, 거기에 그 나름의 우생학도 보탰다. "극지방 식민지화가 성공을 거두려면 백인 남자가 원주민 여자를 얻는 것을 허용해야 한다. 이 결합에서 어머니의 강인함과 아버지의 지능을 결합한 인종이 나타날 것이다. 그런 인종은 설사 아버지가 성공하지 못한다 해도, 그들 자신은 북극에 도달할 수 있을 것이다." 그는 이 프로그램을 실행에 옮겨 혼혈 자식을 적어도 둘 두었고, 이 때문에 오랜 기간 고생했던 부인은 당황하고 말았다. 그녀는 남편의 아이를 임신한 에스키모 여자와 함께 얼음 위에서 겨울을 보내야만 했다.

1906년 4월 21일 흑인 하인 매슈 헨슨과 에스키모 여섯 명은 북극 부빙의 북단인 87도 06분에 이르렀다. 돌아오는 길은 위험했다

스톰 캠프로부터 세 번째 행군에서 우리는 '큰 물길'의 낭떠러지를 건넜다. …… '큰 물길'의 가장자리들이 합쳐져 빠르게 얼어붙은 곳이었다. 틀림없었다. 그런데 나는 어리석게도 이 장애를 마침내 완전히 넘어섰다는 생각에 들떠 있었다. …… 그런 어리석은 느낌에 사로잡히지 말았어야 했다. 나는 이 지역에서는 어떤 것에도 들뜨지 말고, 늘 최악을 예상해야 한다는 것을 알 만큼 극지방 경험이 많았기 때문이다. 낭떠러지 남쪽으로 두 번째 행군을 했을 때 우리는 압력으로 생긴 이랑들이 사방으로 뻗은 것을 보았다. …… 몇 시간 뒤 썰매가 갈 길을 정찰하라고 앞서 보낸 에스키모가 봉우리 꼭대기에서 나에게 '물'이라고 신호를 보냈을 때 나는 놀라지 않았다. …… '큰 물길', 즉 넓은 띠 같은 검은 물이 있었다. 아마 폭이 800미터쯤 되었을 텐데. …… 동과 서로 내가 볼 수 없는 곳까지 뻗어 있었다. ……

　　다음 날 우리는 동쪽으로 계속 나아갔다. 돌덩이와 얼음이 섞여 반쯤 응결된 빙판이 물길을 가로지르고 있었는데, 우리 무게를 간신히 버텨 줄 만했다. 썰매는 얼른 이곳으로 올라갔다. 그러나 남쪽에서 단단한 얼음 위를 몇 미터 나아가지도 못했는데, 다리가 우리를 배신했다. 밑의 얼음이 깨지기 시작한 것이다. 빠른 속도로 무너져 불안하기는 했지만, 간신히 돌아올 수는 있었다. 우리는 커다란 부빙 위에 야영을 했다. 부빙의 움직임을 따라 꾸준히 동쪽으로 표류하며 물길이 천천히 넓어지는 것을 지켜보았다. ……

　　매일 개의 수는 줄어들었다. 썰매는 부수어서 우리가 먹는 동물들을 조리하기 위한 땔감으로 썼다. 하지만 여기서 나는 수만 충분하다면, 개인적으로 개에 아무런 반감이 없다는 점을 말해 두고 싶다. 심각한 극지방 작업을 하다 보면 식량 문제와 관련하여 금세 질보다는 양을 생각하게 된다. 어느 날 물길이 우리가 있는 얼음을 완전히 둘러싸, 얼음은 직경 4, 5킬로미터의 섬이 되어 버렸다.

　　나중에 에스키모 정찰대원 두 명이 …… 숨을 헐떡이며 돌아와 야영지에서 몇 킬로미터 떨어진 곳에 물길을 완전히 건널 수 있는 얼음이 얇은 막처럼 새로 생겼다고 보고했다. 폭이 3킬로미터쯤 되며, 생각으로는 설피를 신으면 건널 수 있을 것 같다는 이야기였다. …… 우리 모두 이것이 우리의 유일한 기회고, 이것이 아니면 기회가 없다는 것을 알았다. 나는 설피를 신고 시도를 해 보라고 지시했다. 나도 그 어느 때보다 신중

피어리의 부하들이 루스벨트호의 구멍이 나고 키가 없는 고물을 살피고 있다. 이 배는 1905년 겨울에 완전히 부서졌기 때문에 탈출한 것이 다행이라고 할 수 있었다. 선장은 이렇게 말했다. "우리만이 아니라 가엾은 루스벨트호도 정신병원 아니면 쓰레기장에 갈 준비가 되어 있었다."

하게 내 설피를 묶었다. 아마 모두 그랬을 것이다. 한 번만 미끄러지거나 발이 걸려 넘어져도 치명적이라고 생각했기 때문이다. ……

출발했을 때 우리는 …… 전초전을 하듯이 넓게 펼쳐져 있었다. 썰매 뒤에 한참 떨어져 있었고, 사람들 사이에는 20미터 정도 간격을 두었다. 우리는 말없이 얼음을 건넜다. 모두 자기 생각에 바빴으며, 설피에 열중해 있었다. 솔직히 이런 경험을 다시 하고 싶지는 않다. 일단 출발하자 우리는 멈출 수가 없었다. 설피를 들어 올릴 수도 없었다. 아주 조심스럽게, 압력을 고르게 주어 가며 꾸준히 한 발 한 발 부드럽게 미끄러질 수밖에 없었다. 사람들이 설피를 신고 앞으로 미끄러질 때마다 검은 물을 껍질처럼 덮고 있는 얇은 막 너머 사방으로 파문이 퍼져 나갔다. 썰매가 앞으로 나아가면 뒤의 얼음이 넓게 부풀어 올랐다. 극지방에서 수많은 작업을 해 보았지만 결과에 의심을 품은 것은 이때가 처음이자 마지막이었다. 물길의 중간쯤에서 발을 앞으로 미끄러뜨리는데 뒤쪽 카미크의 발끝이 얼음을 깨고 들어가는 일이 잇따라 두 번이나 일어나는 바람에, 속으로 '끝났구나' 하고 생각하기도 했다. 그러다 잠시 후 줄 뒤에 있던 누군가가 소리를 질렀다. 그 순간 내 입에서 저절로 말이 튀어 나갔다. "맙소사, 도대체 누구야?" 하지만 나는 꾸준히 균일하게 미끄러지는 내 설피에서 감히 눈을 뗄 수가 없었다. 발끝에 힘이 들어갈 때마다 얼음이 유리처럼 부풀어 오르는 것이 정말 매혹적이었다.

물길 남쪽 면의 단단한 얼음을 딛게 되자 줄에서 내 양편으로 가장 가까이 있는 두 사람의 안도의 한숨이 귀에 또렷이 들렸다. 나 또한 기쁘기 짝이 없었다. …… 설피를 풀고 일어서서 남쪽을 향하기 전에 잠시 뒤를 돌아보자, 좁고 검은 띠가 우리가 건너온 약한 다리를 둘로 잘라 놓은 것이 보였다. 물길은 다시 넓어지고 있었다. 아슬아슬했던 것이다.

물길의 남쪽 면 얼음은 엄청나게 지저분했다. …… 전에 본 적이 없고 다시 보고 싶지도 않은 박살난 얼음의 지옥이었다. 조약돌에서부터 과장 없이 말 그대로 국회의사당 돔만 한 크기에 이르기까지 다양한 얼음이 흩어져 있었고, '큰 물길'의 두 가장자리가 맞물려 서로 스치고 지나갔을 때 그 아가리 사이에 끼어 있다 긁힌 자국들이 남아 있었다. 날개가 없으면 도저히 통과할 수 없을 것 같았다. ……

이 행군 동안, 그리고 다음 행군과 그 다음 행군의 일부 동안 우리는 남쪽을 향하여, 비틀거리면서도 필사적으로 이 얼어붙은 지옥을 통과했다. 계속 쓰러지는 바람에 수도 없이 멍이 들고 아팠다. 보호대가 없는 내 다리에 특히 멍이 많이 생긴 것 같았는

피어리는 에스키모를 촬영하는 것을 좋아했다. 종종 누드로, 또 종종 여자를 그렸다. 그는 이 사진에는 '청동 습작'이라는
제목을 붙였다. 이 피사체에는 스칸디나비아와 에스키모의 피가 섞였다고 주장하는 사람들이 있다. 그 말이 맞다면 덴마크
사람들은 피어리가 그린란드에 오기 오래전에 그의 우생학 이론을 시험해 본 셈이다.

데, 행군 동안 이를 얼마나 악물었던지 과장 없이 말하거니와, 첫 야영지에 도착한 뒤 턱이 정말로 아팠다. ……

육지(우리는 마침내 육지를 보았다)는 마법에 걸린 듯 매일 밤 전날 우리가 온 만큼 멀어지는 것 같았다. 그러나 서서히 선명하게 보이기 시작했다. 나는 곧바로 노이마이어 곶의 굽이치는 해안으로 향했다. 그곳에서 산토끼 몇 마리를 찾아낼 수 있을 것이라고 확신했으며, 마스카트 후미에서는 사향소도 만나게 되기를 바랐다.

마침내 우리는 노이마이어 곶의 빙하 말단에 올라섰고, 한 시간이 안 되어 산토끼 네 마리를 잡았다. 소금이나 불 같은 음식을 조리하기 위한 보조 수단이 없었음에도 아주 맛있었다.

R. Peary, *Nearest the Pole.*

피어리의 부인 조세핀은 1891년, 1893년, 1900년에 그린란드까지 피어리와 동행했다. 그녀는 남자들에게 인기가 없었다. 피어리만큼이나 오만했기 때문이다. "나는 절대 저 남자, 저 여자와 같은 배로 고향에 돌아가지 않겠다." 1891년 원정에 참가했던 한 사람은 그렇게 말했다. (실제로 그럴 필요가 없게 되었다. 빙하를 건너다 크레바스 안으로 사라졌기 때문이다) 그러나 사람들의 그런 평가에도 그녀는 전혀 기가 죽지 않았다. 그것보다는 야영 생활의 비위생적 조건을 훨씬 걱정했다.

로버트 피어리가 보는 조세핀 피어리

아내는 백인 여자가 와 본 적이 없는 곳, 남자들도 가기를 꺼리는 곳에 있었다. …… 나는 우리의 극지방 경험을 생각할 때마다 두 개의 장면이 떠오른다. 하나는 우리가 카이트를 떠난 뒤 그린란드 해안의 바위들 사이에 친 작은 텐트에서 보낸 첫날 밤이었다. 사나운 바람에 텐트는 당장이라도 우리를 싣고 통째로 날아갈 것 같았다. 내가 다리가 부러져 무력하게 누워 있는 동안 아내는 옆에서 나를 지켜보았다. 그 해안에서 인간이라곤 우리 둘뿐이었다. …… 세월이 지난 뒤 아내는 그때를 회고하며, 이상한 소리가 들릴 때마다 굶주린 곰이 해안을 따라 배회한다는 생각이 들어 심장이 빠르게 뛰었다고 말했다. …… 그러나 아내는 그 당시에는 내가 걱정할까 봐 전혀 두려운 내색을 하지 않았다.

또 하나 떠오르는 것은 한두 달 뒤, 아직 다리가 완전히 낫지는 않았지만 그래도 어지간히 움직일 수 있었을 때 아내가 배의 고물에서 내 옆에 앉아 있던 광경이다. 아내는 차분히 총에 장전을 하고 있었다. 주위에서는 성난 해마 떼가 물에서 머리를 내밀고 있었다. 번쩍이는 엄니와 충혈된 눈이 우리 라이플 주둥이에 닿을 듯했다. 아내가 손을 뻗으면 그 머리에 닿았을 것이다. …… 이 두 경험을 생각할 때마다 아내의 용기에 감탄하며 강한 자부심을 느끼게 된다고 말해도 누가 뭐라 할 사람은 없을 듯하다.

J. Peary, *My Arctic Journal*.

생활 조건에 관한 조세핀 피어리의 이야기

12월 21일, 월요일. 어두운 밤이 이제 반쯤 지나갔다. 오늘은 가장 짧은 날이다. 지금까지 시간은 별로 길게 느껴지지 않았지만, 더 많은 어두운 날들을 맞이하기도 전에 우리 모두 그것이 아주 길다는 생각을 하게 될 것 같아 걱정이다. 아직 크리스마스 축하 준비는 전혀 하지 않았지만, 피어리 씨를 위해 작은 것을 하나 만들고 싶다. 부하들의 경우에는 특별히 좋은 저녁 식사를 마련해 주면, 다른 어떤 것보다 기쁨을 줄 것 같다. 음깁수는 부하 한 명을 위해 사슴 가죽 바지를 한 벌 지었고, 사슴 가죽 코트도 완성했다. 지금은 사슴 가죽 침낭을 만드는 중이다. 목 주위에 고정시키고, 모피 후드가 달린 어깨 망토를 덮으면 되는데, 나는 지금 그 망토를 만들려 하고 있다.

음깁수는 내 방 바닥에 앉아 있다(특별한 명예다). 그녀의 남편 안노우카는 핑계가 생길 때마다 안에 들어온다. 그는 종종 그녀의 얼굴에 자기 얼굴을 문지르고, 둘은 서로 코를 쿵쿵거린다. 이것은 키스를 대신하는 행동이다. 내 생각에는 그렇게 하지 않아도 서로 냄새를 맡을 수 있을 것 같은데, 아마 악취(나에게는)에 너무 익숙한 나머지 그 냄새는 잘 맡지 못하는 것 같다.

나는 내 방에 원주민이 오는 것을 몹시 싫어한다. 더럽기 때문이다. 특히 그들이 기생충과 함께 살기 때문이다. 우리 원정대는 내가 기생충을 죽도록 무서워하는 것을 아주 재미있어 한다. 어쨌든 여자들이 지금 다른 방에서 바느질을 하는 것은 불가능하다. 그곳에서는 남자들이 썰매와 스키 작업을 하고 있기 때문이다. 그래서 나는 한 번에 두 명씩 내 방에 들어오게 하지만, 그들이 침대 가까이 가지 못하게 하려고 신경을 곤두세우고 있다. 그들의 일이 끝나면, 작은 비−괭이 손잡이에 보통 사용하는 비를 단 것이다−를 들고 방을 꼼꼼하게 쓴다. 남자들이 오리와 갈매기 날개로 큰 빗자루를 만들었는데, 아주 만족스럽다. 빈 바닥만 쓸면 되기 때문이다. 하지만 내 방 바닥에는 양탄자가 있기 때문에, 깃털 비로는 아무 소용이 없다. 그래서 내 작은 비를 사용할 수밖에 없다. 내 목적에는 아주 멋지게 들어맞지만, 큰 비로 할 때보다 시간은 두 배가 걸린다.

조세핀 피어리가 1891년에 에스키모 가족과 함께 카메라 앞에 서 있다. 그녀는 2년 뒤 그린란드에서 딸 마리 안히기토를 낳았다. 아이는 당시로서는 역사상 가장 북쪽에서 태어난 백인 아이라는 기록을 세운 것이었다. 멀리 떨어진 곳에서도 에스키모들이 찾아와 '눈 아기'라고 부르며 감탄을 하곤 했다. 그러나 1900년에 조세핀은 남편의 아이를 임신한 에스키모 여자와 함께 얼음 위에서 겨울을 보내야만 했다. 조세핀은 이렇게 썼다. "내가 배에 탔다는 이야기를 들었다면 당신은 놀랐겠지요. 어쩌면 짜증이 났을지도 모르겠네요. 하지만 정말이지, 당신이 어떤 상황인지 알았다면 나는 오지 않았을 거예요."

방을 비로 깨끗이 쓴 다음에는 의사가 준 부식성 승화물 용액을 뿌린다. 이렇게 해서 해충이 절대 들어오지 못하게 하는 것이다. 피어리 씨와 나는 매일 밤 잠자리에 들기 전에 이 끔찍한 '쿠마크슈에이'에 대한 보호 조치로 알코올을 몸에 바른다. 우리는 이런 수고의 보답을 톡톡히 얻고 있다.

J. Peary, *My Arctic Journal*.

프레더릭 쿡 *Frederic Cook 1865~1940*
놀라운 극지방 사기꾼

1900년에 이르자 닥터 쿡은 극지방 탐험가로서 명성을 얻게 되었다. 그는 피어리와 북극까지 동행했고, 혼자 그린란드까지 항해를 했으며, 1898년 남극을 목표로 삼았던 벨기카 원정대에서 일했다. 이들은 남극 지역 얼음에서 겨울을 난 첫 원정대였으며, 이때 쿡의 도움으로 승무원 전체가 괴혈병으로 죽는 것을 막을 수 있었다. 다름 아닌 로알 아문센 같은 전문가가 그를 "주저 없는 용기, 무한한 희망, 끝없는 명랑함, 변함없는 친절의 소유자이며 …… 그의 창의력과 진취적 정신은 무한하다"고 말할 정도였다. 실제로 아문센은 벨기카호의 생존이 "무엇보다도 닥터 쿡의 기술과 에너지와 끈기" 덕분이었다고 밝혔다. 그러나 뭔가가 잘못되기 시작했다. 1906년 쿡은 원정대를 이끌고 북아메리카 최고봉 매킨리 산에 갔으며, 자신이 처음으로 그 6,193미터 정상에 섰다고 발표했다. 2년 뒤에는 북극 지방에서 겨울을 보내고 돌아와, 북극에 갔다 왔다고 말했다. 두 주장 모두 사진 증거로 뒷받침되었다. 그러나 두 사진 모두 가짜로 판명되었다. 실제로는 두 곳 모두 가지 않았던 것이다. 사람들이 쿡의 속임수에 어리둥절했던 것은 그가 정말로 유능한 사람이었기 때문이다. 1908년에 북극에 가지 않았다 해도, 육지에서 떨어진 극지방 어딘가에서 아무런 외부 지원 없이 외롭게 살며 겨울을 난 것은 틀림없었다. 그런 뒤에 그는 그린란드의 서해안을 가로지르기까지 했다. 이것은 에스키모도 불가능하다고 생각하는 업적이었다.

어쨌든 그는 마지막까지 뉘우치지 않았다. "나는 모욕을 당했고 심한 상처를 입었다. 하지만 이제 그것은 중요하지 않다. 나는 이제 늙어 가고 있고, 나에게 중요한 것은 내가 여러분에게 진실을 말했다는 것이다. 여러분이 믿기를 바랄 뿐이다. 나 프레더릭 A. 쿡은 북극을 발견했다고 힘주어 주장하는 바이다." 많은 사람들이 아직도 그가 북극을 발견했다고 믿고 있다.

쿡이 부풀려진 묘사로 가본 적도 없는 북극에 관해 말하고 있다

한밤중의 태양이 한낮의 태양의 높이까지 올라가자, 때, 변화가 심한 북극의 사막에 다이아몬드가 수도 없이 깔려 반짝거리기 시작했다. 우리는 그것을 넘어 저 멀리 더 큰 영광을 향해 길을 뚫고 나아가기 시작했다.

영혼이 흥분을 하자, 다리의 경련도 한결 나아지고, 기력이 없어 질질 끌려가는 듯하던 발도 가볍게 들어 올릴 수 있었다. 무지개 빛깔이 번쩍이며 타오르고, 액체 황금이 줄

쿡이 그린 매킨리 산 정상의 그림은 사실 정상이 아니라, 모양만 비슷한 훨씬 낮은 봉우리였다. 등반대원 가운데 다수는 속임수에 반대했다. 얄궂게도 피어리는 처음에 그 소문을 믿으려 하지 않았다. "아닙니다, 그가 그런 짓을 할 거라고 생각하지 않습니다." 피어리는 그렇게 말했다. 그러나 나중에는 쿡이 자신보다 먼저 북극에 갔다고 하자 서슴없이 그에게 사기꾼이라는 낙인을 찍었다. 피어리는 기자회견에서 이렇게 말했다. "쿡은 1908년 4월 21일에든 다른 어느 때든 북극에 간 적이 없다. 그냥 대중에게 가짜 금괴를 주었을 뿐이다."

지어 흐르는 짙은 자주색 들판은 우리의 피곤한 삶에 오랫동안 사라졌던 기쁨을 안겨 주었다. 얼음은 훨씬 좋아졌다. 우리는 여전히 커다란 들판, 작은 압박 구역, 좁은 물길을 간신히 넘고 있었다. 하지만 성공이 눈에 보이자, 모든 고생이 한결 가볍게 느껴졌다. 우리는 바싹 말라고, 얼굴은 새까맣게 탔으며, 시들고 얼고 균열로 갈라져 있었다. 옷은 하도 오래 입어 누더기가 되었다. 하지만 우리보다 자랑스러웠던 사람은 없을 것이다. 우리는 용감하게 세계의 꼭대기를 향하여 마지막 걸음을 성큼성큼 내디뎠다.

　4월 20일 이른 아침에 텐트를 쳤다. 태양은 북동쪽에 있었고, 부빙군은 라일락 색깔로 빛났으며, 정상적인 서쪽 바람이 우리의 얼어붙은 얼굴을 스치고 지나갔다. 놀랄 만큼 터져 나왔던 의욕은 그 한계 수준에 이른 상태였다. 그런 의욕을 갖고 정상적인 얼음 위를 오래 행군했고, 아니나 다를까, 이제 엄청난 피로가 몰려왔다. 너무 피곤하고 졸려서 차 한 잔을 기다릴 수도 없었다. 우리는 녹은 눈을 배 속에 부어 넣고, 씹기 편하도록 페미컨을 도끼로 두들겼다. 식사가 끝나기도 전에 눈이 감겼다. 우리는 여덟 시간 동안 세상을 잊었다. ……

다시 한참을 쉰 뒤, 밤늦게, 우리는 개를 묶고 썰매에 짐을 실었다. 일단 움직이기 시작하자 시간을 낭비하면 안 된다는 느낌에 사로잡혔다. 안달이 나서 어쩔 줄 모를 지경이었다.

우리는 채찍을 휘두르며 앞으로 나아갔다. 사람들은 노래를 불렀다. 개들은 으르렁 거렸다. 4월 21일 자정이 막 지났다.

반짝거리는 눈 위로 자정 이후의 태양이 정오처럼 빛을 발했다. 마치 찬란한 황금빛 꿈나라를 걷고 있는 것 같았다. 계속 앞으로 나아가는 동안 원을 그리는 황금 강에서 얼음이 내 주위를 헤엄쳐 다녔다.

에-툭-이-슉과 아-위-라는 비록 여위고 넝마를 걸쳤지만 끝까지 싸워 승리한 전투의 영웅 같은 위엄을 보여 주었다.

그동안 얼음 지옥의 고난을 견디며 기꺼이 목숨을 걸고 도달하려 했던 운명의 눈 위에 올라서는 순간, 우리는 승자들의 낙원으로 들어갔다. 우리 밑의 얼음, 영웅적인 용감한 사람들이 수없는 끔찍한 고통과 무시무시한 죽음을 무릅쓰고 수백 년 동안 노리던 목표는 신성해 보일 정도였다. 나는 최종 구간을 통과하면서 계기들을 계속 조심스럽게 살폈다. 계기들은 우리가 마지막 목표에 점점 다가가는 것을 기록하고 있었다. 한 걸음 내디딜 때마다 내 심장은 묘한 정복의 환희로 가득 찼다.

마침내 우리는 색색으로 반짝이는 들판을 넘고, 자주색과 황금색 벽을 올라, 마침내 수정처럼 파란 하늘 아래 섰다. 영광의 구름이 타오르고 있다. 우리는 목표물에 이르렀다! 분명한 승리에 영혼이 깨어난다. 우리 내부에서 동이 텄다. 밤처럼 시커먼 고통의 세계는 모두 희미해진다. 우리는 세계 정상에 서 있다! 북극의 얼음 같은 바람에 깃발이 거칠게 나부끼고 있다!

F. Cook, *My Attainment of the Pole*.

하이럼 빙엄 *Hiram Bingham 1875~1956*
마추픽추의 발견

하와이에서 선교사의 아들로 태어난 빙엄은 훔볼트의 남아메리카 묘사에 매혹되었다. 이 대륙에는 아직 탐험할 곳이 많이 남아 있었기 때문에, 빙엄은 이곳이 자신이 이름을 얻을 수 있는 곳이라고 판단했다. 그의 표현대로 하자면, "아직 말뚝을 치지 않은 불하 청구지에서 일할" 수 있는 셈이었다. 빙엄은 이미 아버지한테서 등반의 기초를 배웠기 때문에, 고고학 공부를 한 뒤, 교묘하게 계획을 짜 하버드 도서관 '남아메리카 소장품'의 큐레이터 자리를 얻었다. 아직 소장품이 없다는 것이 소장품을 수집할 완벽한 구실이 되었다. 남아메리카 여행을 몇 번 하면서 빙엄은 스페인 정복자들이 도저히 찾아낼 수 없었다고 하는, 페루 안데스 산맥 깊은 곳에 감추어져 있는 사라진 잉카의 수도 빌카밤바에 대한 소문에 흥미를 느끼게 되었다. 빙엄 또한 그 도시는 찾아내지 못했다. 그러나 1911년에 그 도시에 못지않게 엄청난 것을 발견했다. 외딴 산정山頂 도시 마추픽추였다. 고고학의 엘도라도를 발견한 셈이었다. 빙엄은 계속 안데스 산맥을 탐험했지만, 마추픽추에 비길 만한 것은 다시 발견하지 못했다. 그는 40년이 지난 뒤에도 계속 마추픽추 이야기를 썼다.

마추픽추의 발견

나는 돌집 두세 채의 폐허보다 흥미로운 것을 발견할 수 있을 것이라는 기대는 전혀 하지 않았다. 그런 폐허야 올란타이탐보와 토론토이 사이의 길에서 여러 번 만났다. 나는 마침내 쾌적한 작은 오두막의 시원한 그늘을 떠나 능선을 더 올라가 작은 봉우리를 둘러갔다. 멜초르 아르테가는 '전에 한번 가 본 적이 있었기' 때문에 쉬면서 리차르테, 알바레스와 이야기나 하겠다고 했다. 그들은 나에게 어린 소년을 '안내인'으로 붙여 주었다. 경사는 의무감 때문에 따라왔으나, 가서 무엇을 보게 될지 약간 호기심을 느꼈던 것인지도 모르겠다.

　오두막을 떠나 봉우리를 돌자마자 예기치 못한 광경과 마주치게 되었다. 돌이 전면에 드러난, 아름답게 구축된 테라스들이 커다란 층계를 이루고 있었던 것이다. 폭은 수십 미터에 높이는 3미터 정도 되는 그런 층계가 100개쯤 있었을 것이다. 인디언들이 최근에 정글에서 드러낸 것이었다. 수백 년 동안 그 위에 커다란 나무들이 숲을 이루고 있었는데, 인디언들이 그것을 베어 내고 태워 농사를 지을 터를 마련하려 했던 것이다. 그러나 인디언 두 명에게는 너무 큰일이라, 나무줄기는 쓰러진 그대로 놓여 있고 작은 가지나 쳐 냈을 뿐이었다. 그러나 잉카인들이 조심스럽게 채워 넣은 고대의 흙은 여전히 옥수수와 감자 같은 작물을 풍부하게 길러 내고 있었다.

그러나 흥분할 만한 것은 없었다. 피사크나 올란타이탐보의 우루밤바 골짜기 위쪽만이 아니라 토론토이 맞은편에서도 이런 잘 만든 테라스 층계는 볼 수 있기 때문이다. 그래서 우리는 참을성 있게 어린 안내인을 따라 한때 작은 도관이 묻혀 있던 가장 넓은 테라스 한 곳으로 갔다. 우리는 그곳에서 그 너머의 사람 손이 닿지 않은 숲으로 들어갔다. 그 순간 갑자기 눈앞에 최고 수준의 잉카 석조 기술로 지은 폐허의 벽들이 나타났다. 수백 년 된 나무와 이끼로 군데군데 덮여 있어 잘 보이지는 않았지만, 짙은 그늘, 대나무 덤불과 엉킨 덩굴로 감추어진 곳 여기저기에 세심하게 잘라 절묘하게 서로 맞춘 하얀 화강암 돌담들이 드러났다. 우리는 빽빽한 덤불을 기어서 통과하여 테라스 담들을 넘어 대나무 숲으로 들어갔다. 안내인은 나보다 훨씬 쉽게 움직였다. 갑자기 아무런 예고도 없이, 소년은 거대하게 불쑥 내민 바위턱 밑에 자리 잡은 동굴을 보여 주었

빙엄(왼쪽)과 원정대 박물학자 카시미르 왓킨스가 1911년 코로푸나 산 등정 후 베이스캠프에서 쉬고 있다. 빙엄의 일차적 목표는 잉카의 사라진 도시 빌카밤바였지만, 그는 경도 73도를 따라 페루의 미지의 지역을 가로지르려 했다. 코로푸나에 오른 것은 그 산이 남아메리카에서 가장 높다는 믿음(잘못된 것이었다) 때문에 여흥 삼아 해 본 일이었다.

마추픽추 가는 길의 잉카 천문대 돌. 빙엄은 근처에 유적지가 있다는 소문을 듣고 신중한 태도를 취했다. 그는 이렇게 썼다. "이 나라에서는 그런 소문이 믿을 수 있는 것인지 아닌지 결코 자신 있게 말할 수 없다." 일행 가운데 누구도 그와 동행하려 하지 않았다. 박물학자는 "강 근처에 나비가 더 많다"고 말했다. 그래서 빙엄이 정상에 갈 때 같이 간 사람은 현지 지사에게 빌린 통역인 카라스코 경사(왼쪽)와 마지막 구간을 안내한 작은 소년뿐이었다.

다. 동굴 벽에는 섬세하게 잘라 낸 돌이 아름답게 박혀 있었다. 한때 왕릉이었던 것이 분명했다. 바위턱 위에 있는 반원형 건물의 바깥 담은 부드럽게 경사를 그리며 약간 휘어진 모습이 쿠스코의 유명한 '태양 신전'과 아주 흡사했다. 따라서 이것 또한 태양 신전일지도 몰랐다. 이 신전은 바위의 자연적인 곡면을 따르고 있었으며, 내가 그때까지 본 가장 뛰어난 석공술로 그 곡면과 조화를 이루고 있었다. 더욱이 그 건물은 또 하나의 아름다운 담과 연결되어 있었다. 색깔, 그리고 특히 그 섬세한 결을 고려하여 신중하게 선택한 순수한 하얀 화강암을 깎아 만든 담이었다. 명장의 솜씨가 분명했다. 담의 안쪽 면에는 벽감이 있고 네모난 돌 마개가 박혀 있었다. 바깥 면은 전혀 장식 없이 소박했다. 하부에는 특히 큰 돌들을 배치했기 때문에, 견고한 느낌을 주었다. 상부는 위로 갈수록 크기가 줄어들어 전체적으로 우아하고 섬세한 느낌을 주었다. 흐르는 듯한 선, 돌의 대칭적 배치, 상하단의 점진적 변화 등이 결합되어 놀라운 효과를 빚어냈다. 유럽 대륙의 대리석 신전보다 더 부드럽고 귀여웠다. 모르타르가 없기 때문에 돌들 사이

산꼭대기에서 본 마추픽추의 장관. 이 사진을 찍은 빙엄은 이렇게 말했다. "지구에는 매력과 마력이 있는 곳이 많지만, 마추픽추에 비길 곳은 알지 못한다." 이 사진은 사람들의 상상력을 사로잡았기 때문에, 미국지리학회는 잡지에 이 사진을 실은 뒤 회원이 폭증했다.

에 추한 공간은 없었다. 마치 함께 자라 나온 것 같았다. …… 하얀 화
강암의 아름다움 때문에 이 구조물은 400년 동안 방문객들의 감탄을
자아낸, 쿠스코의 가장 훌륭한 잉카 담들의 매력도 훌쩍 뛰어넘었다.
믿을 수 없는 꿈 같았다. 나는 이 담과 거기 붙은, 동굴 위의 반원형 신
전이 세계에서 가장 훌륭한 석조 건축물이라는 사실을 서서히 깨닫기
시작했다.

숨이 멎을 정도였다. 이곳이 무엇을 하는 곳이었을까? 왜 아무도
우리에게 알려 주지 않았을까? 리차르테와 알바레스가 작은 밭을 일군
이 유적에는 멜초르 아르테가마저 약간만 관심을 보였을 뿐이며, 전혀
중요하다고 생각하지 않았다. 사실 이곳은 고립된 작은 장소여서 접근
이 불가능하기 때문에 그동안 사람들 눈을 피한 것인지도 몰랐다.

그때 어린 소년이 돌층계처럼 보이는 곳을 따라 가파른 언덕으로
올라오라고 불렀다. 놀라운 일이 잇따라 벌어지는 바람에 정신이 멍할
정도였다. 우리는 커다란 화강암 토막들로 만든 거대한 층계에 이르렀
다. 그곳에서 좁은 길을 따라 인디언들이 작은 야채밭을 만들어 놓은
빈터에 이르렀다. 갑자기 우리 앞에 고대 아메리카의 가장 훌륭하고
가장 흥미로운 구조물 두 개의 유적이 나타났다. 아름다운 하얀 화강
암으로 만든 벽에는 사람 키보다 큰 거석들이 박혀 있었다. 나는 마법
에 사로잡힌 느낌이었다.

각 건물은 벽이 세 개뿐으로, 한 면은 완전히 트여 있었다. 중심
신전의 벽은 높이가 3미터가 넘었으며, 각각의 끝에는 1.5미터 높이에
벽감을 절묘하게 파 놓았다. 뒤에는 벽감이 일곱 개 있었다. 돌출 벽에
는 돌을 일곱 줄로 쌓아 놓았다. 뒤쪽의 일곱 개 벽감 밑에는 4미터 길
이의 사각형 돌이 놓여 있었다. 희생 제단일 수도 있었지만, 그보다는
세상을 떠난 잉카인의 미라를 섬길 때 꺼내다 올려놓는 왕좌일 가능성
이 높았다. 건물에는 원래부터 천장이 없었던 것 같았다. 아름답게 다
듬은 맨 위의 돌에는 아무것도 덮여 있지 않아, 이곳에서 사제나 미라
는 마음껏 햇빛을 받을 수 있었다. 하부의 큰 돌들을 살피면서 나는 내
감각을 믿을 수가 없었다. 각각 무게가 10에서 15톤은 나갈 것 같았기

빙엄에게 마추픽추를 찾을 수 있는 곳을 (보수를 받고) 알려 준 농부 멜초르 아르테가가 '나무줄기 네 개를 덩굴로 묶은' 위태로운 다리로 우루밤바 강을 건너고 있다. 빙엄이 몇 주 뒤에 돌아왔을 때는 폭풍에 다 쓸려가고 나무줄기 하나만 남았다. 빙엄은 네 발로 기어 한 번에 15센티미터씩 움직여 강을 건넜다고 썼다. 그의 대원들은 나중에 다리를 다시 만들고, 이 유적을 발굴하여 현대에 발견된 최대의 잉카 도시가 얼마나 큰지 보여 주었다.

때문이다. 내가 발견한 것을 믿을 사람이 있을까? 다행히도, 자신이 본 것을 정확하게 보고하지 않는 여행자들이 흔하디흔한 이 땅에서, 나에게는 좋은 카메라가 있었고 날도 화창했다.

H. Bingham, *Lost City of the Incas*.

로알 아문센 *Roald Amundsen 1872~1928*
남극에 첫발

아문센은 어린 시절 존 프랭클린 경의 일기를 읽었다. 그는 나중에 이렇게 썼다. "…… 나는 그렇게 흥분되는 글을 읽어 본 적이 없었다. 가장 매력적인 부분은 존 경과 그의 부하들이 견디어야 했던 고난이었다. 그것과 똑같은 고난을 견디어 내고 싶다는 이상한 야망이 내 안에서 불타올랐다. …… 나는 탐험가가 되겠다고 결심했다." 아문센은 광기에 가까운 일편단심으로 자신의 꿈을 좇았다. 아문센에게 탐험은 단순한 모험이 아니라, 그의 직업이었다. 1903년에서 1906년 사이에 그는 아주 작은 어선 요아호를 타고 북서항로를 통과했다. 500년 동안 찾던 뱃길을 최초로 항해한 사람이 된 것이다. 1909년에는 북극에 관심을 기울였으며, 피어리가 먼저 도착하지 않았다면 아마 북극까지 갈 수 있었을 것이다. "그것은 정말이지 충격이었다!" 아문센은 그렇게 말했다. "내가 탐험가로서 위신을 유지하려면 얼른 뭔가 놀랄 만한 성공을 거두지 않으면 안 되었다." 그래서 아문센은 개를 많이 데리고 남극으로 가서, 운이 없었던 스콧을 제치고 남극에 먼저 발을 디뎠다. (아문센은 그가 남극에 먼저 도착하려고 어떤 식으로든 속임수를 쓰거나 불명예스러운 행동을 했다는 주장에 대해 이렇게 말했다. "대체로 영국인은 지고 나서 뒷말이 아주 많은 민족이다.") 1917년에는 ('달리 할 일이 없었기 때문에') 대서양에서 태평양까지 북동항로를 가로질렀다.

그러나 1924년에는 파산을 하고 말았다. "미래가 내 앞에서 완전히 닫혀 버린 것 같았다. 탐험가로서 나의 경력이 불명예스럽게 끝이 난 것 같았다. 용기, 의지력, 불굴의 믿음―이런 자질들 덕분에 나는 많은 위험을 견디고 많은 업적을 이룰 수 있었다. 하지만 이제 그런 장점들조차 소용이 없는 것 같았다." 그러나 미국인 백만장자 링컨 엘즈워스가 도움을 주었다. 이듬해 두 사람은 도니어 비행정 두 대를 타고 북극으로 갔다. 그러나 북위 88도에서 엔진이 고장 나는 바람에 얼음 위에 불시착할 수밖에 없었다. 움직일 수 있는 비행기 한 대로 탈출하기 위해 활주로를 만드는 데 하루 24시간 일해서 24일이 걸렸다. 아문센과 엘즈워스는 이런 재난에 가까운 사고에도 굴하지 않고 1926년에 움베르토 노빌레가 조종하는 이탈리아 비행선을 타고 북극에 다시 갔다. 이번에는 성공을 거두어 논란의 여지없이 북극에 도착했을 뿐 아니라, 처음으로 북극 부빙군을 가로지른 사람들이 되었다.

북서항로를 통과하는 도중 요아호가 해도에 없는 해역에 진입했다

점차 자기 조절 능력을 잃어 가던 우리 나침반 바늘이 완전히 멈추어 버렸다. 결국 우리

프람호 식당 모임. 왼쪽에서 오른쪽으로, 린드스트룀, 하셀, 위스팅, 한센, 아문센, 스투베루드, 프레스트루드. 아문센은 효율적으로 원정 계획을 짰기 때문에, 자신이 스콧보다 남극에 먼저 도착하려고 어떤 식으로든 속임수를 쓰거나 불명예스러운 행동을 했다는 영국인들의 주장에 대해 이렇게 말했다. "대체로 영국인은 지고 나서 뒷말이 아주 많은 민족이다."

는 우리 선조 바이킹처럼 별을 보고 방향을 잡아야 했다. 이런 항해 방법은 정상적인 바다에서도 안전하지 못한 것이었으니, 하늘이 세 시간 중 두 시간은 뚫고 들어갈 수 없는 안개에 싸인 이곳에서는 말할 것도 없었다. …… 다음 날 …… 나는 오후에 해가 안개를 뚫고 나올 때마다 햇빛을 즐기며 갑판을 이리저리 걷고 있었다. 동지들을 위해 평소처럼 차분한 태도를 유지하고 있었지만, 속으로는 무척 흥분한 상태였다. 우리는 빠른 속도로 드 라 로케트 제도에 다가가고 있었다. 벌써 섬이 눈에 보였다. 이곳이 앨런 영 경

위스팅이 로스 빙붕을 판 동굴 안의 재봉틀에서 열심히 일을 하고 있다. 가끔 기온이 영상으로 올라가면 벽에 담요를 둘러 물이 떨어지는 것을 막았다. 아문센은 이렇게 썼다. "재봉틀은 아침 일찍은 졸린 것 같지만, 나중에는 잘 움직인다. 그는 새롭고 가벼운 (천막의) 깔개를 만들고 있다. 이것을 만들면 짐이 몇 킬로그램은 가벼워질 것이다."

이 1875년에 판도라호를 타고 도달한 지점이었지만, 그는 이곳에서 넘을 수 없는 얼음 장벽을 만났다. 우리와 이 작은 요아도 똑같은 운명을 만날 것인가? 그런 생각을 하며 걷다가 배가 불규칙하게 기우는 듯한 느낌을 받았다. 나는 놀라서 발을 멈추었다. 주위의 바다는 잔잔하고 평온했다. 나 자신에게 짜증이 나, 마음에서 초조한 마음을 털어버렸다. 계속 걸어 다니는데, 그 느낌이 다시 찾아왔다! 마치 서둘러 걸을 때처럼, 내 계산에 따르면 발이 이때쯤 갑판에 닿아야 하는데, 그보다 먼저 닿는 느낌이었다. 나는 난간에 몸을 기대고 수면을 살폈다. 그러나 평소와 마찬가지로 잔잔하고 고요했다. 나는 산책을 계속했다. 그러나 몇 걸음 못 가 다시 그 느낌이 찾아왔다. 이번에는 너무 또렷해서 내 착각일 리가 없었다. 배의 움직임이 약간 불규칙했던 것이다. 아무리 많은 돈을 준다 해도 이 작은 움직임은 팔지 않을 터였다. 이것은 배 밑의 큰 파도였다. 큰 파도—즉 우리가 넓은 바다에 나왔다는 메시지였다. 남쪽으로 물이 넓게 열려 있었다. 뚫고 나갈 수 없는 얼음 장벽은 없었던 것이다.

나는 작은 요아호를 이물에서 고물까지, 갑판에서 돛대 꼭대기까지 살펴보며 웃음을 지었다. 요아가 우리 모두를 이끌고 승리를 거두어, 경멸 섞인 예측을 물리치고 오래전에 가망 없다고 포기했던 물 위에 우리 조국의 기를 꽂을 것인가? 곧 큰 파도는 더 분명해졌다. 우리 모두 얼굴이 환희로 빛났다.

　　다음 날 새벽 1시 30분에 잠이 깼을 때는−내가 그날 밤 잠자리에 들 수 있었다는 것, 게다가 푹 잤다는 것이 지금도 놀랍다−큰 파도가 너무 묵직해서 나는 앉아서 옷을 입어야 했다. 사실 나는 큰 파도를 좋아한 적이 없었다. 처음 배를 타고 나가던 시절의 기억들까지 거슬러 올라가 보아도, 구역질을 하고 두통을 일으킨 기억만 떠오를 뿐 좋은 기억이 없다. 하지만 이 큰 파도, 이 시간과 장소의 큰 파도는, 기쁜 정도가 아니라 영혼을 가득 채우는 환희를 느끼게 해 줄 정도였다. 갑판에 올라섰을 때는 약간 어두웠다. 하지만 우리 불빛으로, 멀지 않은 곳에서 드 라 로케트 제도의 윤곽을 희미하게 파악할 수 있었다. 이제 우리는 중요한 지점에 도달한 것이다. 요아는 처녀해로 진입하고 있었다. 이제야 우리 일을 정말로 진지하게 시작할 때가 된 느낌이었다.

R. Amundsen, *The North-West Passage*.

남극 여행에 관한 아문센의 일기

1911년 11월 30일. '악마의 빙하'는 과연 그런 이름이 붙을 만했다. 1킬로미터를 전진하려면 2킬로미터를 움직여야 했다. 얇고 깊게 갈라진 틈들이 계속 나타나 그것을 다 피해 가야 했기 때문이다. 위험한 크레바스와 다른 많은 불친절한 것들 때문에 전진은 무척 힘들었다. 개들도 안간힘을 쓰고 있었

모피 옷을 입은 아문센. 피어리와 마찬가지로 아문센도 극지방 여행에서 원주민의 기술을 이용할 필요성을 강조했다. 북극에서 남극으로 가져온 에스키모의 옷, 개, 썰매는 아문센이 남극에 도달하는 데 핵심적이었다. 또 아문센은 괴혈병을 막기 위해 신선한 고기를 먹는 것이 중요하다고 강조했다. 다행히도 싱싱한 고기는 부족하지 않았다. "우리는 네버-네버랜드에 살고 있다. 바다표범들이 쏴 달라는 것처럼 배로 올라온다."

아문센이 남극으로 떠난 기항지 훼일스 만에서 바다표범 주검에 몰려든 도둑갈매기들. 스콧의 테라 노바호가 훼일스 만에 도착했을 때 고급 선원들은 노르웨이 사람들이 그곳에 자리 잡고 있는 것을 보고 경악했다. 그들은 프람호가 "매우 안락하지만, 밖에서 보면 매우 추하다"고 생각했다. 그 배에 탄 사람들은 "심지어 배신을 일삼는 아문센마저도 매우 매력적인 사람들"로 보였다. 여기서 그들이 생각하는 아문센의 배신이란 스콧이 남극에 도전할 계획임을 알면서도 감히 같은 시도를 했다는 점이었다. 그들은 출발을 하면서 "아문센의 탐험대의 옳고 그른 점과 그들을 이길 가능성을 놓고 …… 심각한 논쟁"을 벌였다. "그들의 경험과 개의 수를 볼 때 우리가 이길 가능성은 거의 없는 것 같다."

고, 개를 모는 사람들도 개 못지않았다. ……

1911년 12월 1일. 아무 일도 생기지 않을 것이라고 예상했던 날 많은 일이 생긴다는 것을 얼마나 여러 번 깨달았던가. 간밤에 남동쪽에서 강한 눈보라가 몰아치는 바람에 …… 개들을 하루 쉬게 하기로 반쯤 마음을 굳히고 있었다. 그러나 약간 잠잠해지자, 우리는 다시 움직여 보기로 합의했다. 처음부터 추웠다. 밤 동안 바람이 눈을 쓸어가 버리는 바람에 빙하가 맨 몸을 드러낸 곳이 많았다. 크레바스는 무시무시했다. …… 하지만 우리는 몇 센티미터씩, 한 걸음씩, 썰매 하나 길이만큼씩 나아갔다. 때로는 동쪽으로, 때로는 서쪽으로, 때로는 북쪽으로, 때로는 남쪽으로. 입을 벌린 거대한 크레바스나 곧 무너질 것 같은 위태로운 크레바스를 돌아갔다. …… 하지만 우리는 이럭저럭 전진을 했고, 한동안 안개, 질풍, 쌓인 눈더미 (속을 헤매다), 갈라진 틈이 점차 눈으로 메워지는 것을 (보았다) …… 마침내 우리는 고원에 도착했고, 그곳에서 크레바스는 완전히 사라졌다. ……

1911년 12월 4일. ('악마의 무도장'에서) 먼저 우리는 …… 여기 저기 눈으로 메워진 크레바스가 있는 거울처럼 매끄러운 얼음을 가로질러야 했다. 이것은 …… 건너기 어렵지는 않았다. …… 물론 스키를 타고 건너야 했다. 우리 모두 썰매를 받쳐 주고 개들을 도와야 했다. 그 다음 지형은 편하게 통과할 수 있었다. 마침내 우리는 모든 난관을 극복한 것을 자축했다. 그러나 그것이 아니었다! 그렇게 가볍게 끝낼 수 있는 운명이 아니었던 것이다. (얼음이) 심하게 뒤엉킨 곳을 (만난 것이다). 갑자기 위스팅의 썰매 활주부 하나가 부러져 바닥을 알 수 없는 크레바스로 들어갔다. …… 우리는 피해 없이 그것을 다시 위로 올릴 수 있었다. …… 우리는 무사히 통과하여 높은 지대로 올라갔다. 이곳 또한 눈 없이 얼음으로만 이루어져 있었지만, 감추어진 크레바스가 가득하다는 것을 알았다. 발만 디디면 깨져서 밑으로 떨어질 판이었다. 다행히도 이 크레바스들은 대부분 메워져 있었지만, 몇 군데는 아주 위험했다. 이곳은 개들에게 까다로운 곳이었다. 브잘란드가 빠졌지만, 썰매에 매달려 있었다. 그렇지 않았다면 영영 사라지고 말았을 것이다. …… 우리는 마침내 이곳을 통과했고, (지형은) 점점 장애 없는 진짜 고원으로 바뀌어 갔다. …… 이제 갈라진 틈이나 크레바스는 없었다. ……

1911년 12월 8일. 우리의 멋진 날 가운데 하루. 오늘 아침 …… 날씨는 평소처럼 흐렸고, 시야는 나빴다. 그러나 …… 지형은 스키 타기에 아주 좋았다. …… 오래 움직이지 않아 지평선 전체가 약간씩 개기 시작했다. (한낮이 되자) 해가 얼굴을 내밀었다.

남극에서 아문센이 육분의를 읽고 있다. 헬머 한센은 인공 수평선─수은 접시로, 극지방 탐험가들은 해와 그 반사된 빛을 일치시켜 자신들의 위치를 확인할 수 있었다─위로 허리를 굽히고 있다. 아문센은 늘 북극을 정복하고 싶어 했지만, 이제 거의 부전승으로 남극을 손에 넣게 되자 약간 실망했다. 그는 이렇게 말했다. "이렇게 말하면 덜 감동적이라는 것을 알지만, 내가 삶의 목표를 이루었다고 말할 수는 없다. 당시 나 자신은 내가 정했던 목표의 정반대 지점에 있었다는 사실을 인정하는 것이 솔직할 것이다."

찬란한 태양은 아니었지만 …… 관측을 할 수 있을 정도는 되었다. …… 86도 47분 이후로 관측을 하지 못했기 때문에, 우리 위치를 파악하는 일이 긴요했다. …… 결과는 거의 정확하게 88도 16분이었다. 짙은 안개와 쌓인 눈 더미를 헤치고 행군한 뒤에 …… 거둔 찬란한 승리였다. 우리의 관측과 추측에 의한 계산은 분까지 일치했다. …… 따라서 이제 우리는 날씨가 어떻든 남극까지 갈 수 있게 된 것이다. …… 우리가 관측을 한 지점에서 영국인들(섀클턴)의 세계 기록(88도 23분)까지는 불과 12킬로미터밖에 안 남았다. HH(헬머 한센)는 그 지점을 지나자마자 내가 준 우리의 남극 기를 썰매에 걸기로 했다. 그때는 나 자신이 맨 앞에 있었다. 날씨가 나아졌고, 해가 제대로 구름을 헤치고 나왔다. 이따금씩 스키 안경에 김이 끼었다. 남쪽에서 온 부드러운 바람이 안개를 깔아 놓아 앞을 보기가 어려웠다. 그때 갑자기 뒤쪽에서 크고 뜨거운 환호가 들렸다. 나는 뒤를 돌아보았다. 첫 번째 썰매에서 눈에 익은 멋진 깃발이 가벼운 남풍에 흔들리고 있었던 것이다. 영국인들이 도달한 곳을 통과하여 그들이 세운 기록을 깬 것이다. 멋진 광경이었다. 해가 막 안개를 뚫고 찬란하게 빛나기 시작했다. …… 고글이 다시 흐려졌지만, 이번에는 남풍 탓이 아니었다.

1991년 12월 9일. 결국 우리는 지리적 남극에 이르러 우리 기를 꽂았다. 하느님께 감사하라! …… 도착한 시간은 오후 3시였다. 아침에 출발했을 때는 날씨가 최고였지만, 오전 10시쯤 흐려지기 시작했다. 남동쪽에서 강한 바람이 불었다. 길은 좋기도 하고 나쁘기도 했다. 평원―하콘 7세 고원―은 어디를 보나 똑같았다. 아주 평평했으며, 사스트루기라고 할 만한 것은 전혀 없었다. 오후에 해가 다시 나왔으며, 우리는 한밤중에 관측을 해야 했다. …… 우리는 썰매 석 대와 개 열일곱 마리를 끌고 여기에 이르렀다. 헬머 한센은 도착하자마자 한 마리를 죽였다. '헬기'가 완전히 지쳤던 것이다. 내일은 세 방향으로 나가 극지방을 돌아볼 계획이다. 우리는 기념 식사를 했다―바다표범 고기를 조금씩 먹은 것이다. ……

1911년 12월 16일. (위치를 확인하는 동안) 해가 밤이나 낮이나 말하자면 똑같은 고도에서 하늘을 뱅뱅 도는 것을 보니 아주 흥미롭다. 어쩐지 우리가 그 묘한 광경을 처음 보는 사람들이라는 느낌이 든다. …… (개들은) 모두 따뜻한 해를 받으며 몸을 쭉 뻗고 누워, 먹을 것이 부족하기는 하지만 삶을 즐기고 있다. 아주 건강해 보인다. 오늘은 아주 맑았기 때문에 모두 부지런히 망원경을 사용하여 혹시 생명체가 있나 사방을 살폈다. 하지만 없었다. 우리가 여기 처음 온 것이다. ……

1911년 12월 17일. 텐트 장대 꼭대기에서 프람호 펜던트가 달린 노르웨이 깃발이 나부끼고 있다. 텐트 안에는 여러 가지를 넣어 두었다. 유리 인공 수평선이 달린 육분의, 측고계, 사슴 가죽 모피로 만든 장화 보온 덮개 세 개, 카미크(모피 장화) 몇 켤레, 벙어리장갑, 그 밖에 사소한 것들이었다. 서류철에는 왕에게 보내는 편지와 우리 뒤에 이곳을 방문할 첫 번째 사람일 스콧에게 전하는 메모를 끼워 두었다. …… 이제 안녕, 남극이여. 우리가 다시 만날 것 같지는 않구나.

R. Hunford (편), *The Amundsen Photographs.*

로버트 팰컨 스콧 *Robert Falcon Scott 1868~1912*
남극의 비극

로버트 팰컨 스콧은 왕립 지리학회장인 클레멘츠 마캄 경의 관심을 끌기 전에는 눈에 띄지 않는 해군 어뢰 장교였다. 구식 극지방 탐험에 열광했던 마캄은 얼음에 대항한 인간 투쟁의 로맨스에 환호했다. 그의 관점에서 개와 스키는 속임수의 한 형태로, 외국인에게나 맡길 만한 일이었다. 대신 그는 근육질의 영국 기독교인 부대가 썰매를 끌고 지구의 끝을 향해 의기양양하게 걸어가는 광경을 상상했다. 그는 스콧도 그만큼 극단적이지는 않지만 대체로 생각이 비슷하다는 것을 알았다. 그는 스콧에게 남극을 공략하는 일을 여러 번 맡겼으며, 마지막 시도는 1910년에 이루어졌다. 스콧은 1912년 1월에 남극에 이르렀지만, 노르웨이인 경쟁자 로알 아문센―그는 개와 스키를 이용했다―에게 패했으며, 돌아오는 길에 그의 원정대 전체가 죽고 말았다. 아문센은 (영국인들로부터) 병적일 정도로 경쟁적이었다고 비판을 받았으며, 스콧은 순교자와 같은 반열에 오르게 되었다. 스콧은 많은 역사가들에게 무능하다고 비난을 받았지만, 사실은 매우 강인하고 유능한 사람이었으며, 그가 패배한 것은 그도 어쩔 수 없는 요인들 때문이기도 했다. 그가 가져갔던, 모터가 달린 썰매들은 작동하지 않았다. 만일의 사태에 대비해 데려갔던 조랑말들은 그가 출발하고 싶은 시간에는 떠날 준비가 되지 않았다. 그 결과 스콧은 남극을 향한 경쟁에서 아문센이 이길 것이라는 사실을 미리 알고 출발할 수밖에 없었다. 그가 기지를 불과 18킬로미터 남기고 굶어죽은 것은 일차적으로 변덕스러운 남극 날씨 때문이었다. 평생 한 번 겪을까 말까 한 사나운 날씨 때문에 스콧과 그의 대원들은 텐트에 갇혀 있을 수밖에 없었던 것이다. 스콧이 남긴 기록은 그의 시대의 가장 중요한 일기 가운데 하나로 꼽을 만하다.

남극을 향해

1월 4일 목요일. 오후에 바람은 잦아들어, 밤에는 완전히 잠잠해졌다. 기온은 낮지만 해가 아주 따뜻하여 밖에 나가 서 있어도 전혀 불편하지 않다. 그렇게 서서 우리 상황의 항상적인 공포를 머릿속에 떠오르는 대로 기억하는 것도 재미있다. 해는 스키 위의 눈을 녹이고 있다. 고원은 이제 아주 평평하다. 그러나 우리는 여전히 느릿느릿 올라가고 있다. 사스트루기는 더욱 혼란스러워져, 남동쪽에서 쉽게 눈에 띈다. 무엇이 우리를 기다리고 있을지 궁금하다. 현재로서는 모든 것이 아주 순조롭게 진행이 되고 있지만, 우

허버트 폰팅이 찍은 남극의 사진들 가운데 얼음 동굴에서 대다본 테라 노바호. 스콧의 남극 원정대는 그때까지 등장한 원정대 가운데 가장 규모가 컸고, 지원도 가장 많이 받았다. 원정대원 49명은 36개월 동안 먹을 식량, 목조 주택을 지을 나무, 발전기, 스키, 개, 썰매를 비롯하여 생존을 위한 다른 도구도 가져갔다. 그랬음에도 흑심한 추위 때문에 생존을 위해 안간힘을 써야 했다.

리 과제를 더 어렵게 만드는 장애들이 나타나지 않을 것이라고는 믿기 힘들다. 어쩌면 지표가 우리를 괴롭히는 요소가 될 것이다. ……

1월 8일 월요일. 우리는 따뜻한 옷을 입고 이중으로 벽을 친 텐트 안의 편안한 침낭에 들어가 아주 안락하게 누워 있다. 그러나 하루 이상의 지연을 원치 않는다. 시간이 없기 때문이기도 하고, 식량 때문이기도 하고, 얼음이 늦게 쌓이는 상황 때문이기도 하다. ……

내 동료들을 정말 어떻게 칭찬해야 할지 모르겠다. 모두가 원정대에 대한 자신의 의무를 완수하고 있다. 윌슨은 우선 의사로서, 대원들이 작업을 하다가 느끼는 작은 통증이나 괴로움을 덜어 주느라 늘 방심하지 않는다. 그리고 지금은 주방장으로서 빠르고 신중하고 능숙하게 일을 하며, 야영지 생활을 도울 만한 새로운 방법을 늘 궁리한다. 그는 길에서는 강철처럼 강인하여 처음부터 끝까지 결코 흔들리지 않는다.

에번스는 머리가 정말로 큰 거인 일꾼이다. 지금에야 그가 얼마나 많은 일을 해 주었는지 깨닫게 된다. 우리의 스키 신발과 아이젠은 절대적으로 불가결한 것이었는데, 비록 처음에 그런 생각을 한 사람이 에번스는 아니었다 해도, 세밀한 제조법과 디자인과 실제로 그것을 만들어 낸 솜씨는 다 그에게서 나온 것이었다. 그는 썰매, 썰매의 모든 부속품, 텐트, 침낭, 장비를 모두 책임지고 있으며, 누구도 이런 물건에 불만을 표시한 적이 없었던 것을 보면 그가 우리에게 얼마나 큰 도움을 주었는지 알 수 있다. 이제 그는 텐트를 치는 것을 감독하는 일 외에도 썰매에 짐을 싣는 방법을 생각하고 실제로 실행에 옮긴다. 모든 것이 얼마나 단정하고 편리하게 정리되어 있는지, 썰매가 얼마나 잘 길들여지고 거침없이 달리는지 놀랄 지경이다. 배리어에서 조랑말들을 죽이기 전에는 늘 돌아다니며 짐 싣는 데 잘못된 점을 지적하곤 했다.

리틀 바우어스는 여전히 경이로운 인물이다. 그는 철저하게 자신을 즐기고 있다. 나는 식량 문제는 모두 그에게 맡겨 두고 있다. 그는 우리 식량 상황이 어떠한지, 탐험을 하러 나갔다 돌아오는 사람들이 어떻게 먹어야 하는지 늘 정확하게 파악하고 있다. 다양한 방식으로 재정비가 이루어질 때마다 보급품을 재분배하는 것은 복잡한 일이었지만, 그는 단 한 번도 실수를 하지 않았다. 바우어스는 보급품을 책임지는 것 외에 기상 상황을 철저하고 꼼꼼하게 기록하고 있으며, 여기에 관찰자와 사진사의 임무도 떠맡고 있다. 그에게는 어떤 일도 잘못 되지 않고, 너무 힘든 일도 없다. 그를 텐트 안에 집어넣어 쉬게 하는 것은 쉽지 않은 일이다. 그는 추위를 전혀 느끼지 못하는 듯하며,

스콧의 부하들이 용광로 주위에 모여 있다. 원정대는 동력 썰매를 비롯하여 산업 시대가 제공할 수 있는 모든 장비를 갖추었다. 그러나 최신 장비 가운데 제대로 작동하는 것은 거의 없었다. 예를 들어 동력 썰매는 심한 추위 때문에 망가져, 스콧은 전통적인 방법에 의존해야 했다. 사실 스콧은 전부터 늘 그런 방법을 사용하기를 바랐다.

다른 사람들이 다 잠이 든 뒤에도 침낭 속에 똬리를 틀고 뭘 쓰거나 사진을 정리한다.

　　이 셋 …… 모두 자신의 일에 충분한 자격을 갖추고 있지만, 자기 일만큼 다른 사람의 일을 잘하지는 못할 것이다. 따라서 각각이 더 없이 귀중하다. 오츠는 조랑말들과 매우 귀중한 시기를 보냈다. 지금 그는 발걸음이 무거우며, 내내 힘든 시간을 보내고 있다. …… 그러나 우리 누구 못지않게 곤경을 잘 견디고 있다. 그도 꼭 필요한 존재다. 따라서 우리 다섯 사람은 아마 상상할 수 있는 가장 행복한 조합일 것이다.

R. Scott, *Scott's Last Expedition*, Vol. 1.

오츠 대위가 원정대의 조랑말을 돌보고 있다. 원래는 조랑말이 원정대 보급품을 갈 수 있는 데까지 끌고 가고, 마지막 구간만 사람이 끄는 썰매를 이용할 계획이었다. 조랑말들은 놀랄 정도로 열심히 움직였지만, 눈 위에서 여행하는 데 적합하지 않은 동물이라는 것은 무시할 수 없는 요인이었다. 그러나 신선한 고기는 제공해 주었다. 이 고기는 남극 원정 부대의 귀환을 기다리는 기지의 식량에 포함되었다. 눈보라 속에서 이 기지까지 가려고 애를 쓰다가, 동상에 걸린 오츠는 동료들의 생존에 짐이 되지 않으려고 스스로 텐트를 떠났다.

남극에서 돌아오는 길에, 에번스는 죽고 오츠는 심한 동상에 걸리다

3월 11일 일요일. 티터스 오츠는 끝이 아주 가까웠다는 느낌이 든다. 우리나 그가 어떻게 될지는 신만이 알고 있다. 우리는 아침 식사 후에 그 문제를 이야기했다. 그는 용감하고 훌륭한 사람으로 상황을 잘 이해하고 있지만, 우리에게 조언을 구했다. 하지만 갈 수 있을 때까지 계속 가라고 권하는 것 외에 다른 말은 할 수 없었다. 토론의 만족스러운 결과 한 가지 ─ 나는 윌슨에게 우리 각자 자신의 고통을 끝낼 수 있는 수단을 넘기라고 명령했다. 그래야 우리 모두 그것을 사용하는 방법을 알 수 있을 테니까. 윌슨은 시키는 대로 하지 않을 수 없었다. 아니면 우리가 약 상자를 약탈했을 것이다. 이제 우리

다해야 하며, 자기희생이 가장 중요하고, 선장은 배와 함께 바닷속으로 가라앉아야 한다는 것이 영국인의 정서였다. 1912년에 타이타닉호가 침몰했을 때는 선장만이 아니라 소유자도 함께 가라앉은 것을 칭송했다. 공교롭게도 스콧의 별명 또한 '소유자'였다.

에게는 각자 아편 30알씩을 갖고 있으며, 윌슨에게는 모르핀 튜브가 하나 남았다. 여기까지가 우리 이야기의 비극적인 면이다. ……

3월 12일 월요일. 어제는 11킬로미터를 걸었다. 필수적인 평균 거리 이하다. 상황은 거의 비슷하다. 오츠는 잘 버티지 못하고 있다. 이제 발만이 아니라 손도 거의 쓰지 못한다. …… 기지까지는 75킬로미터가 남았을 것이다. 거기까지 갈 수 있을지 의심스럽다. 지표는 엉망이고, 추위는 심하고, 기력은 떨어지고 있다. 신이여, 우리를 도와주소서! 일주일 이상 우리한테 유리한 바람은 단 한 번도 불지 않았다. 당장이라도 맞바람이 불 것 같다. …… 우리는 계속 전진해야 한다. 하지만 이제 야영을 하는 것은 더 어려워지고 위험해질 것이 틀림없다. 끝에 가까이 온 것이 틀림없지만, 매우 자비로운 끝일 것이다. 가엾은 오츠는 다시 발에 동상이 걸렸다. 내일 상황이 어떨지 생각하면 몸서리가 쳐진다. 각자 안간힘을 써야만 동상을 막을 수 있다. 이런 철에 기온이 이렇게 떨어지고 이런 바람이 불 수 있다는 것은 정말 알지 못했다. 텐트 밖은 정말 끔찍하다. 마지막 비스킷을 먹을 때까지 버텨야 하겠지만, 배급을 줄일 수는 없다.

3월 16일 금요일 또는 17일 토요일. 날짜 가는 것을 잊어버렸지만, 17일이 맞는 것 같다. 계속 비극뿐이다. 그저께 점심 때 가엾은 티터스 오츠는 더 갈 수 없다고 말했다. 자기는 침낭 안에 두고 그냥 가라고 말했다. 우리는 그럴 수가 없어 계속 가자고 설득했고, 오후에는 행군을 했다. 그는 끔찍한 상태였음에도 안간힘을 써서 움직였고, 우리는 몇 킬로미터 전진할 수 있었다. 밤에 그는 상태가 나빠졌고, 우리는 끝이 왔다는 것을 알았다.

혹시 이 일지가 발견될지 모르니, 이 사실은 기록해 두고 싶다. 오츠는 마지막에 어머니 생각을 했다. 하지만 죽음 직전에는 자신이 대담하게 죽음을 맞이하는 것에 그의 연대가 만족할 것이라며 자부심을 느꼈다. 우리는 그가 용감했다고 증언할 수 있다. 그는 몇 주 동안 불평 한마디 없이 심한 고통을 견뎠으며, 마지막 순간까지 바깥의 일들을 이야기하고 싶어 했고 또 그렇게 했다. 마지막까지 희망을 버리려 하지 않았으며, 버리지 않았다. 그는 용감한 사람이었다.

이것이 끝이었다. 그는 마지막을 맞이하기 전에 밤 내내 자고 싶어 했으며, 깨어나고 싶어 하지 않았지만, 아침에 깨고 말았다. 그것이 어제 일이었다. 강한 눈보라가 치고 있었다. 그가 말했다. "밖에 좀 나갔다 오겠습니다. 시간이 좀 걸릴 것 같습니다." 그는 눈보라 속으로 나갔고, 그 뒤로 우리는 그를 보지 못했다.

이 기회를 빌려, 우리가 병든 동료들을 끝까지 버리지 않았다고 말해 두고 싶다. 에드거 에번스의 경우, 식량이 완전히 떨어졌고 그는 의식을 잃고 있었기 때문에, 나머지 사람들의 안전을 위해서는 그를 버리고 가야만 할 것 같았다. 그러나 자비롭게도 신이 이 결정적인 순간에 그를 데려가셨다. 그는 자연사했으며, 우리는 그가 죽고 나서 두 시간이 지난 뒤에야 그곳을 떠났다. 가엾은 오츠의 경우 우리는 그가 자신의 죽음을 향해 걸어가는 것임을 알았다. 우리는 그러지 말라고 단념시키려 했지만, 그것이 용감한 사람의 행동이고, 영국 신사의 행동임을 알았다. 우리 모두 비슷한 정신으로 마지막을 맞이하기를 바란다. 그 마지막이 멀지 않은 것은 분명하다.

점심때만, 그것도 이따금씩만 쓸 수 있다. 추위가 심하다. 한낮에도 영하 40도다. 동료들은 늘 명랑하지만, 우리 모두 심한 동상에 걸리기 직전이다. 우리는 줄곧 이 날씨를 이겨 내고 기지에 도착하는 이야기를 하지만, 누구도 진심으로 그것을 믿는 것 같지는 않다. ……

3월 18일 일요일. 오늘, 점심시간. 이제 기지까지는 34킬로미터 남았다. 불운은 지나가고, 행운이 오기를 바란다. 어제는 앞쪽으로부터 바람도 더 많이 불고 눈도 더 쓸려 왔다. 결국 행군을 멈출 수밖에 없었다. 북서풍, 풍력 4, 기온 영하 35도. 인간으로서는 맞설 수가 없다. 게다가 우리는 거의 완전히 탈진했다.

오른발이 사라졌다. 발가락들이 거의 다 사라졌다. 이틀 전까지만 해도 내 발이 가장 낫다고 자랑했는데. 내가 이런 꼴을 당한 경위는 다음과 같다. 나는 바보같이 카레 가루를 작은 숟가락으로 한 숟갈 녹은 페미컨에 넣고 섞었다. 그것 때문에 심한 소화불량에 걸렸다. 아파서 밤새 잠을 못 자고 깨어 있었다. 아침에 행군할 때는 완전히 제정신이 아니었다. 발이 사라졌지만 나는 그것도 몰랐다. 아주 작은 태만이었는데, 그 때문에 보기에 유쾌하지 않은 발을 갖게 된 것이다. 상태로 보면 바우어스가 일등이지만, 다 거기서 거기다. 다른 사람들은 여전히 끝까지 갈 수 있다고 자신한다. 또는 그런 척한다. 나는 모르겠다! 휴대용 난로에는 기름이 반쯤 차 있고, 그것이 우리의 마지막 기름이다. 알코올 또한 아주 소량만 남았을 뿐이다. 그것이 떨어지면 우리는 갈증에 시달리게 될 것이다. ……

3월 19일 월요일. 점심시간. 어젯밤에 어렵게 텐트를 쳤다. 차가운 페미컨과 비스킷과 알코올로 끓인 코코아 반잔으로 저녁을 먹은 뒤까지 무시무시하게 추웠다. 그러다가 예상과는 달리, 몸이 따뜻해져 모두 잘 잤다. 오늘은 평소처럼 썰매를 끌며 출발했다. 썰매는 엄청나게 무거웠다. 기지까지는 25킬로미터 남았으며, 사흘이면 도착할 것이다. 대단한 진전이다! 이제 식량은 이틀 치가 남았지만, 연료는 하루를 간신히 버틸 만하다. 발은 모두 점점 악화된다―윌슨이 가장 낫고, 내 오른발이 최악이며, 왼발은 괜찮다. 몸속에 뜨거운 음식이 들어가기 전에는 발을 돌볼 기회가 없다. 지금으로서는 절단으로 끝날 수 있기만 바란다. 동상이 더 퍼지게 될까? 이것은 심각한 질문이다. 날씨는 우리에게 틈을 주지 않는다. 바람은 북에서 북서로 불고, 기온은 영하 40도다.

　3월 21일 수요일. 월요일 밤에 기지를 17.6킬로미터 남겨 놓은 곳까지 전진했다. 어제는 하루 종일 심한 눈보라 때문에 누워 있을 수밖에 없었다. 기대는 하지 않지만, 오늘 윌슨과 바우어스가 연료를 가지러 기지에 가기로 했다.

　3월 22일 목요일과 23일. 평소와 마찬가지로 눈보라가 심하다. 윌슨과 바우어스는 출발하지 못했다. 내일이 마지막 기회다. 연료는 없고, 식량은 한두 개뿐이다. 마지막이 다가온 것이 틀림없다. 자연사를 택하기로 했다. 효과가 있든 없든 기지를 향해 행군을 할 것이고, 가는 도중에 죽을 것이다.

　3월 29일 화요일. 21일 이후로 서남서, 남서에서 계속 질풍이 불었다. 20일에는 각자 차 두 잔을 끓일 연료와 간신히 이틀 먹을 식량이 있었다. 매일 우리는 17.6킬로미터 남은 기지를 향해 출발할 준비를 했지만, 텐트 밖에서는 여전히 눈이 섞인 회오리바람이 분다. 이제 이보다 나아지기를 기대할 수는 없을 것 같다. 끝까지 버티겠지만, 물론 몸은 점점 약해지고 있다. 끝이 멀지 않은 것이 틀림없다.

　안타까운 일이지만, 더 쓸 수 없을 것 같다.

　R. 스콧

　부디 우리에게 딸린 사람들을 돌보아 주시기를.

R. Scott, *Scotts's Last Expedition, Vol. 1.*

스콧 대위가 일지를 쓰고 있다. 토착 문화가 없는 땅이라, 스콧의 일지는 나중에 신화적인 지위에 오르게 된다. 호메로스의 『일리아스』와 『오디세이아』가 옛 유럽을 알려 주듯이 스콧의 일기는 미답의 대륙을 알려 주어, 첫 서사시로서 이후 모든 문학적 노력의 판단 기준이 된 것이다. 실제로 그것을 읽어 보면 스콧 자신이 그런 후손을 염두에 두었다고 상상하지 않을 수 없다.

더글러스 모슨 *Douglas Mawson 1882~1958*
외로운 남극대륙 행군

스콧이 남극을 향해 출발한 해인 1911년 더글러스 모슨도 자신의 원정대를 이끌고 남극대륙으로 향했다. 스콧의 남극 원정대에서 함께 가자고 권유했지만, 모슨은 덜 화려한, 그러나 지리학적으로는 얻는 것이 더 많은 임무를 선택했다. 로스 빙붕 서쪽의 탐사되지 않은 영역을 관찰하는 일이었다. 하마터면 모슨도 스콧과 같은 운명을 겪을 뻔했다. 영국 육군 장교 벨그레이브 니니스 중위, 스위스의 스키 챔피언 닥터 사비에르 메르츠와 함께 베이스캠프에서 수백 킬로미터 떨어진 곳에 있을 때, 크레바스가 니니스와 보급품 대부분을 삼켜 버린 것이다. 돌아오는 길에 메르츠도 죽어, 모슨에게는 썰매 반쪽과 개를 삶아 먹고 남은 찌꺼기밖에 없었다. 그러나 그는 살아남았고, 그 후에도 다시 남극대륙 원정에 여러 번 나섰다. 그러나 처음 겪은 시련에서 완전히 회복되지는 못했다.

바람의 힘

무생물 물체에 가해지는 풍압은 우리 인간에게도 똑같이, 아니 더 강하게 작용하는 것 같았다. 따라서 허리케인을 뚫고 나가는 것은 예술이 되었다. 첫 번째 만난 어려움은 발이 계속 미끄러지는 매끈하고 반질반질한 지면이었다. 오두막에서 벗어나면, 바람에 밀려 나동그라져 땅바닥에 쭉 뻗기 십상이다. 발 디딜 만한 단단한 곳이 확보되지 않으면 아무리 힘을 써 보았자 소용이 없다. 아무리 힘이 센 사람이라도 일반적인 가죽이나 모피 장화를 신고 얼음이나 단단한 눈을 디디면 바로 미끄러지기 시작하여 점점 속도가 붙을 것이다. 그래서 몇 초면, 아니 그보다 빨리, 수직의 자세에서 수평의 자세로 바뀌고 말 것이다. 그래서 툭 튀어나온 얼음에 부딪히며 갑자기 멈추거나, 아니면 20~30미터를 계속 미끄러지다 돌무더기나 눈의 거친 융기부에 이를 것이다.

물론 우리는 곧 아이젠을 차지 않고 돌아다니면 절대 안 된다는 것을 배웠다. …… 좋은 스파이크를 장착하면 항풍恒風이 불어도 열심히 앞으로 밀고 나아가기만 하면 발을 단단히 디딜 수 있었다. '직립을 유지한다'는 말은 사실이 아닐 것이다. 평형은 바람에 기댈 때만 유지되었기 때문이다. 시간이 지나면서 일 때문에 밖에 자주 나가야 하는 사람은 허리케인 속에서 걷는 기술의 달인이 되었다. 이것은 스키나 스케이트를 타는

메르츠(제일 왼쪽)와 나니스(제일 오른쪽)가 남극대륙으로 가는 길에 배의 흔들림에 익숙해진 것을 자랑하고 있다. 두 남자는 나중에 만년설에서 죽었다.

것에 비길 만한 기술이었다. 상당히 강한 바람이 불어와도 바람이 불어오는 쪽에 편안히 자리를 잡고, 다른 사람들이 당장이라도 엎어질 듯이 부자연스럽게 걷는 모습을 느긋하게 관찰할 수 있는 것이다.

우리는 항풍 속에서 실험을 해 보았다. 발을 땅에 단단히 디디고, 몸을 단단하게 유지하면서, 눈에 보이지 않는 지지대에 몸을 기대는 것이다. 이렇게 평형을 유지하며 '바람에 기대는 것'은 독특한 경험이었다. 대체로 풍속은 일정했다. 만일 질풍이 잇따라 몰아치면서 풍속이 심하게 변하면, 우리의 모든 경험이 쓸모없어질 가능성이 높았다. 최대 속도에 대비한 정확한 각도를 잡았는데 바람이 잠잠해진다면 그 결과는 뻔했기 때문이다.

'허리케인 걷기' 기술을 배우기 전, 얼음 못과 피네스코에만 의지하던 원시적인 시기에는 강한 바람 속에서 전진하다 보면 어느새 네 발로 기어가곤 했다. 보수적인 편에

'집 안에서 쓸 얼음 가져오기'라는 밋밋한 제목이 붙은 프랭크 헐리의 이 사진(왼쪽)은 베이스캠프의 상황을 보여 준다. 겨울에 물을 얻는 유일한 수단은 스토브로 얼음을 녹이는 것이었으며, 이 때문에 날씨가 아무리 나빠도 정기적으로 오두막 밖으로 나가야 했다.

속하는 사람들 다수가 이런 방법을 고집했으며, 그에 대한 보상으로, '널빤지 미끄럼'이라는 인기 있는 기술의 첫 옹호자들이 되었다. 작은 널빤지 조각, 넓은 얼음 평원, 허리케인이 이 새로운 스포츠의 세 가지 핵심 요소였다.

바람만 있었다면 견딜 만했을 것이다. 그러나 바람에 엄청난 양의 눈이 쓸려 왔다. 가을에는 눈이 많이 내리는 흐린 날씨가 지배했다. 그 결과 몇 달 동안 바람만 불면 눈이 쓸려오곤 했다. …… 실제로 이 시기에는 100미터 떨어진 물체도 또렷하게 보이는 않는 날이 많았다. 다른 것은 몰라도 바람은 결코 누그러지지 않았으며, 따라서 눈이 그치고 하늘이 개어도, 뒤로 수백 킬로미터에 이르는 등 뒤의 땅에 쌓인 눈이 모두 바다로 쓸려 나갈 때까지는 눈이 계속 밀려올 수밖에 없었다. 매일 눈이 홍수처럼 오두막 옆을 지나갔다. 때로는 너무 빽빽하여 1미터 앞의 물체도 흐릿했다. 대기가 단단한 눈처럼 보일 지경이었다.

구름 없는 하늘에서 해가 빛나지만, 쓸려오는 눈이 너무 많아 대낮에도 음침하다고 상상해 보라. 쓸리는 눈은 시속 160킬로미터의 빠른 속도로 허공을 지나가며 비명을 지르고, 기온은 영하로 떨어진다. ……

그러면 아델리 해안 최악의 눈보라의 벌거벗은, 거친 진실을 알게 될 것이다. 그러나 그것을 실제로 경험하는 것은 완전히 다른 일이다.

성난 자연의 힘이 극지방의 밤의 어둠에 덮일 때면, 눈보라는 더 가혹한 면을 드러낸다. 몸부림치는 폭풍 회오리바람 속에 몸을 던지면 감각에 지워지지 않는 끔찍한 인상이 남게 될 터인데, 이것은 어떤 자연 경험과도 비길 수 없다. 세상은 섬뜩하고, 사납고, 무시무시한 공허다. 우리는 비틀거리며 안간힘을 써서 지옥의 어둠을 통과한다. 무자비한 돌풍 – 복수의 몽마夢魔 – 이 찌르고 때리고 몸을 얼린다. 따끔거리는 눈 때문에 앞이 안 보이고 숨이 막힌다. …… 이런 때에는 우리 누구도 그것을 즐기러 밖으로 나가지 않는다는 것을 충분히 상상할 수 있을 것이다.

D. Mawson, *The Home of the Blizzard: A True Story of Antarctic Survival, Vol. 1.*

니니스가 죽고 식량을 잃어버린 뒤, 모슨과 메르츠는 사랑하는 개들을 먹고 살아남았다. 그러나 안타깝게도 너무 많이 먹었다. 북극곰의 간에 비타민 A가 독이 될 정도로 많이 들어 있다는 것은 알려져 있었다. 그러나 에스키모개의 간에도 비타민 A가 풍부하다는 사실을 과학자들이 발견한 것은 1970년대의 일이었다. 비타민 A가 지나치면 구역질, 어지럼증이 생기고, 피부가 벗겨지고, 장 경련이 일어나고, 머리가 빠지고, 코와 눈 주위가 갈라지고, 냄새와 맛을 느끼지 못하고, 정신착란, 경기, 뇌출혈이 일어나고, 마침내 죽음에 이른다. 기지까지 반쯤 왔을 때, 메르츠는 비타민 A에 중독되었다. 모슨은 신체적으로 그보다 건강했음에도 머리카락이 거의 빠지고 양 발의 발바닥이 벗겨졌다. 베이스캠프에 도착한 뒤에는 뇌 손상이 시작되어 몇 달 동안 고통을 겪었다.

니니스의 죽음 뒤의 귀환길

(12월 14일) 집으로 가는 길! 며칠 전 – 불과 몇 시간 전 – 우리는 집으로 간다는 생각에 가슴이 희망으로 부풀어 두근거렸고, 이 일, 이 엄청난 비극은 낌새조차 챌 수 없었다. 우리 동료, 동지, 친구가 무시무시한 한 순간, 끔찍한 빙하의 내장 속에 묻혀 버린 것이다. 생각도 할 수 없는 일이었다. 우리는 눈앞에 보이는 피할 수 없는 일을 하며 그 비극

을 잊어버리려고 노력했지만, 앞으로 외로운 날들이 오면 그 사실이 우리 영혼으로 파고들 것임을 알고 있었다. 그것은 죽음과의 투쟁이 될 것이며, 이 문제는 위대한 섭리가 결정을 내릴 수밖에 없었다. ……

(12월 16일) 그날 밤 우리는 마치 애도 행렬 같았다. 하늘에는 구름이 빽빽하고 눈이 내렸다. 나는 한쪽 눈을 붕대로 가리고 있었고, 개 존슨은 죽여 썰매의 짐 꼭대기에 묶어 놓았다. 소리는 거의 들리지 않았다. 지쳤지만 희망에 가득 차 전진하는 동안 빽빽하고 부드러운 눈이 바스락거리는 소리뿐이었다. 개들은 굴레에 묶인 채 멍하니, 그러나 꾸준히 걸었다. 쓸쓸해 보였지만, 열심히 따라오고 있었다. 그들의 무게는 이제 썰매에 거의 영향을 주지 않았다. 일은 주로 우리 자신에게 떨어졌다. 메르츠는 스키를 타고 끌어 볼까 하는 유혹을 느꼈지만, 그래 보아야 도움이 되지 않는다고 결론을 내렸으며, 그때부터 다시는 스키를 사용하지 않았다. …… 17일 오전 2시. 불과 18킬로미터밖에 못 왔는데 야영을 하려고 멈추어야 했다. 메르츠가 존슨을 쏴서 잘랐고, 나는 저녁을 준비했다. 존슨은 늘 아주 충실하고 열심히 일하고 사람을 잘 따르는 짐승이었으며, 그 나름으로 익살맞은 데가 있었다. 그의 마지막이 이렇게 빨리 찾아와 우리도 안타까웠다. 물론 존슨은 잘생긴 개라는 말을 들을 수는 없었다. 사실 그는 일반적으로 추레하고 더러웠다.

극단적으로 지치자 개들은 모두 비참하게 여위었다. 얼마 되지도 않는 고기는 질겼으며, 지방은 흔적도 없었다. 우리는 가끔 기분 전환 삼아 그 고기를 잘게 썰어 페미컨을 약간 넣고 섞은 다음 커다란 물 단지에 넣고 삶았다. 몹시 허기가 졌지만, 우리 식욕을 채울 수 있는 것은 없었다. 일반적인 식량은 약간만 이용하고 거기에 개고기를 일부 넣었다. 개를 잡아도 고기가 얼마 나오지 않았고, 대부분은 살아남은 개들에게 먹이로 주어야 했기 때문이다. 개들은 뼈를 깨물고 가죽을 먹었다. 아무것도 남지 않을 때까지. ……

(12월 24일) 파블로바를 죽여 그 뼈로 아주 먹을 만한 수프를 만들었다. 앞날이 어둡기 때문에 식량 배급은 더 줄여야 했다. 잠은 제대로 자지 못했고, 허기가 늘 괴롭혔다. 우리는 늘 먹을 것을 생각했다. 모피 침낭 속에 들어가 졸면서 식탁에 잔뜩 차린 요리와 집에서 열던 디너파티를 꿈꾸었다. 눈을 헤치고 걸어갈 때면 얼마 안 되는 개고기를 최대한 활용할 방법을 찾느라 머리를 쥐어짰다.

난로에 쓸 등유는 넉넉할 것 같았다. 사고 때 전혀 잃어버리지 않았기 때문이다. 우리는 개고기를 삶을 때 시간을 좀 들여 철저하게 삶는 것이 좋다는 것을 알았다. 이렇게 해서 근육 조직과 연골이 젤리처럼 부드러워진 먹을 만한 고기와 더불어 맛있는 수프가 준비되었다. 발을 요리하는 데 가장 시간이 많이 걸렸지만, 오래 삶으면 소화를 시킬 만했다. …… 그날 나는 침낭에 누워 제과점을 찾아간 꿈을 꾸었다. 전시된 과자가 모두 엄청나게 컸다. 나는 마치 사람들이 롤빵을 사듯이 거대한 과자를 샀다. 카운터 너머로 돈을 낸 기억이 난다. 하지만 내가 고른 것을 받기 전에 무슨 일이 생겼다. 나는 거리로 나와서야 아무것도 들고 나오지 못한 것을 깨달았다. 나는 크게 실망하여 다시 가게로 돌아갔지만, 문은 닫혀 있었고 '조기 폐점'이라고 적혀 있었다. ……

(12월 28일) 우리의 충실한 하인 진저가 더 걸을 수 없어 썰매에 묶여 있다. 진저는 마지막 남은 개로서, 며칠 전까지만 해도 어느 정도 도움이 되었다. 진저를 죽이게 되어 우리는 슬펐다. …… 우리는 진저의 두개골과 뇌로 아침을 먹었다. 이 일을 결코 잊을 수 없다. 쪼갤 만한 도구가 없어, 두개골을 통째로 삶았다. 그런 다음 오래전부터 확립된 썰매 원정대의 '눈 감기' 관행에 따라 오른쪽과 왼쪽 반을 나누고 나서, 두개골을 서로 건네주며 중간선에 이를 때까지 번갈아 먹었다. 뇌는 나중에 나무 숟가락으로 퍼냈다. 썰매 여행에서는 모든 식량을 가능한 한 똑같이 반으로 나누는 것이 보통이다. 그런 다음 한 사람이 고개를 돌리면, 다른 사람이 손가락으로 한쪽 반을 가리키며 "누구 거?" 하고 묻는다. 보지 않는 사람의 답은 경우에 따라 '네 거'가 될 수도 있고 '내 거'가 될 수도 있다. 이런 식으로 식량의 공평하고 만족스러운 분할이 이루어지는 것이다. ……

(12월 30일) 외계 같은 황량함이 지배하는 고원을 불길하면서도 괴상한 고독 속에서 터벅터벅 걷다 보면, 상상 속에서 위대한 저 너머에 이르기까지 인간 경험의 폭넓은 영토를 배회하게 된다. …… 사람은 무한의 한가운데 있게 된다―눈부신 하얀 고원의 무한, 그 위의 하늘의 무한, 이런 사물들이 태어난 이후 흐른 시간의 무한, 이들이 창조된 목적을 이행하기 전까지 흐를 시간의 무한이다. …… 오전 9시까지 우리는 놀랍게도 24킬로미터 350미터를 전진했다. 그러나 우리 앞에 놓인 거대한 과제를 그 정도나 달성했다는 사실에 마땅히 느껴야 할 만족감은 메르츠가 평소만큼 명랑하지 않다는 사실 때문에 빛이 바랬다. 나는 이유를 몰라 당황했다. 그는 늘 벗하기 좋은 밝은 사람이었기 때문이다. ……

(12월 31일) 메르츠는 개고기가 자신에게 별로 좋지 않은 느낌이라면서, 당분간 그

것을 먹지 말고 일반적인 썰매용 음식을 조금씩 먹자고 제안했다. 세심하게 관리를 했기 때문에 썰매용 음식은 아직 며칠분이 남아 있었다. 나는 그의 말에 따르기로 하고, 그날 처음 실험을 해 보았다. 개고기와 비교할 때 일반 식량은 맛이 아주 좋았지만, 양이 너무 적어 고통스러운 공복감에 시달려야 했다. 행군을 하기에는 빛이 너무 형편없어, 비틀거리며 3킬로미터 정도 가다가 포기를 하고 텐트를 친 다음 침낭 속에서 하루를 보냈다. 저녁 9시 30분에 해가 잠깐 나타나고 바람이 잠잠해졌다. 그래서 다시 전진을 시도했으나 상당한 대가를 치러야 했다. 당혹스러운 빛 속에서 비틀거리며 걷다가 보이지 않는 사스트루기에 걸려 계속 넘어졌기 때문이다. ……

(1월 1일) 메르츠의 몸이 평소와 같지 않아, 우리는 빛도 모자란 상태에서 넘어지는 것을 무릅쓰며 계속 전진하려는 시도를 하지 않기로 했다. 휴식이 그에게 도움이 될 것이라고 생각했기 때문이다.

메르츠는 침낭이 축축하다는 이야기 말고는 전혀 불평이 없었다. 그러나 내가 일부러 묻자, 그는 복통이 심하다고 인정을 했다. 나도 계속 뭔가가 위 속을 갉아먹는 듯한 느낌이 있었기 때문에, 메르츠도 똑같은 증상을 좀 심하게 겪는 줄 알았다. ……

(1월 5일) 하늘은 잔뜩 흐렸고, 눈이 내리고 있었다. 강한 바람이 불었다. 메르츠는 상태가 너무 안 좋다며, 하루 더 늦추자고 했다.

눅눅한 침낭 속에 누워 있자니 비참했다. 우리 둘에게 별 도움이 되지 않았다. 하지만 어쩐단 말인가? 바깥 상황은 지긋지긋했다. 메르츠는 나보다 훨씬 약한 것이 분명했다. 개고기가 그에게 별로 좋지 않은 것이 사실인 듯했다. ……

(1월 6일) 메르츠는 우울해 보였다. 잠깐 식사를 한 뒤 별말 없이 다시 침낭 안에 누웠다. 이따금씩 나는 그에게 기분이 어떠냐고 묻곤 했다. 또 음식이라는 오래된 주제로 다시 이야기를 나누기도 했다. 메르츠는 오로라호에 돌아가면 펭귄 오믈렛을 만들기로 했다. 오두막을 떠나기 직전에 먹었던 그 빼어난 맛을 결코 잊을 수가 없었기 때문이다. …… 우리 몸에서 살갗이 벗겨지고 있었다. 벗겨지고 남은 살은 아주 형편없어, 쉽게 터지고 쓸려 여러 군데 생살이 드러나 있었다. 어느 날 메르츠가 "잠깐" 하고 소리치더니, 팔을 뻗어 귀에서 딱 귀 모양으로 생긴 피부를 들어 올리던 기억이 난다. 나도 메르츠에게 똑같은 것을 보여 줄 수 있었다. 우리는 한 번도 옷을 벗지 않았기 때문에, 몸에서 나온 털이나 피부 껍질이 속옷이나 양말 속으로 들어가, 자주 털어 주어야 했다.

6일 저녁 나는 일기에 다음과 같이 적었다. "길고 지루한 밤. 계속 갈 수만 있다면.

하지만 나는 사비에르와 함께 멈추어야 한다. 그는 나아질 기미가 보이지 않고, 우리 둘 다 살아남을 가능성은 낮아지고 있다."

1월 7일. 오전 10시에 사비에르의 옷을 입히고 먹을 것을 준비하려고 일어났으나, 사비에르가 일종의 발작 상태인 것을 알았다. 몇 분 뒤에 의식을 회복하여 몇 마디 나누었으나, 무슨 일이 있었는지 전혀 모르는 것 같았다. 당연히 오늘은 움직일 수 없다. 좋은 날이지만 빛은 형편없다. 해는 구름들 사이에서 희미하게 빛나고 있을 뿐이다. 끔찍하다. 나는 괜찮지만 다른 사람들이 걱정이다. …… 우리를 도와 달라고 신께 기도한다. ……

오후에 사비에르는 몇 번 더 발작을 일으키더니, 착란 상태에 빠져 한밤중까지 알아들을 수 없는 소리를 늘어놓다가 이제 평화롭게 잠이 든 것처럼 보였다. 그래서 침낭

평평한 얼음에서 에스키모개 한 무리가 주인을 끌고 있다. 모슨이 이런 완벽한 조건을 만난 일은 많지 않았다. 그는 남극의 고원을 뚫고 들어갔을 때 사스트루기가 가득한 들판과 마주쳤다. 이 바람에 언 눈이 주름진 파도 모양을 이룬 지형 때문에 여행은 악몽이 되었다.

단추를 채워 주고, 지친 몸으로 내 침낭으로 들어갔다. 두어 시간이 지나도록 사비에르가 아무런 움직임을 보이지 않아 팔을 뻗어 보니 몸이 뻣뻣하게 굳어 있었다. …… 나는 침낭 속에 누워 몇 시간 동안 지난 일들을 떠올리고 미래의 가능성을 생각해 보았다. 세상의 넓은 해안에 홀로 서 있는 느낌이었다. 여기서 짧게 한 걸음만 내디디면 미지의 미래라니! 몸 상태는 아주 안 좋아 당장이라도 쓰러질 것 같았다. 위 속의 갉아먹는 듯한 느낌은 완전히 자리를 잡아, 어떤 자세에서도 몸을 똑바로 일으킬 수가 없었다. 발가락 몇 개가 검게 변하면서 끝 쪽이 곪기 시작했다. 발톱이 빠질 것처럼 느슨했다. 혼돈의 공간 바깥은 쓸려 온 눈으로 가득 차 있었다. 혼자 어떻게 텐트를 치고 접을지 난감했다. 오두막까지 가는 것은 가망 없는 일 같았다. 침낭 속에서 계속 자는 것이 편했다. 바깥 날씨는 잔인했다. ……

(1월 9일) 오후에 사비에르의 매장 예배를 보았다. 내가 살아서 인간의 도움을 받을 가능성은 거의 없기 때문에, 500킬로미터를 여행하여 만난 해안선의 자세한 모습이나 빙하와 얼음 층에서 관찰한 것을 당장 기록해 놓지 못하는 것이 못내 아쉽다. 물론 그 대부분은 내 머릿속에 있다. 야영지의 대략적 위치는 남위 68도 2분, 동경 145도 9분이다. 경위의經緯儀의 다리를 텐트를 세우는 데 이용해 한동안 쓸 수 없기 때문에 이것은 추측일 뿐이다. …… 약간 내리막인 멋진 곳을 걷기 시작한 것은 1월 11일이었다. 햇빛이 비치는 아름답고 고요한 날이었다. 처음부터 두 발은 우툴두툴하고 욱신거렸다. 1킬로미터 남짓 걷자 너무 아파서 그 자리에서 살펴보기로 하고, 햇빛을 받으며 썰매에 앉았다. 나는 발을 보고 큰 충격을 받았다. 양쪽 발바닥의 피부가 완전히 한 겹 떨어져 나오고, 어떤 액체가 양말을 흥건하게 적시고 있었기 때문이다. 옛 피부 밑의 새 피부는 심하게 쓸려 생살이 드러나 있었다. 나는 그 상황에서 최선으로 보이는 일을 했다. 많이 남은 라놀린을 피부에 바르고, 붕대로 발바닥 피부를 원래 있던 자리에 고정해 준 것이다. 그 피부가 생살과 닿는 것이 편안하고 부드러웠기 때문이다. 붕대 위에 모직 양말 여섯 켤레를 신고, 모피 장화를 신은 다음, 부드러운 가죽으로 만든 아이젠 덧신을 신었다. 그런 다음 옷을 거의 다 벗고 기분 좋은 햇볕을 받으며 일광욕을 했다. 몸 전체에 간질거리는 느낌이 퍼져 나가는 듯했다. 몸이 좀 좋아진 듯했고 힘도 나는 것 같았다. ……

1월 17일은 다시 날씨가 흐리고 눈이 내렸다. 그러나 행군을 늦추는 것은 이미 얼마 남지 않은 식량만 축낸다는 뜻이었기 때문에 계속 갈 수밖에 없었다. …… 내 일기를 메르츠가 데니슨 곶의 원정대 베이스캠프 근처 얼음 절벽을 정찰하고 있다. 니니스가 죽고 보급품을 잃어버린 뒤, 메르츠가 먼저 자신과 모슨의 식사에 잘못이 있을지도 모른다는 생각을 했다. 1913년 새해 첫날 나중에 그의 이름이 붙게 되는 빙하를 건너는 동안 그는 일기에 이렇게 털어놓았다. "개는 더 못 먹겠다. 어제 개고기 때문에 몹시 아팠다." 이것이 그가 쓴 마지막 일기였다. 그는 개의 간을 먹는 바람에 생긴 비타민 A 중독으로 일주일 뒤 사망했다.

보면 그 다음에 벌어진 일은 다음과 같았다.

"부드러운 눈이 많이 쌓인 길고 상당히 가파른 비탈을 올라갔다. 크레바스를 덮은 눈을 디뎠으나 허벅지에 걸렸다. 거기에서 빠져나온 다음, 북쪽으로 방향을 틀고 50미터를 움직여, 눈에 보이지는 않았지만, 크레바스를 건너려 시도했다. 잠시 후 크레바스에서 5미터 아래로 떨어져, 밧줄에 매달려 대롱거리는 신세가 되었다. 썰매가 내 입을 향해 기어 내려오고 있었다. 썰매가 당장이라도 내 머리를 부수어 함께 보이지 않는 바닥으로 내려갈 것이라고 생각하면서도 간신히 혼잣말을 할 여유는 있었다. '이것으로 끝이로구나.' 그 순간 썰매에 있는, 아직 먹지 않은 식량 생각이 났다. 그러나 썰매는 나를 밑으로 떨어뜨리지 않고 멈추었다. 나는 신이 나에게 한 번 더 기회를 주었다고 생각했다. 그러나 내 약한 몸을 생각하면 별로 대단치 않은 기회였다. 크레바스의 폭은 2미터 정도 되었고, 나는 허공에 매달려 천천히 맴을 돌고 있었다. 안간힘을 쓰자 밧줄의 매듭이 손에 닿는 거리까지 올라갈 수 있었다. 잠시 쉬고 나서 다시 몸을 끌어올려 그 위의 매듭에 이르렀다. 마침내 로프가 파고 들어간, 툭 튀어나온 눈 뚜껑까지 몸을 들어 올릴 수 있었다. 조심스럽게 지표로 기어 올라오는 순간, 눈 뚜껑의 한 부분이 다시 무너지며 나는 다시 밧줄 길이만큼 아래로 곤두박질쳤다.

지치고 기운이 없고 추웠기 때문에(손에는 장갑도 끼지 않았고, 옷 안에는 눈이 잔뜩 들어가 있었기 때문이다), 나는 이제 죽는 일만 남았다고 굳게 믿으며 매달려 있었다. 밑은 시커멓게 갈라진 틈이었다. 이제 1분이면 벨트에서 미끄러질 것이고, 그러면 모든 고통과 고역이 끝이 날 터였다. 드문 상황이었고 드문 유혹이었다.─큰일들을 위해 작은 일들을 그만둘 기회. 행성의 작은 탐험에서 그 너머의 큰 세계에 대한 명상으로 넘어갈 기회. 마지막에는 영원이 있고, 현재는 아무리 길다 해도 짧을 수밖에 없었다. 그런 생각을 하자 기분이 나아졌다.

힘이 빠르게 빠져나가고 있었다. 몇 분만 더 지나면 너무 늦을 터였다. 최후의 시도를 해 볼 때였다. 마지막 엄청난 노력을 기울이자 새로운 힘이 찾아오는 것 같았다. 시간이 좀 걸리기는 했지만, 기적적으로 느릿느릿 지표로 올라올 수 있었다. 이번에는 계속 밧줄에 매달린 채 발부터 먼저 내민 다음 몸을 완전히 눈 위로, 단단한 땅으로 올렸다. 올라오고 나자 반동이 찾아왔다. 한 시간 동안은 아무것도 할 수가 없었다."

D. Mawson, *The Home of the Blizzard: A True Story of Antarctic Survival, Vol. 1.*

어니스트 섀클턴 *Ernest Shackleton 1874~1922*
남극대륙에서의 생존을 위한 탐험

20세기 첫 10년의 일정 기간 섀클턴은 남극에 도달할 수 있는 유력한 후보였다. 그는 1901~1904년에 스콧과 함께 남극대륙을 처음 찾았고, 1908~1909년에 자신의 원정 팀을 이끌고 다시 왔다. 원정대는 엄청난 성공을 거두어 자남극^{磁南極}에 이르렀고, 에레버스 산을 처음으로 등정했다. 섀클턴은 남극 160킬로미터 전방까지 전진하기도 했다. 그러나 1912년 스콧과 아문센이 남극에 먼저 도달하자, 섀클턴은 다음 도전을 준비했다. 그는 이렇게 썼다. "남극대륙 여행에는 큰 목표가 하나밖에 남지 않았다. 이쪽 바다에서 저쪽 바다까지 남극대륙을 가로지르는 것이다." 이 준비의 결과가 1914년 '제국 남극대륙 횡단 원정대'였다. 인듀어런스호를 탄 한 부대는 웨델 해를 거쳐 접근하고, 두 번째 부대는 대륙 반대편 로스 빙붕에서부터 병참기지들을 건설하며 나아가기로 했다. 그러나 인듀어런스호가 부서지는 바람에 섀클턴은 배에서 탈출할 수밖에 없었다. 그와 부하들은 몇 달 동안 얼음 위에서 버티다가 엘리펀트 섬이라고 부르는, 바위와 돌밖에 없는 외딴섬에 이르렀다. 섀클턴은 이곳에서부터 작은 보트 제임스 케어드호를 타고 사우스조지아로 구조대를 부르러 갔다. 그러나 섬의 반대편에 상륙하는 바람에, 부하 두 명을 데리고 미지의 산들을 넘는 어마어마한 등정을 감행하여 슈트롬니스 고래잡이 기지에 이르렀다. 결국 엘리펀트 섬에 남은 사람들은 늦지 않게 구조되었고, 배와 동료 몇 사람을 잃었던 로스 붕빙 쪽 사람들도 구조되었다. 원정대는 2년 뒤인 1916년 영국에 돌아갔으나, 참담하게도 무관심에 직면했다. 제1차 세계 대전의 혼란 때문에 이제 극지방의 용감한 탐험에 관심을 가지는 사람은 거의 없었던 것이다.

섀클턴은 위대한 지도자인 것만은 틀림없지만, 계획을 세우는 데는 무능했으며, 능력이 야망을 따라가지 못했다. 전쟁이 끝난 뒤 그는 남극대륙으로 마지막 원정을 떠났다. 이 원정은 분명한 목적이 없었으며, 섀클턴은 1922년 심장마비로 사망하여—아마 그전에 기력을 소진했기 때문일 것이다—사우스조지아의 그리트비켄 고래잡이 기지에 묻혔다.

엘리펀트 섬에서 사우스조지아까지 제임스 케어드호를 이용한 여행

우리는 진짜로 쉬어 본 적은 없었다. 보트가 계속 움직였기 때문에 쉰다는 것은 불가능했다. 추웠고 아팠으며 불안했다. 낮이지만 어두컴컴한 이곳에서 우리는 갑판 밑을 네 발로 기어 다녔다. …… 초는 몇 조각 남지 않았기 때문에, 식사 때만 이용하기 위해 조

'보스'가 나침함을 만지작거리는 동안 원정대의 개 한 마리가 호기심 어린 표정으로 카메라를 보고 있다. 섀클턴은 자신의 항해를 아주 건조한 표현으로 묘사했다. "사람들은 위험한 여행을 원했다. 임금은 낮고, 추위는 혹심하고, 완전한 어둠이 몇 달간 이어지고, 안전한 귀환은 의심스러운 여행. 그러나 성공을 할 경우에는 명예와 인정이 따르는 여행." 만일 자원자들이 섀클턴의 준비가 얼마나 엉망이었는지 알았다면, 아마 생각이 달라졌을 것이다. 섀클턴은 개 썰매로 하루에 24킬로미터를 갈 계획을 세웠다. 그것도 에스키모개가 아니라, 울프하운드에서부터 콜리까지 모든 혈통이 포함된 잡다한 잡종들의 무리였다. 이 개들을 다루는 캐나다인은 마지막 순간에 탈락하여, 승무원들이 알아서 해야 했다. 사실 아무도 개를 다루는 법을 몰랐으며, 스키를 탈 줄 아는 사람도 한 명뿐이었다. 또 출발하느라 바빠 개들의 구충약을 싸 오는 것도 잊었다.

심스럽게 보관했다. 보트 이물에 원래부터 붙어 있던 단단한 갑판 밑은 상당히 건조한 상태였다. 그곳에 비스킷 몇 개를 보관하여 짠물로부터 보호할 수 있었다. 하지만 항해를 하는 동안에 입 안에서 짠 맛이 가신 적은 없었던 것 같다. ……

너무 심하게 아프고 괴로워서 그렇지, 그런 것을 생각하지 않으면 보트 안에서 어렵게 움직이는 것에는 웃음을 자아내는 면도 있었다. 보트를 따라 움직이려면 가로장 밑을 기어야 했기 때문에 무릎이 상당히 아팠다. …… 부력 조정을 위해 가져온 둥근 돌들은 균형을 잡는 동시에 펌프에 다가가야 했기 때문에 계속 이리저리 옮겨야 했다. 펌프는 털 갈이를 하는 듯한 침낭과 피네스코 때문에 막혔다. 순록 가죽 침낭 넉 장은 계속 물에 젖어 털이 많이 빠졌으며, 곧 완전히 대머리가 벗겨진 모양이 되었다. 둥근 돌을 옮기는 것은 힘들고 괴로운 일이었다. 시간이 지나면서 우리는 돌 하나하나의 모양과 촉감을 다 알게 되었으며, 나는 오늘날까지도 그 돌들의 각진 곳의 특징을 생생하게 기억하고 있다. 우리보다 더 행복한 조건에 있는 과학자라면 이 돌들을 지질학적 표본으로 여겨 상당한 관심을 기울였을지도 모르겠다. 그러나 우리에게는 부력 조정에만 유용할 뿐이었다. 그리고 비좁은 공간에서 그 무거운 돌들을 옮긴다는 것이 그저 괴롭기 짝이 없을 뿐이었다. 이 돌들은 비참한 상태에 처한 우리의 몸을 조금도 봐주지 않았다. 여기서 언급할 가치가 있는 우리의 또 한 가지 문제는 일곱 달째 갈아입지도 못한 젖은 옷 때문에 다리가 쓸린다는 점이었다. 허벅지 안쪽은 생살이 드러나 있었으며, 구급상자에 있는 헤이즐린 크림 하나로는 짠물 때문에 점점 심해지는 통증을 가라앉히지 못했다. 당시 우리는 전혀 잠을 자지 못한다고 생각했다. 그러나 사실은 불편하게 졸다가, 새로운 통증이나 할 일 때문에 금세 잠을 깨곤 했다. 나도 좌골신경통이 은근히 도지는 바람에 몸 전체가 점점 불편해졌다. 몇 달 전 부빙에 있을 때 처음으로 이런 신경통이 생겼다.

질풍에도 불구하고 우리는 규칙적으로 식사를 했다. 식사에 관심을 기울이는 것은 필수적이었다. 항해 조건으로 인해 우리는 점점 활력을 잃게 되었기 때문이다. 아침 8시의 아침 식사는 보브릴 썰매 식량으로 만든 뜨거운 수프 작은 접시, 비스킷 두 개, 설탕 몇 조각이었다. 오후 1시의 점심은 보브릴 썰매 식량을 익히지 않고 먹었으며, 각자 작은 잔으로 뜨거운 우유를 마셨다. …… 오후 5시의 차도 메뉴는 같았다. 그리고 밤이면 뜨거운 음료를 마셨는데 보통은 우유였다. 이 춥고 폭풍이 부는 나날에 식사는 밝은 횃불과 같았다. 먹고 마시면서 따뜻해지고 편안해지면 우리 모두 낙관주의자가 되었다. 비롤 캔 두 개는 만일을 대비해 보관하고 있었다. 그러나 초의 부족을 해결하려

인듀어런스호가 웨델 해에서 꼼짝 못하고 있다. 이 사진을 찍은 프랭크 헐리는 이렇게 기록했다. "우리 자신에게도 우리가 거대한 얼음 뗏목 위에서 살고 있다는 것이 전혀 믿어지지 않는다. 1.5미터 두께의 얼음 밑은 2,000패덤 깊이의 바다다. 이 뗏목은 바람과 조수의 변덕에 따라 어딘지도 모르는 곳으로 떠밀려 가고 있다."

면 기름 램프를 사용할 필요가 있다고 생각하여, 우리 모두에게 기분 좋은 방법으로 캔 하나를 비운 다음 거기에 캔버스 천 조각을 잘라 만든 심지를 꽂았다. 이 램프에 기름을 채우자, 바람에 쉽게 꺼지기는 했지만, 상당한 빛이 나와 밤에 우리에게 큰 도움이 되었다. ……

우리 보트는 대부분의 경우 대체로 이물을 앞으로 향하고 전진했다. 그럴 때도 파도의 물마루가 우리 위로 바로 올라오는 바람에 물이 상당히 쏟아져 들어오곤 했다. 그 때문에 쉬지 않고 물을 퍼내고 펌프를 돌려야 했다. 뱃전 방향을 보면, 커다란 파도의 물마루가 기울어 거대하게 부풀어 오른 물속으로 들어가면서 터널 같은 빈 공간이 생기는 것이 보이기도 했다. 제임스 케어드호가 물에 삼켜질 듯한 순간이 도대체 몇 번이 었는지 헤아릴 수가 없다. 그럼에도 보트는 살아남았다. ……

열흘째 되는 날 워슬리는 키잡이 근무를 마친 뒤 몸을 펴지를 못했다. 온몸에 쥐가 난 것이다. 우리가 갑판 밑으로 끌고 와 마사지를 해 준 다음에야 워슬리는 몸을 펴고 침낭 안에 들어갈 수 있었다. 열하루째가 되는 날 강한 북서풍이 불어왔으며, 늦은 오후에는 남서풍으로 바뀌었다. 하늘은 잔뜩 찌푸렸으며, 이따금씩 눈을 동반한 질풍이 불어 엄청난 교착 해면 – 우리가 겪어 본 가운데 최악인 것 같았다 – 으로 인한 불편을 가중시켰다. 나는 자정에 키를 잡았다가 남쪽과 남서쪽 사이에 갑자기 맑은 하늘이 한 줄로 나타난 것을 보았다. 나는 다른 사람들에게 하늘이 개고 있다고 소리쳤다. 그러다가 잠시 후 내가 본 것이 구름들 사이의 틈이 아니라 거대한 파도의 하얀 물마루였다는 것을 깨달았다. 26년 동안 온갖 바다를 겪어 보았지만, 그렇게 거대한 파도는 만난 적이 없었다. 바다의 강력한 융기였다. 지금까지 오랫동안 우리의 지칠 줄 모르는 적이었던 큰 파도와는 규모가 완전히 달랐다. 나는 소리쳤다. "제발 버텨! 우리한테 닥칠 거야!" 이어 몇 시간처럼 느껴지는 정지의 순간이 찾아왔다. 흰 파도는 우리 주위의 바다를 부수어 거품을 일으켰다. 우리는 부서지는 파도에 보트가 코르크처럼 위로 들어 올려졌다가 앞으로 내동댕이쳐지는 것을 느꼈다. 우리는 고문당하는 물의 부글거리는 혼돈 속에 들어가 있었다. 그러나 어떻게 된 일인지 보트는 물이 반쯤 차고, 무게 때문에 축 늘어지고, 타격을 받아 몸을 떨면서도 죽지 않고 살아남았다. 우리는 죽어라 물을 퍼냈다. 손에 잡히는 대로 그릇을 들고 뱃전 너머로 물을 버렸다. 불확실한 10분이 지난 뒤 우리는 보트가 우리 밑에서 다시 살아났다고 느꼈다. 그녀는 다시 물위에 떴다. 바다의 공격에 어지럼증을 느끼는 것처럼 취해 비틀거리는 것도 끝이 났다. 우리는 다시는 그런 파도를 만나지 않기를 간절히

원정대에서 몸집이 가장 작았던 레너드 허시가 가장 큰 개인 삼손과 씨름을 하고 있다. 인듀어런스호가 얼음에 갇히자, 개들은 상갑판에서 얼음 위의 '도글루', 즉 개들의 이글루로 이동했다. 그러나 탈출할 수 없다는 것이 분명해지자, 원정대는 개들을 죽여 '개 페미컨'을 만들었다. 프랭크 와일드는 이렇게 썼다. "그 일은 나에게 맡겨졌는데, 이것은 내가 평생 해 본 최악의 일이었다. 나는 가장 나쁜 개보다 못한 인간을 많이 알고 있었으며, 차라리 그들을 쏘는 게 나았을 것이다."

바랐다.

E. Shackleton, *South*.

섀클턴은 사우스조지아를 성공적으로 가로질러 슈트롬니스에 도착했다

우리는 온기와 안락으로 통하는 비탈을 조심스럽게 내려가기 시작했다. 여행의 마지막 단계는 특히 어려웠다. 얼음이 덮인 가파른 산비탈을 내려가는 안전한 아니, 비교적 안전한 길을 찾았지만 소용이 없었다. 유일하게 가능한 통로는 고지에서부터 흘러내리는 물이 파낸 수로인 것 같았다. 우리는 얼음 같은 물을 통과하며 이 물줄기가 가는 길을 따라갔다. 우리는 허리까지 물에 젖어 몸을 떨었다. 춥고 피곤했다. 곧 우리 귀는 반갑지 않은 소리를 탐지했다. 다른 상황에서라면 음악처럼 들릴 수도 있는 소리였다. 폭포가 떨어지는 소리였다. 엉뚱한 쪽으로 온 것이었다. 폭포 꼭대기에 이르러 우리는 조

목수의 고양이 치피 부인과 함께한 퍼시 블랙보로. 19세로 원정대에서 가장 어린 블랙보로는 섀클턴이 직접 뽑지 않은 유일한 대원이었다. 부에노스아이레스에서 탑승한 밀항자였던 것이다. 블랙보로는 이 항해에서 살아남았지만, 안타깝게도 치피 부인은 살아남지 못했다. 인듀어런스가 침몰한 뒤 섀클턴이 식량을 아끼기 위해 치피 부인을 죽이라고 명령했기 때문이다. 목수는 섀클턴을 용서하지 않았다.

심스럽게 그 너머를 살폈다. 폭포의 높이는 8~9미터 정도 될 것 같았다. 양쪽으로는 통과 불가능한 얼음 절벽이었다. 다시 올라가는 것은 우리의 지친 몸으로는 거의 생각할 수 없는 일이었다. 내려가려면 폭포 자체를 통과할 수밖에 없었다. 우리는 밧줄 한쪽 끝을 바위에 묶었다. 흐르는 물에 바위가 반들반들하게 닳았기 때문에 쉬운 일은 아니었다. 워슬리와 나는 가장 무거운 크린을 먼저 내려 주었다. 크린은 폭포 속으로 완전히 사라졌다가 바닥 쪽에서 나오며 숨을 헐떡였다. 다음에 내가 밧줄을 타고 미끄러져 내려갔고, 가장 가볍고 몸이 유연한 워슬리가 마지막으로 왔다. 폭포 바닥에 이르자 우리는 다시 마른 땅에 설 수 있었다. 밧줄은 챙길 수 없었다. 우리는 내려오기 전에 폭포 위에서 아래로 까뀌를 던졌다. 항해 일지와 조리 기구도 셔츠에 싸서 던졌다. 1년 반 전 장비를 완벽하게 갖춘 훌륭한 배를 타고 희망에 부풀어 들어갔던 남극대륙에서 우리가

가져나온 것은 젖은 옷 외에는 그것이 전부였다. 손에 쥘 수 있는 것은 그렇다는 이야기다. 하지만 우리 기억은 풍성했다. 우리는 사물의 외피를 뚫고 들어갔다. 우리는 "고생했고 굶주렸고 승리했고 기어 다녔지만 그럼에도 영광을 손에 쥐었고, 커다란 전체 속에서 함께 커졌다." 우리는 영광 속의 신을 보았고, 자연이 하는 말을 들었다. 우리는 인간의 벌거벗은 영혼에 이르렀다.

우리는 추위에 몸을 떨었지만, 행복하고 가벼운 마음으로 이제 2킬로미터 정도 떨어진 고래잡이 기지를 향해 출발했다. 여행의 어려움은 끝났다. 우리는 매무시를 조금이라도 다듬으려 했다. 기지에 여자들이 있을지도 모른다는 생각을 하자 우리의 야만적인 겉모습에 여간 신경 쓰이지 않았기 때문이다. 턱수염은 길었고 머리는 떡이 된 상태였다. 씻지도 못했고, 거의 1년 동안 갈아입지 못한 옷은 더러운 넝마와 다름없었다. 이보다 볼썽사나운 악당도 상상하기 힘들 터였다. 워슬리는 옷 어딘가에서 안전핀 몇 개를 꺼내 임시로 수선을 했는데, 그 바람에 외려 전체적으로 수선되지 않은 상태라는 것이 더 도드라져 보일 뿐이었다. 우리는 서둘러 내려갔다. 기지에 거의 다가갔을 때 열 내지 열두 살쯤 되어 보이는 어린 소년 둘을 만났다. 나는 아이들에게 관리인의 집이 어디냐고 물었다. 아이들은 대답하지 않았다. 그들은 우리를 한 번 보았다. 두 번 되풀이할 필요도 없이, 한눈에 모든 것을 파악했다. 아이들은 가능한 한 빨리 우리로부터 멀어졌다. 우리는 기지 외곽에 이르러, '소화의 집'을 통과했다. 안은 어두웠다. 반대편으로 나오자 노인이 한 사람 있었다. 노인은 악마라도 본 듯이 깜짝 놀라, 우리에게 질문을 할 여유도 주지 않고 서둘러 달아났다. 친절하지 않은 인사인 셈이었다. 이윽고 우리는 부두에 이르렀다. 그곳을 책임지는 사람은 달아나지 않았다. 나는 그에게 소를 씨(관리인)가 집에 있느냐고 물었다.

"있소." 그는 우리를 물끄러미 보며 물었다.

"그분을 만나고 싶소." 내가 말했다.

"당신들은 누구요?" 그가 물었다.

"우리는 배를 잃어서 섬을 넘어왔소." 내가 대답했다.

"섬을 넘어왔다고?" 그가 도저히 믿지 못하겠다는 표정으로 물었다. 그는 관리인의 집으로 갔고, 우리는 그를 따랐다. 나중에 그가 소를 씨한테 이렇게 말했다는 것을 알게 되었다. "바깥에 웃기게 생긴 사람 셋이 있는데, 섬을 넘어왔다면서 소를 씨를 안다고 하더군요. 지금 밖에 있습니다." 그의 관점에서 볼 때는 필수적인 예방조치였을 것이다.

샌클턴이 사우스조지아로 배를 타고 떠나면서 엘리펀트 섬에 두고 간 승무원들. 이들은 뒤집힌 보트 두 척 밑에서 몇 달을 버티었다. 고래 지방 스토브로 조리를 했기 때문에 모두 검은 기름을 한 꺼풀 뒤집어쓰고 있다. 엘리펀트 섬의 상태는 매우 지저분했다. 사진을 찍은 프랭크 헐리는 이들이 "사진에 찍힌 최고의 오합지졸 집단"이라고 말했다.

소를 씨가 문으로 오더니 말했다. "뭐요?"

"나를 모르겠소?" 내가 말했다.

"목소리는 알겠소." 그가 수상쩍다는 표정으로 대답했다. "데이지호의 항해사 아니오?"

"내 이름은 섀클턴이오." 내가 말했다.

그는 즉시 손을 내밀며 말했다. "들어오시오. 들어와."

"보시오, 전쟁은 언제 끝났소?" 내가 물었다.

"전쟁은 끝나지 않았소." 그가 대답했다. "수백만 명이 죽어 나가고 있소. 유럽은 미쳤소. 세상이 미쳤소."

E. Shackleton, *South*.

조지 맬러리 *George Mallory 1886~1924*
에베레스트의 수수께끼

1852년 영국 측량 기사들이 에베레스트 산(그들의 지도상의 XV 봉)을 세계에서 가장 높은 산으로 인정한 이후, 등반가들은 이 산을 목표로 삼았다. 그러나 본격적인 공격이 시작된 것은 1921년부터였다. 4년 동안 영국 팀들이 비탈을 연타했고, 공략을 할 때마다 정상에 가까워졌다. 여러 사람이 이곳에 왔다가 갔지만, 조지 맬러리라는 이름의 교사보다 더 집요한 사람은 없었다. 당대 가장 노련한 등반가로 꼽혔고, 바위에서 유연하게 움직이는 것으로 유명했던 맬러리는 문인으로서 런던의 문인 엘리트의 총아이기도 했다. 그는 등반을 할 때마다 고도 신기록을 세워, 1924년에는 그 어느 때보다 높은 곳에 캠프를 차린 뒤 마지막 구간을 치고 올라갈 준비를 마쳤다. 맬러리는 힘은 좋지만 경험은 부족한 청년 샌디 어빈과 함께 6월 8일 아침 정상을 향해 떠났다. 맬러리는 정상에 갔다가 어둡기 전에 돌아올 수 있을 것이라고 자신했다. 원정대의 한 대원도 그들이 정상까지 불과 250미터를 남겨 놓고 빠르게 움직이는 것을 보며 같은 생각을 했다. 그러나 두 사람은 돌아오지 않았다. 그들의 운명은 1999년 미국 원정대가 미라가 된 맬러리의 시신을 발견할 때까지 수수께끼로 남아 있었다. 맬러리는 추락한 것이다. 그러나 정상을 밟기 전인지 밟은 뒤인지는 알 수 없었다. 어빈의 시신은 발견되지 않았고, 맬러리가 가져간 코닥 베스트포킷 카메라도 마찬가지였다. 어빈과 카메라가 발견되기 전에는 진실을 알 수가 없다. 그때까지는 원정대장 노턴이 그들을 마지막으로 본 장면이 그들에게 바치는 감동적인 찬사이자 부고 역할을 할 것이다. "이 두 사람은 함께 마지막으로 산을 올라갔다. 그때까지 인간이 올라가 보지 못한 높은 곳이었다. 마지막으로 보았을 때는 한 사람이 다른 사람에게 손을 내밀고 있었다. 그 다음부터 그들의 모습은 사라졌다. 두 사람 모두 그 너머 미지의 땅으로 건너갈 때 손을 잡을 수 있는 친구로, 그때 바로 옆에 있던 사람보다 더 나은 사람을 바랄 수는 없었을 것이다."

에베레스트에서 보낸 필사본들은 1924년의 세 번에 걸친 등정 시도를 묘사하고 있다. 이 글을 쓴 사람은 등반대장 '테디' 노턴, 하워드 소머벨, 노얼 오델이다
노턴: 캠프 III. 동 롱벅 빙하. 6월 8일. 캠프 III에서 여덟 번째 급보를 구술한다. 구술한다고 말한 것은 내가 심한 설맹에서 회복되는 중이라 쓸 수가 없기 때문이다. …… 모든 일에 유능한 제프리 브루스가 내 서기다. 우리는 높은 고도에서 한 번 등정 시도를 했지

강을 걸어서 건넌 맬러리가 카메라에 멋진 엉덩이를 들이대고 있다. 동료 하워드 소머벨과 아서 웨이크필드도 그의 장난을 즐거워하고 있다. 에베레스트까지 가는 길은 등반만큼이나 힘이 들었다. 지형이 워낙 험준하여 초기 원정대는 군사 원정을 떠나는 것과 비슷했다. 식량, 연료, 편의 장치를 운반하는 짐꾼 부대가 줄지어 따라갔던 것이다.

만, 지금은 둘 다 이 작업이 우리에게 어울리는 일이라고 생각하고 있다.

위에는 에베레스트 탑들이 버티고 있다. 새로 내린 눈 때문에 가루를 좀 뿌린 듯하다. 고요하고 바람은 없다. 그 축축하고 끈적끈적한 구름에 반쯤 싸여 있다. 이번에는 틀림없이 본격적인 몬순이 시작될 것 같다. 캠프의 모든 사람의 눈은 마지막 피라미드를 향하고 있다. 모두 강렬한 기대감에 사로잡혀 있다. 지금 이 순간 1924년 원정의 성공과 실패를 결정하는 마지막 시도가 이루어지고 있을 것이 틀림없기 때문이다. ……

에베레스트 북릉 등정은 말로 묘사할 수가 없다. 그것은 바람과 고도에 대항한 싸움이다. 그 싸움은 보통 평균 45도의 바위에서, 때로는 눈에서 이루어진다. 6,900미터 이상의 높이에서 등반을 해 본 사람에게는 매력적인 이야기로 들릴 것이다. 캠프 V는 약 7,600미터 높이의 능선 동쪽, 즉 바람을 피할 수 있는 곳에 설치할 예정이었다. 7,500미터를 넘어가면 짐꾼들의 인내심이 바닥난다. 여덟 명 가운데 네 명만 자력으로 캠프 V까지 올라갔다. 나머지는 짐을 놓아두고 더 올라가지 못했다. 맬러리가 캠프를 꾸리는 동안, 브루스와 '호랑이들'의 지도자 가운데 하나라는 말을 들을 자격이 있는 롭상이라는 사람이 위의 캠프로부터 두 번 내려와 필요한 짐을 지고 올라갔다. 백인들은 이 고도에서 짐을 지면 문제가 생긴다. 따라서 브루스가 이런 멋진 행동을 한 뒤 심장에 무리가 간 것도 놀랄 일은 아니다. 일시적인 문제로 그친 것이 다행이다.

소머벨: 고도가 우리에게 점점 심각하게 영향을 주기 시작했다. 8,250미터쯤에 이르자 갑자기 변화가 일어났다. 조금만 내려가도 편안하게 걷고, 한 걸음 걸을 때마다 서너 번 숨을 쉬면 된다. 하지만 여기에서는 한 걸음 내디딜 때마다 일곱, 여덟, 또는 열 번 완전한 호흡을 해야 했다. 이렇게 느리게 전진하면서도 20~30미터 가고 나면 1, 2분은 쉬어야 했다. 사실 우리는 인내의 한계에 다다르고 있었다. …… 우리는 내키지 않았지만 게임은 끝났다고 동의했다. …… 그래서 1분에 180번 이상 뛰는 무거운 심장으로 왔던 길을 되짚어 갔다. 그러나 속도는 느렸다. 이런 높이에서는 내려가는 것도 힘들고 숨이 차기 때문이다. 우리 둘 다 숨을 고르고 힘을 다시 모으느라 자주 쉬어야 했다. 우리가 도달한 가장 높은 지점에서 본 풍경, 그리고 그 위로 높이 펼쳐진 풍경은 그 규모나 웅장함이 이루 말로 표현할 수가 없었다. 세계에서 가장 높은 산들로 꼽히는 그야창캉과 초우요가 300미터 이상 아래 있었다. 그 봉우리들 둘레로 멋진 봉우리들로 이루어진 바다가 보였다. 모두 거인으로 꼽히는 산들이었지만, 우리 밑의 난장이들 같았다. 에베레스트에 딸린 봉우리들 가운데 가장 화려하다고 하는 푸모리의 아름다운 정상도 봉우리에 봉우리가 겹치는 광대한 풍경 속의 하나의 작은 사건에 불과했다. 멀리 300킬로미터 떨어진 곳에서 티베트의 평원 위로 산맥이 빛을 발하고 있었다. 실로 말로 표현할 수 없는 광경이었다. 세상 만물 위에 올라와 신의 눈으로 세상을 내려다보는 것 같았다. ……

우리는 이제 오늘 다시 시도를 하는 맬러리와 어빈의 소식을 기다리고 있다. 인공적으로 제공되는 산소의 도움으로 희박한 공기의 영향을 극복하여, 정상에 오르는 가장 큰 어려움을 정복할 수 있기를 바란다. '강철 봄베의 수호신'이 그들을 도와주기를! 우리 모두 그가 성공하기를 바라고 있다. 우리 가운데 유일하게 3년이나 이 정상에 매달려 온 맬러리야말로 그곳에 올라갈 자격이 있는 사람이기 때문이다.

오델: 6월 6일, 이른 아침에 나온 튀긴 정어리를 기분 좋게 칭찬하며 적당히 먹은 뒤 맬러리와 어빈은 짐꾼 다섯 명, 식량, 예비 산소통과 함께 캠프 V(7,500미터)를 향해 노스콜 캠프를 떠났다. …… (6월 7일에) 그날 밤 (캠프 VI의) 맬러리에게서 돌아온 짐꾼들은 8,100미터까지는 산소를 최소한으로만 사용했으며, 일을 하기에 완벽한 날씨라는 희망찬 메시지를 들고 왔다. 날씨는 나도 그렇다고 판단했다. 저녁에 캠프 V의 텐트를 친 작은 바위턱에서 살펴보고 내일 날씨가 아주 좋을 것 같다고 생각했기 때문이다.

캠프의 상황은 독특했으며 전망은 멋졌다. 서쪽으로는 자연 그대로의 야만적인 봉우리들이 혼잡하게 섞여 있었는데, 그 가운데 가장 높은 추 우요(8,025미터)는 분홍색과 노란색이 어우러진 절묘한 색조에 감싸여 있었다. 맞은편에는 에베레스트 북봉의 여윈 절벽들이 유백광으로 넓고 찬란한 북쪽 지평선의 일부를 차단하고 있었다. …… 동쪽으로는 희박한 공기 속에 칸첸중가의 눈 덮인 꼭대기가 둥둥 떠 있었으며, 마지막으로 아름답고 다채로운 그양카르 산맥이 뻗어 있었다. 이 고도에서 바라보는 석양과 그 직후의 풍경은 결코 잊을 수 없는 초월적 경험이었다.

6월 18일 이른 아침 날씨는 맑았고, 높은 고도임에도 별로 춥지는 않았다. 내가 캠프 V까지 데려온 짐꾼 두 명은 구역질과 두통을 호소했다. 그들을 노스콜의 캠프 IV로 보낼 구실에 생긴 것이 고맙기도 했다. 나는 캠프 V와 캠프 VI 사이의 비탈면에서 가능한 한 넓게 지질학적 조사를 하고 싶었는데, 그동안은 자유롭게 산을 오를 수 있기를 바랐기 때문이다. 내가 일을 시작한 직후에 구름이 끼기 시작했다. 주기적으로 어두워지기는 했지만, 그런 노출된 능선치고는 바람은 심하지 않은 편이었다. 이따금씩 진눈깨비와 가벼운 눈이 섞여 있기는 했다. 이런 눈이 섞인 질풍이 부는 동안에도 위쪽을 보면 종종 빛이 보이곤 했다. 더 높은 고도는 맑다는 뜻이었기 때문에, 맬러리와 어빈이 안개 위쪽에 있기를 바랐다.

12시 50분, 에베레스트에서 처음으로 분명한 화석을 발견한 기쁨에서 간신히 빠져나왔을 때, 갑자기 대기가 맑아지면서 정상의 능선 전체와 에베레스트의 마지막 봉우리가 베일을 벗었다. 내 눈은 능선의 바위 계단 바로 밑의 작은 눈 봉우리 위에 실루엣으로 보이는 아주 작은 검은 점 하나에 고정되었다. 검은 점이 움직였다. 검은 점이 하나 더 나타나더니 눈을 올라가 꼭대기에서 다른 점과 만났다. …… 그러자 첫 번째 점이 커다란 바위 계단에 다가가, 금세 꼭대기에 올라섰다. 두 번째 점도 똑같이 움직였다. …… 매혹적인 광경 전체가 구름에 덮여 사라져 버렸다. ……

노얼 대위가 찍은 1924년 원정대. 뒷줄 왼쪽에서 오른쪽으로 어빈, 맬러리, 노턴, 오델, 맥도널드. 앞줄 셰비어, 브루스, 소머벨, 비섬. 왜 그렇게 에베레스트를 정복하려고 하느냐고 묻자 맬러리는 이렇게 대답했다. "지질학자에게 갖다 줄 꼭대기의 돌 때문이기도 하고, 의사들에게 알려 줄 인내의 한계에 대한 지식 때문이기도 하지만, 무엇보다도 인간의 영혼을 살아 있게 해 주는 모험 정신 때문이다." 그런 다음 경박하게 덧붙였다. "그게 거기 있기 때문이지."

맬러리와 어빈이 노스콜로 떠나면서 산소 탱크를 조정하고 있다. 그들 둘이 함께 찍은 마지막 사진이다. 그들이 정상 도전을 하다 죽은 것은 확실했다. 그러나 목표에 도달했는지는 아직도 알 수 없다. 등반대장 노턴은 감동적인 부고를 남겼다. "이 두 사람은 함께 마지막으로 산을 올라갔다. 그때까지 인간이 올라가보지 못한 높은 곳이었다. 마지막으로 보았을 때 한 사람이 다른 사람에게 손을 내밀고 있었다. 그 다음부터 그들의 모습은 사라졌다. 두 사람 모두 그 너머 미지의 땅으로 건너갈 때 손을 잡을 수 있는 친구로서, 그때 옆에 있던 사람보다 더 나은 사람을 바랄 수 없었을 것이다."

가능한 설명은 한 가지뿐이었다. 내가 그렇게 먼 곳에서도 볼 수 있었던 두 점은 상당히 민첩하게 움직이는 맬러리와 그의 동료였다.

노턴: 롱북 베이스 캠프, 6월 14일. 산의 적대행위가 다시 시작된 것이 틀림없다. 생존한 등반가 모두가 최선을 다했다. 내 앞에는 우리 모두 심장이 다소간 부풀었고, 이러

저런 사소한 장애가 있다는 의학적 보고서가 놓여 있다. 이제 낮은 고도로 내려가면 문제는 저절로 사라질 것이다. 하지만 계속 높은 곳에 올라가려고 하면 영원히 남을지도 모른다. ……

우리는 무거운 마음으로 이곳을 떠난다. 우리는 성공하지 못했다. 사라진 등반가들이 그들을 죽음에 이르게 했을 것으로 여겨지는 사고 전에 정상에 이르렀는지는 아무도 알 수 없기 때문이다. …… 결과에 비해 엄청나게 큰 대가를 치른 셈이다. …… 맬러리는 3년 동안 에베레스트 공격의 살아 있는 영혼이었다. 아마 그에게는 이것이 개인적인 문제였을 것이다. 궁극적으로 우리 나머지 사람들과 그 의미를 받아들이는 것이 약간 달랐던 것이다. …… 그의 내부의 불길이 그를 진정으로 위대하게 만들었다. 그런 정신이 계속 그의 몸을 지배했기 때문에, 오랫동안 그와 함께 등반을 했지만 나는 그가 피로에 굴복하는 모습을 상상도 하지 못한다. ……

베이스캠프를 떠나기 전 자유로운 마지막 하루다. 이곳에는 모순된 기억들이 공존한다. 티베트의 햇빛이 비치는 평원을 지나온 뒤에 보면 너무 황량하고 삭막하지만, 이보다 훨씬 황량한 빙하의 캠프에 있다 오면 집처럼 아늑하기 때문이다. 오늘 하루는 바쁘다. 다른 일이 없는 사람은 내일 행군 준비를 위해 짐을 싸거나, 베이스캠프를 굽어보는 커다란 원뿔형 빙퇴석 더미 위에 기념비를 세우고 있다. 세 번의 에베레스트 산 원정에서 목숨을 잃은 사람들의 이름을 기념하는 비다.

The Mount Everest Dispatches, The Geographical Journal, Vol. 64, No. 2.

움베르토 노빌레 *Umberto Nobile 1885~1978*
세상 위에 뜬 비행선

이탈리아의 비행선 설계자 움베르토 노빌레는 1926년 로알 아문센, 링컨 엘즈워스와 함께 공동 지휘관으로서 노르게호를 타고 스피츠버겐을 떠나 북극을 거쳐 알래스카로 비행했다. 노빌레는 이 성공에 자극을 받아, 북극의 미지의 지역의 지도를 그리기 위한 일련의 비행에 나섰다. 그러나 1928년 그의 비행선 이탈리아호가 스피츠버겐 근처에서 얼음에 추락했다. 이 사고로 승무원 열여섯 명 가운데 일곱 명이 죽었으며, 부빙군을 가로질러 구조를 요청하러 가다가 수수께끼 같은 상황에서 또 한 명이 죽었다. 배 열여덟 척, 비행기 스물두 대와 구조대원 1,500명으로 이루어진 다국적 구조대가 이 지역에 모여들었다. 비행기 한 대가 노빌레를 구출했지만, 돌아오는 길에 뒤집혀 조종사도 표류자가 되고 말았다. 다른 비행기도 몇 대 추락하여, 이탈리아호 사고로 죽은 수보다 그 생존자를 구출하려다 죽은 사람 수가 더 많아지게 되었다. 이탈리아에 돌아간 노빌레는 사람을 잡아먹었다는 소문에 시달렸으며, 승무원은 놓아두고 혼자만 빠져나오는 무책임한 행동을 했다는 비난을 받았다. 노빌레는 고향에서 따돌림을 당하자 소련으로 이주하여, 세계 최대의 비행선을 만들겠다는 스탈린의 과대망상적인 계획에 참여했다. 노빌레는 나중에 미국으로 이주했다가, 최후에는 스페인에 정착했다.

이탈리아호는 추락하면서 조종실이 떨어져 나가, 노빌레를 비롯한 몇 사람이 얼음 위로 나동그라졌다. 그러자 무게가 가벼워진 비행선은 여섯 명을 태운 채 다시 공중으로 올라갔다 눈을 떠 보니 나는 무시무시한 부빙군 한가운데 있는 얼음 위에 누워 있었다. 즉시 다른 사람들도 나와 함께 떨어졌다는 것을 깨달았다.

하늘을 보았다. 비행선은 코를 공중으로 들어 올린 채 바람에 밀려 내 왼쪽으로 가고 있었다. 조종실 주변이 심하게 찢겨져 있었다. 그곳에서 찢어진 직물 가닥, 밧줄, 쇠붙이 조각이 덜렁거렸다. 선실 왼쪽 벽은 그대로 붙어 있었다. 덮개에 주름이 간 곳이 몇 군데 보였다. …… 홀린 듯 지켜보는 가운데 비행선은 안개와 합쳐지더니 시야에서 사라졌다.

그때야 부상을 당했다는 것을 깨달았다. 부러진 오른쪽 다리와 팔이 욱신거렸다. 얼굴과 정수리도 아팠다. 강한 충격 때문에 가슴은 뒤집혀 버린 것 같았다. 마지막이

북극에 던질 깃발을 갖고 노빌레의 비행선 노르게호의 삭구에 매달린 승무원. 무게를 최소화하기 위해 공동 지휘관인 아문센과 엘즈워스는 작은 삼각기들만 떨어뜨렸다. 그러나 노빌레는 무거운 떡갈나무 상자에 넣어 온 거대한 이탈리아 삼색기를 꺼내 현창 밖으로 던졌고, 그의 동포들은 큰 소리로 환호했다. 아문센은 화가 나서 자신의 작은 노르웨이 기가 손수건처럼 보인다고 불평을 했다.

아문센이 "미지의 매혹"
이라고 부른 것을 응시하
고 있는 노르게호의 승무
원들. 노르게호를 떠 있게
해 주는 수소 전지에 불꽃
이 튈 위험을 줄이기 위해
늘 펠트 천 슬리퍼를 신고
있어야 했다. 스스로 원정
대장이라고 생각했던 아
문센은 노빌레가 비행선
에 있는 것을 못마땅하게
여겼으며 ─ 그가 설계자이
자 조종사였음에도 ─ "매
우 독특한 운전기사"이며
"점잔 빼는 건방진 놈"이
라며 무시했다(부당한 태도
였다고 말할 수 있다).

다가왔다는 느낌이었다. ……

여기저기에 파편이 보였다. 하얀 눈을 배경으로 회색이 점점이 박힌 광경은 황량한 느낌을 주었다. 내 앞의 선홍색 띠는 마치 거대한 상처에서 흘러나온 피 같았는데, 그곳이 우리가 떨어진 자리였다. 붉은 것은 유리 (고도계) 공에서 나온 액체였다. …… 내 오른쪽 옆의 맘그렌은 여전히 같은 자리에 앉아 말없이 오른쪽 팔을 쓰다듬고 있었다. 추락으로 인해 약간 부운, 창백한 잿빛의 찌푸린 얼굴에서는 텅 빈 절망밖에 보이지 않았다. 그의 파란 눈은 마치 허공을 보듯 앞쪽에 고정되어 있었다. 생각에 잠긴 것처럼 주위의 다른 사람들은 의식하지 못했다. …… 그는 일어섰다. 부상을 당한 어깨 때문에 똑바로 서지 못해 구부정한 자세였다. …… 그는 나를 보더니 영어로 말했다. "장군님, 여행 감사합니다. …… 나는 물 밑으로 가겠습니다!"

그는 그렇게 말하더니 방향을 틀어 걸어갔다. "안 돼, 맘그렌! 당신은 이럴 권리가 없어. 우리는 신이 결정할 때 죽을 거야. 우리는 기다려야 해. 거기서 멈춰."

그가 나를 돌아본 순간 그 표정을 결코 잊을 수 없을 것이다. 나는 움직이는 것이 고통스러웠다. 골절로 인한 고통 때문에 소리를 지르지 않으려고 여러 번 이를 악물어야 했다. 그러나 마침내 그들은 나를 안으로 끌고 가 텐트 뒤쪽, 입구를 마주 보는 벽에 뉘어 놓았다.

이윽고 그들은 체치오니를 데리고 들어와 내 옆에 뉘었다. …… 그러더니 포멜라가 죽었다는 소식을 전했다. 그는 엔진이 달린 보트의 잔해 옆 얼음에 앉은 모습으로 발견되었다. 가죽 신발은 벗고 있었다. 얼굴에는 고통의 표시가 없었다. 부상을 당한 것처럼 보이지도 않았다.

포멜라는 나에게 아주 귀중한 사람이었다. 그럼에도 그 비극적인 밤에 나는 그의 죽음에 무심했다. 마음이 굳어서가 아니었다. 나도 모르게, 꾸물거리고 늑장을 부리는 죽음을 기다리느니 차라리 그냥 그 자리에서 죽는 것이 낫다는 생각이 들었기 때문이다. …… 나는 그의 운명이 부러웠다.

이윽고 우리는 다른 여섯 명의 운명을 조금 생각하다 잠자리에 들었다. 그 비좁은 공간에 아홉 명이 웅크리고 있었다. 인간의 팔다리들이 뒤얽혀 있었다. 바깥에서는 바람이 울부짖고 있었다. 텐트의 캔버스 천이 애처로운 박자로 펄럭이는 소리가 들렸다. 체치오니는 지쳐 떨어질 때까지 계속 중얼거렸다. 나도 지쳐서 잠이 들었다.

U. Nobile, *My polar flights: an account of the voyages of the air-ships Italia and Norge.*

세 사람—맘그렌, 마리아노, 자피—이 얼음을 건너가 스피츠버겐에서 구조대를 데려오겠다고 자원했다. 추락 사고 때 심하게 부상을 당한 맘그렌은 일찍 죽었다. 자피는 나중에 저널리스트에게 자신과 마리아노가 구조된 과정을 이야기했다

우리가 아무것도 먹지 못한 지 나흘째 되는 날이었다. 마리아노는 자기를 버리고 가면 나머지 사람들은 육지에 닿을 수 있을 것이라는 이야기를 다시 했다. 그러나 너무 늦었다. 식량도 없고 몸은 약했기 때문에, 나는 그래 보아야 성공할 가능성이 거의 없다고 생각했다. 그래서 우리는 죽음 앞에서 체념하기로 했다. 추위, 습기, 바람이 우리의 몸에서 마지막 남은 힘을 몰아냈다. 이런 고통이 12일 동안 계속되었다. 제정신인 사람이라면 희망을 버려야 마땅했다. 우리는 조용히 마지막을 기다렸다.

7월 10일 저녁 무렵, 갑자기 엔진이 새로 윙윙거리는 소리가 들렸다. 나는 얼음 동굴에서 비틀거리며 나가, 우리 깃발 역할을 하던 넝마 띠를 미친 듯이 흔들었다. 나는 조종사가 나를 보았다는 것을 알고 깜짝 놀랐다. 내 입에서 기쁨의 외침이 터져 나왔다. 실제로 기계가 우리 머리 위에서 크게 원을 그리기 시작했다. 그는 다섯 번이나 우리의 감옥 위를 맴돌았다. 나는 계속 깃발을 흔들었다. 마침내 비행기가 안개 속으로 사라졌다. …… 그러나 돌아오지 않았다.

다시 절망이 우리를 휩쓸었다. 12일 아침 우리는 날카로운 사이렌 소리에 깜짝 놀랐다. 우리는 축축한 담요에 몸을 감싼 채 누워 있었다. 나는 얼른 일어났지만 아무것도 보이지 않았다. 그래서 얼음이 움직이며 난 소리라고 생각하고 다시 누웠다. 그때 갑자기 연기의 흔적이 보이는 것 같았다. 나는 얼음 언덕의 가장 높은 곳에 올라갔다. …… 마지막 남은 힘을 그러모아 미친 듯이 넝마를 흔들었다. 다시 사이렌 소리가 시끄럽게 울려 퍼졌다. 의심은 모두 사라졌다. (쇄빙선이) 우리를 본 것이다.

"우리는 살았어, 마리아노. 가족을 다시 보게 될 거야. 사랑하는 조국을 다시 보게 될 거야."

다시 불안한 30분이 흘렀다. 이윽고 배가 단호하게 우리의 부빙 쪽으로 이물을 돌렸다. 승무원들의 환호가 우리 귀에는 우리의 생환을 환영하는 노래처럼 들렸다.

D. Giudici, *The Tragedy of the Italia*.

오거스트 코톨드 _August Courtauld 1904~1959_
홀로 그린란드 만년설에서

백만장자 산업가의 아들인 코톨드는 1930~1931년 '영국 북극 항공 원정대'에 적을 두었다. 그 목적지는 그린란드였고, 목적은 북극이 유럽 기후 체계에 미치는 영향을 연구하는 것이었다. 그 지도자는 지노 왓킨스로, 동료들은 그의 헌신을 섀클턴이나 스콧의 헌신에 비기곤 했다. (그들과 마찬가지로 왓킨스 또한 요절했다. 그 뒤의 그린란드 원정에서 목숨을 잃은 것이다) 왓킨스는 겨울에 발이 묶였지만, 이 경험으로 귀중한 기상학적 정보를 얻을 수 있을 것이라는 기대 때문에 지원을 요청하지 않았다. 코톨드는 고립된 기상 기지 한 곳에 들어가겠다고 자원했다. 그는 무전이 닿지 않는 곳에서, 기본 장비만 가지고 겨울이 지나가기를 기다렸다. 눈이 그의 텐트를 덮고, 그의 보급품이 들어 있는 이글루를 부수었다. 그는 금욕적인 태도로 파이프를 입에 물었다. "불평할 것은 없다. 다만 세 시간 마다 추운 바람이 부는 곳으로 나가 날씨를 관찰해야 하는 것이 저주일 뿐이다." 그는 식량을 아끼려고 하지도 않았다. "나는 케이크를 가지고 있는 것보다 입에 넣는 것을 더 좋아한다. 현재를 즐겨라." 결국 식량이 바닥났다. 담배마저 바닥이 나자, 코톨드는 찻잎을 피웠다. 연료도 바닥이 나자, 그는 어둠 속에서 파이프를 피웠다. 눈이 내리고 또 내려, 마침내 그가 있다는 표시는 쓸려 온 눈 위로 몇 센티미터 내민 환기 파이프만 남게 되었다. 그의 부모는 그를 구조하려고 항공 원정대를 몇 번 보냈지만, 결국 왓킨스와 다른 두 사람이 썰매를 타고 가 그를 구했다. 코톨드는 처음에는 안도했지만, 곧 자신을 구하는 데 그렇게 많은 돈을 쓰고 노력을 기울였다는 것에 화를 냈다. 그는 약혼녀에게 자신의 고생은 '별것 아니었다'고 말했다.

코톨드가 자신의 외로운 존재를 생각하다

왜 인간들은 이곳에 올까? 사람들은 많은 이유를 댄다. 옛날에는 보물에 대한 욕심 때문이라고 했지만, 보물이 사라졌는데도 사람들은 이곳을 찾는다. 그 다음에는 모험에 대한 갈망이었다. 하지만 썰매를 타거나 만년설에 앉아 있는 것에는 모험이라고 할 만한 것이 없다. 그럼 호기심, 자연의 외딴 곳에서 베일 뒤의 신비와 황량함을 보고 싶은 갈망일까? 그럴지도 모르지만, 그것이 다가 아니다. 왜 우리가 사랑하는 모든 사람들, 모든 좋은 친구들, 우리를 편하게 해 주는 작은 것들, 마음에 기쁜 모든 것들을 떠나, 이 묘하고 오래된 땅에 관한 약간의 학문적 지식을 수집하려 하는 것일까? 우리는 무엇

지저분한 모습의 코톨드가 혼자 다섯 달을 보낸 그린란드 만년설의 굴에서 나왔다. 그는 자신의 구조를 묘사하면서 이렇게 말했다. "아침 식사를 하려고 얼음을 녹이는데 프리머스가 마지막 숨을 헐떡거렸다. 나는 이 소량의 페미컨과 마가린으로 소위 식사를 한 뒤에 침낭에 누워 있었다. ····· 갑자기 버스가 지나가는 것처럼 시끄러운 소리가 들리더니, 시끄럽게 외치는 소리가 들렸다. 나는 깜짝 놀랐다. 마침내 집이 무너지는 것인가? 잠시 후 나는 진상을 파악했다. 어떤 사람, 진짜 인간이 환기구에 대고 소리를 지르는 것이었다. 아주 멋진 순간이었다. 어떻게 해야 할지, 무슨 말을 해야 할지 알 수가 없었다. 나는 더듬거리며 마주 소리를 질렀지만, 이것은 전혀 쓸데없는 행동이었다."

을 얻는 것일까? ……

세상으로부터 달아나면 우리는 실제로 도덕적으로 우리 자신을 묻어 버리게 될까? 정원 담 너머로 던진 식물처럼 썩거나 고약한 냄새가 나게 될까? 아니면 우리 영혼에서는 친구의 보호를 벗어 버리고 몸에서는 쾌락을 버림으로써 실재에 가까이 다가가, 그 배후의 위대한 목적을 더 분명하게 보게 될까? 이런 상황에서 세상의 걱정은 얼마나 하찮아 보이는가? 여기 있는 것들, 공포로 우리 심장을 움켜쥐는 것들, 허공에서 세상을 회전시키는 힘들은 얼마나 웅장하고 무시무시한가? 한심한 인류의 덧없는 희망과 공포를 떠남으로써 지속적인 것들, 오랫동안 유지되는 것들에 더 가까워지는 것일까? ……

바라는 것이 무슨 도움이 된다면, 다음과 같은 쾌락들을 가장 누리고 싶다. 첫째, 식사 전에 활활 타오르는 난로 앞의 팔걸이의자에 앉아 몰리(그의 약혼녀)가 연주를 하며 부르는 노래를 듣는 것. 둘째, 화창한 여름 아침 8시, 바다에서 시원한 바람을 맞이하려고 돛을 활짝 펼친 작은 보트의 키를 잡고 있을 때 몰리와 아침 식사 냄새가 위로 올라오며 아침 인사를 하는 것. 셋째, 깨끗한 시트가 깔린 침대에 깨끗한 잠옷을 입고 들어가는 것. 넷째, 맑은 가을 아침, 정원에서 사과를 먹은 뒤 식사를 하는 것(훈제 청어, 깨어 삶은 달걀, 콩팥과 버섯, 찬 자고로 이루어진 거창한 식사). 다섯째 뜨거운 욕조에 들어가는 것. ……

구조대가 오지 않는 상태에서 한 달 한 달이 지나가지만, 그들이 올 것이라는 확신도 점점 강해진다. 눈에 갇힐 때까지도 이 문제에 관해서는 아무런 의심이 없었고, 이것이 내 마음에 큰 위로가 되었다. 이것은 설명하려 하지 않고, 그냥 사실로 놓아두겠다. 그 시기에는 이것이 아주 분명해 보였다. 나 스스로는 무력하지만, 바깥에서 어떤 힘들이 내 편에서 작용하고 있으며, 나는 그린란드 만년설에 뼈를 묻을 운명이 아니라는 것이었다.

N. Wollaston, *The Life of August Courtauld*.

카약을 탄 사람들이 빙산이 가득한 만을 떠가고 있다. 원정대에게는 비행기가 있었지만, 그들은 비행기가 움직이게 하는 데 많은 시간을 써야 했다.

오귀스트 피카르 *Auguste Piccard 1884~1962*
성층권으로

1931년 5월 27일 독일 아우구스부르크에서 기구 하나가 위로 올라갔다. 그 밑의, 기압을 일정하게 유지한 알루미늄 캡슐에는 그 캡슐을 설계한 피카르와 동료 물리학자 파울 키퍼가 웅크리고 있었다. 기구는 16,142미터 높이로 올라가, 성층권에 도달한 최초의 유인 기구라는 기록을 세우고 오스트리아의 오버구르글 빙하로 내려왔다. 피카르는 1932년에는 이 고도보다 더 높이 올라갔으며, 그 후에도 스물일곱 번이나 비행을 하다가 대양 탐험으로 방향을 틀었다. 피카르는 근공간近空間에 올라갔던 기술을 이용하여 심해 생물 조사용 잠수정 트리스트호를 만들었으며, 1953년에는 3,139미터를 내려가는 기록을 세웠다. 7년 뒤 그의 아들 자크는 트리스트호를 타고 10,917미터를 내려갔다. 해수면 밑으로 11킬로미터를 내려간 것이다. 피카르의 쌍둥이 형제 장 또한 기구를 타고 높은 고도로 올라가 이름을 날렸다. 손자 베르트랑은 가족 전통을 따라 기구를 타고 처음으로 지구를 한 바퀴 돌았다.

하늘과 우주의 차이에 관하여

우리는 대류권에 산다. 이곳에서 모든 기상학적 현상이 일어난다. 바닷물은 증발한다. 해가 빨아들인 바닷물은 하늘로 올라가 바람에 실린다. 바람은 미친 듯이 소용돌이치며 이 수증기를 바다 위, 대륙 위로 가져간다. 조금도 쉬지 않는다. 조만간 수증기는 응결하여 구름, 비, 눈, 우박이 된 다음 갑자기 밑으로 쏟아짐으로써 공중 여행을 마친다. 그러나 바람은 그 정처 없는 방황을 계속한다. 때로는 부드러운 산들바람이 되고, 때로

피카르(오른쪽)와 키퍼가 두 가지 목적을 가진 항공 헬멧을 쓰고 있다. 바구니는 장비를 넣어 두는 데 사용되었고, 쿠션은 무쇠로 만든 구에 앉는 불편을 덜어 주었다. 대기가 '요동을 칠' 경우 이 둘을 함께 쓰면 머리를 보호할 수 있었다.

미친 과학자의 전형인 피카르가 1931년 5월 27일에 이륙을 하면서 친구와 응원을 하는 사람들에게 작별을 고하고 있다. 그는 자신의 구가 공기 없는 성층권을 견디어 낼 수 있다는 사실을 증명한 뒤, 같은 기술을 이용하여 바다를 탐험하여, 힐러리와 텐징이 육지에서 가장 높은 곳으로 올라간 1953년에 바다 밑으로 가장 깊이 내려가는 기록을 세웠다.

는 폭풍이 된다. 때로는 선풍이 되어 올라가고, 대로는 역선풍이 되어 내려온다. 오른쪽으로 빙빙 돌기도 하고, 왼쪽으로 빙빙 돌기도 한다. 결코 안정된 위치에 이르지 않는다. 끝없이 원을 그린다. 이곳이 우리가 살아야 하는 대류권이다. ……

이 위에 성층권이 있다. 이곳에서는 모든 갈등이 멈춘다. 수직 운동은 없다. 공기는 모두 자신이 도달한 자리에 만족한다. 고도를 바꾸지 않고 바람에 몸을 맡긴 채 움직인다. 수직 운동으로 습기가 들어오지도 않고, 응결이 일어나지도 않는다. 성층권의 맑은 날씨를 방해하는 것은 없다. 안개도 구름도 없다. 변함없이 좋은 날씨이며, 영원한 평화다. 밝은 태양이 지평선 위로 떠올라 더럽혀지지 않은 웅장한 자주색 하늘을 여행한다. 저녁에 해가 지자마자 별들이 반짝이는데, 지상의 구경꾼들은 별이 그렇게 반짝이는 것을 본 적이 없다.

이 꿈의 나라, 이 낙원이 성층권이다. 기구를 타고 20분, 30분 올라가고 나면 우리는 그곳을 떠나게 된다. 그것이 전부다. 하지만 그곳은 대단한 곳이다.

A. Piccard, *Between Earth and Sky*.

피터 플레밍 *Peter Fleming 1907~1971*
브라질 모험

1932년 『스펙테이터』의 문학 편집자였던 플레밍은 『더 타임스』에서 마투그로수에서 실종된 퍼시 포셋 대령을 찾는 원정대 자원자를 모집한다는 광고를 보았다. 그는 지원했고 선발되었다. 원정대는 포셋을 찾지 못했지만, 플레밍은 탐험 문학에서 새로운 지평을 여는 책인 『브라질 모험』을 쓸 자료를 얻을 수 있었다. 플레밍은 그 후에도 티베트, 중국, 몽골, 코카서스를 여행하며 특유의 재치가 넘치는 여행기를 썼다. 그는 겉으로는 태평한 아마추어인 척했지만, 사실은 강철 같은 결의를 속에 감춘 사람이었다. 한 동료는 이렇게 말했다. "나는 피터의 뛰어난 머리, 아무것이나 먹고 어디서도 잘 수 있는 능력, 어떤 상황에서든, 어떤 주장에서든 핵심을 분명하게 파악하는 이해력을 높이 평가했다. …… (또한) 그의 생애를 돌이켜볼 때, 그는 행운의 별 아래 태어난 사람이었다."

플레밍의 브라질 원정대 회원 모집

로저 (페티워드)는 가우어 스트리트를 따라 걷고 있었다. 열대 위생 학교는 이미 지나쳤다. 왕립 극예술 아카데미도 이미 지나쳤다. 1분만 더 가면, 아니, 1분도 안 걸려 슬레이드에 이르렀을 것이다. 파란색과 노란색을 섞어 녹색을 만들며 오후를 보냈을 것이다(뭔지는 몰라도 화가들이 하는 일을 했을 것이다). 원정에 관해서는 듣지도 못했을 것이다. 로저는 『더 타임스』의 꾸준한 독자가 아니기 때문이다.

　　그때 소설 작품에서라면 검열을 통과하지 못할(소설가들은 늘 조심스럽게 그렇게 말한다) 그런 우연의 일치 가운데 하나가 일어났다. 로저가 가우어 스트리트를 가고 있을 때 나는 서둘러 그 맞은편에 있던 내 사무실에서 나왔다. 이튼과 옥스퍼드에서는 얼굴만 알던 사이였다. 그리고 지난 3년 간 세 번 만났을 뿐이었다. 그러나 지금 여기에 희극을 볼 줄 아는 눈을 가진 멋지고 커다란 사나이가 있었다. 그래서 나는 건너편을 향해 소리쳤다. "로저, 브라질에 가자."

　　"뭐?" 로저가 말했다. 아마도 잠시 놀아 주자는 뜻이었을 것이다.

　　"너는 브라질에 가는 게 좋겠어." 내가 말하며 차에 탔다.

　　"왜?" 로저가 조심스럽게(아니, 어쩌면 조심성 없이) 말하며 함께 차에 탔다. 우리는 가우어 스트리트를 따라 내려가기 시작했다. 왕립 극예술 아카데미를 통과했다. 열대 위생 학교도 통과했다. 나는 빠르게 말했다. 가우어 스트리트 끝에 이르렀을 때 로저는 차에서 내렸다.

"월요일에 확실하게 알려 줄게." 로저가 말했다. 그러나 그의 운명은 이미 결정되어 있었다.

순수한 우연의 일치란 정말 보기 드물다. 약 석 달 뒤 나는 달도 없는 싸늘한 밤중에 나는 모닥불을 앞에 두고 앉아 있었다. 작은 강이 우리가 있는 모래톱을 스치며 조용히 흐르고 있었다. 우리 주위에는 나무─너무 많은 나무─가 있었다. 지금까지 백인은 이곳에 와 본 적이 없었다. 그리고 아마 앞으로도 다시 오지 않을 것이다. 대체로 말해서, 우리는 그 어느 곳으로부터도 가장 먼 곳에 와 있었다. 애꾸 브라질인은 모기를 막으려고 나뭇가지로 지붕을 덮은 굴에서 남쪽 사람 특유의 모든 정열이 담긴 힘으로 코를 골고 있었다. 나 말고 다른 사람은 로저뿐이었다. 그 또한 자고 있었다.

나는 그를 지켜보다가, 갑자기 흠 하나 없는 완벽한 우연의 일치의 예가 여기 있다는 생각이 떠올랐다.

인간의 생전의 행위를 기록하는 천사가 기록을 위해 사전 자료를 수집하려고 갑자기 가뭄으로 늘어진 가지들 사이로 내려와 로저를 깨워 이렇게 말한다고 해 보자. "당신 행위를 설명해 주시오. 나는 당신이 세상의 탐험되지 않은 지역 가운데 가장 큰 곳에 있는, 지도에도 표시되어 있지 않은 강가에서 자고 있는 것을 보고 있소. 물론 모기 때문에 푹 자지는 못하지만. 또 당신이 7년 전에 죽은 것으로 여겨지는, 전혀 알지 못하는 사람의 흔적을 찾고 있다는 것도 알고 있소. 왜 이런 일을 하는지 말해 주겠소? 이런 얼토당토않은 상황에 처하게 된 일차적이고 근본적인 이유가 뭐요?" 만일 천사가 그런 질문을 한다면, 로저는 한 가지 답밖에 못할 것이다. 그는 이렇게 말할 것이 틀림없다. "내가 여기 있게 된 것은 결국 5월 20일 바로 그 시간에 가우어 스트리트를 걸어가고 있었기 때문입니다. 내가 1분만 일찍, 또는 늦게 그곳을 지나갔더라면, 내가 저녁 신문을 사려고 발을 멈추지만 않았더라면, 또는 내 구두끈이 끊어지지만 않았더라면, 나는 여기에 없을 겁니다. 그것보다 근본적인 이유는 있을 수가 없지요. 이제 만족하셨기를 바랍니다." 일반적으로 너무 많은 동기, 풍부한 정황 때문에 당황하곤 하는 기록 담당 천사는 이런 단순하고 분명한 주장에 매우 만족해서 날아갈 것이다. 어쨌든 모기들이 우연의 일치의 피해자 위에서 기뻐 날뛰는 동안 나는 그런 생각을 했다.

플레밍이 라이플을 들고 타피라페 강을 걸어서 건너고 있다. 본대와 갈라진 뒤 플레밍 일행은 보트가 없다는 것을 알았다. 그들은 강둑의 밀림을 헤치고 나가는 것보다 강바닥을 따라 걷는 것이 쉽다는 것을 알고 그들은 꼬박 이틀을 물속에서 보냈다.

내 입장에서는 로저가 참여하자마자 원정 전체가 그 즉시 더 현실성을 띠게 되는 동시에 덜 띠게 되었다고 말할 수 있다. 더라고 한 것은, 이제 마침내 당면한 과제를 감당할 기술적 자격을 어느 정도 갖춘 사람이 나타났기 때문이다. (로저는 측량에 약간의 지식을 갖고 있었으며, 곧 왕립 지리학회에서 그 지식을 늘려 나갔다) 덜이라고 말한 것은, 우리 기획의 무모한 성격과 우리의 방법의 유치하고 부적절한(지금까지) 면을 평가하는 데는 두 사람의 머리가 한 사람의 머리보다 낫기 때문이다. 사실 우리의 공식적인 계획에도 불구하고, 우리가 어디로 가는지, 거기로 왜 가는지, 대신 다른 데로 가는 것이 더 낫지는 않은지 아무도 모른다는 것이 이제는 분명해졌다.

P. Fleming, *Brazilian Adventure*.

잡목림의 산불

평소와 마찬가지로 (강의) 건너편에 있는 열린 지역은 보기보다 열려 있지 않았다. 흩어져 있는 나무와 키가 큰 풀이 장막처럼 가리고 있어 눈은 그 너머로 깊이 뚫고 들어갈 수가 없었다. 400미터쯤 안으로 들어가면 낮은 덤불이 빽빽한 띠를 이루고 있었으며, 그 가장자리에 굵직하지만 묘하게 뒤틀린 나무가 한 그루 서 있었다. 나는 이 나무를 타고 올라갔다.

그 나무 위에 30분쯤 올라가 있었는데, 그 30분 사이에 밑의 세상이 바뀌었다. 내관측소 주위의 성긴 나뭇잎들에서 바람이 노래를 부르기 시작했다. 하늘이 어두워졌다. 서쪽에 구름이 시커멓게 모여들더니 바람에 날리는 삼각기들을 머리에 인 듯한 모습으로 하늘을 가로질러 다가왔다. 바람이 거세지면서 그 목소리가 비명으로 바뀌었다. 뒤집힌 풀들 속에서 커다란 채찍 자국들이 나타났다. 긴장한 수풀 속에서 잎들의 아랫면이 창백하게 드러나 공포에 떨고 있었다. 내가 올라간 나무는 신음을 토하고 몸을 굽히며 부들부들 떨었다. 하늘은 더 어두워졌다.

땅이 타오르고 있었다. 인디언들이 놓은 불이 땅을 짓밟을 듯한 구름들 밑에서 앞으로 빠르게 달려왔다. 내 뒤쪽, 강 건너에서는 그날 아침 우리가 불을 놓았던 초원을 가로질러 불길이 날뛰며 긴 전선을 그리고 있었다. 거대한 연기구름이 바람을 따라 돌진하며, 노란색과 검은색과 회색의 괴로워하는 깃털들을 비틀었다. 탄 것들의 조각이 바람에 날리며 허공을 가득 채우고 있었다. 불꽃들의 폭포가 불길의 본대에 앞서 전초전처럼 불을 내뿜었다. 불은 아직 500미터나 떨어져 있었음에도, 내 바로 옆의 죽은 나무가 큰 소리를 내며 타올랐다.

불의 빠른 전진에서는 어떤 악의가 느껴졌다. 빛이 짙어지며 노란색으로 바뀌었다. 위협적인 하늘이 불에 그슬리며 현란한 색으로 변했다. 지상에 지옥이 있다면 아마 이렇게 생기지 않았을까 하는 생각이 들었다. 이상하게도 어린 시절 나에게 강한 인상을 주었던 그림 한 점이 또렷하게 떠올랐다. 모험 이야기책에 나온, 초원의 불을 그린 서툰 구식의 그림이었다. 나는 나무의 흔들리는 가지 속에서 함께 흔들리며, 기억 속에서 그 그림의 모든 세밀한 부분을 다시 보았다. 긴 풀은 바람에 납작 엎드렸다. 다가오는 사나운 불은 과장되게 번쩍거렸다. 앞쪽에서는 말 한 무리가 공황에 빠져 달려갔다. 당연하지만, 그 말의 무리를 이끄는 것은 회색 말이었다. 그림의 오른쪽 구석에 있는 검은 말은 넘어져서 이제 곧 밟혀 죽을 판이었다. 나는 심지어 처음 그 그림을 보았던 장소와 시간까지 기억했다. 어두운 겨울 오후였다. 나는 아기 방에서 병을 앓다가 회복되는 중이었다. 높은 칸막이 꼭대기의 매끄러운 황동 난간이 난로 불빛을 받아 반짝이고 있었다. 창밖으로 박새를 위해 늘 반쪽짜리 코코넛이 매달려 있는 작은 나무의 모습이 보였다. 나는 그 머나먼 기억 그림이 지금 내 앞에 있는 현실과 얼마나 가까운지 깨달으며 놀랐다. 그 이미지가 발산하는 매혹이 현실이 발산하는 매혹의 전조가 되었다는 것이 얼마나 묘한 일인지.

실제로 그 장면에는 무시무시한 아름다움 같은 것이 있었다. 진노가 세상에 떨어졌다. 모든 소리, 모든 색깔이 악마적인 분노를 표현했다. 잉크 빛의 묵직한 구름, 제멋대로 날뛰는 불길, 통제할 수 없는 바람의 비명, 음산한 노란 빛깔—이 모든 것이 결합되어 엄청난 원초적 위기의 분위기를 자아내고 있었다. 세상이 갈라지고, 하늘이 내려앉을 것 같았다. 이 뒤로는 모든 것이 전과 같을 수 없을 것 같았다.

이제 불은 거의 나에게까지 닿쳤지만, 강으로 안전하게 달아나는 길은 열려 있었다. 바람에 납작해지며 넓게 퍼진 불길은 내가 있는 나무 옆의 덤불 띠를 파고들고 있었다. 밑에서 뜨거운 질풍이 올라와 내 몸을 때렸다. 작은 새들—왜 이렇게 더딘 것인지 알 수가 없었다—이 울면서 강둑의 나무로 달아났다. 커다란 솔개 두 마리가 불의 변경을 살피고 있었지만, 뭔가를 덮치는 모습은 한 번도 보지 못했다. 곧 한 마리가 다가와 내 밑의 가지에 앉았다. 너무 가까워서 막대기로 때릴 수도 있을 것 같았다. 솔개는 그 자리에 머물며, 오만한 눈으로 황량한 풍경을 당당하게 굽어보고 있었다. 이따금씩 어깨를 으쓱하며 깃털을 부풀렸다. 아마 자기도 모르는 새에 불똥이 튈까봐 겁이 나서 그러는 것 같았다. 마치 폭풍 속에서 해안경비대에게 친근감을 느끼듯이 묘하게 그 녀석에게 친근감이 느껴졌다. 그 동요 없는 모습, 이런 것은 그동안 많이 봤다는 듯한 태도에는 뭔가 위로가 되는 것이 있었다. 그러다가 내 목덜미에 불똥이 아프게 튀는 바람에 나는 욕을 내뱉었다. 솔개는 책망하는 태도로 나를 보더니 순풍을 타고 다음 나무로 옮겨갔다.

그 순간 폭풍이 몰아치기 시작했다. 폭풍은 먼저 거대한 얼음 같은 빗방울을 무차별적으로 발사했다. 나는 상황이 더 심각해질 것으로 생각하고 나무에서 내려왔다. 그러나

플레밍이 권총을 뽑아들고 악어들을 주시하고 있다. 눈에 보이는 뭐든 쏠 수 있다는 것이 앞서 가는 보트의 특권이었다. 뭔가를 맞출 때마다 '브라질 만세!' 하는 흐느끼는 듯한 비꼬는 외침이 난폭하게 열광적으로 터져 나왔다. 이것은 원정대의 장난 가운데 하나로, 사람들은 어김없이 즐거워했다. 플레밍을 포함한 누구도 권총으로는 어떤 것도 맞추지 못했지만, 플레밍은 22구경 라이플을 사용할 때는 명사수였다. 돌아갈 수밖에 없게 되자 그는 화가 나서 지나가는 악어를 쏘았다. "이것은 역사상 까마귀용 라이플로 얻어낸 최대의 결과물일 것이다. 평화롭던 강이 갑자기 끓어올랐다. 악어는 괴로워서 머리를 좌우로 흔들었다. 이윽고 아주 작은 총알이 뇌를 건드리자(나는 그렇게 짐작했다), 악어는 뒷발로 서서 건너편 둑에 올라가더니 누웠다. 납 조각 하나로 죽어 버린 것이다. …… 우리는 가망 없는 탐험의 무익한 종말을 알리는 표시로서, 나자빠진 악어를 그대로 내버려 두었다. 눈에 띄지 않는 인디언들이 우리가 떠난 뒤 우리 야영지에 와 보면(아마 틀림없이 올 텐데), 그들은 그런 괴물이 알 수 없는 이유로 죽은 것을 보고 깜짝 놀랄 것이다."

아쉬웠다. 지금까지 멋지고 묘한 광경을 보았고, 기꺼이 그 광경을 더 볼 용의가 있었기 때문이다. 격변이 일어난 저녁 때문에 내 머리가 약간 어떻게 되었나 보다. 어쨌든 몸을 피할 곳이 긴요했다. 내가 구할 수 있는 최선의 장소는 강둑의 나무 밑이었다. ……

내가 평생 본 적이 없는 비가 퍼붓기 시작했다. 종잇장처럼 보이는 빗물이 맹렬하게 퍼부어 댔다. 얼음처럼 차가웠다. 평온했던 강을 때려 부글거리는 스튜로 바꾸어 놓았다. 세상이 어두워졌다. 하늘에서는 천둥이 우르릉거렸다. 이따금씩 번개가 주위 모든 것의 색깔과 내용을 빼앗아 가, 나는 갑자기 창백하고 정교한 실루엣으로 등장한 커다란 식물들을 보며 소심하게 눈만 깜빡거렸다. 이 세상 것 같지 않았고, 덧없이 곧 사라질 것만 같았다. 비가 땅과 물을 때려 엄청난 소리를 냈다. 하늘에서는 당장이라도 우주의 바탕을 찢어 버릴 듯한 시끄러운 소리가 났다. 너무 엄청난 혼란이라 오히려 겁이 나지 않았다. 자연이 우리한테 이렇게 거창한 싸움을 걸 리가 없다는 생각이 들었다. 자기들끼리 죽이는 싸움이 틀림없었다. 이 싸움과는 아무런 관련이 없는 아주 작은 존재로 안전하게 오그라들었기 때문에, 존재하는 것처럼 보이지도 않는 존재로 오그라들었기 때문에, 우리는 이 격변에 참여할 수가 없었다. 로저와 나는 얼어서 뻣뻣하게 굳은 얼굴로 시끄러운 물을 사이에 두고 서로 마주 보며 웃음을 지었다.

P. Fleming, *Brazilian Adventure.*

프레야 스타크 *Freya Stark 1893~1993*
아라비아 트레킹

스타크는 다섯 살 때 3개 국어를 할 수 있었다. 그러나 열두 살 때 머리카락이 기계에 엉키는 바람에 귀 하나와 머리 가죽의 많은 부분을 잃었다. 런던 대학에서 문학을 공부하고, 파혼을 견디어 내고, 제1차 세계대전 동안 이탈리아 전선에서 간호사로 일하고, 아라비아어를 배운 뒤 스무 살에는 『바그다드 타임스』에서 일하고 있었다. 그녀는 이런 만화경 같은 성장 배경 때문에 영성까지는 아니라 해도 자아에 대한 어떤 감각을 가지게 되었으며, 이것이 평생 여행과 탐험을 하는 동안 그녀를 지탱해 주었다. 그녀는 이렇게 썼다. "심리학자들은 성 충동이 이 세상을 움직이는 근본적인 힘이라고 말하지만, 우리는 아마도 그 이야기를 하도 들어 약간은 지겨워진 듯하다. 사실 욕망보다 강하고, 남자나 여자의 사랑보다 깊고, 그것과는 관계가 없는 두 가지 충동이 있다. 진실과 자유를 향한 인간의 굶주림이다. 이 두 가지를 위하여 이루어지는 희생은 사람에 대한 어떤 사랑을 위하여 이루어지는 희생보다 크다. 그 충동에 대항해서 이길 수 있는 것은 없다. 사랑과 생명 자체도 이 저울에서는 가볍다는 것이 증명되었다. …… 대중적 강연과 의무교육과 읽고 쓸 줄 알면 교육을 다 받은 것이라는 믿음 때문에 우리는 우리 영혼에 이런 굶주림이 존재한다는 것을 잊곤 한다." 서른 살에 첫 원정에서 그녀는 시리아의 '금단의 땅'을 통과했다. 이어 이라크와 이란을 가로질러 트레킹을 함으로써 그녀는 탐험가로서 자리를 잡았다. 나중에 그녀는 수백 년 동안 잊힌 길을 따라 아라비아 남부 전역을 여행했다. 이따금씩 하인을 두는 것 외에는 늘 혼자 다녔던 그녀는 투옥과 질병을 견디어 내고 당대 최고의 통찰력을 갖춘 여행 작가가 되었다. 그녀는 60년의 여행 경력을 되돌아보며 이렇게 말했다. "앞에서 부르는 손짓이 중요하지, 뒤에서 걸쇠가 잠기는 소리는 중요하지 않다. 평생에 걸쳐 진짜 해방의 순간에는 여전히 그 기쁨이 담겨 있다. 온 세상이 물결처럼 당신을 맞으러 오는 순간이다."

알라무트 골짜기를 향하여

길은 좁고 붉었다. 강변 가장자리는 홍수와 비 때문에 쓸려나갔다. 가끔 늪지 같은 논이 펼쳐지기도 했는데, 그곳에는 모기와 열기가 가득했다. 비옥하고 아름다운 골짜기는 카즈빈 평원으로부터 뻗은 산 안에 갇혀 혼자 존재하는 세상 같았다. 점점 희미해지는 파란 언덕들은 서쪽 얕은 지평선에 자리를 잡고 있었다. 동쪽으로 우리는 왼쪽에 있는 짜디짠 루드바르 땅을 뚫고 들어가고 있었다. 달처럼 아무도 살지 않고 생명도 없는

1928년 시리아에 있는 프레야 스타크와 동행자. 처음으로 큰 모험을 시작한 프레야 스타크는 자신이 위엄 있게 보이지 않을까 봐 걱정했다. 그러나 사막에 들어가는 순간 그녀의 걱정은 사라졌다. 그녀는 시리아에서 보낸 편지에서 이렇게 썼다. "나는 사막을 처음 보는 순간 그 아름다움에 그렇게 충격을 받을 것이라고는 상상도 못 했습니다. 나는 그 즉시 사막의 노예가 되었습니다." 편지를 많이 썼던 프레야 스타크는, 60년 동안 여행을 하면서 매일 약 열 통의 편지를 썼다.

땅이었다. 아케론 강처럼 쓰디쓴 강인 마단 루드가 우리 앞에서 짠 늪지대로부터 빠져나와 황무지를 관통하고 있었다. 우리는 그 강을 건너 아주 좁은 길에 이르렀다. 이스마일은 짐을 내려놓고 노새를 달래 한 마리씩 모퉁이를 돌게 했다. 그는 뒤에서 막대기로 노새를 쿡쿡 찌르며 노새의 부모에 관하여 지독한 악담을 하고 있었다. 그러는 동안 나는 두 손으로 머리를 감싸 쥐고 아래 부풀어 오른 강을 보며, 내 안에서 도대체 무슨 일이 일어나고 있기에 내가 이렇게 아픈지 묻고 있었다.

우리 앞쪽으로 알라무트 골짜기의 첫 봉우리들이 보였다. 제멋대로 쌓인 벌거벗은 바위는 비바람에 둥글게 다듬어져 있었으며, 풀 한 포기 자라지 않았다. 다리는 대부분 씻겨 나갔지만, 그래도 중간만 가라앉았을 뿐 상당히 튼튼한 다리를 하나 찾아내 사 루드 강의 남쪽 강변으로 건너갈 수 있었다. 강변 위에는 칸디찰이라고 부르는 마을이 있었다.

이곳에는 땅에 소금이 없었고, 자연도 더 친절해 보였다. 우리는 눈이 녹은 갈색 물 위, 앞으로 툭 튀어나온 높은 절벽을 따라 걸었다. 그러나 이곳에서 나는 너무 아파 더

갈 수가 없었다. 우리는 작고 외딴 원형 협곡에 이르렀다. 비탈진 옥수수 밭 앞에는 이 맘자데를 모신 하얗게 회칠을 한 신전이 평화롭게 잠들어 있었다. 우묵한 공간의 한편에는 냇물이 흐르고, 서로 엉킨 과수 몇 그루가 서 있었다. 파란 농민 복장에 검은 사발 모자를 쓴 턱수염이 허연 사제가 머물러도 좋다고 허락을 했다. 이스마일은 냇물 옆, 덩굴이 덮고 있는 배나무와 산지드 나무 밑에 내 잠자리를 만들어 주었다.

나는 회복될 것이라는 기대도 없이 그곳에 거의 일주일을 누워 있었다. 강 건너 헐벗은 루드바르 언덕을 보며 텅 빈 하루하루를 보냈다. 구름 그림자가 무늬를 만들었는데, 그것이 이 적막한 땅에서 유일하게 움직이는 것이었다. 그 헐벗음을 바라보고 있는 것만으로도 죽음이라는 더 큰 헐벗음에 대한 준비가 되었다. 그렇게 해서 점차 마음은 두려움에서 벗어나 차분해지고, 금욕과 평화로 가득 차게 되었다.

나는 달걀 흰자위와 시큼한 우유만 먹고 살았다. 맛을 보고 끓였는지 알 수 있도록 내 물로는 거의 요리를 하지 않았다. 언덕 위의 마을에서 흐르는 작은 냇물이 보이는 것만큼 깨끗하지 않은 것 같았기 때문이다. 의지할 사람이라고는 이스마일밖에 없고, 그 외에는 알아들을 수도 없는 사투리를 사용하는 칸디찰 여자들뿐인 상태에서 병든 몸을 추스르는 데에는 믿을 수 없는 노력이 들어갔다. 그 여자들 가운데 한 사람인 조라가 하루에 4펜스를 받고 나를 돌보아 주곤 했다. 그녀는 띠 몇 개로 이루어진 듯한 넝마를 걸치고 있었지만, 내가 지금까지 본 가장 아름답고 슬픈 얼굴의 소유자였다. 그녀는 내 침대 옆의 풀밭에서 두 무릎을 끌어안고 앉아, 눈까풀이 묵직한 눈으로 한 시간 정도 말 없이 아래 골짜기와 구름 그림자들이 지나가는 먼 비탈들을 내다보곤 했다. 마치 세상 먼 곳에서 들려오는 슬픔의 목소리 때문에 영원한 영혼에 그늘이 지는 성자 같았다. 그녀가 무슨 생각을 하는지 궁금했지만, 기운이 없어 물어볼 수가 없었다. 혼수상태로 계속 미끄러지다 간혹 깨 보면 여자들이 아이를 안은 채 내 침대를 둘러싸고 줄줄이 앉아 있었다. 키니네를 바라는 것 같았다. ……

사흘째가 되어도 나는 차도가 없었다. 심장이 문제를 일으키기 시작했다. 나는 이스마일과 노새 한 마리를 산맥 너머로 보내 카즈빈의 어떤 의사에게 처방을 받아 오게 하기로 결정했다. 이스마일은 시키는 대로 했고, 다음 날 오후에 디기탈리스 한 병과 미지의 인물이 보낸 영어 편지를 들고 왔다. 편지를 보낸 사람은 "내가 이제 나의 상황의 심각함을 깨달아, 아무런 보호 없이 페르시아를 돌아다닌다는 이 어리석은 생각을 버리기를 바랐다"라고 썼다. 사실 나는 돌아다닌다는 생각 자체를 버릴 뻔했으며, 시트

예멘의 와디 두안을 통과하는 현기증 나는 길. 1935년 스타크의 이 여행의 자금은 부분적으로는 그녀의 시리아 여행기인 『암살자들의 골짜기』가 베스트셀러가 되면서 나온 인세로 충당했다. 그러나 안타깝게도 그녀가 심한 협심증으로 고생하다가 영국 공군기로 아덴의 병원으로 후송되는 바람에 여행은 중단되었다.

제이나바르의 무덤의 그림자 밑에서 영원을 상상하고 있었다.

F. Stark, *The Valleys of the Assassins*.

하드라마우트에서

특히 한 사람이 기억난다. 그는 낙타 옆의 모래에 쭈그리고 앉아 팔과 다리와 머리와 입을 씻은 뒤 일어서서 기도를 했다. 늦은 빛 속에서 그가 아무것도 걸치지 않았다는 것을 알 수 있었다. (기도 중간에 푸타를 풀어서 추켜올리기는 했다) 그는 우아하고 자신 있는 자세로 거기에 서 있었다. 턱수염과 머리카락과 바싹 마른 팔다리가 바다를 배경으로 윤곽을 드러냈다. 그냥 한 '남자'였다. 단순한 '남성'의, 말로 표현할 수 없는 위엄을 지니고 있었다. 그는 허리를 굽혀 이마를 땅에 댔다가 마치 몸이 강철로 만들어진 듯 용수철처럼 튀어 일어섰다.

그러는 동안 슬며시 어둠이 깔렸다. 마지막 석양은 붉었고, 첫 모닥불이 같은 색깔로 타올랐다. 골짜기와 물가에서 돌아다니던 사람들의 수가 줄었다. 부족들은 밤을 보내기 위해 낙타들이 원을 그린 곳 안에 모여들었다. 내가 창가에 너무 오래, 너무 말없이 앉아 있었기 때문에 아위즈가 램프를 들고 들어왔지만 나를 보지 못했다. 그는 걱정하고 있었다. 에미르가 나를 찾다가 내가 밖에 나갔다는 말을 듣게 되었기 때문이다. ……

나는 술탄의 손님 집에서 아주 좋은 대접을 받았다. …… 저녁이 찾아와 낮 동안 귀를 따갑게 하던, 솔개들의 날카롭고 달콤한 울음이 멈추자 아위즈가 등유 램프 세 개를 들고 나타났다. 그는 램프를 바닥 몇 군데 내려놓았다. 내가 먹을 저녁은 이미 차려 주었기 때문에, 그는 집으로 떠났다. 침침한 벽으로 둘러싸이고, 식물과 나무 몇 그루가 심어진 축축한 흙 광장은 달의 침묵 밑에서 무한히 넓어 보였고 사랑스러웠다. 이제 도시의 문은 닫혔다. 침침한 빛은 보초들이 초소에서 수연통으로 파수의 지루함을 달래는 곳을 보여 주었다. 그들은 대체로 한 시간 간격을 두고 장대들 사이에 걸린 징을 쳐 시간을 알렸다. 나는 피곤해지면 베란다에서 물러나 필요 없는 랜턴을 모아 끄고 방으로 들어갔다. 문은 쉽게 닫히는 것이 없었기 때문에 구태여 잠그지 않았다. 문지방에 경비병을 세우겠다는 제안이 있었지만 이미 거절을 했다. 그런 예방조치가 불필요하다는 것이 너무 뻔했기 때문이다. 나는 안전하고 고요한 곳에서 눈을 감으며 양쪽으로 뻗어 있는 아라비아 해안을 생각했다. 아덴까지 500킬로미터였다. 반대 방향으로 무스카트까지는 몇 백 킬로미터일까? 앞에는 인도양, 뒤에는 내륙의 사막이었다. 이 거대한

스타크는 1937년 두 번째로 예멘을 찾아갔을 때 와디-하흐드라마우트에서 이 카라반 사진을 찍었다. 그녀가 여행에서 가져온 사진과 글 때문에 그녀는 명성을 얻었다. 그러나 사진과 글은 그녀가 여행의 일차적인 목적이라고 생각한 것에 딸려 오는 것들일 뿐이었다. 그녀는 자신의 여정을 회고하며 이렇게 말했다. "앞에서 부르는 손짓이 중요하지, 뒤에서 걸쇠가 잠기는 소리는 중요하지 않다. 평생에 걸쳐 진짜 해방의 순간에는 여전히 그 기쁨이 담겨 있다. 온 세상이 물결처럼 당신을 맞으러 오는 순간이다."

장벽들 안에서 이 순간 나는 유일한 유럽인이었다. 내 졸린 감각들을 통해 희미하고 작은 느낌이 스멀스멀 기어 올라왔다. 그것이 무엇일까 잠시 궁금했지만, 이내 알 수 있었다. 그것은 행복, 순수하고 비물질적인 행복이었다. 애정이나 감정과는 독립된 것이었다. 세상에서는 맛볼 수 없는 행복의 진수였다. 너무 귀하고 비개인적인 기쁨이라, 나에게 다가올 때 이미 지상의 것이 아닌 듯하다.

F. Stark, *The Southern Gates of Arabia.*

윌리엄 비브 *William Beebe 1877~1962*
심해 탐험

비브는 박물학자로서 오래전부터 심해의 생명 형태에 관심을 가져왔다. 그러나 대부분의 표본이 수면으로 올라오면 터지거나 젤리 상태로 변하기 때문에 연구가 제대로 되지 않자, 비브는 아예 그들이 사는 곳으로 찾아가기로 했다. 부유한 발명가 오티스 바턴이 1929년에 배시스피어라고 부르는 잠수정을 개발하여 그를 도와주었다. 배시스피어는 잠수부의 헬멧을 확대한 형태로, 모선에 케이블로 연결되어 있었으며, 불편하고 비좁고 추웠다. 그럼에도 25센티미터 두께의 강철 벽과 제곱 인치당 0.5톤의 압력을 견디도록 설계된 현창 덕분에 전례 없이 깊은 곳까지 내려갈 만큼 튼튼했다. 1930년대에 비브와 바턴은 배시스피어를 이용해 여러 번 심해로 내려가 자기 방어를 하다 '폭발하는' 새우라든가, 랜턴을 들고 다니는 물고기처럼 전에는 그 누구도 본 적이 없는 것들을 기록했다. 1934년에는 0.8킬로미터라는 장벽을 깼다. 이것은 그 후 15년 동안 깨지지 않은 심해 잠수 기록이었다. 비브는 당대에는 동료들로부터 과학적 정확성이 부족하다는 비판을 받았지만, 나중에는 대양 탐험의 위대한 선구자 가운데 한 사람으로 인정받았다.

바턴과 비브는 1930년에 처음으로 심해로 내려갔다

우리는 이제 대지로부터 아주 멀리 떨어져 있었다. 버뮤다 해안에서 남쪽으로 16킬로미터 떨어진 곳으로, 우리 밑의 바다 바닥까지는 2.4킬로미터 깊이였다. 90미터에서 바턴이 갑자기 소리를 질렀다. 전등을 문 쪽으로 돌리자 문 밑에서 물이 천천히 떨어지는

비브가 평방 인치 당 0.5톤의 압력을 견딜 수 있도록 설계된 유리 '눈'을 들여다보고 있다. 배시스피어는 45센티미터 두께의 견고한 강철 벽, 아주 작은 현창 세 개 ─ 그 가운데 하나에는 탐조등이 달려 있었다 ─ 를 갖추고 있었다. 이것을 만든 사람의 말에 따르면 배시스피어는 "약간 사팔뜨기인 황소개구리를 엄청나게 부풀려 놓은 것처럼" 보였다. 사람 두 명, 탐조등, 과학 장비, 온도 조절 장치가 들어가면 121센티미터 폭의 구는 '정어리 통조림처럼 혼잡했다.' 1949년 바턴은 개선된 모델인 '벤소스코프'를 발명하여, 이것을 타고 수면 밑으로 거의 1,524미터를 내려갔다.

비브와 바턴은 수면과 전화선을 연결해 놓고, 배시스피어를 타고 내려가 위에 있는 기술 조수 글로리아 홀리스터에게 자신들이 경험한 것을 전화로 구술했다. 이 사진에서 글로리아 홀리스터 옆에 있는 사람은 동료 존 티-밴이다. 비브는 이렇게 썼다. "우리의 모든 말은 홀리스터 양이 기록했다. 나중에 그것을 읽어 보면 우리가 되풀이하여 찬란함－사실 찬란함도 아니었는데－을 강조한 것이 우스꽝스러울 정도였다. 하지만 이렇게 깊은 곳까지 내려가는 독특한 상황에서 느끼는 것들을 생생하게 전달하는 데 언어가 얼마나 부족한지 보여 주기 위해서라도 계속 써야만 한다고 생각한다."

것이 보였다. 구球의 바닥에는 이미 물이 0.5리터 정도 고여 있었다. 구불구불 흐르는 물줄기를 훔쳤지만 계속 물이 나왔다. 그 순간 유리창에 부드러운 비가 떨어지는 장면이 기억났다. 보통 첫 몇 방울은 유리의 마른 표면 위에서 길을 찾지 못했다. 이윽고 나는 수정처럼 맑은 석영을 통해 옅은 파란색을 내다보았다. 점점 짙어지는 어스름처럼 파란색이 점점 짙어지고 있었다.

우리는 떨어지는 물을 지켜보았다. 나는 문이 충분히 단단하다는 것을 알고 있었다. 200킬로그램의 강철 덩어리였다. 그러나 밑으로 내려갈수록 안쪽으로 향하는 압력이 증가한다는 것도 알고 있었다. 나는 빨리 내려가자는 신호를 보냈다. 그 뒤로 하강하는 동안 문틈에 전등을 여남은 번 비추었지만, 물줄기가 커지지는 않았다.

2분이 더 지나자 '120미터'라는 소리가 들렸다. 150미터, 180미터가 왔다가 머리 위로 지나갔다. 이윽고 210미터에서 우리는 잠시 머물렀다.

인간 역사가 시작되어 페니키아인이 처음으로 과감하게 넓은 바다로 배를 타고 나간 이래, 많고 많은 인간이 지금 우리가 정지해 있는 깊이에 이르렀고, 또 더 낮은 곳까지 내려갔다. 하지만 그 모두가 죽은 사람들이었다. 전쟁, 폭풍, 또는 불가항력으로 익사한 희생자들이었다. 우리는 살아서 이 이상한 빛을 처음 내다본 사람들이었다. 실제로 어떤 상상보다도 이상했다. 내가 위쪽 세상에서 본 어떤 것과도 닮지 않은, 뭐라고 규정할 수 없는 투명한 파란색이었으며, 아주 혼란스러운 방식으로 우리의 시신경을 자극했다. 우리는 계속 이 빛이 환하다고 생각하고 실제로 그렇게 말했으나, 활자를 읽으려고 책을 집어들 때마다 여백과 색깔 있는 도판 사이의 차이만 알 수 있을 뿐이었다. 나는 내가 아는 논리를 모두 동원해 보았다. 물속의 공간에 자리 잡고 있다는 흥분을 마음에서 털어 내고 차분하게 비교될 만한 색을 생각해 보려 했지만, 완전히 실패하고 말았다. 나는 탐조등에 전등을 비추어 보았다. 탐조등은 내가 본 가장 노란색인 것 같았다. 그 빛이 눈에 스며들도록 놓아두었지만, 끄는 순간 오래전에 사라진 햇빛 같은 느낌을 받았다. 마치 존재한 적도 없는 것 같았다. 그러나 우리 구 안팎의 파란색 가운데 가장 파란색은 마치 물질처럼 우리 눈을 통해 우리 존재의 핵심으로 파고드는 것 같았다. 물론 아주 비과학적인 이야기다. 광학 전문가나 물리학자의 조롱을 받을 것이 뻔하다. 하지만 실제로 그랬다. …… 나는 물리학자의 실험실에서 이상한 형광과 자외선을 본 적이 있다. 또 히말라야 산맥 높은 곳에서 멀리 있는 눈 결정들로 인한 괴상한 색 변화 효과도 기억하고 있었다. 개기일식 동안의 기이한 빛, 또는 빛의 부재에서 강한 인상을 받기도 했다. 하지만 지금 눈에 보이는 것은 그 모든 것 너머에, 그 모든 것 밖에 있는 것이었다. 나는 우리 둘 다 완전히 새로운 종류의 빛 인상을 수용하는 경험을 했다고 생각한다. 나는 일반적인 범주로는 분류하기 어려운 것을 다루고 있다는 느낌을 받았다.

몇 분 뒤에 나는 명령을 올려 보냈다. 이윽고 나는 우리가 다시 가라앉고 있다는 것을 알았다. 어스름(터무니없는 말이 되었지만, 다른 말을 만들어낼 수가 없었다)은 깊어 갔지만, 우리는 여전히 환하다고 말하고 있었다. 불이 꺼지기 전에 마지막으로 멋지게 타오르는 것과 아주 비슷하다는 느낌이 들었다. 우리 둘 다 당장이라도 누가 혹 불어서 그 빛을 꺼 버려, 절대적 어둠의 영역으로 들어가게 될 것 같은 느낌에 사로잡혀 있었다. 그러나 눈을 감았다가 떠야만 짙은 파란색에서 더 짙어진 파란색으로 아주 느리게 변하고 있다는 것을 깨달을 수 있었다. 지상에서는 밤에 달빛을 받으면서도 늘 햇빛의 노란색, 보이지 않는 꽃들의 주황색을 상상할 수 있다. 그러나 여기서는 탐조등이 꺼지면, 노란색과 주황색과 빨간색은 생각도 할 수 없었다. 모든 공간을 채운 파란색은 다른 색에 대한 생각을 받아들이지 않았다.

우리는 이제 이야기를 거의 하지 않았다. 바턴은 물이 똑똑 떨어지는 바닥을 살피고, 온도를 재고, 산소 탱크를 살피며 조정하다가 이따금씩 입을 열었다. "지금 깊이가 얼마죠?" "네, 우리는 괜찮습니다." "아니, 새는 양이 늘지는 않아요." "계속 환합니다."

우리 둘 다 계속 환하지는 않다는 것을 알고 있었다. 그러나 우리 눈은 계속 우리에게 그렇게 말하게 했다. 실제로 햇빛 ─ 아주 오래전 기억에 남아 있는 듯한 햇빛 ─ 에서는 찾아볼 수 없는 밝음과 강렬함이 있는 것 같았다.

'240미터'라는 소리가 전선을 타고 내려오는 순간 나는 정지하라고 외쳤다. 300미터까지 계속 내려가지 못할 이유는 없는 것 같았다. …… 그럼에도 어떤 육감 ─ 평생 살아오면서 대여섯 번 위기의 순간에 느꼈던 어떤 정신적인 경고 ─ 가 이번에는 올 만큼 왔다고 말하고 있었다. …… 위로 올라가 수면을 통과하자 단단한 천장에 부딪히는 느낌이었다. 나는 충격이 올까 봐 무의식적으로 고개를 숙였지만, 거품만 잔뜩 따라왔고 나머지는 하늘이었다.

W. Beebe, *Half Mile Down*.

1934년 바턴과 비브는 심해 잠수 최고 기록을 세웠다

오전 11시 12분. 우리는 900미터에서 부드럽게 멈추었다. 나는 이것이 나의 최후의 바닥임을 알고 있었다. 윈치의 케이블은 거의 끝에 이르렀다. 며칠 전 750미터에서 물이 상상했던 것보다 검게 보였지만, 지금 똑같은 상상력으로 보기에 물은 검은색보다 더 검게 보이는 것 같았다. 위쪽 세상의 모든 미래의 밤들은 상대적인 차이가 있는 어스름에 불과할 뿐이라고 생각해야 할 것 같았다. 앞으로는 두 번 다시 자신 있게 검다는 말을 쓰지 못할 것 같았다.

나는 밖을 내다보며 이따금씩 지나가는 빛을 지켜보았다. 수면에서는 우리에게 익숙했던 이른바 인광이 이곳에는 완벽하게 결여되어 있다는 것을 처음으로 깨달았다. 수면에서는 보통 물고기가 지나갈 때마다 물에 떠 있는 수많은 미세한 동물과 식물의 빛들이 반사가 되어 물고기는 빛을 발한다. 여기에서는 각각의 빛이 개별적인 것으로, 그 소유자의 직접적인 통제를 받는 경우가 많다. 거대한 물고기가 창 옆을 지나간다 해도 이쪽에서 빛을 비추지 않으면 보이지 않을 것이다.

이 깊이에 이르자 내 눈은 어둠에 완전히 적응이 되어 실수를 할 가능성은 사라졌다. 물의 칠흑 같은 검은색은 불꽃과 번쩍임과 어느 정도 직경이 있는, 꾸준히 빛을 발하는 램프에 의해서만 가끔 변할 뿐이다. 이 램프들은 색깔도 다양하고, 크기와 배치도 무한히 다양했다. 이 램프는 결코 침침해지지 않았지만, 안개나 은하수 같은 더 작은 유기체들 너머로, 또는 그것을 통하여 보이지는 않았다. 그래서 이따금씩 나타났다 금방 사라지는 새우들의 방어용 구름이 특별한 현상으로 더욱더 강하게 두드러지는 것이다. ……

800미터 이상을 내려와 배시스피어에 쭈그리고 앉아 있을 때 나에게 떠오르는 두 번째 생각은 우리의 강력한 빛줄기가 어떤 유기체도 끌어들이지 못한다는 것이었다. 빛이 나타나면 어떤 것들은 도망을 치고, 어떤 것들은 완전히 무관심했다. 그러나 요각류나 벌레나 물고기 단 한 마리도 빛줄기를 따라 모인다거나, 빛이 쏟아지는 우현 창문에 모여든다거나 하지 않았다. …… 이런 극단적인 검은색 속에서도 나는 물의 순수함, 퇴적물이나 침전물로부터 자유로운 상태를 느낄 수 있었다. …… 빛은 확산되는 일도, 흔적을 남기는 일도, 굴절되는 일도 없었다. 불꽃이나 그보다 큰 빛이 움직일 때도 움직이지 않을 때와 마찬가지로 또렷했다. …… 이따금씩 케이블이 가볍게 떨리거나 느슨해지는 듯한 느낌이 들 때가 있었다. 파도 두 개가 만나 큰 파도가 일어났다는 말이 전해져 왔다. 윈치에 배시스피어와 케이블의 무게가 다 실리자, 실베스터 선장은 너무 팽팽해지지 않도록 몇 센티미터 더 풀었다. 릴에는 케이블이 여남은 바퀴밖에 안 남았다. 드럼의 반은 그 벌거벗은 나무 핵을 드러내고 있었다. 우리는 908.4미터에서 흔들리고 있었다. 올라가야 할까? 우리는 ……

비브는 이렇게 썼다. "450미터에서, 또 750미터에서 이 전혀 알지 못하는 물고기가 갑자기 탐조등 빛 안으로 들어왔다. 물에 흠 뻑 젖은 살 색깔이었으며, 이가 없었고, 빛도 없었으며, 눈은 좋았고, 가슴지느러미가 달려 있었다. 나는 이것을 '팰리드 세일핀' 이라고 불렀다."

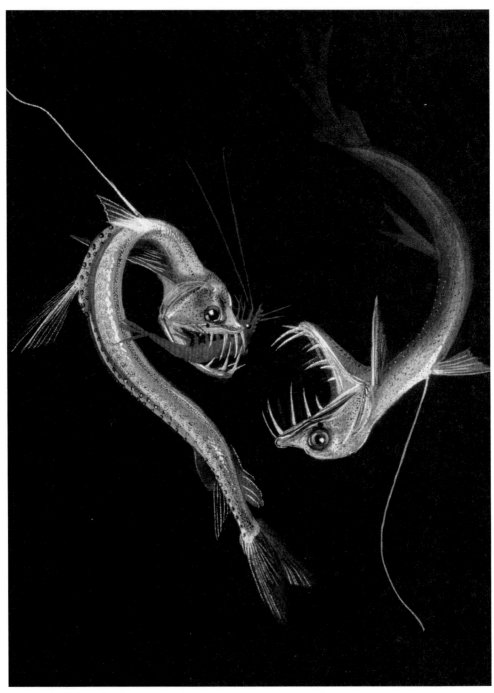

아직 다 크지 않아 길이가 2센티미터에 불과한 큰니고기가 화염방사기 새우를 해치우고 있다. 새우의 방어 메커니즘−작은 폭발 같은 인상을 주는 '불'의 구름−도 큰 도움이 되지 못했다.

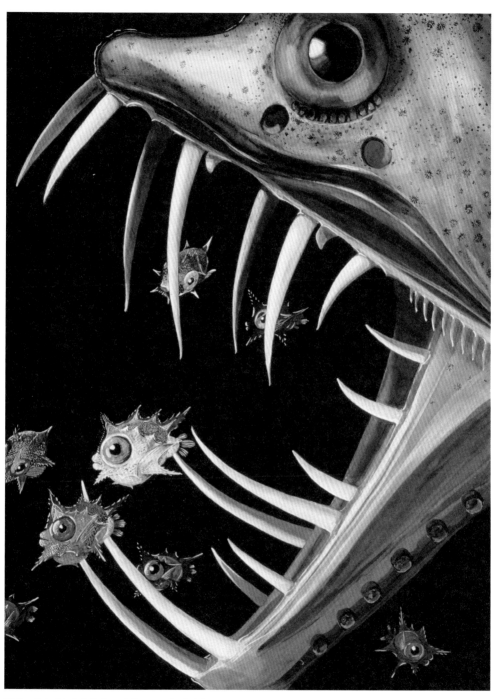

큰니고기의 어울리지 않게 큰 턱의 클로즈업. 먹이가 되는 것은 새끼 대양개복치 — 성장의 이 단계에서는 가시에 둘러싸인 한 쌍의 눈알에 불과하다 — 무리

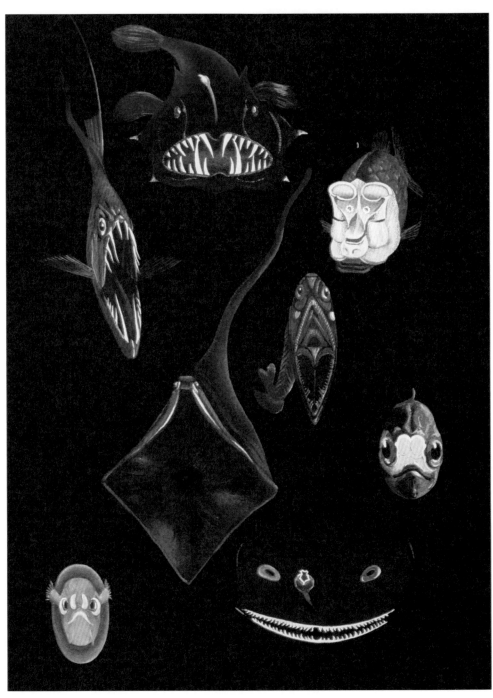

심해의 범죄자들을 모아 놓은 듯한 이 그림에는 비브가 물속의 비비라고 부른 망원경 눈 물고기(위 오른쪽), 체셔 고양이와 마찬가지로 미소가 끝까지 사라지지 않는 빛나는 이의 아귀(아래 오른쪽) 등이 포함되어 있다.

올라가기 전에 메모를 멈추어야 했다. 창턱의 차가운 강철 때문에 손가락에는 감각이 없었다. 쿠션에서 금속 바닥으로 자리를 옮기자, 마치 얼음 조각에 앉는 것 같았다. 밖의 물의 어둠에 관해서는 이미 많이 썼다. 압력은 …… 나는 성층권 18,000미터 상공에서 평방인치 당 1파운드의 압력을 받는 곤돌라를 생각했다. 그때 전화를 통해 우리가 지금 이 순간 제곱 인치 당 1,360파운드, 즉 0.5톤이 훨씬 넘는 압력을 받고 있다는 것을 알게 되었다. 창문마다 19톤이 넘는 무게의 물을 감당하고 있었으며, 배시스피어 자체에는 사방으로 총 7,126톤의 무게가 쌓여 있는 셈이었다. 그래, 우리는 분명히 들었다. 이제 우리는 당장이라도 올라갈 준비가 되어 있었다!

878.7미터에서 전화로 금속이 팅 하고 울리는 소리가 들려, 뭐냐고 묻자 분명치 않은 대답이 들렸다. 나중에 들어오는 케이블을 감는 데 사용하는 당김 밧줄 하나가 갑자기 무시무시한 소리를 내며 끊어졌다는 것을 알게 되었다. 갑판 위에 있던 사람들은 모두 무시무시한 충격을 받았다. 그러다 마침내 그들은 끊어진 것이 케이블이 아니라 밧줄임을 깨달았다. 정말이지 배시스피어에 있는 우리만 언제나 태평하다.

마지막 광선 밑으로 가라앉을 때마다 나에게는 비유가 쏟아져 들어온다. 이 이야기 전체에 걸쳐 '마치'라는 말이 수십 번 떠올랐지만 의식적으로 거부했다. 상황이 낯설수록 비유를 사용하는 것이 꼭 필요한 일처럼 느껴진다. 영원한 곳, 가장 가치가 있고 결코 마음에서 사라지지 않을 만한 곳, 이 경이로운 아래 세계에 비교할 수 있는 다른 유일한 곳은 물론 벌거벗은 우주 자체, 대기권을 넘어선 곳, 별들 사이, 햇빛이 먼지나 행성 공기의 쓰레기를 움켜쥐지 않는 곳일 것이다. 그곳의 공간의 어둠, 빛나는 행성, 혜성, 해, 별은 정말이지 넓은 대양 0.8킬로미터 아래 내려와 있는, 경외감에 사로잡힌 인간의 눈에 보이는 이 생명의 세계와 아주 비슷해 보일 것이다.

W. Beebe, *Half Mile Down*.

리처드 버드 *Richard Byrd 1888~1957*
비행기로 극지방까지

다리에 부상을 입고 미국 해군에서 전역한 버드 중령은 하늘을 선택했다. "내가 무기력한 삶으로부터 탈출할 수 있는 유일한 방법은 나는 법을 배우는 것이었다." 버드는 1926년 5월 9일 비행기로 북극에 가려는 시도를 했다. 그는 성공을 했다고 주장했으나, 이후에 나온 증거는 그가 기껏해야 목표를 240킬로미터 남겨 둔 지점까지만 접근했다는 것을 보여 주었다. 최악의 경우에는 사람들의 시야에서 사라진 뒤 그냥 공중을 선회하다 돌아왔을 뿐이라는 이야기까지 나왔다. 그러나 1929년 11월에는 처음으로 남극까지 날아간 사람이 되었다. 5년 뒤에는 자동차 재벌 에드셀 포드의 후원을 받아 두 번째로 남극대륙 원정을 이끌었다. 이 원정은 두 가지 점에서 주목을 받을 만했다. 미지의 만년설의 넓은 영역을 포괄적으로 측량했다는 점, 그리고 버드가 남극대륙의 고원에서 혼자 겨울을 나겠다고 고집을 부렸다는 점이었다. 겉으로는 볼링 전진기지에서 기상 관측 장비를 지키겠다는 이유를 내세웠지만, 그도 설명했듯이 더 깊은 동기가 있었다. "나는 재충전을 해 주는 철학에 뿌리를 내리고 싶었다. …… 남극의 보빙堡氷, 그 홍적세처럼 완전한 추위와 어둠이 덮인 곳에는 따라잡을 시간, 공부하고 생각하고 축음기를 들을 시간이 있을 것 같았다. 일곱 달 동안, 아주 단순한 일들 외에는 모든 일로부터 멀어진 곳에서, 내가 선택하는 대로, 바람과 밤과 추위가 강요하는 것만 따라 하면서, 누구의 규칙도 아닌 나 자신의 규칙에 따라 살 수 있을 것 같았다."

그러나 버드는 몇 달이 안 지나 환기가 제대로 되지 않는 발전기 때문에 일산화탄소에 중독되었다. 그는 계속 병에 시달리다가 결국 무선으로 구조 요청을 할 수밖에 없었다. 그러나 겨울이 끝나기 전에 구조대를 부름으로써 많은 생명을 위기로 몰아넣었음을 깨달았다. 그를 구조하러 온 사람들도 그런 상황을 알고 있었다. 그들은 몇 번 후퇴를 했다가, 마침내 그를 구출했다. 버드는 나중에 이렇게 말했다. "내가 계산 착오였다는 것은 목숨을 잃을 뻔했다는 사실로 증명이 되고 있다. 하지만 거기에 간 것을 후회하지는 않는다." 그러나 냉소적인 관찰자들은 그가 볼링에서 혼자 갇혀 지낸 것이 홍보를 위해 꾸민 일이거나 술을 끊기 전에 정신을 잃을 정도로 술을 마시기 위한 구실을 찾은 것이라고 여겼다. (1929년 남극 비행 이후 폭음에 대한 소문이 그를 따라다녀, 어떤 사람들은 남극 비행도 술의 도움이 없었다면 이룰 수 없었을 것이라고 말했다) 그러나 대부분의 사람들에게 그는 국민적 영웅이었다. 그는 남극대륙을 국제 협동의 장으로 만들도록 압력을 넣는 등 극지방 문제를 전문 분야로 삼아 활동하는 존경받는 원로 정치가로서 생을 마감했다.

버드가 따뜻한 모피 옷을
입고 애완견과 함께 카메라
앞에 서 있다. 그는 사람들
에게 알려지기를 좋아한 데
다 1926년 북극 정복이 의
심을 받으면서 센세이션만
쫓아다니는 믿을 수 없는
사람이라는 평판을 얻었다.
그러나 말년에는 남극대륙
을 국제 협동의 장으로 만
들도록 압력을 넣는 등 극
지방 문제를 전문 분야로
삼아 활동하는 존경받는 원
로 정치가가 되었다.

에스키모 아이가 미국 카메라맨 앞에서 하모니카를 불고 있다. 미국 지리학회의 후원을 받은 1925년 맥밀런 그린란드 원정대―버드가 해군 부대를 지휘했다―는 귀중한 자료와 표본을 모았을 뿐 아니라, 에스키모의 생활을 처음으로 촬영했다.

볼링 전진기지에서, 구조를 기다리며

그 목요일 밤에 나는 내가 얼마나 멀리 떨어져 있는지 진정으로 이해했다. 나는 일기에 이렇게 썼다. "…… 이 이른 아침의 (무전) 일정은 사람을 잡는다. 하루를 버틸 힘이 남지 않는다. 잠을 조금 자는 것도 엄청나게 힘들다. 팔, 다리, 어깨, 허파에 묘하게 괴로운 통증이 있다. …… 나는 버티려고 가능한 모든 방법을 쓰고 있다. 책을 읽을 수만 있다면, 시간이 두 배로 빨리 가고, 어둠의 답답함이 반으로 줄고, 내 별것 아닌 불운도 조금은 감당할 만해질 텐데."

방 건너, 방풍 랜턴의 빛이 닿지 않는 어둠 속에 책들이 줄지어 있었다. 그 가운데 다수는 위대한 책으로 심오한 삶의 정수를 보존하고 있었다. 그러나 나는 그 책들을 읽을 수가 없었다. 눈의 통증이 독서를 허락하지 않았다. 축음기도 있었다. 하지만 축음기 축을 돌리는 데 들어가는 에너지를 아껴 생존하는 일을 위해 써야 했다. 오두막의 사소한 것 하나하나가 나의 약한 상태를 보여 주었다. 연기를 뿜으며 흔들리는 랜턴의 불꽃과 벽에 걸린 옷의 늘어진 윤곽. 탁자의 얼어붙은 음식 통조림, 탁자의 미끄러운 얼음 조각들, 흘러넘친 등유의 시커먼 자국, 나의 토사물 때문에 노랗게 변한 곳. 귀찮아서 세우지 않아 쓰러진 채로 있는, 난로 옆의 의자, 탁자 위에 펼친 채 눕혀 놓은 존 마칸드의 『뉴베리포트의 티모시 덱스터 경』.

"6월 8일―매일 내가 사는 방식대로 시작하려고 노력하고 있다. 내가 버틸 가능성이 가장 높도록 계획해 놓은 일상의 규칙을 꾸준히 지켜 나가고 있다. 먹을 것을 생각만 해도 구역질이 치밀지만, 억지로 먹는다―한 번에 한 입씩. 한 입을 삼키는 데 2, 3분이 걸린다. 대부분은 필요한 비타민이 포함된 건조된 야채―마른 리마콩, 쌀, 무청, 옥수수, 통조림 토마토―다. 이따금씩 분유를 섞은 차가운 시리얼도 먹는다. 감당할 수 있을 것 같으면, 신선한 바다표범 고기도 조리해 먹는다.

내 삶의 불확실성은 밤에 촛불을 불어 끌 때 나에게 다음 날 아침에 일어날 힘이 없을지도 모른다는 깨달음에서 나온다. 힘이 좀 날 때면 난로의 기름 탱크를 채운다. 지금은 등유만 쓰고 있다. 등유 가스가 용제(溶劑)에서 나오는 가스보다 덜 해로운 것 같다. 이제는 처음처럼 탱크를 들고 터널 안으로 들어가지 않는다. 내 유일한 컨테이너에는 1갤런밖에 안 들어가기 때문에, 탱크를 채우고 랜턴의 연료를 공급하려면 터널에 네 번 들어가야 한다. 조금 기어 가고, 조금 쉰다. 오늘 아침에는 그 일을 한 시간 이상 했다. 손이 좀 심하게 얼었다. 내 침상에서 손이 닿는 선반에 음식을 조금씩 늘려 간다. 내 비상용 창고다. 잠자

버드의 1933~1935년 원정에서 찍은 남극대륙의 풍경. 버드는 비행을 두려워했다고 전해진다. 또 폭음 습관이 있었으며, 1929년 남극 비행도 술의 도움이 있었기 때문에 가능했다고도 한다. 그가 볼링 전진기지에 혼자 남은 것도 어떤 사람들은 이목을 끌려는 행동으로 보았다. 또 어떤 사람들은 술을 끊기 전에 정신을 잃을 정도로 술을 마시기 위한 구실을 찾은 것이라고 여겼다. 그러나 대부분의 사람들에게 그는 국민적 영웅이었다.

리에 들 때 가장 마지막에 하는 일이 랜턴에 기름이 가득한지 확인하는 것이다. 어느 날 아침 침상에서 나오지 못한다 해도 얼마간은 버틸 식량과 빛이 있어야 하기 때문이다.

당혹스러운 것은 나에게 여분의 힘이 전혀 없다는 것이다. 상갑판으로 가는 사다리를 올라갈 때면, 단을 두 개 올라가면 한 번은 쉬어야 한다. 오늘 기온은 영하 40도밖에 안 된다. 그러나 모피로 몸을 감쌌음에도 추위에 뼈가 오그라드는 것 같다. 남동쪽에서 꾸준하게 바람이 불었다. 오두막은 열기를 조금도 유지하지 못하는 듯하다. 밤이면 몸의 통증 때문에 계속 괴롭다. 잠이 가장 필요하지만, 찾아와주지 않는다. 혼수상태에 빠져들었다가 무시무시한 악몽 때문에 깨어나곤 한다. 아침이면 침낭에서 빠져나오는 것이 힘들다. 마치 약에 취한 듯한 느낌이다. 하지만 나는 반복해서 나에게 말한다. 만일 굴복한다면, 이 마비상태에 지배를 당한다면, 나는 두 번 다시 깨어나지 못할 것이라고.

R. Byrd, *Alone*.

토르 하이여달 *Thor Heyerdahl 1914~2002*
콘티키호의 태평양 항해

하이여달이 폴리네시아 문화와 남아메리카 문화 사이의 유사성을 알게 된 것은 1937년 마르키즈 제도의 인류학 탐험 때였다. 그는 아메리카 사람들이 남태평양에 정착을 한 것이 아닐까 하는 의문을 품었다가, 자신의 이론을 시험해 보기로 결정했다. 그는 1947년 동료 다섯 명과 함께 발사나무 뗏목 콘티키호를 타고 페루를 떠났다. 101일에 걸쳐 6,920킬로미터를 항해한 끝에 그들은 투아모토 섬에 의기양양하게 도착했다. 1970년에는 고대 지중해 문명이 콜럼버스보다 오래전에 아메리카에 도착했다는 것을 증명하기 위해 남아메리카 인디언들이 티티카카 호수의 파피루스 갈대로 만든 라 2호를 타고 대서양을 건넜다. 그 다음에는 티그리스호를 타고, 이런 원시적인 배로도 바람에 맞설 수 있으며, 따라서 귀환 항해도 할 수 있다는 것을 보여 주었다. 현대 장비를 최소한으로 줄이고, 가장 기본적인 재료로 만든 배를 타고 나선 하이여달의 항해는 그 자체로 주목할 가치가 있을 뿐 아니라, 인류 최초의 지구 탐험에 관해서도 많은 것을 알려 주었다.

콘티키호의 높이가 낮은 숙소 때문에 승무원들은 태평양의 해양 생물을 생생하게 관찰할 수 있었다

토르스테인은 어느 날 아침 일어나 베개에 정어리가 있는 것을 보았을 때에야 우리가 바다와 얼마나 가까이 있는지 깨달았다. 선실이 너무 좁아 머리를 문간에 내놓고 있었기 때문에, 토르스테인은 누가 밤에 밖으로 나가다 모르고 그의 얼굴을 밟으면 다리를 물어 버렸다. 토르스테인은 정어리 꼬리를 잡고, 이해한다는 표정으로 모든 정어리에게 철저하게 공감한다고 고백했다. 다음 날 밤 우리는 마음이 켕겨서 토르스테인이 좀 더 공간을 차지할 수 있도록 다리를 잡아당겼다. 그랬음에도 토르스테인이 결국 줄이 없는 구석의 부엌 식기들 위에서 잠자리를 찾게 만드는 일이 벌어졌다.

　　며칠 밤 뒤였다. 잔뜩 흐리고 칠흑처럼 어두웠다. 토르스테인은 등유 램프를 머리 바로 옆에 두었다. 그래야 밤에 경비를 서는 사람이 그의 머리를 넘어 들고날 때 발을 조심할 수 있었기 때문이다. …… 4시쯤 토르스테인은 램프가 쓰러지고, 차갑고 축축한 것이 귀 옆에서 퍼덕거리는 바람에 잠을 깼다. '날치로군.' 그는 생각하고, 어둠 속에서 그것을 잡아 내던지려고 손으로 더듬었다. 그는 뱀처럼 꿈틀거리는, 길고 축축한 것을

라 2호가 물에 낮게 가라앉아 파도 뒤에서 반만 보이고 있다. 전문가들은 오래전부터 파피루스가 배를 만들기에는 너무 구멍이 많으며, 물에 들어가 일주일 정도만 있으면 침수할 것이라고 믿었다. 그러나 하이여달은 기죽지 않고 파피루스를 12톤 사서 '라' 호를 지었다. 배는 정말로 가라앉았다. 그러나 8주 동안 떠다니다가 폭풍을 맞아 가라앉았을 뿐이다. 그 후속작인 라 2호는 모로 코부터 바바도스까지 6,440킬로미터를 57일에 항해하여 모든 예상을 깨어 버렸다.

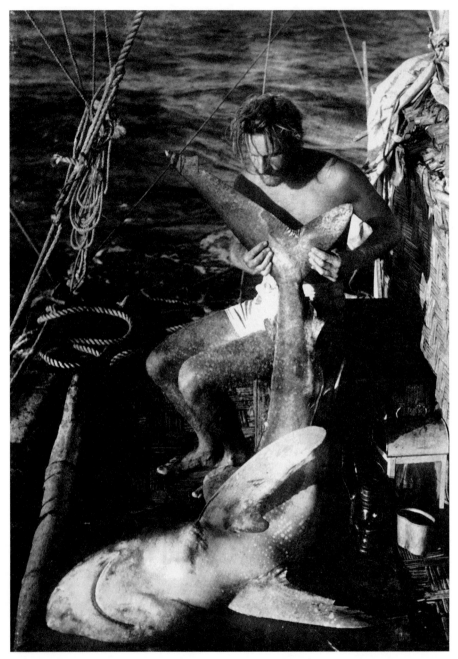

콘티키호에서 토르 하이여달이 상어와 드잡이를 하고 있다. 뗏목을 탄 사람들은 상어가 뗏목 뒤를 따라오는 데 아주 익숙해져, 상어 꼬리를 맨손으로 잡아 뗏목 위에 올릴 수 있을 정도가 되었다. 하이여달은 이렇게 썼다. "상어는 매일 찾아왔다. 한 번에 몇 마리씩 오기도 했다. 그러자 마치 친구가 된 느낌이 들었다. 서로 마음이 통한다는 느낌이 들기도 했던 것이다. 물론 그 떡 벌린 아가리 속으로 들어가지 않았기 때문이겠지만."

잡았다가, 마치 불에 덴 것처럼 놓아 버렸다. 보이지 않는 손님은 몸을 비틀어 헤르만 쪽으로 넘어갔고, 토르스테인은 램프에 불을 붙이려 했다. 헤르만도 깜짝 놀라 일어났다. 나도 잠에서 깨며 이 근처 물에서 밤에 올라오는 문어 생각을 했다. 램프에 불을 켰을 때 헤르만은 손에 뱀장어처럼 꿈틀대는 길고 가는 물고기의 목을 의기양양하게 움켜쥐고 있었다. 물고기는 길이가 1미터 정도 되었으며, 뱀처럼 가늘었고, 눈은 칙칙했으며, 길고 날카로운 이가 가득한 탐욕스러운 주둥이는 길었다. 이는 칼처럼 날카로웠지만, 삼키는 것이 입 안으로 쉽게 들어올 수 있도록 입천장으로 접을 수 있었다. 그때 헤르만의 손아귀에서 크기가 20센티미터 정도 되는, 눈이 커다란 하얀 물고기가 갑자기 튀어나왔다. 몸이 긴 물고기의 배 속에 있다가 입을 통해 나온 것이다. 곧 또 한 마리가 튀어나왔다. 심해에 사는 물고기들이 분명했는데, 뱀 같은 물고기의 이빨에 몸이 많이 찢겨 있었다. 뱀 같은 물고기의 얇은 껍질은 등은 푸르스름한 자주색이고 배는 강철 같은 파란색이었다. 우리가 손으로 잡자 껍질 조각이 벗겨졌다.

이런 소란 때문에 벤트도 결국 깨어났다. 우리는 램프와 긴 물고기를 그의 코 밑에 들이댔다. 그는 졸린 표정으로 침낭에서 몸을 일으키더니 엄숙하게 말했다.

"말도 안 돼, 이런 물고기는 없어요."

그러더니 벤트는 조용히 몸을 돌려 다시 잠이 들었다.

벤트의 말은 크게 틀리지 않았다. 나중에 보니 대나무 선실에서 램프 주위에 앉아 있던 우리 여섯 명이 그 물고기가 살아 있는 것을 처음 본 사람들인 것 같았다. 남아메리카 해안과 갈라파고스 제도에서 이런 물고기의 뼈만 발견된 적이 있었다. 어류학자들은 이 물고기를 겜필루스, 또는 뱀고등어라고 불렀으며, 아주 깊은 바다 바닥에 산다고 생각했다. 이 물고기의 살아 있는 모습을 본 사람이 아무도 없었기 때문이다. 하지만 이 물고기가 깊은 곳에 산다면, 그것은 해 때문에 커다란 눈이 시린 낮 동안만인 것 같았다. 어두운 밤이면 해수면보다 훨씬 높은 곳까지 올라왔기 때문이다. 뗏목에 있는 우리는 그것을 경험했던 것이다.

진귀한 물고기가 토르스테인의 침낭에 들어가고 나서 일주일 뒤 우리는 다른 손님을 맞이했다. 이번에도 새벽 4시였다. 초승달이 져서 어두웠지만, 별은 빛나고 있었다. 뗏목은 어렵지 않게 방향을 잡아 나갔다. 내 당직 시간이 끝났을 때 나는 새로운 당직자를 맞을 준비가 잘 되어 있는지 확인하기 위해 뗏목 가장자리를 따라 걸었다. 당직자의 규칙대로 나는 허리에 밧줄을 묶고 손에 등유 램프를 들고 있었다. 나는 돛대로 가라 2호가 대서양에서 위태롭게 흔들리고 있다. 남아메리카 티티카카 호수의 인디언들이 사용하던 전통적인 방법으로 건조한 이 배는 하루에 10센티미터의 속도로 가라앉아 마음을 졸이게 했다. 하이여달은 이렇게 썼다. "저녁 무렵 물이 높아지며 파도가 심하게 쳤다. 거친 바람에 하얀 물마루가 빠르게 지나갔다. 바닷물이 사방에서, 이물과 고물에서 쏟아져 들어왔다. …… 그렇지 않아도 우리 배는 내 예상보다 낮게 물에 들어가 있었다. …… 우울한 상황이었다." 그러나 항해 다섯 주가 되자 갈대 선체는 물을 더 흡수하지 않았다. 배는 침수되었지만 물에 뜬 상태로 항해를 성공적으로 마쳤다.

려고 가장 바깥에 있는 통나무를 따라 조심스럽게 걷고 있었다. 통나무는 축축하고 미끄러웠다. 그때 누가 갑자기 뒤에서 밧줄을 잡아채는 바람에 나는 균형을 잃을 뻔했다. 화가 나서 랜턴을 들고 몸을 돌렸지만, 아무도 보이지 않았다. 그러나 다시 밧줄을 잡아당기는 것이 느껴졌다. 그때 갑판에 뭔가 빛나는 것이 꿈틀대는 것이 보였다. 새로운 겜필루스였다. 이번에는 밧줄을 꽉 물고 있어, 줄을 빼내는 과정에서 이빨 몇 개가 부러졌다. 아마 우리 랜턴의 빛이 곡선을 그리는 하얀 밧줄을 따라 번쩍였고, 바다 깊은 곳에 있는 우리 손님은 그것을 보고 특별히 길고 맛있는 것을 먹을 수 있다는 생각에 뛰어올라 물어 버린 것 같았다. 결국 포르말린 병 안에서 생을 마감해야 했지만.

바다는 수면 높이에서 천천히 소리 없이 떠가는 자에게는 놀라운 것을 많이 보여준다. 숲을 뚫고 뛰어갔다 온 운동선수는 야생동물을 전혀 보지 못했다고 말할지도 모른다. 하지만 나무 둥치에 앉아 기다리다 보면, 바스락거리고 딱딱거리는 소리가 시작되고, 호기심에 젖은 눈이 튀어나오곤 한다. 바다도 마찬가지다. 우리는 보통 시끄러운 엔진과 피스톤을 이용해 바다를 헤쳐 나가며, 이물 주위에서 물은 거품을 일으킨다. 그런 뒤에 우리는 돌아와 바다 멀리 나가도 볼 것은 없더라고 말한다.

하지만 우리는 해수면에 둥둥 뜬 상태에서 매일 호기심 많은 손님들의 방문을 받았다. 이 손님들은 우리 주위에서 계속 꿈틀거렸다. …… 밤이 되면 어두운 열대의 하늘에 별들이 반짝이고, 우리 주위에서는 인광이 별들과 경쟁하며 번쩍였다. 빛을 발하는 플랑크톤 하나는 마치 살아 있는 석탄 같아, 우리는 무심코 벗은 다리를 물에 집어넣었다. 그 순간 번쩍이는 둥근 것들이 뗏목의 고물 근처에서 우리 발 주위를 쓸고 나갔다. 잡아보니 환하게 빛나는 작은 새우였다. 그런 밤이면 빛나는 둥근 눈 두 개가 뗏목 바로 옆의 바다에서 쑥 튀어나와 최면을 거는 듯 깜빡이지도 않고 우리를 노려보는 바람에 겁에 질리곤 했다. …… 커다란 오징어들이 종종 그런 짓을 했다. 물 위로 올라와 수면에 둥둥 떠 있으면, 그 악마 같은 녹색 눈이 어둠 속에서 인처럼 빛을 발했다. 그러나 때로는 밤에만 심해에서 올라오는 물고기의 빛나는 눈이 그런 짓을 하기도 했다. 이 두 눈은 그들 앞에서 가물거리는 빛에 매혹되어 가만히 들여다보곤 했다. 바다가 잔잔할 때면 뗏목 주위의 검은 물이 갑자기 둥근 머리로 가득 찬 적이 몇 번 있었다. 직경이 50센티미터에서 1미터 정도 되는 그 머리들은 꼼짝도 않고 빛나는 눈으로 우리를 노려보았다. 어떤 밤에는 직경이 1미터가 넘는 빛의 공이 물 밑에 보이기도 했다. 마치 잠깐 전깃불을 켜 놓은 것 같았다.

T. Heyerdahl, *The Kon-Tiki Expedition*.

윌프레드 세시저 *Wilfred Thesiger 1910~2003*
아라비아 남부 여행

아디스아바바에서 태어난 세시저는 평생 대부분을 서양 문명을 벗어나려고 노력하며 살았다. 그는 아프가니스탄에서 모로코까지 이슬람 세계 전역을 여행하였으며, 아라비아의 '미지의 지역'을 처음으로 충실하게 탐사했다. 그는 사하라 사막을 관통하는 여행을 하던 도중 자신의 철학을 분명하게 드러냈다. "나는 공간의 느낌, 정적, 모래의 파삭파삭한 명료함에 환희를 느꼈다. 나는 사람들이 오래전 옛날부터 낙타들의 인내와 그들 자신이 물려받은 기술에 의존하며 목숨을 걸고 여행하던 것과 마찬가지로 여행을 하면서 과거와 조화를 이루고 있다는 느낌을 받았다." 세시저는 1968년부터 1984년까지 케냐 북부에서 삼부루족과 함께 살다가, 시력이 나빠지는 바람에 어쩔 수 없이 영국으로 돌아갔다. 그는 모든 형태의 연소 기관을 거부한 사람으로서, 그 자신의 말을 빌리면, "과거의 전통을 따르는 마지막 탐험가"였다. 그의 힘차고 시적인 일기에는 글과 마찬가지로 훌륭한 흑백 사진들―그가 여행하면서 찍은 것이다―이 들어가 있다. 세시저는 중동을 방랑한 것에 관해 이렇게 말했다. "이런 삶을 살면 변하지 않을 수가 없다. 아무리 희미하더라도 사막의 흔적을 지니고 다니게 되는데, 이것이야말로 유목민의 표시다."

아라비아를 관통하여 여행하며

우리 밀가루는 바닥났지만, 그날 저녁 무살림이 안장 가방에서 옥수수 몇 줌을 꺼냈다. 우리는 그것을 구워 먹었다. 이것을 먹고 나서는 다른 사람들이 사흘 뒤에 리와로부터 돌아올 때까지 아무것도 먹지 못했다. 영원히 끝날 것 같지 않은 세 번의 낮과 밤이었다.

나는 그전에는 굶주림은 습관이 되었다고, 그런 것에는 무관심할 수 있다고 자신했다. 사실 나는 몇 주 동안 배가 고팠다. 그러나 밀가루가 있을 때도 나는 무살림이 만든 타거나 흐물흐물한 덩어리를 먹고 싶은 마음이 없었다. 그래서 내 몫을 삼킬 때보다는 마침내 그것을 배설할 때 더 큰 만족을 느꼈다. 물론 나는 먹을 것을 생각하고 끊임없이 그 이야기를 했지만, 그것은 죄수가 자유 이야기를 하는 것과 같았다. 나를 감질나게 하는 고깃덩어리, 밥, 김이 피어오르는 육즙 사발은 내 생각 밖에서는 존재하지 않는 것임을 알고 있었기 때문이다. 그때는 내가 그렇게 거부하던 껍질들을 꿈꾸게 될 것이라고는 생각도 하지 못했다.

1948년 오만에서 가운을 입고, 턱수염을 기르고, 터번을 쓰고, 허리에 칼을 차고, 무릎에 낙타 채찍을 올려놓은 세시저는 주류 영국인과는 정반대의 모습으로 보인다. 그는 부유한 집안을 박차고 나왔으며, 자신의 여행과 답답한 영국인들의 여행을 비교하며 즐거워했다. 적대적인 태도로 악명 높은 아우사의 술탄 영토로 여행한 일에 관해 그는 이렇게 말했다. "이전의 세 번의 원정대가 모두 몰살했다는 것을 …… 알고 나는 아주 만족스러웠다." 그는 하루에 사람 넷을 죽인 어떤 사람이 "막 크리켓 경기에서 교기를 따낸 조금 쑥스러워하는 훌륭한 이튼 학생 같다"고 말하기도 했다.

첫날의 허기는 익숙한 공복감이 조금 더 집요해진 느낌 정도였다. 치통처럼 의지의 노력으로 어느 정도는 극복할 수 있었다. 잿빛 새벽에 먹을 것을 갈망하며 잠이 깼지만, 엎드려 배를 누르자 허기가 좀 가시는 듯했다. 적어도 따뜻하기는 했다. 나중에 해가 떠, 더위 때문에 침낭에서 나올 수밖에 없었다. 나는 망토를 덤불 위에 던져 놓고 그늘에 누워 다시 자려고 했다. 나는 졸다가 먹을 것 꿈을 꾸었다. 깨어나서는 먹을 것 생각을 했다. 나는 물로, 원치도 않는 쓴 물로 속을 채웠고, 그 바람에 구역질이 났다. 결국 저녁이 되자 우리는 모닥불 주위에 모여 계속 같은 말을 했다. "내일이면 돌아올 거야." 그러면서 빈 카비나가 가져올 음식, 우리가 먹게 될 염소 생각을 했다. 그러나 다음 날이 발을 질질 끌며 간신히 석양에 이르렀을 때에도 그들은 오지 않았다.

　　나는 또 한 번의 밤을 마주했다. 밤은 낮보다 괴로웠다. 이제 추워서 잠깐씩밖에 자지 못했다. 나는 별을 보았다. 오리온자리, 플레이아데스성단, 큰곰자리 등은 이름을 알았지만, 다른 것들은 그냥 눈에 익기만 했다. 별들은 머리 위에서 천천히 돌다가 서쪽 아래로 가라앉았다. 모래언덕들 사이에서는 바람이 점점 강렬해졌다. 학교에 들어간 첫 학기에 배가 고파 잠에서 깨어 울면서 어머니가 이틀 전 차를 마시자며 데리고 나갔을 때 너무 배가 불러 먹지 못했던 초콜릿 케이크를 떠올리던 기억이 났다. 지금 나는 우루크 알 샤비아에서 버린 껍질 생각이 나 미칠 것 같았다. 왜 그런 바보 같은 짓을 했던가? 나는 그때 버린 조각의 색깔과 질감, 심지어 형태까지 그려 볼 수 있었다.

　　아침에 마브카우트가 낙타들을 데리고 풀을 뜯으러 나가는 것을 지켜보았다. 우리가 강제하는 노역에서 잠시 벗어나 발을 끌며 멀어지는 낙타들을 보면서도 나는 그들을 오직 먹을 것으로만 생각하고 있었다. 그들이 시야에서 사라진 것이 고마웠다. 알 아우프가 다가와 내 옆에 누우며 망토로 몸을 덮었다. 우리가 말을 나누었던 것 같지는 않다. 나는 눈을 감은 채 누워 혼자 생각하고 있었다. "내가 지금 런던에 있다면, 거꾸로 여기에 있고 싶어 안달을 했을 거야." 그러다가 라지드의 지역 장교들이 갖고 있는 지프와 트럭에 생각이 미쳤다. 그 생각은 너무 생생하여 엔진 소리가 귀에 들리고, 배기가스의 악취까지 맡을 수 있었다. 그래, 나는 굶을지언정 의자에 앉아 배불리 먹고 라디오에 귀를 기울이며 차에 의지하여 아라비아를 관통하느니 차라리 여기에 있겠다. 나는 이 신념에 필사적으로 매달렸다. 이것이 무척 중요하게 여겨졌다. 이것을 의심하는 것은 패배를 인정하고, 내가 지탱하던 모든 것을 버리는 것이었다.

　　나는 졸다가 낙타가 크게 우는 소리를 듣고 화들짝 놀라며 깨어나 생각했다. "마

세시저 일행이 1948년 사우디아라비아의 '텅 빈 지역'을 가로지르고 있다. 세시저는 이렇게 썼다. "나에게 탐험은 개인적인 모험이다. 나는 식물을 채집하거나 지도를 그리러 아라비아 사막에 가지 않았다. 그런 것은 부차적인 일이었다. …… 나는 사막 민족들과 함께 지내며 평화를 찾으러 갔다. 나는 이런 여행에 목표를 설정했다. 비록 목표 자체는 하찮은 것이었지만, 그것을 달성하는 일은 노력과 희생을 치를 값어치가 있었다."

침내 왔구나." 그러나 마브카우트가 우리 낙타를 움직이는 것이었다. 모래언덕들 사이로 그림자들이 길어졌다. 결국 해가 지고 희망을 버렸을 때 그들이 돌아왔다. 나는 그들에게 염소가 없다는 것을 한눈에 알아보았다. 크고 뜨거운 스튜의 꿈은 사라져 버렸다. 우리는 형식적인 인사를 하고, 형식적으로 이런저런 소식을 물었다. 그런 뒤에 짐을 실은 유일한 낙타에서 짐을 내리는 것을 도왔다. 빈 카비나가 지친 목소리로 말했다. "아무것도 얻지 못했습니다. …… 형편없는 대추야자 두 봉지, 밀가루 조금뿐입니다. ……"

지난 사흘은 시련이었는데, 나보다 남들이 더 힘들었다. 나만 아니라면 그들은 가장 가까운 텐트에 가서 먹을 수가 있었기 때문이다. 그러나 우리는 의심이라는 궁극적 괴로움은 겪지 않았다. 우리는 다른 사람들이 먹을 것을 가져온다는 것을 알고 있었다. 우리는 이 음식을 생각했고, 이 음식을 꿈꾸었다. 맛있고 푸짐한 고기를 먹는 것이 우리의 인내에 대한 보답이었다. 그런데 이제 우리가 가진 것은 이것뿐이었다. 모래가 덮인 시든 대추야자 몇 개, 삶은 낟알 덩어리. 게다가 양도 충분치 않았다. 우리는 아라비아를 가로질러 돌아가야 했다. 몰래 여행을 해야 했다. 우리에게는 절약을 하면 열흘 먹을 수 있는 식량밖에 없었다. 오늘밤에는 먹었지만, 계속 배가 고팠다. 이런 음식을 얼마나 더 견딜 수 있을지 궁금했다. 먹을 것이 더 많아야 했다……

(추가로 최소한의 식량을 구한 뒤) 낙타를 끌고 모래언덕의 가파른 면을 내려가다 갑자기 낮게 떨리며 윙윙거리는 소리가 들렸다. 그 소리는 점점 커져, 마침내 우리 머리 위로 비행기가 낮게 날아가는 느낌이 들기까지 했다. 겁에 질린 낙타들이 사방으로 날뛰며, 머리의 밧줄을 잡아당기면서 우리 위의 비탈을 돌아보았다. 그러나 모래언덕을 내려와 바닥에 닿자 소리가 그쳤다. 이것이 '모래의 노래'였다. 아랍인은 이것을 포효라고 표현하는데, 아마 그것이 더 적절한 표현일 것이다. 나는 이 지역에 5년을 있었지만, 그 소리는 대여섯 번밖에 듣지 못했다. 그 소리는 한 층의 모래가 다른 층 위로 미끄러지기 때문에 생기는 것 같았다. 한번은 모래언덕 꼭대기에 서 있었는데, 내가 가파른 비탈로 내려서자마자 소리가 들리기 시작했다. 이때 나는 이 미끄러지는 면에 발을 딛거나 뗌으로써 내 마음대로 그 소리를 켰다 껐다 할 수 있다는 것을 알았다.

라바드 근처에서 무살림은 갑자기 낙타에서 내리더니 얕은 굴에 손을 집어넣어 산토끼 한 마리를 꺼냈다. 그에게 토끼가 거기 있는지 어떻게 알았느냐고 묻자, 그는 들어간 발자국은 보이는데 나온 자국이 없었다고 대답했다. 오후가 느리게 흘렀고, 마침내 우리는 작은 모래언덕들이 연속으로 이어진 곳에 이르렀다. 이곳은 이 모래 때문에 라바드라는 이름이 붙었는데, 풀을 먹이기에 적당하여 우리는 그 가장자리에서 멈추었다. 우리는 남은 밀가루를 먹기로 했다. 무살림은 마치 마법을 부린 듯 안장 가방에서 양파 세 개와 향료를 꺼냈다. 우리는 주린 표정으로 둘러앉아 빈 카비나가 토끼를 조리하는 것을 지켜보며 이것저것 참견을 했다. 기대감이 충만했다. 고기를 먹어 본 지 한 달이 넘었기 때문이다. …… 우리는 국물을 맛본 뒤 좀 더 끓이기로 했다. 그때 빈 카비나가 고개를 들더니 신음을 토했다. "맙소사! 손님들이네!"

1954년의 강풍으로 이라크 남부 늪지대의 야자나무들이 휘고 있다. 폭풍이 워낙 심해서 서쪽 사막은 2미터 높이의 물에 잠겼으며, 바그다드도 위태로웠다. 이라크 대부분을 삼킨 재난이었지만, 늪지대에서는 삶이 평소처럼 계속되었다. (어쩌면 산의 보호를 받는 지역이라서 그랬는지도 모른다 — 어떤 권위자들은 이곳이 에덴동산이 있던 자리라고 생각했다.) 세시저는 중동 여행을 묘사하면서 이렇게 말했다. "이런 삶을 살고 나면 변하지 않을 수가 없다. 아무리 희미하다 해도 사막의 흔적, 유목민임을 표시하는 낙인을 지니고 다니게 될 것이다. 사람에 따라 약하거나 일관되지 않을 수 있어도, 그의 속에서는 돌아가고 싶다는 갈망이 생길 것이다. 이 잔혹한 땅은 사람들에게 온대 기후에서는 도저히 상상도 할 수 없는 주문을 건다."

아랍인 세 명이 모래를 가로질러 우리를 향해 다가오고 있었다. …… 우리는 그들에게 인사를 하고, 소식을 묻고, 커피를 만들어 주었다. 그리고 …… 토끼 고기와 빵을 그들 앞에 차려 주고, 최대한 진지한 표정으로 그들이 우리의 손님이며, 신이 그들을 우리에게 데려왔으며, 오늘은 축복받은 날이라는 등의 이야기를 늘어놓았다. 그들은 우리에게 함께 먹자고 했으나 우리는 거절하며, 그들은 우리의 손님이라는 말만 되풀이했다. 나는 그들에게 신이 이 상서로운 날 그들을 우리에게 보내 주었다고 이야기하는 동안 속으로 느끼던 살의가 얼굴에 드러나지 않기를 바랐다.

W. Thesiger, *Arabian Sand*.

모리스 에르조그 _Maurice Herzog 1912~_
안나푸르나 정상

1939년 아직 10대이던 에르조그는 이미 세계에서 가장 모험적인 등반가 가운데 한 사람으로 꼽히고 있었다. 그러나 그가 자신의 잠재력을 완전히 발휘한 것은 제2차 세계 대전 후였다. 1950년 에르조그는 원정대를 이끌고 세계에서 열 번째로 높은 산 안나푸르나로 갔다. 지도에도 없고, 아무도 올라가 본 적도 없고, 다가가기도 힘든 산이었다. 산을 찾는 데만 두 달이 걸렸다. 에르조그는 6월 3일 오후 2시에 루이 라세날과 함께 정상에 올라, 8,000미터 이상의 봉우리를 처음 올라간 사람이 되었다. 이 두 사람과 그들의 동료 가스통 레뷔파, 리오넬 테레는 내려오는 길에 무시무시한 고생을 했다. 에르조그는 장갑을 잃어버려 두 손 모두 동상에 걸렸고, 얼마 후에는 두 발도 동상에 걸렸다. 라세날도 동상에 걸려, 인도를 거쳐 돌아오는 기차에서 의사들은 계속 이 사람들의 팔다리에서 죽은 살을 잘라 냈고, 기차가 설 때마다 떨어진 발가락들을 열차 밖으로 쓸어냈다. 두 사람 모두 이 일로 영원히 불구가 되었으며, 다시는 산에 올라갈 때 자신들의 능력을 완전히 발휘할 수 없었다. 이 원정대는 등반사에 이정표를 세웠다는 점에서만이 아니라, 협동과 인내의 특별한 모범을 보여 주었다는 점에서도 찬사를 받았다. 에르조그의 일기는 즉시 베스트셀러가 되었으며, 그는 국제적인 우상이 되었다. 그는 등반계를 떠난 뒤, 프랑스의 체육부 장관 자리에 앉았다.

에르조그 원정대는 정상에서 내려오다 안나푸르나 비탈에서 하룻밤을 보낼 수밖에 없었다.
시간이 흘렀지만 얼마나 흘렀는지는 알 수 없었다. 밤이 다가오고 있었다. 아무도 불평을 하지 않았지만, 모두 겁에 질려 있었다. 레뷔파와 나는 기억나는 대로 길을 찾아갔으나, 아주 가파른 절벽에서 멈추어 서고 말았다. 안개는 이 비탈을 수직의 벽으로 바꾸어 놓았다. 우리는 다음 날, 그때 우리가 사실 거의 캠프 위에 있었으며, 그 벽이 우리의 구원처가 될 수도 있었을 텐트를 보호해 주는 바로 그 벽이었음을 알게 되었다. ……

    갑자기 밤이 되었다. 1분이라도 낭비하지 않고 결정을 내리는 것이 중요했다. 비탈에 그대로 있으면 아침이 오기 전에 죽을 터였다. 야영을 해야 했다. 상황이 어떨지 짐작이 갔다. 우리 모두 6,900미터 이상에서 야영을 한다는 것이 어떤 의미인지 알고 있었기 때문이다. ……

(요행으로 그들은 작은 크레바스를 발견했다) 이 작은 동굴의 강렬한 추위 때문에 우리는 오그라들었다. 우리를 에워싼 벽은 눅눅했으며, 바닥에는 새 눈이 양탄자처럼 깔려 있었다. 몸을 웅크리자 우리 넷이 딱 들어갈 수 있었다. 천장에는 고드름이 달려 있었다. 우리는 머리를 움직일 수 있도록 몇 개를 땄고, 작은 조각 몇 개는 빨려고 남겨 두었다. 뭘 마셔 본 지가 아주 오래되었기 때문이다.

이곳이 이날 밤 우리의 피난처였다. 적어도 우리는 바람으로부터 보호를 받을 수 있었다. 기온의 급격한 변화도 없을 터였다. 다만 벽이 눅눅한 것이 몹시 불쾌할 뿐이었다. 우리는 최대한 편안하게 어둠 속에 자리를 잡았다. 야영할 때면 늘 그랬듯이 신발을 벗었다. 이렇게 조심하지 않으면 신발이 죄어와 바로 동상에 걸리기 때문이다. 테레는 선견지명 덕분에 들고 온 침낭을 펼치고, 비교적 편안한 자세를 잡았다. 우리는 가지고 있는 따뜻한 것은 모두 걸쳤다. 나는 눈과 직접 닿는 것을 피하려고 영화 촬영기 위에 앉았다. 우리는 서로 바싹 붙어 웅크리고 있었다. 자세로만 보면 모든 몸의 열이 빠짐없이 다 합쳐질 것 같았지만, 몸이 떨려 잠시도 가만히 있을 수가 없었다.

우리는 입을 열지 않았다. 몸짓보다 말이 더 힘들었기 때문이다. 모두 자신의 내부로 침잠하여, 내부의 세계에서 피난처를 찾았다. 테레는 라셰날의 발을 마사지했다. 레뷔파도 발이 어는 것을 느꼈지만, 스스로 마사지할 힘이 있었다. 나는 가만히 있었다. 아무것도 보이지 않았다. 손발은 계속 얼어 갔다. 하지만 어쩐단 말인가? 나는 고통을 잊으려고 했고, 시간이 가는 것을 잊으려고 했다. 음험하게 우리를 파고들어 우리를 삼키고 마비시키는 추위를 느끼지 않으려고 했다. ……

테레가 관대하게도 침낭의 한 부분을 내주려 했다. 내 상태가 얼마나 심각한지 파악하고, 내가 아무 말도 하지 않고 활기가 없는 이유를 알았던 것이다. 그는 내가 나 자신에 대해서는 모든 희망을 포기했다는 것을 깨달았다. 그는 거의 두 시간 동안 나를 마사지해 주었다. 그의 발도 얼었을 것 같았지만, 그 문제는 전혀 생각도 하지 않는 것 같았다. 나는 그의 이타적인 태도를 생각하는 것만으로도 새로운 용기를 얻었다. 나를 도우려고 그렇게 많은 일을 하는 것을 보니, 살려고 계속 애를 쓰지 않는 것이 배은망덕한 일로 여겨졌다. 심장이 얼음 덩어리나 다름없었음에도, 나는 아무런 통증을 느끼지 않는 것에 놀랐다. 나에게 중요한 모든 것이 떨어져나간 느낌이었다. 내 생각 속에서 나의 상태는 아주 분명해 보였지만, 그럼에도 나는 평화로운 행복 같은 것 속에서 둥둥 떠다니고 있었다. 나에게는 아직 가냘픈 생명이 남아 있었지만, 시간이 갈수록 꾸준히 가

늘어지고 있었다. 테레의 마사지도 나
에게 아무런 영향을 주지 못했다. 모
든 것이 끝났다. 나는 그렇게 생각했
다. 이 동굴이야말로 내가 바랄 수 있
는 가장 아름다운 무덤 아닐까? 죽음
을 생각해도 아무런 슬픔, 아무런 아
쉬움이 느껴지지 않았다. 오히려 나는
그 생각에 웃음을 지었다. ……

　　(동이 텄다) 으스스한 빛이 우리의
동굴 속으로 스며들었다. 우리는 서로
의 머리 형태만 간신히 분간할 수 있
었다. 먼 곳에서 이상한 소리가 우리
쪽으로 내려왔다. 쉭쉭거리는 소리가
길게 이어지고 있었다. 소리는 점점
커졌다. 갑자기 새로운 눈의 사태 밑
에 묻혀 아무것도 보이지 않았고, 숨

쌍안경을 손에 들고 안나푸르나를 살피는 모리스 에르조그.
나중에 동상 때문에 손가락과 발가락을 모두 잃게 된다.

이 막혔다. 얼음 같은 눈이 동굴 위로 퍼지며, 우리 옷의 모든 틈을 파고들었다. 나는
두 무릎 사이에 고개를 숙이며, 두 팔로 내 몸을 끌어안았다. 눈이 계속 흘렀다. 정적이
내려앉았다. 우리는 완전히 묻히지는 않았지만, 사방이 눈이었다. 우리는 얼음 천장에
머리를 부딪히지 않으려고 조심하면서 일어나 몸을 털어 보았다. 우리는 양말만 신은
채 눈 속에 들어가 있었다. 첫 번째로 해야 할 일은 신발을 찾는 것이었다.

　　라뷔파와 테레는 신발을 찾기 시작했으나, 곧 자신들이 앞이 안 보인다는 것을 깨
달았다. 어제 앞장서서 우리를 이끌고 내려오느라 선글라스를 벗었는데, 이제 그 대가
를 치르는 것이었다. 라셰날이 제일 먼저 신발을 찾아 신으려 했으나, 그것은 레뷔파의
것이었다. 레뷔파는 어제 우리가 내려왔고, 오늘 눈사태가 내려왔던 활주로를 다시 올
라가려 했다. ……

　　우리는 여전히 물건들을 찾아 더듬거리고 있었다. 테레가 신발을 찾아 어색하게 신
었다. 자기가 무엇을 하는지 볼 수가 없었기 때문이다. 라셰날이 그를 도와주었지만,
신경이 곤두서서 안달을 했다. 꼼짝도 하지 못하는 나와는 정반대였다. 테레가 얼음이

에르조그가 즉석 수술을 받고 있다. 그는 이런 수술을 여러 번 받았다. 그는 이렇게 썼다. "매일 발이나 손의 관절 한 두 개를 제거했다. 모두 야외에서, 마취제 없이, 가능할 때마다 한 것이다." 인도를 거쳐 돌아오는 기차에서 의사들은 에르조그만이 아니라 그의 동료들의 팔다리에서 계속 죽은 살을 잘라 냈고, 기차가 설 때마다 떨어진 발가락들을 열차 밖으로 쓸어 냈다.

덮인 수로를 따라 올라가며 혹혹 숨을 내쉬다 몰아쉬다 했다. 마침내 그가 바깥 세계에 이르렀다. 그러나 그곳에서 그는 몸을 파고들고 얼굴을 때리는 무시무시한 질풍과 마주쳤다. ……

크레바스 바닥에서 우리 둘은 여전히 신발을 찾고 있었다. 라셰날은 피켈로 눈을 마구 찔러 댔다. 나는 그보다는 차분하여 그래도 이성적으로 찾아보려고 했다. 우리는 눈에서 아이젠과 피켈은 찾았으나, 신발은 여전히 보이지 않았다.

그래, 이렇게 이 동굴이 우리의 마지막 안식처가 되는구나! 공간은 아주 비좁았다. 우리는 몸을 반으로 접고 계속 상대의 몸과 부딪혔다. 결국 라셰날은 신발 없이 나가기로 결정했다. 그는 미친 듯이 소리를 지르며 밧줄을 잡고 위로 올라갔다. 쥘 곳을 찾으려 애를 쓰거나 꿈틀거리며 위로 올라갔고, 발가락으로 눈 벽을 팠다. 테레가 밖에서 있는 힘껏 잡아당겨 주었다. 나는 그가 올라가는 것을 지켜보았다. 속도가 붙더니 순식간에 사라져 버렸다.

그는 동굴 입구에서 나가면서 맑고 파란 하늘을 보았다. 그는 미친 사람처럼 "개었다, 개었다!" 하고 소리치며 달리기 시작했다.

나는 다시 동굴을 뒤지는 일을 시작했다. 신발은 찾아야 했다. 아니면 라셰날과 나는 끝장이었다. 나는 장갑도 양말도 없이 네 발로 눈을 긁어 보고, 이 방향 저 방향으로 휘저어 보며, 뭔가 단단한 것이 손에 걸리기만 바랐다. 이제 생각은 할 수 없었다. 목숨을 건지기 위해 싸우는 동물처럼 반응하고 있었다.

그러다 신발 한 짝을 찾았다! 다른 한 짝은 거기에 묶여 있었다—한 켤레였다! 나는 동굴 전체를 뒤진 끝에 다른 한 켤레도 찾았다. 그러나 아무리 노력을 해도 카메라는 찾을 수 없어, 결국 포기하고 말았다. 신발을 신을 수는 없었다. 손이 나무토막 같아 아무것도 쥘 수가 없었다. 발은 퉁퉁 부어 있었다. 결코 그 위에 신을 신지 못할 것 같았다. 나는 할 수 있는 데까지 밧줄로 신발을 묶고 수로 위를 향해 소리쳤다.

"리오넬…… 신발!"

답이 없었다. 하지만 들은 것이 틀림없었다. 밧줄이 흔들 하더니 귀중한 신발이 위로 쑥 올라갔기 때문이다. 곧 다시 밧줄이 내려왔다. 내 차례였다. 나는 밧줄로 몸을 감았다. 꽉 잡아당길 수가 없어 작은 매듭을 여러 번 만들었다. 그 합쳐진 힘이 내 몸을 지탱해 주기를 바랐던 것이다. 나는 다시 소리칠 힘이 없었다. 나는 힘껏 밧줄을 잡아당겼고, 테레는 그 뜻을 이해했다.

처음에는 발가락을 꽂기 위해 단단한 눈을 발로 차 틈을 만들어야 했다. 그 위부터는 터널에 몸을 쐐기처럼 끼우면 좀 쉽게 올라갈 수 있을 것 같았다. 나는 이런 식으로 몇 미터를 꿈틀거리며 올라가다가, 벽을 손과 발로 파고들 수 있었다. 손은 손목 있는 곳까지 뻣뻣하고 단단했으며, 발은 발목까지 아무런 감각이 없었다. 관절은 구부러지지 않아, 움직이는 것이 몹시 불편했다.

그래도 간신히 위로 올라갈 수 있었다. 테레가 밧줄을 너무 세게 잡아당기는 바람에 숨이 막힐 지경이었다. 분명하게 보이기 시작하자, 내가 입구 가까이에 다가가고 있다는 것을 알 수 있었다. 자주 다시 떨어졌지만, 나는 다시 달라붙어 최대한 몸을 쑤셔넣었다. 심장이 터질 것 같아 쉬어야만 했다. 다시 에너지의 물결이 새로 밀려와 위로 기어 올라갈 수 있었다. 나는 테레의 다리를 움켜쥐고 밖으로 몸을 빼냈다. 그는 온 힘을 다 쏟아부었고, 나도 탈진의 마지막 단계에 이르러 있었다. 테레 가까이에 다가가자 나는 소곤거렸다.

"리오넬 …… 나 얼마 안 남았어!" ……

나는 끝이 다가왔다는 것을 알았다. 그러나 그것은 모든 산악인이 바라는 끝이었다. 그들을 지배하는 정열과 일치하는 마지막이었다. 나는 그날 나를 위해 그렇게 아름다운 모습을 보여 준 산에 특별히 감사했으며, 마치 교회 안에 들어와 있는 듯한 적막에 경외감을 느꼈다. 아무런 고통도 없었다. 아무런 걱정도 없었다. 나의 완전한 차분함이 놀라웠다. ……

그때 라셰날이 소리쳤다. "여기야! 여기!"

그는 자신이 무엇을 하는지 모르는 것이 분명했다. …… 아니, 알았을까? 그는 우리 넷 가운데 밑의 캠프 II를 볼 수 있는 유일한 사람이었다. 어쩌면 밑에서도 그의 외침이 들릴지도 몰랐다. 그것은 절망의 외침이었다. 몽블랑 대산괴에서 내가 구하려고 노력했던 실종된 등반가 몇 명의 모습이 떠올라 가슴이 아팠다. 이제 우리 차례였다. 그 인상은 생생했다. 우리는 실종된 것이다.

나도 다른 사람들과 목소리를 합쳤다. "하나…… 둘…… 셋…… 여기야!" …… 우리는 모두 함께 소리치려 했지만, 큰 도움은 되지 않았다. 우리 목소리는 3미터도 가지 못했을 것이다. 내가 낸 소리는 외침이라기보다는 속삭임이었다. 테레는 내가 신을 신어야 한다고 우겼지만, 내 손은 죽은 상태였다. …… 테레는 과감하게 칼을 꺼내더니, 더듬거리는 손으로 신발 위쪽의 앞뒤를 찢었다. 이렇게 둘로 나뉘자 나는 신발을 신을 수 있었다. 하지만 쉽지는 않아 여러 번 시도를 해야 했다. 나는 상심했다. 어차피 여기 그대로 있을 건데 이게 무슨 소용이란 말인가? 하지만 테레가 거칠게 잡아당겨 마침내 신을 신는 데 성공했다. 그는 이제 거대해진 내 신발의 끈을 묶었다. 고리의 반은 그냥 넘어갔다. 이제 나는 준비가 되었다. 하지만 이런 뻣뻣한 관절로 어떻게 걷는단 말인가? ……

나는 눈에 그냥 앉아 있었다. 점차 정신이 풀어졌다.─왜 이리 애를 쓰나? 그냥 나 자신이 표류하게 놓아두고 싶었다. 그늘진 비탈, 평화로운 길의 그림들이 보였다. 송진 냄새가 났다. 기분이 좋았다. 나 자신의 산에서 죽게 되는구나. 몸에는 아무런 감각이 없었다. 모든 것이 얼어 있었다.

"아아하…… 아아하!"

신음일까, 외침일까? …… 불과 200미터 떨어진 곳에서 마르셀 샤츠가 비탈 표면을 움직이는 보트처럼 우리를 향해 천천히 다가오고 있었다. 강하고 우람한 이 구원자의 모습은 말할 수 없이 감동적이었다. 나는 그에게 모든 것을 걸었다. 그 충격은 격렬하여, 나를 완전히 흔들어 놓았다. 죽음이 나를 움켜쥐었고 나는 포기했다.

다시 정신을 차렸을 때는 살고 싶은 마음이 돌아와 있었다. 감정의 급격한 반전이 일어났다. 모든 게 사라진 것은 아니었던 셈이다! 샤츠가 가까이 다가오는 동안 내 눈은 잠시도 그를 떠나지 않았다. 20미터…… 10미터……. 그는 곧장 나를 향해 다가왔다. 왜? 그는 아무 말 없이 나에게 몸을 기대더니 나를 잡아당겨 끌어안았다. 따뜻한 숨이 나를 소생시켰다.

　　나는 조금도 움직일 수가 없었다. 마치 대리석 같았다. 마음은 엄청난 감정에 압도당했지만, 눈은 말라 있었다.

　　"잘했어, 모리스. 굉장했어!"

M. Herzog, *Annapurna*.

에드먼드 힐러리 *Edmund Hillary 1919~*
텐징 노르가이 *Tenzing Norgay 1914~1986*
에베레스트 정복

1953년 존 헌트가 이끄는 영국 에베레스트 탐험대는 세계 최고봉 공략을 시작했다. 정상 팀은 소수의 등반가들로 이루어져 있었으며, 그들은 짝을 이루어 사우스콜의 캠프에서 정상을 공격할 계획이었다. 그들 가운데는 힐러리와 텐징도 있었다. 힐러리는 뉴질랜드의 양봉가로, 1951년 히말라야 산맥을 처음 찾았으며, 그 후 6,096미터 이상의 산을 열한 번 올라갔다. 텐징은 네팔의 셰르파로, 1935년에 에베레스트를 처음 공격했으며, 그 이후 네 번의 원정에 참여했는데 1952년에는 정상 300미터 앞까지 갔다. 첫 2인조가 실패한 뒤인 5월 29일 아침 힐러리와 텐징은 캠프를 떠났다. 그들은 오전 11시 30분에 정상에 이르렀다. 이 소식은 엘리자베스 2세 대관식 날 영국에 전해져 영국인의 기쁨은 배가되었다. 나중에 누가 정상에 먼저 올라섰는가, 여러 어려운 곳에서 누가 누구를 도와주었는가, 에베레스트를 정복한 것은 영국인가 인도인가 네팔인가를 두고 설전이 오갔다. 그러나 텐징 노르가이는 이 승리를 두고 통이 큰 사람의 모습을 보여 주었다. "내 머릿속에는 그전에 왔던 모든 사람이 있었다. 사히브와 셰르파, 영국인과 스위스인, 33년 동안 이 산을 목표로 꿈을 꾸고 도전하고, 싸우고 실패했던 모든 사람들, 용감한 사람들. 그들의 노력과 지식과 경험 덕분에 우리는 승리할 수 있었다." 힐러리는 통명스러운 쪽이었다. "그래, 우리는 그 새끼를 박살내 버렸다!"

정복에 관한 힐러리의 이야기

능선은 전과 마찬가지로 계속되었다. 오른쪽은 거대한 코니스들이었고, 왼쪽은 가파른 돌 비탈이었다. 나는 좁은 눈 띠를 계속 컷스텝하며 나아갔다. 능선은 오른쪽으로 곡선을 그리며 나아갔고, 우리는 꼭대기가 어디인지 알지 못했다. 봉우리 너머로 돌아나가면, 더 높은 봉우리가 시야에 나타나곤 했다. 시간은 흘러갔고, 능선은 끝나지 않을 것 같았다. …… 이제 조금씩 피곤해지기 시작했다. 나는 두 시간 동안 계속 컷스텝을 해 왔고, 텐징도 아주 느리게 움직이고 있었다. 나는 다시 또 하나의 모퉁이를 돌면서 약간 멍한 기분으로 얼마나 오래 이런 식으로 가야 하나 생각했다. 이제 출발할 때의 열의는 완전히 사라졌고, 지겨운 싸움을 하는 기분이었다. 그 순간 앞쪽 능선이 계속 단조

1953년 5월 힐러리와 텐징이 에베레스트 정상에서 내려와 큰 잔에 차를 마시고 있다. 원정대장 존 헌트는 이렇게 말했다. "언젠가 에베레스트는 다시 오르게 될 것이다. 또 산이건, 공중이건, 바다 위건, 지구의 속이건, 바다 밑바닥이건 다른 모험의 기회도 많다. 또 늘 우리가 가고 싶어 하는 달도 있다. 더 높은 영의 인도를 받는 인간의 영이 이르지 못할 높이도 깊이도 없는 것이다." 힐러리는 자신의 업적을 대수롭지 않게 표현했다. "어떤 면에서 나는 평균적인 뉴질랜드인을 상징한다고 믿는다. 나는 능력은 대단치 않지만, 이것을 단단한 결의와 결합시켰다. 그리고 나는 성공하는 것을 좋아하는 편이다."

롭게 올라가는 것이 아니라, 이번에는 가파르게 꺾이며 멀어져간다는 것을 깨달았다. 밑으로 노스콜과 롱북 빙하가 보였다. 고개를 들어 보니 좁은 눈 능선이 눈 덮인 정상으로 치고 올라가는 것이 보였다. 피켈로 단단한 눈을 몇 번 더 후려치며 나아가다 드디어 우리는 정상에 섰다.

처음 느낀 것은 안도감이었다. 더 컷스텝을 안 해도 된다는 안도감. 더 트래버스할 능선이 없고, 성공에 대한 희망으로 우리를 감질나게 하는 봉우리가 이제 없다는 안도감. 나는 텐징을 보았다. 발라클라바, 고글, 긴 고드름이 주렁주렁 달린 산소마스크가 얼굴을 가리고 있었지만, 주위를 둘러보는 그의 얼굴에서 순수한 기쁨으로 빛나는, 따라 웃고 싶은 웃음을 감출 수는 없었다. 우리는 악수를 했고, 텐징은 나를 끌어안았다. 우리는 숨을 쉬기가 힘들 정도로 서로 등을 두드려 주었다. 오전 11시 30분이었다. 능선을 타고 오는 데 걸린 시간은 두 시간 30분이지만, 마치 평생이 걸린 것 같았다. 나는 산소를 끄고 마스크를 벗었다. 칼라 필름이 든 카메라는 얼지 않도록 셔츠 안에 넣어 왔다. 나는 카메라를 꺼내고, 텐징에게 정상에서 국제연합기, 영국기, 네팔기, 인도기가 줄줄이 달린 피켈을 휘두르라고 했다. 텐징을 찍은 다음에 우리 밑 사방으로 뻗어 있는 땅을 살펴보았다. …… 나는 가장 중요한 사진은 아래 북릉을 찍은 것이라고 생각했다. 그곳을 찍으면 노스콜과 더불어 1920년대와 1930년대 위대한 등반가들의 투쟁으로 유명해진 옛날 루트가 나올 것이기 때문이다. 그러나 결과가 성공적일 것이라고 기대하기는 힘들었다. 두툼한 장갑 때문에 카메라를 똑바로 잡고 있기가 힘들었기 때문이다. 그래도 기록 역할은 해 줄 것이라고 생각했다. …… 그동안 텐징은 눈에 작은 구멍을 파, 그 안에 작은 먹을거리들을 여러 가지 넣었다. 초콜릿 바, 비스킷 한 봉지, 사탕 몇 개. 작은 선물이기는 했지만, 독실한 불교도가 이 높은 꼭대기에 살고 있다고 믿는 신들에게 바치는 상징적인 제물이었다. 이틀 전 사우스콜에 있을 때 헌트는 나에게 작은 십자가를 주며 정상에 가져가라고 했다. 나도 눈을 파고 그 십자가를 텐징의 제물 옆에 묻었다.

나는 다시 산소를 확인하고, 우리가 버틸 수 있는 시간을 계산해 보았다. 남봉 밑의 우리 목숨을 구해 줄 보급품에까지 가려면 빨리 움직여야 했다. 15분 뒤 우리는 몸을 돌려 움직이기 시작했다. …… 둘 다 약간 피곤했다. 반응이 오기 시작했기 때문이다. 빨리 산에서 내려가야 했다. 나는 정상에서 내려와 발을 디뎠던 곳으로 갔다. 우리는 시간을 낭비하지 않고 아이젠으로 찍으며 왔던 길을 되짚어 갔다. 줄어드는 산소 때문에 마음이 다급하여 더 서둘렀다. 봉우리들이 빠르게 잇따라 나타났다. 거의 기적이라 여겨질 만큼 빠른 시간에 우리는 바위 스텝 꼭대기에 이르렀다. 이제 익숙해서 별것 아니라는 듯이 아무렇지도 않게 우리는 발로 차고 몸을 끼우고 하며 스텝을 다시 내려갔다. 우리는 피곤했지만, 조심성을 잃을 만큼 피곤하지는 않았다. 바위 트래버스를 주의 깊게 통과했고, 위태로운 눈이 덮인 구역을 한 번에 한 걸음씩 움직였고, 마침내 아이젠을 이용하여 우리가 디뎠던 곳을 걸어 다시 남봉으로 돌아왔다.

정상에서 불과 한 시간밖에 안 걸렸다! 달콤한 레모네이드를 들이키자 힘이 솟았다. 우리는 다시 아래로 방향을 틀었다. 올라가는 내내 우리는 커다란 눈 비탈을 다시 내려갈 일을 생각하며 공포를 떨쳐 버릴 수가 없었다. 나는 앞장서서 내려가면서 마치 우리 목숨이 걸린 것처럼 조심해서 한 발 한 발 내디뎠다. 사실 목숨이 걸려 있다고 할 에베레스트 산 서쪽 쿰에 입을 벌린 크레바스. 세상에서 가장 높은 곳에 있는 편자 모양의 지형인 '침묵의 골짜기'에서 힐러리
와 텐징은 에베레스트 정상을 처음으로 제대로 볼 수 있었다. 3킬로미터 길이에 0.75킬로미터 폭인 쿰의 골짜기 밀집 지대는
여전히 많은 등반가들에게 공포의 대상이다. 또 바람이 없는 날에는 이곳의 거의 질식할 듯한 더위도 공포의 대상이다.

수도 있었다. 3천 미터 이상 아래 있는 캉슝 빙하가 계속 똑바로 내려다보였기 때문에 허공에 떠 있다는 무시무시한 느낌에 사로잡힌 채 아주 조심스럽게 움직일 수밖에 없었다. 한 걸음 내디딜 때마다 안전에 한 걸음 다가가는 것 같았다. 마침내 비탈에서 물러나 그 밑의 능선으로 내려섰을 때, 우리는 서로 마주 보았다. 말은 없었지만 둘 다 하루 종일 우리를 짓눌렀던 공포감을 털어 버렸다는 것을 알 수 있었다. ……

캠프 IV를 향해 가는데 작은 형체들이 텐트에서 나타나 길을 따라 천천히 올라왔다. 우리는 아무런 신호를 하지 않고, 지친 몸으로 그들을 향해 내려갔다. 불과 50미터 떨어진 곳에서 로가 특유의 열정적인 몸짓으로 양손 엄지손가락을 들어 올리며 정상 쪽으로 피켈을 흔들었다. 곧 사람들이 활기를 띠고 움직이기 시작했다. 우리를 향해 다가오던 사람들은 약해진 몸도 잊고 달려오기 시작했다. 우리는 그들 모두를 맞이했다. 약간 감정적으로 맞이했는지도 모르겠다. 그 어느 때보다 강한 우정과 협동심을 느꼈다. 사실 그것이야말로 원정을 좌우한 결정적인 요인이었다.

아이스폴의 불안정한 혼돈, 웨스턴 쿰에서 눈의 지옥에 뛰어들며 낙담하던 일, 르호체 면에서 요구되었던 기술적으로 까다로운 얼음 작업, 사우스콜에서 해야 했던 신경이 곤두서는 힘겨운 노역 등 그간의 모든 고생과 노력이 완전히 보답을 받아 우리가 정상에 갔다고 이야기할 수 있다니 얼마나 좋은가.

우리의 용감하고 단호한 지도자의 피곤하고 긴장된 얼굴 위로 아무런 부끄러움 없이 기쁨이 번지는 것을 보는 것만으로도 나는 보답을 다 받은 것 같았다.

J. Hunt, *The Ascent of Everest*.

힐러리와 텐징 노르가이의 귀환에 대한 헌트의 이야기

오후 2시, 인도 라디오 뉴스 속보에서 우리가 실패했다고 전 세계에 알린 직후, 캠프 위로 500미터쯤 떨어진 얕은 골짜기 꼭대기에 다섯 명의 모습이 보였다. 우리 가운데 몇 명은 즉시 밖으로 뛰쳐나갔다. 마이크 웨스트마콧과 내가 앞장을 섰다. 셰르파들은 그들의 돔 텐트 밖에 모여 있었지만, 그들 또한 우리만큼이나 결과를 알고 싶어 했다. 그러나 다가오는 등반가들은 아무런 표시를 하지 않았다. 그냥 기운 없는 모습으로 우리를 향해 터덜터덜 걸어오고 있었다. 심지어 손을 흔들어 인사를 하지도 않았다. 나는 가슴이 덜컥 내려앉았다. 몸이 약해진 상태라 이렇게 길을 따라 올라가는 것만으로도 벌써 힘이 들었다. 발이 납 같았다. 이번에도 실패했구나. 이제 세 번째이자 마지막 공

텐징 노르가이가 세상 꼭대기에 서 있다. 그는 캠프 IV에 돌아와서 말했다. "기분이 아 차치했다. – 괜찮았다. 하지만 피곤했다. 뭘 생각하거나 느끼기가 힘들었다. 진짜 행복은 나중에 찾아왔던 것 같다." 노르가이는 7개 국어를 했지만 글을 쓰지는 못했고, 카메라를 다루지도 못했다. 힐러리는 이렇게 말했다. "텐징에게 내 사진을 찍어 달라고 할 생각은 하지 않았다. 내가 아는 한 그는 그전에 사진을 한 번도 찍어 본 적이 없었는데, 에베레스트 정상이 사진 찍는 방법을 처음 가르쳐 줄 만한 장소는 아니었기 때문이다."

격을 생각해야겠구나.

갑자기 일행 가운데 맨 앞에 있던 사람—조지 로였다—이 피켈을 쳐들었다. 멀리 에베레스트 꼭대기를 가리키는 것이 틀림없었다. 그는 몇 번 힘차게 위로 팔을 뻗었다. 그의 뒤에 있는 사람들도 똑같이 분명한 몸짓을 했다. 실패는커녕 이게 바로 그것이었다! 그들이 해낸 것이다!! 감정이 걷잡을 수 없이 솟구쳐 오르면서 덩달아 내 걸음도 빨라졌다. 아직 뛰어갈 만한 힘을 낼 수는 없었다. 마이크 웨스트마콧은 이제 나보다 한참 앞서 있었다. 모두 텐트에서 쏟아져 나왔다. 환호와 기쁨의 외침이 울려 퍼졌다. 곧 나도 그들을 만났다. 승리를 거둔 2인조와 악수를 하고, 말하기 쑥스럽지만 포옹도 했다. 텐징을 특별히 끌어안았다. 그는 응당 그런 포옹을 얻을 자격이 있었다. 이 승리는 그 한 사람에게나 그의 민족에게 중요한 의미가 있는 것이었다.

우리는 시끄럽게 이야기를 나누며 그들을 데리고 캠프로 들어갔다. 그곳에서 셰르파들은 활짝 웃으며 두 사람을 둘러싸고 에드와 따뜻하게 악수를 했으며, 존경하는, 아니 심지어 숭배하는 태도로 그들의 위대한 지도자 텐징을 환영했다. 우리 모두 식당 텐트로 들어가 그 멋진 이야기를 들었다. 에드 힐러리는 오믈렛을 삼키고 그가 좋아하는 레모네이드를 큰 잔으로 들이키면서 5월 28일과 29일의 사건들을 단순하면서도 생생한 언어로 묘사했다.

J. Hunt, *The Ascent of Everest*.

텐징 노르가이의 회고

나는 캠프 IV에서는 하룻밤만 잤다. 반은 축하였고, 반은 휴식이었다. 다음 날 아침 나는 오직 산을 내려가겠다는 생각뿐이었다. 나는 하루 만에 쿰과 아이스폴을 내려가 베이스캠프까지 갔다. …… 이제 나는 자유다. 나는 계속 그런 생각을 했다. 나는 에베레스트에게서 자유를 얻었다. …… 나는 베이스캠프에서도 하룻밤만 보냈다. 그런 뒤에 다시 하루 만에 빙하와 골짜기 56킬로미터를 내려가 타메이로 가서 어머니를 만났다. 어머니에게 성공을 했다고 말하자 어머니는 무척 기뻐했다. 어머니는 내 얼굴을 빤히 쳐다보며 말했다. "그 산에는 가지 말라고 여러 번 말했지. 이제 다시 갈 필요가 없겠구나." 어머니는 평생 에베레스트 꼭대기에는 황금 화살이 있다고 믿었다. 또 황금 갈기가 있는 터키석 사자가 있다고 믿었다. 어머니가 그것에 관해 물었기 때문에 나는 어머니를 실망시킬 수밖에 없었다. 하지만 꼭대기에서 롱북 절을 보았냐고 물었을 때는 봤

'럼을 마시고 행복한' 힐러리(왼쪽에서 두 번째)와 동료들이 라디오로 엘리자베스 여왕 대관식 중계를 듣고 있다. 원정대와 동행했던 『더 타임스』 통신원 제임스 모리스는 "어떤 합리적 기준에서 보았다. 이것은 큰 일이 아니었다. 이 업적으로 지리학이 발전한 것도 아니고, 과학적 진보가 앞당겨진 것도 아니고, 새로운 것이 발견된 것도 아니었다. 그럼에도 힐러리와 텐징이라는 이름은 즉시 모든 언어의 영웅 명단에 들어갔다. 물론 그들이 영웅적인 인물이기 때문이기도 하지만, 무엇보다도 그들 시대의 정신을 매혹적으로 대변했기 때문일 것이다."

다고 대답할 수 있었다. 그러자 어머니는 기뻐했다. ……

　　에베레스트에 올라간 이후로 사람들이 나에게 온갖 질문을 했으며, 그 가운데는 정치적인 질문도 있었다. 동양에서 온 사람들은 종교나 초자연적인 것과 관련된 질문을 하는 사람이 많았다. "꼭대기에 부처님이 계십니까?" 그런 질문도 받았다. "시바 신을 보았나요?" 그런 질문도 받았다. 신앙심 깊고 정통파를 자처하는 많은 사람들이 나에게 어떤 환상을 보거나 계시를 얻었다는 이야기를 하라고 압력을 넣었다. 하지만 다시 한 번, 비록 많은 사람들을 실망시키더라도, 나는 진실을 말할 수밖에 없다. 아니라는 것이다. 에베레스트 꼭대기에서는 초자연적인 것을 보지 못했고, 초인적인 것을 느끼지도 못했다. 다만 신에게 아주 가까이 갔다는 느낌을 받았고, 나에게는 그것으로 충분했다. 나는 마음 깊은 곳에서 신에게 감사했다. 나는 정상을 떠나면서 신에게 아주 현실적이고 실질적인 것을 달라고 기원했다. 우리에게 승리를 주셨으니, 우리가 살아서 산을 내려가게 해 달라고 기도한 것이다.

T. Norgay, *Man of Everest: The autobiography of Tenzing.*

비비언 푹스 *Vivian Fuchs 1908~1999*
최초의 남극대륙 횡단

1957년 푹스는 섀클턴이 1916년에 미완으로 남겨 놓은 과제를 완수하기 위해 영연방 원정대를 이끌고 나섰다. 남극을 거쳐 남극대륙을 횡단하는 과제였다. 이것은 개념으로 보나 그 적용으로 보나 섀클턴의 계획을 갱신한 것이었다. 한 부대는 웨델 해에서 다가기로 했고, 다른 부대는 로스 빙붕에서 남극을 향하여 보급품을 배치하기로 했다. 푹스가 이끄는 웨델 해의 부대는 육중한 설상차와 '위즐(제2차 세계 대전 때 개발된, 무한궤도가 달린 소형 차량)' 몇 대, 인접 지역 정찰 임무를 띤 정찰견 팀들, 대륙의 지진도를 그리는 데쓸 엄청난 양의 다이너마이트를 갖추었다. 한편 에베레스트의 영웅 에드먼드 힐러리가 이끄는 지원 그룹은 로스 빙붕부터 식량 기지를 점점이 박아 넣을 트랙터 여러 대를 갖추었다. 두 부대 모두 정기적으로 무선 교신을 했으며, 영국 공군 비행기들의 지원을 받았다. 푹스는 꾸준히 남극을 향해 나아갔지만 먼저 도착하지 못했다. 힐러리가 마지막 보급기지를 세운 뒤 트랙터들을 몰고 남은 거리를 질주하여, 푹스보다 며칠 앞서 남극에 도달한 것이다. 원정은 놀랄 만한 성공을 거두었다. 처음으로 육로로 남극대륙을 횡단했을 뿐 아니라, 최초로 그 땅덩어리의 지도까지 그린 것이다. 그러나 푹스가 1958년 귀국했을 때 그의 업적은 수에즈 위기에 묻혀 버렸다. 남극에서 찬란한 실패들이 워낙 많았던 터라, 성공이 오히려 별 일이 아닌 것처럼 취급된 것이다. 푹스는 세계사적 사건만이 아니라 원정의 성공―아무도 죽지 않았고, 모든 것이 대체로 계획대로 이루어졌다―때문에 오히려 주변적 인물로 밀려났지만, 그래도 영국 탐험의 원로 정치가 자리를 유지했다.

크레바스로 뒤덮인 들판을 320킬로미터 전진하여 남극 고원에 진입하다

내 생각으로는 앞으로 15킬로미터가 이번 원정의 성패를 좌우할 것 같다. 바로 눈앞에서 차량들이 땅 밑으로 사라질 수 있기 때문이다. 우리는 충돌에 대비하여 헬멧을 쓰고, 안전띠를 매고, 차량을 로프로 묶는 등 할 수 있는 모든 안전 조치를 했다. ……

(스노 브리지를 건너면서) 데이비드 S.는 건너편에 서 있었고, 나는 크레바스에 가까운 쪽에 있었고, 제프리와 데이비드 P.는 운전을 하고 있었다. 그들이 건널 때 엄청나게 크게 우르릉거리는 소리가 나더니 내 발밑의 눈이 흔들렸다. 나는 어서 그곳을 피하고 싶었다. 하지만 소리가 어디서 나오는지 알 수 없었기 때문에 그냥 그 자리에 서 있

푹스의 설상차 한 대가 크레바스에 걸려 구조를 기다리고 있다. '록 앤드 롤', '헤이와이어', '카운티 오브 켄트'라는 이름이 붙은 이 거대한 차량들은 눈 다리에서 떨어지지 않도록─그런 일이 자주 벌어졌다─강철 케이블로 연결되어 있었다. 설상차는 때로는 1리터에 평균 0.5킬로미터도 못 갔기 때문에 엄청난 양의 예비 연료 무게에 짓눌리곤 했다. 이 때문에 힐러리보다 남극에 늦게 도착했다는 비난을 받자, 푹스는 다른 기계로는 지진 관측을 하는 데 필요한 장비를 운송할 수 없었다고 말했다. 사실 그는 경주가 아니라 과학적 프로젝트를 수행하고 있었다.

지지 않는 남극의 여름 태양이 남극의 스콧-아문센 기지 주위를 돌고 있다. 1958년 3월 2일 두 팀이 만났을 때 날씨는 맑았다. 그러나 로스 빙붕까지 마지막 구간을 주파하기 위해 출발했을 때는 상황이 악화되었다. 계속 갈 것이냐고 묻자 푹스는 냉철한 태도로 이렇게 말했다. "우리는 겨울 전에 빠져나오기를 희망하고 예상한다. 운이 나쁘지 않다면."

었다. 차량들은 계속 천천히 움직였다. 그때 위즐 왼쪽으로 불과 2미터 정도 떨어져 있는 거대한 분화구에서 눈구름이 공중으로 솟아오르는 것이 보였다. 분화구는 직경이 6미터, 깊이가 12미터 정도 되었으며, 알 수 없는 깊은 곳으로 내려가는 어두운 동굴들이 박혀 있었다. 분화구에서는 오랫동안 눈구름이 솟아올랐다가 바람에 천천히 떠내려갔다. 마치 폭탄이 떨어진 것 같았다. 구멍은 설상차, 위즐, 썰매 등 모든 것을 삼킬 만큼 컸지만, 정말 다행스럽게도 다리는 차량 밑이 아니라 차량 왼쪽 편이 부서졌다! (지형 정찰)은 아주 시간이 걸리는 과제였지만, 멀쩡해 보이는 지표 밑에서 엄청난 동굴 몇 개가 발견된 것을 보면 정찰을 하기를 잘했다는 생각이 들었다. 그 동굴 가운데 몇 개는 이층 버스라도 삼킬 것 같았다. 땅을 정찰하느라 그렇게 많은 시간을 쓰지 않았다면 적어도 위즐 한 대는 잃어버렸을 것이 틀림없다. …… 차량들은 밑에서 윙윙 울리는 소리를 내는 크레바스들을 쿵쿵거리며 넘어갔다. 운전사들은 건너편에 도착하자 상당한 안도감을 느꼈다.

V. Fuchs, *The Crossing of Antarctica*.

자크 쿠스토 *Jacques Cousteau 1910~1997*
해저에서의 발견

제2차 세계 대전 동안 프랑스 해군에서 훈련을 받은 자크 쿠스토는 해저 탐험의 선구자였다. 그는 스쿠버 뿐만 아니라, 연구자들이 전보다 훨씬 밑에서 훨씬 오래 머물 수 있게 해 주는 수많은 잠수정을 발명했다. 그의 조사선 칼립소는 1950년대와 1960년대에 바다의 신비를 거침없이 조사하여 유명해졌다. 칼립소는 또 기본적으로 프랑스적인 생활방식으로도 주목을 받았다. 쿠스토는 이렇게 말했다. "칼립소는 1톤짜리 스테인리스스틸 와인 탱크를 싣고 다니며, 술 한 방울 없는 가엾은 배를 타기도 하는 외국인 해양학자들을 즐겁게 해 주었다. 칼립소를 타는 사람들은 마음껏 와인을 마실 수 있다. 1인당 평균 소비량은 1파인트 정도 될 것이다." 절대 홍보를 경멸하는 사람이 아니었던 쿠스토는 책 50권, 백과사전 2권, 영화 몇 편, 자신의 작업을 찍은 다큐멘터리 100여 편을 제작했다. 이 때문에 세계 어디에서나 그를 모르는 사람이 없었다. 현재의 기준에서 보자면 별것 아닌 듯하지만, 그의 탐험은 당시에는 획기적이었다. 그는 나중에는 환경 문제에 적극적으로 나서 '캡틴 플래닛'이라는 별명을 얻기도 했다.

1951년 12월 새벽, 홍해

잠수 내내 상어들이 보였다. 깊이 내려갈수록 상어들도 빨라져, 꼼꼼하게 조사를 하려니 어지러울 정도였다. 사방에 한두 마리씩 있었으며, 이제 내가 있는 쪽으로 좁혀 들어오고 있었다. 몇 마리는 텅 빈 눈으로 나를 향해 곧장 다가오다가 물러났다. 45미터에 이르렀을 때 고개를 들어 위를 보았다. 녹색 천장을 배경으로 어뢰 모양의 그림자 여남은 개의 윤곽이 보였다. 아래를 보았다. 15미터 밑의 모래 비탈에서 창백한 상어들이 어슬렁거리고 있었다. 잊고 있던 벗들이 눈에 띄었다. 우리 보트에서 멀지 않은 곳에 벌거벗고 있었는데, 홍해 상어들에 둘러싸여 있었다. 우리는 이 상어의 특징을 전혀 알지 못했다. 이 상황이 이대로 유지될 수는 없다는 생각이 들었다.

배회하는 무리 가운데 길이가 4미터 가까이 되는 가장 큰 상어가 신중해 보이는 동작으로 교수를 향해 다가갔다. 나는 드라슈로부터 10미터 정도 떨어져 있었고, 상어는 발목 높이로 그에게 다가가고 있었다. 상어가 다리 냄새를 맡는 것도 모르고 산호만 들여다보고 있는 사람의 모습을 구경하고 있자니 속에서 뭐가 넘어올 것 같았다. 나는 송

쿠스토가 잠수 준비를 하고 있다. 그는 노년에 들어서도, 그의 표현을 빌리면, '천사 같은 기분'이 들게 해 주는 스포츠를 즐겼다. 쿠스토는 평생 책 50권, 백과사전 2권, 영화 몇 편, 자신의 작업을 찍은 다큐멘터리 100여 편을 제작했다. 이 때문에 세계 어디에서나 그를 모르는 사람이 없었다. 그는 나중에는 환경 문제에 적극적으로 나서 '캡틴 플래닛'이라는 별명을 얻기도 했다.

화구로 있는 힘껏 소리를 지르며 그들을 향해 서둘러 다가갔다. 그러나 이미 끝난 상황이라고 생각하고 있었다. 드라슈는 아무런 소리도 듣지 못했다. 3미터 정도 남겨 두었을 때 커다란 상어는 묵직하게 몸을 돌려 멀어져 갔다. 나는 드라슈의 어깨를 두드린 다음, 손짓으로 무슨 일이 있었는지 설명하려 했다. 그는 엄한 표정으로 나를 보더니 다시 산호로 고개를 돌렸다. 방해를 받고 싶지 않은 것이 분명했다.

학자의 이런 침착한 태도에는 전염력이 있었다. 묘하게 갑자기 모든 것이 편안하게 느껴졌다. 나는 모든 것을 받아들이는 태도로 긴장을 풀고 더 깊이 가라앉았다. 60미터 깊이에서 절벽이 끝나고 회색 흙이 덮인 45도 비탈이 이어졌다. 화려한 구경거리가 이런 따분하고 생기 없는 비탈로 끝이 나다니 실망스러웠다. 다시 보니, 비탈은 겨우 15미터 정도만 뻗어가다 다시 파란 수평선이 나타났다. 또 절벽으로 꺾이는 것이었다. 나는 화석, 그리고 위의 혼잡한 대도시에서 오랜 세월 동안 떨어진 쓰레기가 덮인 절벽 길에 있었다.

나는 벼랑 가장자리를 보며 둥둥 떠 있었다. 허공에 팔다리를 뻗고 진하고 맛 좋은 공기를 탐욕스럽게 들이마셨다. 내 공기 조절기의 쉭쉭거리는 소리들 사이로 머리 위에서 박자에 맞추어 뭐가 갈리는 소리, 거품이 부산스럽게 보글거리는 소리가 들렸다. 근처에 다른 인간들이 살아 있었다. 그들의 평범한 호흡도 우주적인 의미를 띠고 있었다. 나는 깊은 물속 특유의 환희에 사로잡혀 있었다. 나는 그 환희를 알았고, 나에게 남은 모든 통제력에 대한 도전으로서 그것을 환영했다.

60미터 밑에 있는 회색 비탈이 이성의 경계였다. 절벽 너머에는 광기가 놓여 있었다. 위험이 관능적으로 느껴졌다. 관자놀이가 욱신거렸다. 나는 몽유병자처럼 두 팔을 뻗으며, 물갈퀴를 흔들어 가장자리 너머로 미끄러졌다.

현기증 나는 벽에는 하얀 지팡이가 수백 개 꽂혀 있었다. 나는 고통처럼 느껴지는 생명 형태들을 따라 천천히 아래로 떨어졌다. 마녀들의 머리가 나를 물끄러미 바라보았다. 거미줄로 장식된 거대한 스펀지들 위에는 창백한 아교질 종양이 자라고 있었다. 저 아래 내 눈이 닿는 곳까지 헤아릴 수 없이 많은 주민이 벽을 따라 달라붙어 있었다. 나는 닿을 수 없는 곳이었다. 나는 75미터까지 내려와 몸의 균형을 잡았다.

멀리서 기계적인 한숨 소리가 들렸다. 동료 한 사람이 공기 저장 밸브를 열고 있었다. 나는 동작을 멈추었다. 이제 나는 여기에서 위로 올라가, 친구들을 챙기고, 인류를 지배하는 해와 공기의 법칙에 복종해야 한다. 지금? 왜 지금?

나는 1분을 더 버티며 하얀 채찍 산호를 움켜쥐고 갈망하는 눈길로 내려다보았다. 그 순간 두 번째 산호와 약속이 있다는 것을 알았다. 나는 나를 적막한 세계의 가라앉은 능선으로 데려다 줄 장치를 설계하고 만들고 움직이겠다고 맹세했다.

J. Cousteau, *The Living Sea*.

쿠스토의 팀이 인도양의 파도 밑에서 적도를 건너고 있다. 그전 수백 년 동안 이 '선(line)'을 건넌 적이 없는 사람은 당혹스러운 입문 의식을 통과해야 했다. 그러나 이들은 칼립소호에서 그냥 잠수를 하면 그만이었다. 배의 모터가 적도를 표시하기 위해 친절하게 노란색과 녹색이 섞인 염료를 뿌려 놓았다.

월리 허버트 *Wally Herbert* 1934~
걸어서 북극 부빙군을 가로지르다

허버트는 1968~1969년에 개 썰매를 갖춘 원정대를 이끌고 알래스카에서 북극까지 감으로써, 논란의 여지없이 걸어서 북극에 간 최초의 사람이 되었다. 그런 다음에는 공중 투하 보급품의 지원을 받으며 계속 얼음을 가로질러 스피츠버겐에 이름으로써, 6,115킬로미터에 이르는 북극 부빙군을 최초로 횡단했다. 새로운 기록을 세운 이런 업적은 아폴로의 달 착륙 때문에 빛이 바랬지만, 허버트는 홍보보다는 탐험에 관심이 많았다. 그는 40년 동안 극지방을 37,000킬로미터 여행하고, 미지의 남극지역 119,140제곱킬로미터의 지도를 그렸으며, 아내, 어린 자식들을 데리고 그린란드 이누이트족과 함께 몇 년을 살았다. 그의 이름은 남극대륙의 산맥과 북극의 산에 남아 있다.

북극곰들이 허버트의 원정대를 위협했다

계속 움직이는 것 같았지만 아무런 진전이 없었다. 그러나 북극곰이 기분 전환 거리가 되어, 사흘 동안 세 마리를 잡았다. 가끔 바람이 불어 가는 쪽에서 오기도 했지만, 대개는 뒤에서 다가왔으며, 한번 나타나면 계속 쫓아왔다. 한번은 프리츠가 어색한 자세로 있을 때 북극곰이 나타난 적이 있다. 프리츠는 매우 위태로운 얼음을 건너려 하고 있었다. 약하고 질척거리는 얼음이었다. 가운데는 위험하게 조금씩 파여 있었다. 그때 갑자기 북극곰이 한 마리 나타난 것이다. 물론 개들은 달아났고, 그 바람에 끌려가던 썰매는 물에 빠졌다. …… 그것을 다시 건지느라 아주 힘이 들었다. 그러는 동안 북극곰이 계속 쫓아왔다. 프리츠는 어째야 좋을지 알 수가 없었다. 총으로 쏴야 하는지, 카메라로 사진을 찍어야 하는지, 아니면 썰매를 건져야 하는지. 다른 개 팀들도 난폭해져, 이런 혼돈이 따로 없었다. …… 프리츠와 켄이 총을 두 번 쏘았지만, 곰은 달아나지 않았다. 계속 쫓아왔다. 실제로 공격은 하지 않았다. 그냥 계속 걸어왔다. 가끔은 곰들을 쏠 수밖에 없다. 아니면 계속 다가와 공격을 하기 때문이다. 얼마나 가까이 와야 몸을 돌려 돌아가는지는 알 수가 없다. ─물론 돌아가 줄지도 의문이었지만.

북극곰을 죽이려면 우선 쓰러뜨려야 했다. 우리는 이런 상황에서는 절대 머리를 겨누지 않았다. 늘 두 명, 또는 심지어 세 명이 동시에 총을 겨누었다. 그리고 모험은 하

모피 두건을 쓴 허버트가 서리가 앉은 모습으로 햇볕을 받으며 쉬고 있다. 그의 북극 정복은 훗날 논란이 된다. 어떤 사람들은 1909년에 로버트 피어리가 먼저 갔다고 말하고, 어떤 사람들은 프레더릭 쿡이 먼저 갔다고 말했다.

지 않았다. 이것은 스포츠가 아니었다. 현실이었다. 우리 자신과 개를 보호하기 위해서 곰을 죽이는 것이다. ……

북극곰은 보통 네발로 움직인다. 가끔 거리가 좀 떨어져 있을 때는 기압 마루 너머를 보려고 뒷발로 서기도 한다. 아주 무섭지만 동시에 아름답기도 하다. 거리가 좀 떨어져 있을 때는 멋진 짐승이다. 하지만 가까이 다가올수록, 점점 위협적으로 변한다. 전혀 두려움 없는 표정으로 느릿느릿 다가온다. 태평하게 어깨 너머로 돌아보기도 하여, 우리에게는 특별한 관심이 없는 것처럼 보이기도 한다. 하지만 계속 우리 쪽으로 온다. 눈을 똑바로 보지는 않지만 우리 쪽으로 오는 것이다. 느긋하게 거리를 좁히는 것이다. ……

우리는 모험을 할 수가 없었다. 북극곰이 5미터 거리로 다가왔을 때 쓰러뜨렸다. 그것이 내가 북극곰에게 다가와도 좋다고 허용하는 최대 거리였다. 그때부터 우리는 6미터 이내로 접근하는 북극곰은 다 쏘기로 결정했다. 물론 먼저 겁을 주어 쫓아 버리려고 노력은 하지만. 우리는 몇 가지 방법을 사용해 보았다. 한번은 우리 넷이 총 세 자루를 들고 북극곰을 향해 걸어가며 있는 힘껏 소리를 내고 악을 써 보았다. 그래도 곰은 계속 다가왔다. 우리는 곰을 향해 다가가고 있었기 때문에 거리는 훨씬 빠르게 좁혀졌다. 우스꽝스러웠다. 사실 우리는 반대 방향으로 갔어야 하는데. ……

자기 방어를 위해서라 하더라도 북극곰을 일단 쏘았다면, 그대로 내버려 두는 것은 부끄러운 일이었다. 그래서 몸을 쪼개 개 먹이로 주어야겠다는 생각이 들었다. 이것은 우리 넷 모두에게 몹시 힘든 일로, 두 시간이나 걸렸다. 하지만 이제 개들은 걸어오는 북극곰을 보면 고기를 연상했으며, 그때부터는 북극곰이 나타나는 순간 개들을 통제하는 것이 불가능해졌다. 걷잡을 수 없이 난폭해졌던 것이다.

W. Herbert, *Across the Top of the World*.

북극 횡단 원정대는 헬리콥터를 타고 스피츠버겐에서 지원선으로 갔다

헬리콥터들은 지상에 최대 5분 정도밖에 머물지 못했다. 이유는 도무지 이해할 수 없었지만 엔진을 멈출 수도 없었다. 기온이 별로 낮은 것은 아니었지만, 날개를 계속 돌리는 것이 안전하다고 생각했던 것 같다. …… 모든 것이 정신없이 펄럭이고 버석거렸다. 모두 "서둘러!" 하고 소리치며 뛰어다녔다.

솔직히 말해서 나는 나를 맞이한 첫 번째 남자에게 약간 적대감을 느꼈다. 그는 뼈로 만든 돔 모양의 헬멧을 쓰고 있었으며 사탄 같은 턱수염을 기르고 있었고, 이름이 …… '비스트(Beest: 철자는 다르지만 발음이 짐승을 뜻하는 beast와 같다)'였다. 나중에 배에 탄 뒤에는 좋은 친구가 되었지만, 얼음 위에서는 그에게 닦달만 당했다. 나는 서두르고 싶지 않았다. 그전 18개월 동안 서두른 적이 없었는데, 이제 그의 헬리콥터가 거기 앉아 윙윙 날개를 돌리며 온갖 법석을 떨고 모든 것이 바람에 휘날리게 만들고 있었다. 나중에야 나는 그들이 무거운 짐을 싣고 운행할 수 있는 최대 한계에 가까이 다가가 있었기 때문에, 얼음에 추가로 5분 내지 10분 더 머무는 것은 참담한 결과를 낳을 수도 있다는 것을 알았다.

개들은 비행기에 올라타는 것을 꺼리지 않는다. 엔진만 돌아가지 않는다면. 하지만 회전 날개가 돌아가고 기체 전체가 흔들리고 있을 때 헬리콥터에 개를 한번 실어 보라! 말 그대로 개들과 씨름을 해서 안에 집어넣고 튀어나오지 못하게 문간에 버티고 있어야 한다. 그러고 있으면 마침내 개들은 두려움에 사로잡혀 배를 깔고 웅크린 채 바닥 사방에 침을 질질 흘린다.

프리츠, 앨런, 켄트는 헬리콥터를 타고 갔고, 나만 썰매, 텐트, 개들과 함께 남았다. …… 준비가 끝나자 썰매에 앉아 담배를 피웠다. 그곳에 나 혼자 있다는 느낌이 아주 좋았다. 16개월 만에 처음으로 어떤 사람으로부터도 10킬로미터 이상 거리를 두고 떨어져 있게 된 것이다. 이것은 음미할 만한 상황이었다. 나는 그냥 그곳에 앉아 담배를 피웠다. 특별한 생각 없이 그냥 기분이 좋았다. 내가 떠나는 것 때문에 아쉽지도 않았고, 가게 되는 곳 때문에 흥분하지도 않았다. 그냥 어정쩡한 상태였다.

헬리콥터가 돌아왔다. 그 소음 때문에 북극의 정적과 순수가 박살이 났고, 역겨운 엔진 냄새에 오염되었다. 이것이 문명이었다. 귀가 아팠다. 침입이었다. 사람들은 나를 향해 고함을 지르고, 악을 쓰고, 웃음을 터뜨리고, 파티에 초대했다. 서둘러야 했다. 개를 안아 올려 헬리콥터에 실어야 했다. 썰매를 들어 올려야 했다. 개들을 따라 기어 들어가, 날아가는 동안 개들을 진정시켜야 했다. 가끔 창밖을 보았다. 밑의 얼음은 진짜로 깨졌다. 완전히 엉망이었다. …… 나는 잘 모르는 곳으로 돌아가고 있었다. 모든 것이 혼란스러웠고, 너무 빠르게 벌어지고 있었다. 헬리콥터가 경사 선회를 했고, 잠시 후 배가 보였다. 창틀에 둘러싸여 액자처럼 보였다. 아주 작아 보였다. 밑으로 내려가자 비행갑판의 격납고에 사람들이 가득하다는 것을 알 수 있었다.

우리는 갑판 위에서 잠시 맴을 돌다가 착륙했다. 문이 활짝 열리자, 소리가 쏟아져 들어왔다. 회전날개의 바람이 채찍처럼 비행갑판에 막처럼 깔린 물을 휘갈겨 매우 미끄러웠다. 나는 개들을 헬리콥터 문 밖으로 밀어냈다. 모두 겁을 집어먹고 있었다. 개들은 허우적거리다 갑판에 발이 닿아 발톱이 강철을 긁자마자 달아났다. 뱃사람들이 개를 잡고 함께 사라졌다. 나는 관심을 접었다. 일단 개들이 밖으로 나가면, 누군가가 돌봐 줄 것임을 알고 있었기 때문이다. 그래서 개들 먼저 문밖으로 내던진 것이다. 나는 비행갑판으로 뛰어내렸다. 엄청나게 시끄러운 소리가 났다. 젠장, 갑판은 단단했다. 쿵 소리가 배 전체로 퍼져 나갔다.

바로 앞쪽에 얼굴들이 모여 바다를 이루고 있었다. 모르는 사람들이 엄청나게 많았다. 그들 사이를 헤치고 가는 동안 회전날개의 바람과 엔진의 소음 때문에 뱃사람들이 소리를 지르는지 아닌지도 알 수가 없었다. 모두 웃음을 짓고 있는 것 같았다. 목소리들이 들렸고, 내 손을 잡고 흔드는 것을 느낄 수 있었다. 혼란스러웠다. 너무 많은 감정이 한꺼번에 몰려왔다. 그 순간 내가 아는 것은 여행이 끝났다는 한 가지 사실뿐이었다.

W. Herbert, *Across the Top of the World*.

허버트와 에스키모개들이
부빙을 넘고 있다. 공중에
서 지원을 받기는 했지만
북극 횡단 팀은 에스키모
개들의 속도와 힘에 생존
을 의지해야 했다. 나중에
그린란드 동해안 탐험에
서 허버트는 그들의 강인
함을 간접적으로 찬양했
다. "우리는 열 시간 동안
두 팀의 개를 눈보라 속으
로 몰아 댔다. 바람이 너
무 강해 우리는 텐트를 칠
수도 없었다. 칠흑 같은
어둠 속에서 동해안을 따
라 더듬거리며 나아갈 수
밖에 없었다. …… 35킬
로미터 구간 가운데 마지
막 3킬로미터는 내 평생
가장 무시무시한 경험으
로 꼽을 만했다. 아바타크
와 나는 말 그대로 그 3킬
로미터를 네발로 기어 갔
다. 그 눈이 멀 것 같은 폭
풍 속에서 서로를 놓치지
않으려고, 우리는 개와 우
리 몸들을 다 서로 밧줄로
연결했다."

에드윈 올드린 *Edwin 'Buzz' Aldrin 1930~*
닐 암스트롱 *Neil Armstrong 1930~*
마이클 콜린스 *Michael Collins 1930~*
달에 새긴 발자국

미국의 우주 계획은 10년간 무서운 속도로 발전을 한 끝에 1969년 아폴로 11호 발사에서 절정에 이르렀다. 로켓은 7월 16일에 발사되었고, 4일 뒤 달 근처에 자리를 잡았다. 콜린스가 우주선에 머무는 동안, 올드린과 암스트롱은 달착륙선을 조종하여 달 표면으로 갔다. 그들의 체류 시간은 짧았지만, 이글호 바깥으로 나간 두 시간 30분 동안 그들은 귀중한 토양 표본을 수집하고, 낮은 중력 상태에서 달리고 점프를 해 볼 수 있었다. 그리고 무엇보다 불가사의한 경험으로, 자신들의 고향 지구를 볼 수 있었다. 올드린은 이렇게 썼다. "지구가 검은 하늘에 걸려 있었다. 낮과 밤의 명암 경계선에 의해 반으로 나뉜 원반이었다. 대체로 파란색이었으며, 하얀 구름이 소용돌이치고 있었다. 갈색 땅덩어리가 보였다. 북아프리카와 중동이었다. 나는 아래를 내려 보다가 닐과 내가 밟고 다니는 흙이 저 갈색 대륙들 가운데 어느 것보다 여기 오래 있었다는 사실을 깨달았다. 지구는 텍토닉 플레이트, 파도가 이는 바다, 변하는 대기로 이루어진 역동적인 행성이었다. 달은 죽은 상태였다. 초기 태양계의 유물이었다." 그들은 탐험 역사상 가장 짧고, 가장 비싸고, 가장 중요한 여행 가운데 하나를 마치고 24일에 지구로 돌아왔다.

1969년 7월 20일, 이글호가 착륙했다

닐은 손에 쥔 조종 장치를 흔들어, 수동 조종으로 바꾸었다. 우리의 하강 속도를 초속 6미터에서 2.7미터로 바꾸었다. 그러다가 90미터 높이에서 우리는 초속 1미터로 늦추었다. 이글은 천천히 내려가며 계속 앞으로 나아갔다.

닐은 아직도 지형에 만족하지 않았다. 내가 할 수 있는 일은 고도와 수평 속도를 불러주는 것뿐이었다. …… 우리는 바위들을 가로질러 급히 움직였다. …… 60미터에 높이에서 닐은 다시 하강을 늦추었다. 달의 지평선이 눈높이에 있었다. 연료는 거의 바닥이 났다.

"60초." 찰리가 경고했다.

상승 탱크는 가득 차 있었지만, 하강 엔진과는 완전히 구분되어 있었다. 하강 단계

버즈 올드린이 찍은 달 위의 닐 암스트롱의 역사적 사진. (올드린과 달착륙선이 암스트롱의 얼굴 가리개에 비치고 있다) 그들은
성조기를 꽂을 때 달 표면이 가루로 덮여 있지만 바위처럼 단단하다는 것을 알게 되었다. 마침내 그들은 깃대를 몇 센티미
터 깊이에 꽂을 수 있었다. 올드린은 이렇게 썼다. "나는 어린 시절부터 낯선 해안에 기를 꽂는 탐험가들에게 매혹되었다.
이제 나는 그와 똑같은 일을 하려 하고 있었다. …… 아주 단단해 보이지는 않았다. 그러나 나는 기를 똑바로 꽂은 뒤에 멋
지게 육군사관학교식 경례를 올려붙였다."

기억에 남을 만한 발자국. 올드린은 1969년 7월 20일 달 표면에 첫발을 디딘 것에 관해 이렇게 말했다. "나는 신발 끝이 표면에 닿는 것을 지켜보았다. 회색 먼지가 기계처럼 정확하게 뻗어 나갔고, 알갱이들이 내 발에서 거의 똑같은 거리에 떨어졌다. 나는 그 광경에 매혹되었다. …… 우주복 바짓가랑이가 시커먼 먼지로 더러워졌다. …… 이글호로 돌아와 헬멧을 벗었을 때 그 일부를 숨으로 들이마시는 것을 피할 도리가 없었다. 만일 이 흙에 낯선 미생물이 있다면, 닐과 나는 그 효과를 시험하는 첫 모르모트가 되는 셈이었다." 먼지―결국 세균은 없는 것으로 드러났다―의 질감은 모래 섞인 석탄 같았고 불꽃 냄새가 났다.

에서 남은 연료는 60초 분량으로, 그 때까지 착륙을 하거나 포기해야 했다. 닐은 밑의 땅을 살폈다.

"0.7로 하강." 내가 소리쳤다. 착륙선은 마치 착륙하려고 갑자기 기세를 올리는 헬리콥터처럼 앞으로 나아갔다. 우리는 이른바 죽은 사람 구역에 있었다. 이곳에 오래 머물 수가 없었다. 이 고도에서 연료가 떨어지면, 상승 엔진이 우리를 다시 궤도로 들어 올려주기 전에 표면과 충돌할 터였다. "앞으로. 앞으로. 좋아. 12미터. 0.7로 하강. 먼지가 약간 남. 9미터. ……"

착륙선의 호리호리한 다리 9미터 아래에서 수십억 년 동안 가만히 있던 먼지들이 우리 엔진이 일으킨 버섯구름에 옆으로 날렸다.

"30초." 찰리가 엄숙하게 말했지만, 닐은 계속 하강을 늦추었다.

하강 엔진이 소리 없이 포효하며, 마지막 남은 연료를 빨아들였다. 나는 중단 단추를 보았다. "오른쪽으로 밀려가." 나는 소리치며, 착륙선의 발의 그림자가 표면에 가볍게 닿는 것을 지켜보았다. "가볍게 접촉." 지평선이 가볍게 흔들리다 정지했다. 고도계는 깜빡거림을 멈추었다. 우리는 달 위에 있었다. 하강을 위한 연료는 20초 정도 분량이 남아 있었다. 즉시 나는 갑작스러운 중단 사태에 대비했다. 착륙으로 이글호가 손상되었거나 표면이 우리 무게를 감당할 만큼 단단하지 않았을 때를 대비한 것이다.

"좋아, 엔진 정지." 나는 닐에게 말하며 점검표를 읽었다. "ACA 멈춤쇠 이탈."

"알았어." 닐은 대답을 하고 수동 조정 장치를 풀었다. 우리 둘 다 여전히 착륙 직전 마지막 순간의 흥분으로 몸이 근질거리고 있었다.

"통제 방식, 둘 다 자동으로." 나는 계속 말했다. 내가 지시 사항을 읽고 있다는 사실을 의식하고 있었다. "하강 엔진 명령 수동 장치, 끔. 엔진 팔, 끔. ……"

"듣고 있다 이글." 휴스턴에서 찰리 듀크가 끼어들었다.

나는 달의 바위와 어둠을 내다보았다. 내가 상상했던 대로 황량했다. …… 지평선은 곡선을 그리며 어둠으로 빨려들었다.

"휴스턴." 닐이 말했다. "여기는 트랭퀼리티 기지. 이글이 착륙했다." ……

우리는 표면을 탐사할 준비를 하기 전에 착륙선에서 살림을 좀 하고, 식사를 하고, 일곱 시간을 자야 했다. 하지만 그 계획을 짠 사람은 심리학—아니, 생리학도 잘 모르는 사람이었다. 우리는 막 달에 착륙을 했고, 아직도 아드레날린이 몸 안을 쌩쌩 움직여 다니고 있었다. 우리더러 EVA 전에 잠을 자라는 것은 아이들더러 크리스마스 아침에 정오까지 침대에 있으라고 하는 것과 같았다. 나는 내가 다니는 웹스터 장로교회의 목사인 딘 우드러프와 함께 준비한 기념식을 시작하기로 했다. 그는 나에게 내 새끼손가락 손톱만 한 크기의 은 성배와 포도주 병을 포함한 아주 작은 성찬식 도구를 주었다. 나는 말했다. "이 말을 듣는 모든 사람은, 누구이건 뭘 하는 사람이건, 잠시 하던 일을 멈추고 지난 몇 시간의 일을 생각해 보기를 바랍니다. 각자 자기 나름의 방법으로 감사를 드리기 바랍니다." 우리의 DSKY 앞에 있는 플라스틱 책상이 제단이 되었다. 나는 성배에 포도주를 따르며 성찬 예배 문구를 소리 없이 읽었다. —나는 포도나무요, 너희는 가지라. …… 포도주는 약한 중력 때문에 컵 옆면을 따라 시럽처럼 소용돌이치다가 마침내 바닥으로 내려갔다.

이글호의 금속 몸체가 삐걱거리는 소리를 냈다. 나는 아주 작은 성체를 먹고 포도주를 삼켰다. 두 젊은 조종사를 '고요의 바다'로 이끌어 준 지성과 영에 감사를 드렸다. ……

달에 착륙하고 나서 일곱 시간 뒤 우리는 착륙선에 감압 조치를 했다. 닐이 해치를 열었다. 내 일은 그가 두 손과 무릎을 짚고 뒤로 좁은 포치를 나갈 때 그를 안내하는 것이었다. …… 그는 앞쪽의 착륙용 다리에 붙은 사다리에 이르자 조심스럽게 내려갔다. ……

"사다리 밑에 내려왔다." 닐이 말했다. 그의 말은 느렸고 정확했다. "착륙선 발은 표면에서 4, 5센티미터밖에 들어가지 않았다." 표면은 아주 고운 가루였다. "이제 착륙선에서 내려간다. ……"

미국 기선 호넷호의 격리실에 들어가 있는 아폴로 11호 승무원들에게 리처드 닉슨 대통령이 박수를 치고 있다. 그들은 케이프 케네디를 떠난 뒤 8일 3시간 18분 뒤에 다시 물에 내려앉았다. 그들은 도착하자마자 멸균 작업복을 지급받았고, 세심하게 정화된 방에 들어갔다. 이들은 엘링턴 공군기지로 이동했다가, 21일 뒤에 풀려났다. 달의 세균도 지구의 세균과 똑같은 생명주기를 갖고 있으며, 설사 그렇지 않아도 상관없다는 전제 위에서 취해진 조치였다.

나는 창으로 닐이 파란 달 표면용 덧신을 착륙선 발의 금속 접시에서 달의 가루 같은 잿빛 표면으로 옮기는 것을 지켜보았다.

"인간에게는 …… 작은 한 걸음이지만, 인류에게는 거대한 도약이다."

달의 중력은 워낙 탄력을 좋게 해 주어, 사다리에서 내려가는 것은 기분이 좋으면서도 까다로웠다. 나는 높은 첫 단까지 다시 올라가는 것을 한 번 연습해 본 다음, 닐 옆으로 뛰어내렸다.

"괜찮지 않아?" 닐이 물었다. "여기서 보니 장관이네."

나는 고개를 돌려 사방으로 가파르게 꺾이는 지평선을 바라보았다. 우리는 '지는 해'를 보고 있었다. 그래서 달 가장자리 너머로는 검은 공허밖에 없었다. …… 표면은 자갈, 바위 조각, 작은 분화구들로 덮여 있었다. 왼쪽으로는 비교적 커다란 분화구의 테두리가 보였다. 나는 깊은 숨을 쉬었다. 목과 얼굴에 소름이 돋았다. "아름다워, 아름다워." 내가 말했다. "황량한 장관이야."

착륙선의 그늘에서 나오자 충격을 받았다. 완전한 어둠 속에 있다가 순식간에 해의 뜨거운 투광投光 조명 속으로 들어왔기 때문이다. 나는 조금 전 사다리에서 그림자 너머 해를 받는 달 풍경 전체를 보았지만, 대기가 없었기 때문에 주위에는 굴절되는 빛이 전혀 없었다. 나는 그림자의 가장자리 너머 해 속으로 손을 내밀었다. 마치 장벽을 통과하여 다른 차원으로 주먹질을 하는 것 같았다.

닐이 내 쪽으로 몸을 기울였다. …… "재미있지 않아?" 그가 말했다.

나는 입이 귀에 걸릴 듯이 활짝 웃었다. 황금 얼굴 가리개 때문에 보이지는 않았겠지만. (우리는) 달 위에 함께 서 있었다.

B. Aldrin & M. McConnell, *Men From Earth*.

래널프 파인즈 *Ranulph Fiennes 1945~*
지구 일주 탐험

육군 장교이자 귀족인 래널프 파인즈는 20세기 말의 가장 집요한 탐험가로 꼽히게 되었다. 그는 아프리카와 남극대륙을 여러 번 탐험했지만, 가장 유명한 업적은 1981~1982년의 세계 일주였다. 이것은 지구를 옆으로 한 바퀴 도는 것이 아니라, 사하라, 양극, 북서항로를 포함하여 위에서 아래로 한 바퀴 도는 것이었다. 이 일주는 그리니치 자오선을 따라 56,330킬로미터를 움직이는 것으로, 북극 지역의 기상에서부터 아프리카의 동물과 남극의 하강 기류에 이르기까지 놀랄 만한 과학적 정보를 얻어 냈다. 원정을 출발할 때 파인즈는 풋내기로, 극지방 상황을 겪어 본 적이 없었다. 그러나 돌아왔을 때는 얼음에 대한 포괄적인ー또 많은 경우 불쾌한ー지식을 얻게 되었다. 그는 아문센의 전통을 따르는 직업적 탐험가로, 계속 정복할 새로운 장벽을 찾았으며, 성공을 거두기도 하고 실패하기도 했다. 그는 이렇게 말했다. "왜 내가 그런 생활방식을 택했는가? 사실 내가 택한 것이 아니다. 그냥 그렇게 된 것이다. 일이 그렇게 풀려 버린 것이다."

극지방 여행의 어려움에 관하여

피켈로 찍을 때마다 얼음이 튀었다. 그러나 힘을 들이는 것에 비하면 얼음은 너무 적었다. 얼음 덩어리들 사이에는 깃털처럼 부드러운 눈이 덮인 틈이 있어, 우리는 거기에 계속 빠졌다. 한 번은 찰리가 어깨까지 빠졌다. 또 한 번은 내 신발 하나가 틈새에 끼었다. 우리는 서로 마주 보며 힘없이 웃었다. 달리 어쩌겠는가? 피켈을 효과적으로 이용할 수 있는 자세를 잡으려면 우선 평평한 발판을 파야 하는 경우가 많았다. 그렇지 않으면 피켈을 휘두르다 미끄러져 버리기 십상이었다. 힘을 쓰려면 얼음 같은 공기를 깊이 마셔야 했는데, 그러다 보면 가슴에 타는 듯한 느낌이 생겼다. ……

굶주림과 목마름으로 인한 쌍둥이 통증이 늘 우리를 따라다녔다. 굶주림은 매일 아침으로 먹는 커피, 그리고 꽁꽁 언 마스 바나 작은 돌멩이 같은 롤, 또 우리의 상황에 어울리게도 폭스즈 글레시어 민트라는 이름이 붙은 과자 여덟 개로 달랬다. 마스 바는 입에 넣을 만큼 작은 조각을 물어뜯어 빨면 아주 좋았다. 그러나 잘못하면 이를 다치기도 했다. 다음 6월 말에 런던에 돌아갔을 때는 우리 여섯 명이 치과에서 총 열아홉 군데를 충전해야 했다. 올리버는 이를 뽑고 구멍을 메우는 훈련을 받았지만, 그가 찰리와 나에

1979~1982년 지구 종단 원정에서 북극의 어둠 속에서 얼룩처럼 보이는 파인즈의 설상 스쿠터들이 얼음 위를 나아가고 있다. 이 일주는 그리니치 자오선을 따라 56,330킬로미터를 움직이는 것으로, 북극 지역의 기상에서부터 아프리카의 동물과 남극의 하강 기류에 이르기까지 놀랄 만한 과학적 정보를 얻어 냈다. 이 원정은 성공이었다. 그러나 파인즈는 실패를 하기도 했다. 그러나 파인즈는 이렇게 말했다. "언제 놓아실지 알고, 살아서 또 하루를 싸운다. 죽은 사자가 되는 것보다는 살아 있는 당나귀가 되는 것이 낫다."

게 애정 어린 자부심을 드러내며 가끔 보여 주는 전문적인 치과 장비에도 불구하고, 우리 입 안에 뚫린 구멍의 불쾌함에도 불구하고, 우리 둘 다 이를 치료해 달라고 그에게 가지는 않았다.

갈증은 14시간 동안 작은 눈뭉치 외에는 마실 것이 없는 사막과 다름없는 극지방의 건조한 대기 때문에 생기는 것이었다. 작은 얼음사탕은 괜찮아 보였지만, 한번 커다란 덩어리에서 얇은 은 같은 얼음을 잘라 내 먹은 뒤에는 피하게 되었다. 그것을 입 안에 집어넣자, 쉬잇 하는 소리와 함께 콕콕 찌르는 느낌이 찾아왔다. 나는 장갑을 낀 손으로 더듬어 입에서 얼음을 꺼냈다. 피 맛이 났다. 그 뒤로 며칠 동안 얼음에 덴 혀가 아물지 않았다.

R. Fiennes, *To the Ends of the Earth*.

파인즈는 북극 부빙군을 가로지르다 얼음에 빠졌다

얼음은 처음에는 스펀지 같은 느낌을 주다가 고무와 비슷해졌다. 갑자기 얼음이 움직이기 시작했다. 몇 걸음 앞에서 검은 물이 솟아오르더니 빠르게 퍼져 나갔다. 나는 즉시 발을 멈추었지만 물은 나를 지나 빠른 속도로 흐르며 신발을 덮었다. 얼음 자체의 무게 때문인지 아니면 나도 모르게 몸을 움직였기 때문인지 새로운 얼음 덩어리 전체가 마치 모터보트가 옆을 지나가듯이 아래위로 흔들리기 시작했다. 큰 파도가 꿈틀거리며 천천히 다가왔다. …… 파도가 내 밑을 지나가자 발밑의 얼음 껍질이 부서지며 몸이 가라앉기 시작했다.

얼음이 더 잘게 깨질까 봐 겁이 나 나는 최면에 걸린 토끼처럼 몸을 뻣뻣하게 유지했다.

물이 무릎 위로 올라오는데, 얼음 껍질의 남은 켜가 부서졌다. 나는 조용히, 확실하게 가라앉고 있었다. 머리가 1초 정도 잠겼을까. 올프스킨 밑에 들어 있던 공기 때문에 구명조끼를 입은 듯한 효과가 나타났다. 처음에는 얼른 나오자는 생각밖에 없었다. 그러나 가장 가까운 부빙도 30미터는 떨어져 있었다. 나는 본능적으로 다른 사람들을 소리쳐 부르다가, 그들이 수많은 얼음판과 능선 너머, 족히 1킬로미터는 떨어져 있다는 데 생각이 미쳤다.

나는 물 밑 5센티미터 정도에 잠겨 있는 새 얼음에 두 팔을 얹고 발길질을 하여 가슴을 그 약한 얼음 위로 올렸다. 성공을 하자 희망이 솟구쳤다. 그러나 얼음 껍질이 깨지는 바람에 다시 가라앉았다.

몇 번 더 시도를 해 보았다. 기고 기어서 간신히 반쯤 빠져나왔다가 다시 가라앉을 때마다 기운이 쭉쭉 빠졌다. 머리는 열심히 움직이고 있었으나 좋은 답은 나오지 않았다. 누가 지나가다가 밧줄을 던져 주겠지. 그러다 깨달음이 폭탄처럼 찾아왔다. 지나가는 사람이 있을 수가 없잖아.

깊을까? 『내셔널 지오그래픽』 잡지에 그려진 북극해 바닥의 생생한 그림이 떠오르는 순간 물의 깊이 때문에 현기증이 나는 느낌이었다. 그래, 깊었다. 깊다. 내 버둥거리는 발 바로 밑은 차갑게 4,200에서 5,100미터를 내려가 로모노소프 해령海嶺에 이르렀다. 무라만스크 호송대의 선원들은 추위 때문에 북해의 물에서 생존 가능한 시간이 1분 정도밖에 안 된다고 판단했다는 사실이 희미하게 기억났다. 그러자 잇따라 SAS 강사의 생존에 관한 말이 떠올랐다. "절대 몸부림치지 마라. 수영도 하지 마라. 그냥 물 위에 떠서 최대한 가만히 있어라. 옷 안으로 들어온 물이 약간 덥혀질 시간을 주고, 그 물이 빠져나가지 않게 하라."

그래서 나는 떠 있기 위해 두 팔로 노를 젓는 행동 외에는 아무것도 하지 않으려 했다. 하지만 아주 먼 곳에서 발가락이 마비되는 느낌이 왔다. 안에 신은 신발에 물이 차고, 바지가 흠뻑 젖었다. 오직 울프스킨 안에서만 내 몸이 내 몸 같았다. 장갑 안의 손가락에도 아무런 느낌이 없었다. 그러는 동안 옷이 무거워지면서 파카 후드 안의 턱이 천천히 아래로 가라앉고 있었다.

SAS 강사가 한 말은 지중해에서, 심지어 북해에서도 효과가 있을지 모르지만, 여기서는 효과가 없었다. 공황이 점점 커졌다. 지금 나가지 않으면 영영 기회가 없을 것 같았다. 나는 한쪽 팔로 얼음을 내리치며, 다른 쪽 팔은 미친 듯이 흔들어 머리를 물 위로 내밀고 있었다.

몇 초가 몇 분 같았고, 몇 분이 몇 시간 같았다. 위태로운 받침대인 얼음 껍질은 아주 단단해서 한 팔로는 부서지지 않았다. 내 가슴의 무게까지 실으면, 그제야 한 번에 몇 센티미터씩 금이 갔다. 힘이 빠르게 빠져나가고 있었다. 그때 내 팔이 단단한 덩어리에 부딪혔다. 몇 센티미터 두께로, 유사流砂 속의 진흙층처럼 혼란 한가운데 걸려 있었다. 나는 그 위에 가슴을 얹었다. 그 다음에 허벅지, 그리고 마지막으로 무릎을 얹었다.

나는 잠시 이 안전한 섬에 엎드려 숨을 헐떡였다. 그러나 물 밖으로 나오자 추위와 바람이 몰려들었다. 그날 아침에는 기온은 영하 39도였고, 풍속은 7노트였다. 영하 30도 정도에서 바람이 19노트로 불 때, 노출된 건조한 살은 1분이면 얼었다.

나는 부드러운 모래 속의 거북이처럼 배를 움직이고 팔다리를 꿈틀거려 가장 가까운 부빙으로 다가갔다. 닐라(새로 형성된 얼음)는 마치 살아 있는 것처럼 내 밑에서 휘어지고 고동쳤다. 그러나 버텨 주었다. 나는 일어서서 신발, 바지, 소매에서 물이 뚝뚝 떨어지는 것을 지켜보았다. 움직이자 언 바지에 금이 가는 소리가 들렸다. 몸이 떨리기 시작했다. 걷잡을 수가 없었다. 팔굽혀펴기를 하려 했지만, 몸이 좋을 때도 다섯 개가 나의 한계였다. 나는 설상雪上 스쿠터 위로 쓰러졌다. 얼굴과 다리에 닿는 바람이 날카롭게 느껴졌다. 다른 사람들이 있는 곳까지 걸어서 돌아가는 것은 어리석은 일일 터였다. 내 스쿠터는 엔진이 꺼진 상태였다. 두꺼운 바깥 장갑을 벗지 않으면 다시 시동을 걸 수 없었다. 하지만 장갑을 벗을 수가 없었다. 가죽이 뻣뻣하게 움츠러들었기 때문이다.

나는 15분, 아니 20분 동안 물에 젖은 무거운 몸을 끌고 스쿠터 주위를 맴돌았다. 풍차의 날개처럼 두 팔을 휘저으며 내내 소리를 질러 댔다.

그때 올이 도착했다. ……

그 뒤에는 모든 것이 일사천리였다. 나는 스쿠터에 올라타, 찰리가 뒤집힌 썰매 때문에 멈춘 곳으로 천천히 돌아갔다. 그들은 빨리 텐트를 쳤고, 쿠커에 불을 켰고, 칼로 내 신발과 울프스킨을 잘라 냈다. 그리고 그 사이에 내 젖은 옷을 대체할 여분의 옷을 있는 대로 찾아냈다. 머리 위에 걸린 젖은 옷에서 물이 뚝뚝 떨어지는 동안 차가 끓었고, 올은 피가 다시 돌게 하려고 손으로 내 손가락과 발가락을 문질렀다.

나는 정말 운이 좋았던 것이다.

R. Fiennes, *To the Ends of the Earth*.

1992년 파인즈(오른쪽)와 닥터 마이크 슈트라우드가 첫 무지원 남극대륙 횡단에 나서 무겁게 걷고 있다. 그들은 226킬로그램의 짐을 끌고 97일 만에 한쪽 끝에서 다른 쪽 끝에 이르렀다. 바람 돛을 사용할 때 슈트라우드는 의기양양했다. "인력으로 끄는 고된 일과 비교할 때 높은 속도로 앞으로 끌려가는 것은 너무 즐거운 일이라서 단지 어렵고 위험하다는 이유로 그것을 무시하는 것은 거의 불가능한 일이 되었다." 파인즈는 그렇게 의욕적이지 않았다. "마이크가 죽는다면 그의 아내와 어머니에게 뭐라고 말할 것인가?"

베르트랑 피카르 *Bertrand Piccard 1958~*
기구를 타구 세계 일주

피카르는 유서 깊은 탐험가 집안에서 태어났다. 아버지 자크는 1960년에 해저로 가장 깊이 내려가는 기록을 세웠으며, 할아버지 오귀스트는 1931년에 기구를 타고 성층권에 이르렀다. 피카르는 집안 전통을 이어받아 기구를 타고, 중간에 쉬지 않고 지구를 한 바퀴 돌겠다고 결심했다. 1997년과 1998년의 첫 시도는 기술적인 난관과 정치적 장애 때문에 실패했다. 그러나 1998년 3월 1일에 영국인 브라이언 존스와 함께 고국 스위스에서 브라이틀링 오비터 3호—55미터 높이의 기구에, 기압이 유지되는 5.4미터 길이의 캡슐이 달린 것으로 이론상으로는 12,912미터의 고도에서도 생명을 유지할 수 있었다—를 타고 다시 이륙했다. 기구는 남쪽 아프리카로 날아가서 동쪽으로 가는 제트류를 탔으며, 3월 20일 아침에 출발점을 다시 통과하여 하루 뒤에 이집트에 착륙했다. 피카르는 그들의 세계 일주와 아폴로 달 착륙을 멋지게 비교했다. "닐 암스트롱이 달에 발을 디뎠을 때 그는 그렇게 멀리 있는 것에 행복을 느꼈다. 사막에 내렸을 때 우리는 다시 지구에 발자국을 찍은 것에 행복을 느꼈다."

여행 동안 피카르는 환희와 절망을 오갔다

사하라의 붉은 광대함 위로 높이 올라가자, 은 거품 같은 기구 브라이틀링 오비터 3호는 전혀 움직인다는 느낌을 주지 않는다. 우리 계기판만 우리가 움직이고 있다고 말한다. 시속 136킬로미터. 어제 브라이언과 나는 해치 밖으로 나갔다. 브라이언이 버너의 문제를 해결하는 동안 나는 도끼로 캡슐 양쪽에 달린 3미터 길이의 고드름들을 잘라 내고, 그것들이 밑의 믿을 수 없을 정도로 텅 비어 있는 말리 사막으로 뱅글뱅글 돌며 떨어지는 것을 지켜보았다. 우리는 해치를 닫은 다음 캡슐의 기압을 다시 유지하고 버너를 켜고 다시 순항 고도인 6,900미터로 올라갔다. 이제 우리는 조종실의 계기판 앞에 앉아 서로 마주보고 웃음을 지었다. 남서쪽으로 사흘을 날아간 뒤 마침내 제트류를 타게 된 것이다. 이제야 비로소 …… 우리의 세계 일주가 시작되었다고 말할 수 있다. ……

　(태평양 상공에서) 우리 주위의 구름은 살아 있는 것처럼 보인다. 매일 아침 기구 옆에 작은 적운들이 나타나 조금씩 커지다 마침내 무시무시한 적란운 폭풍이 된다. 적란운이 요동을 치면 우리 기구의 약한 껍질을 찢어 버릴 수도 있다. 마치 보이지 않는 손

일주를 시작한 브라이틀링 오비터 3호가 알프스 산맥 위에 높이 떠 있다. 55미터 높이의 기구는 기압이 유지되는 5.4 미터 길이의 캡슐을 지탱할 수 있었으며, 여기에는 안에 탄 사람들이 4주 동안 버틸 수 있는 산소와 식량이 들어 있었다. 이론상으로는 12,912미터의 고도에서도 생명을 보호할 수 있는 이 캡슐은 통에 든 산소, 공기 재활용 시스템, 프로판 탱크, 태양 전지판을 갖추고 있었다. 브라이틀링 오비터 3호는 북아프리카에 착륙했을 때 얼음에 덮여 있었으며, 더 버틸 수 없는 상태였다. 피카르는 이렇게 말했다. "우리는 악수를 하고 서로 끌어안았다. 우리는 말도 안 되는 것으로 여겨지던 꿈을 이루었다. 처음으로 풍선을 타고 쉬지 않고 세계를 한 바퀴 돈 것이다."

의 인도를 받는 것처럼 우리는 뇌운들 사이를 요리조리 피해 간다. 뇌운은 매일 밤 찬란하고 서늘한 석양 속에서 녹아 버린다. …… 거대하게 펼쳐진 바다는 거울이 되어, 그 앞에서는 나를 속이는 것이 불가능하다. 내 감정, 내 공포, 내 희망이 다 그대로 드러나는 느낌이다. 더 멀리 날아가고 싶지만, 우리가 할 수 있는 일은 우리가 있는 자리를 받아들이고, 지구에서 가장 큰 바다 위에서 굼뜬 바람에 떠밀려 가는 것이다.

　태평양 상공을 6일 동안 날아간 뒤 …… 우리는 강력한 제트류에 진입한다. 이제 기쁘게도 9,900미터 상공에서 시속 184킬로미터로 멕시코를 향해 달려간다. 제트류 특유의 새털구름이 우리를 따른다. 구름 속의 얼음 결정이 밝은 햇빛을 받아 반짝거린다. 그러나 이런 행복감은 24시간만 지속된다. 이 고도에서 바깥 기온은 영하 50도이며, 버너들은 프로판을 더 소비하고, 선실 히터의 효율은 떨어진다. 캡슐 안에 보관한 물은 얼어 버렸다.

브라이언과 나는 추위와 피로에 시달리며, 선실의 아주 건조한 공기에 숨을 헐떡이기 시작한다. 더 나쁜 일은 우리 속도가 떨어지는 것을 무력하게 지켜보고 있다는 것이다. 어떻게 된 일인지 멕시코 상공에서 제트류에서 튕겨 나와, 엉뚱한 길로, 남동쪽으로 베네수엘라를 향해 날아가고 있는 것이다.

브라이언과 나는 산소마스크를 쓰고 번갈아 잠을 자며 힘을 회복하려고 노력한다. 나는 숨도 제대로 못 쉬면서 아버지와 아내에게 전화를 걸어 울먹이는 목소리로 이야기를 한다. 내 꿈이 박살나고 있다. 나는 그들에게 말한다. 목표에 거의 다가갔는데! 나는 모든 것을 걸기로 한다. 프로판이 아무리 많이 들더라도 기구가 갈 수 있는 한 가장 높이 올라갈 것이다. 그래서 제트류에 진입할 것이다. …… 고도 10,500미터에서 내 눈은 계기판에 고정되어 있다. 눈앞에 보이는 것이 믿어지지 않는다. 조금씩 기구는 북동쪽으로 방향을 틀고 있다. …… (3월 19일이 되자) 우리는 대양을 반쯤 건너, 시속 168킬로미터로 날고 있다. …… 우리는 밤에 아프리카 해안을 가로질러, 3월 20일 해가 뜰 때는 마우리타니아를 몇 시간 남겨 두고 있다. 이 몇 시간이 내 평생 가장 긴 시간이다. 눈앞에 사하라 서부가 펼쳐져 있다. 다시 붉은 모래를 보게 되어 행복하다.

그리니치 평균시간으로 오전 9시 54분에 브라이언과 나는 믿을 수 없다는 표정으로 지도를 본다. 4,1680킬로미터를 날아온 끝에 우리는 처음 동쪽을 향해 출발했던 서경 9도 27분의 결승선에 이른 것이다. …… 그러나 우리에게 변한 것은 아무것도 없다. 우리는 우리가 떠난 사막 위에 있으며, 아직도 착륙할 만한 곳을 찾아야 한다. 연료는 버텨 주었다. 그래서 너무 후미지지 않은 곳을 찾을 겸 재미도 느낄 겸, 시속 208킬로미터가 넘는 속도로 3,808킬로미터를 더 가 이집트에 이른다.

마지막 밤 동안 나는 우리가 우리 행성과 맺은 내밀한 관계를 한 번 더 음미한다. 나는 조종석에 앉아 떨면서, 내 몸이 캡슐을 떠나 우리 기구를 삼킨 별들 밑을 날고 있다는 느낌을 받는다. 더할 나위 없는 특권이다. 나는 이 공중의 세상에서 보내는 매순간을 한껏 누리고 싶다. 우리는 하이테크 고치(cocoon)의 보호를 받으며 3주 동안 비행을 했다. 우리는 이 지구에서 고통을 겪고 있는 수많은 사람들 머리 위를 날았다. 우리는 감탄하며 지구를 보았다. 왜 우리는 이렇게 운이 좋을까? ……

공중에서 19일 21시간 47분을 보낸 뒤인 3월 21일 동이 튼 직후 브라이틀링 오비터 3호는 이집트 모래에 도착할 것이며, 브라이언과 나는 헬리콥터를 타고 사막을 벗어날 것이며, 즉시 공중의 호기심을 채워 줄 말을 찾아야 할 것이다. 그러나 지금은 다운 재킷에 싸인 채 차가운 밤공기를 맞으며 내가 아직 착륙하지 않았다는 것, 내가 여전히 내 인생에서 가장 아름다운 순간을 살고 있다는 사실을 즐기고 있다. 이 순간을 지속시킬 수 있는 유일한 방법은 그것을 다른 사람들과 나누는 것이리라. 우리는 섭리의 바람 덕분에 성공했다. 온 세상에 희망의 바람이 계속 불어 주기를.

B. Piccard, *National Geographic Magazine*, september 1999.

탐험가의 눈

ⓒ 북스코프, 2011

1판 1쇄 찍음 2011년 10월 17일
1판 1쇄 펴냄 2011년 10월 21일

엮은이 | 퍼거스 플레밍, 애너벨 메룰로
옮긴이 | 정영목
펴낸이 | 김정호
펴낸곳 | 북스코프

편집장 | 박유상
편   집 | 강동준
디자인 | 디자인시

출판등록 2006년 11월 23일(제2-4510호)
100-802 서울 중구 남대문로 5가 526 대우재단빌딩 8층
전화 02-6366-0513(편집) | 02-6366-0514(주문)
팩스 02-6366-0515
전자우편 book@acanet.co.kr

ISBN 978-89-97296-00-2 03900